高等职业教育土木建筑类专业新形态教材

建设工程项目管理

主　编　许崇华　王　娜
副主编　孙智慧　代莎莎
参　编　刘志麟　张　涛
主　审　徐锡权

北京理工大学出版社
BEIJING INSTITUTE OF TECHNOLOGY PRESS

内 容 提 要

本书结合建设工程项目管理工作流程及相关岗位标准，划分为 11 个模块，包括建设工程项目管理概述、建设工程项目管理组织、建设工程项目管理策划、建设工程项目采购与合同管理、建设工程项目进度管理、建设工程项目质量管理、建设工程项目成本管理、建设工程项目安全生产管理、建设工程项目绿色文明建造与环境管理、建设工程项目收尾管理、BIM 技术与工程项目管理。

本书可作为高等院校土建施工类、管理类专业的教学用书，也可供相关专业师生及工程项目管理人员参考。

版权专有　侵权必究

图书在版编目（CIP）数据

建设工程项目管理 / 许崇华，王娜主编 . -- 北京：北京理工大学出版社，2021.10（2025.1 重印）

ISBN 978-7-5763-0624-8

Ⅰ．①建… Ⅱ．①许…②王… Ⅲ．①基本建设项目—项目管理—教材　Ⅳ．① F284

中国版本图书馆 CIP 数据核字（2021）第 219712 号

责任编辑：钟　博	**文案编辑**：钟　博
责任校对：周瑞红	**责任印制**：边心超

出版发行 / 北京理工大学出版社有限责任公司
社　　址 / 北京市丰台区四合庄路 6 号
邮　　编 / 100070
电　　话 /（010）68914026（教材售后服务热线）
　　　　　　（010）63726648（课件资源服务热线）
网　　址 / http://www.bitpress.com.cn
版 印 次 / 2025 年 1 月第 1 版第 4 次印刷
印　　刷 / 河北鑫彩博图印刷有限公司
开　　本 / 787 mm×1092 mm　1/16
印　　张 / 23
字　　数 / 588 千字
定　　价 / 59.90 元

图书出现印装质量问题，请拨打售后服务热线，负责调换

FOREWORD 前言

党的二十大报告指出:"高质量发展是全面建设社会主义现代化国家的首要任务。"加快建设现代化产业体系,"坚持把发展经济的着力点放在实体经济上,推进新型工业化,加快建设制造强国、质量强国、航天强国、交通强国、网络强国、数字中国"。加快发展方式绿色转型,"推动经济社会发展绿色化、低碳化是实现高质量发展的关键环节。加快推动产业结构、能源结构、交通运输结构等调整优化"。深入实施人才强国战略,"努力培养造就更多大师、战略科学家、一流科技领军人才和创新团队、青年科技人才、卓越工程师、大国工匠、高技能人才"。加快建设高质量教育体系,"推进教育数字化,建设全民终身学习的学习型社会、学习型大国"。

在党的二十大政策方针的指导下,编者围绕推进"高质量发展""绿色转型""教育数字化"等原则对本书进行了完善和优化。建筑产业的现代化升级和建筑企业的经营发展离不开高质量的工程项目管理。以工程项目管理为中心,提高工程质量,敢于管理创新,保证工程进度,降低工程成本,提高经济效益,成为建筑企业经营和发展的关键。工程项目管理对于企业的发展、产业的转型以及时代的发展,都具有十分重要的意义。

本书是高等职业教育土建类相关专业的专业核心课之一。本书以《国家职业教育改革实施方案》为行动纲领,依据建筑工程技术、建设工程管理、工程造价等专业教学标准,结合国家标准《建设工程项目管理规范》(GB/T 50326—2017)和行业标准《建筑与市政工程施工现场专业人员职业标准》(JGJ/T 250—2011)和建筑业协会团体标准《建设工程施工项目经理岗位职业标准》(T/CCIAT 0010—2019)等为依据编写而成。

本书在内容组织上,及时准确落实党的二十大精神进教材、进课堂、进头脑,充分发挥教材的铸魂育人效力,发挥教材在提升学生政治素养、职业道德上的引领作用,创新教材呈现形式,实现"三全育人"。全书以工程项目管理能力为导向进行了模块化的系统设计,依据工作流程进行了任务单元的划分,主要特色如下:

1. 数字化资源丰富。本书是国家特色高水平高等职业学校和专业群建设成果,是国家职业教育建设工程管理专业教学资源库课程、山东省精品资源共享课程和在线开放课程的建设配套教材,数字化资源丰富,制作质量高,覆盖所有知识、技能点,读者可扫描书中二维码或访问链接 https://www.xuetangx.com/course/rzpt44051008695/16911333?channel=i.area.recent_search 获取。

2. 深化产教融合。为深入推进产教融合,校企联合共同完成教材编写。编写内容融入BIM技术管理、绿色建造管理等行业前沿内容,为应对建筑业的转型升级、培养高素质技术技能人才奠定了基础。

3. 课程思政融入。编写过程中,从弘扬爱国精神、崇尚专业精神、培养工匠精神、培育实践精神等方面充分挖掘课程思政元素，以"掌握职业本领—提升职业素养—担当职业责任—践行职业使命"为逻辑主线进行课程思政的系统设计，通过案例导读、任务操作等形式自然融入，实现"三全育人"。

4. 满足学习者持续发展。本书对接 1+X 证书制度，融入建筑信息模型（BIM）职业技能等级考核要求；同时，各模块安排了大量的"直通执考"练习题，满足学习者执业资格考试的持续发展要求。

本书可作为高职高专院校土建施工类、工程管理类专业的教学用书，亦可供相关专业师生及工程项目管理人员参考使用。本书由日照职业技术学院许崇华、王娜担任主编，由日照职业技术学院孙智慧、代莎莎担任副主编，日照职业技术学院刘志麟和山东锦华建设集团张涛参与编写。全书编写分工为：许崇华编写模块 1、2、3、11；王娜编写模块 5、6、10；孙智慧编写模块 4、7；代莎莎编写模块 9；刘志麟编写模块 8；张涛编写教材中的案例。全书由国家"万人计划"教学名师、国务院政府特殊津贴专家、日照职业技术学院徐锡权教授主审。

本书在编写过程中，参考引用了国内外大量专家、学者有关建设工程项目管理的文章、著作，在此谨向有关编著者表示衷心感谢。

编　者

CONTENTS 目录

模块 1　建设工程项目管理概述　　1
　1-1　认识基本概念　　3
　1-2　明确项目管理目标和任务　　10
　1-3　确定项目管理范围　　16

模块 2　建设工程项目管理组织　　24
　2-1　成立项目管理组织　　26
　2-2　制定项目管理制度　　32

模块 3　建设工程项目管理策划　　44
　3-1　项目管理策划　　46
　3-2　编制项目管理规划大纲　　48
　3-3　编制项目管理实施规划　　50
　3-4　项目管理配套策划　　60

模块 4　建设工程项目采购与合同管理　　65
　4-1　项目采购管理　　66
　4-2　进行项目投标　　73
　4-3　项目合同管理　　82
　4-4　处理项目索赔　　96

模块 5　建设工程项目进度管理　　109
　5-1　建立项目进度计划系统　　111
　5-2　编制项目横道计划　　116
　5-3　编制项目网络计划　　131
　5-4　优化项目进度计划　　155
　5-5　控制项目进度实施　　162
　5-6　检查与调整项目进度　　167

模块 6　建设工程项目质量管理　　187
　6-1　建立项目质量控制体系　　189
　6-2　编制项目质量计划　　196

6-3 项目施工质量控制 ………………………… 201
6-4 项目质量验收 ……………………………… 211
6-5 质量问题与事故处理 ……………………… 215

模块 7　建设工程项目成本管理 ……………………… 229
7-1 明确项目成本管理流程 …………………… 231
7-2 编制项目成本计划 ………………………… 237
7-3 项目成本控制 ……………………………… 245
7-4 项目成本核算与分析 ……………………… 260

模块 8　建设工程项目安全生产管理 ………………… 273
8-1 建立项目安全管理体系 …………………… 275
8-2 编制项目安全生产管理计划 ……………… 282
8-3 项目安全生产实施与检查 ………………… 285
8-4 项目安全应急响应与事故处理 …………… 291

模块 9　建设工程项目绿色文明建造与环境管理 …… 303
9-1 绿色建造与文明施工 ……………………… 305
9-2 项目环境管理 ……………………………… 310

模块 10　建设工程项目收尾管理 ……………………… 321
10-1 编制项目收尾计划 ………………………… 323
10-2 项目竣工验收 ……………………………… 325
10-3 项目竣工结算 ……………………………… 328
10-4 项目保修期管理 …………………………… 331
10-5 项目管理总结 ……………………………… 333

模块 11　BIM 技术与工程项目管理 …………………… 339
11-1 基于 BIM 的项目管理 …………………… 341
11-2 BIM 技术在项目管理中的应用 …………… 350

参考文献 ………………………………………………… 362

模块 1　建设工程项目管理概述

模块导读

近年来随着我国城市化进程的高速发展，建筑施工企业也如雨后春笋般大量出现。如何保证企业在激烈的施工建筑市场竞争中蓬勃发展，成为企业发展的重要问题。然而对于施工企业来说，要发展必须依赖于施工项目，而一个施工项目要想成功则必须依赖于工程项目的管理。可见以建筑工程项目管理为中心，提高工程质量、敢于管理创新、保证工程进度、降低工程成本、提高经济效益，将成为建筑施工企业经营和发展的关键。

情境动画

本模块针对"建设工程项目管理基础知识能力"的培养，安排了以下学习内容：

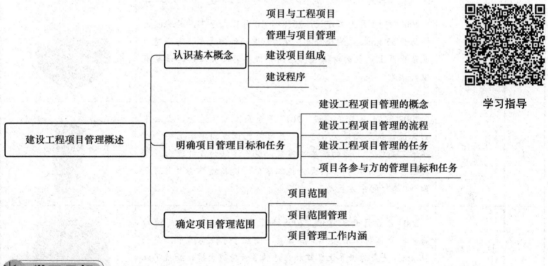

学习指导

学习目标

知识目标	能力目标	素养目标
（1）了解《建设工程项目管理规范》（GB/T 50326—2017）的内容组成； （2）掌握项目与工程项目的定义、特征与分类； （3）掌握管理与项目管理的含义及原理； （4）掌握建设工程项目管理的概念、流程及任务； （5）熟悉项目管理范围的确定与控制	（1）能够按照项目组成对建设项目进行划分； （2）能够绘制建设阶段程序图，明确各阶段主要工作内容； （3）能够识别项目各参与方的管理目标与任务的联系与区别； （4）能够进行项目的范围管理	（1）提升爱国情怀、文化自信； （2）提升社会责任、专业认同感； （3）培养开拓创新的工匠精神； （4）提高计划、组织、协调能力； （5）提高严谨科学的标准意识； （6）培养团结合作的团队精神

中国重大工程

近年来,我国建筑业的快速发展使得一项项重大工程拔地而起,彰显了我国建筑业不断增强的综合实力和持续迸发的创新活力(见表1-1)。

表1-1 中国近年部分重大工程一览表

序号	项目名称	项目简介	
1	北京大兴国际机场	2014年12月开工建设,2019年9月正式投运,是目前世界上最大的综合交通枢纽,拥有全球首座高铁地下穿行的机场航站楼、全球首座双层出发双层到达的航站楼、世界最大单体航站楼,是推动京津冀协同发展的骨干工程	
2	港珠澳大桥	2009年12月开工建设,2018年10月正式通车。港珠澳大桥总长55 km,是连接香港、珠海和澳门的超大型跨海通道,也是世界上最长的跨海大桥,对推进粤港澳大湾区建设具有重大意义	
3	上海中心大厦	2008年11月开工建设,2017年全面投入试运营。上海中心大厦建筑总高度为632 m,是目前已建成的中国第一、世界第二高楼,上海的标志性建筑。绿色环保的设计理念、螺旋上升的建筑结构和极大的施工难度,使其被誉为"上海之巅""腾飞的东方巨龙"	
4	杭州湾跨海大桥	2003年6月开工建设,2008年5月运营通车。杭州湾跨海大桥北起浙江省嘉兴市海盐县,南止于宁波慈溪市,全长36 km,是当时世界上已建和在建的最长跨海大桥,绘就了江浙沪2小时交通圈,是中国桥梁从江河时代走向海洋时代的标志	
5	白鹤滩水电站	预计于2022年底投产。白鹤滩水电站是当今世界在建的综合技术难度最大的水电工程,首次全部采用国产的百万千瓦级水轮发电机组,其在建装机容量、抗震参数、地下洞室群规模等均居全球第一	
6	胶州湾跨海大桥	2007年5月开工建设,2011年6月建成通车。全长36.48 km,是我国自行设计、施工、建造的特大跨海大桥。建成通车后使东西两岸路程缩短约30 km,有效提升了胶州湾两岸交通便利性	

1-1　认识基本概念

知识准备

一、项目

1．项目的概念

项目是指在一定的约束条件下，具有特定目标的一次性任务。这里的约束条件主要是限定的资源、限定的时间、限定的质量。

项目的类型非常多，可以是建设一项工程，如盖一栋大楼、修一条铁路、架一座桥梁、修一座电站等，可以是完成某项科研课题，如航天科研、材料科研、技术科研等，也可以是举办一项大型活动，如召开国际会议、举行体育赛事、组织婚礼庆典等，甚至是策划一场旅行或者写一篇论文。

微课：认识工程项目管理

2．项目的特征

（1）一次性。项目的一次性，是项目最主要的特征。所谓一次性，是指就任务本身和最终成果而言，不完全相同的一项任务。例如：建设一项工程或开发一项新产品，不同于其他工业产品的批量性，也不同于其他生产过程的重复性。项目的一次性意味着一旦项目管理工作出现较大失误，其损失将不可挽回。因此，必须有针对性地根据项目的具体情况进行科学的管理，以保证项目一次成功。

（2）整体性。整体性也称为系统性。项目是为实现特定目标而展开的多项任务的集合，是一系列活动的有机结合，是一个完整的过程。一般来说，当某项任务的各种要素之间存在着某种密切关系，只有有机结合起来、互相协助才能确保其目标有效实现，这时就需要将其作为一个项目来处理，客观上也就形成了一个系统。

（3）目标性。项目的结果可以是一种期望的产品，也可以是期望得到的某种特定的服务。项目的实施是一项社会经济活动，任何社会经济活动都有其目的。所以，项目必须有明确的目标，即项目的功能性要求。它是完成项目的最终目的，是项目的最高目标，是项目产生、存在的依据。

（4）约束性。每个项目都需要运用各种资源来实现，而资源是有限的。项目是一种任务，任务的完成有其限定条件，这些限定条件就构成了项目的约束条件，主要包括时间、质量、资金等方面的限制或要求。但是有些项目的约束性是明显的、严格的，有些项目的约束性则是暗含的、宽松的。项目的约束性为完成项目任务提供了一个最低的标准要求。

3．项目的分类

从不同的角度，按不同的分类方法，可以将项目分为不同的类别。

（1）按项目成果的实体形态，可将项目分为实物项目和非实物项目。前者如建筑工程、水利工程、市政工程项目等，后者如科学研究、文艺演出项目等。

（2）按项目的规模，可将项目分为大型项目、中型项目和小型项目。

（3）按行业领域，可将项目分为国防项目、环保项目、农业项目和公路项目等。

（4）按项目所属主体不同，可将项目分为政府项目、企业项目和私人项目。

（5）按项目生命周期不同，可将项目分为长期项目和短期项目。

（6）按项目专业特征不同，可将项目分为科研项目、工程项目、航天项目、维修项目、咨询项目等。其中，工程项目是各种项目中数量最多的一类。

二、工程项目

1．工程项目的概念

工程项目是指在一定的约束条件下，具有完整的组织机构和特定明确目标的一次性工程建设工作或任务。它以建筑物或构筑物为产出物，需要支付一定的费用、按照一定的程序、在一定的时间内完成，并符合质量要求。

2．工程项目的特征

（1）不确定因素多。工程项目建设过程涉及面广，不确定性因素较多。随着工程技术复杂化程度的增加和项目规模的日益增大，工程项目中的不确定性因素日益增加，因而复杂程度较高。

（2）整体性强。一个工程项目往往由多个单项工程和单位工程组成，彼此之间紧密相关，必须结合到一起才能发挥工程项目的整体功能。

（3）建设周期长。一个工程项目要建成往往需要几年时间，有的甚至更长。

（4）不可逆转性。工程项目实施完成后，很难推倒重来，否则将会造成大量的损失，因此工程建设项目具有不可逆转性。

（5）工程的固定性。工程项目所包含的建筑或建筑安装工程，都必须固定在一定的地点，受项目所在地的资源、气候、地质等条件制约，受到当地政府以及社会文化的干预和影响。工程项目既受其所处环境的影响，同时也会对环境造成不同程度的影响。

（6）生产要素的流动性。工程的固定性决定了生产要素的流动性。

3．工程项目的分类

工程项目的种类繁多，为了适应科学管理的需要，可以从不同的角度进行分类。

（1）按建设性质不同划分。

1）新建项目，是指根据国民经济和社会发展的近远期规划，按照规定的程序立项，从无到有、"平地起家"建设的工程项目。现有企业单位、事业单位和行政单位一般没有新建项目。有的单位如果原有基础薄弱需要再兴建的项目，其新增加的固定资产价值超过原有全部固定资产价值（原值）3倍以上时，才可算作新建项目。

2）扩建项目，是指原有企业单位和事业单位，为扩大原有主要产品的生产能力或效益，或增加新产品的生产能力，在原有固定资产的基础上扩大规模而进行的新增固定资产投资项目。

3）改建项目，是指原有企业单位和事业单位，为了改进产品质量或改进产品方向，对原有固定资产进行整体性技术改造的项目。此外，为提高综合生产能力，增加一些附属辅助车间或非生产性工程，也属于改建项目。

4）恢复项目，是指对因重大自然灾害或战争而遭受破坏的固定资产，按原来规模重新建设或在重建的同时进行扩建的项目。

5）迁建项目，是指为改变生产力布局或由于其他原因，将原有单位迁至异地重建的项目。

（2）按投资作用不同划分。

1）生产性工程项目，是指直接用于物质资料生产或直接为物质资料生产服务的工程项目。主要包括：

①工业建设项目：工业、国防和能源建设项目。

②农业建设项目：农、林、牧、渔、水利建设项目。
③基础设施建设项目：交通、邮电、通信、地质普查、勘探建设项目等。
④商业建设项目：商业、饮食、仓储、综合技术服务事业的建设项目。
2）非生产性工程项目，是指用于满足人民物质和文化、福利需要以及非物质资料生产部门的建设项目。主要包括：
①办公用房：国家各级党政机关、社会团体、企业管理机关的办公用房。
②居住建筑：住宅、公寓、别墅等。
③公共建筑：科学、教育、文化艺术、广播电视、卫生、博览、体育、社会福利事业、公共事业、咨询服务、宗教、金融、保险等建设项目。
④其他工程项目：不属于上述各类的其他非生产性工程项目。
（3）按照建设规模划分。为适应对工程项目分级管理的需要，国家规定基本建设项目分为大型、中型、小型三类，更新改造项目分为限额以上和限额以下两类。
（4）按专业不同划分。可以划分为建筑工程、公路工程、铁路工程、民航机场工程、港口与航道工程、水利水电工程、矿业工程、机电工程、市政公用工程、通信与广电工程等。

三、管理

管，原意为细长而中空之物，其四周被堵塞，中央可通达。使之闭塞为堵；使之通行为疏。管，就表示有堵有疏、疏堵结合。所以，管既包含疏通、引导、促进、肯定、打开之意；又包含限制、规避、约束、否定、闭合之意。

理，本义为顺玉之纹而剖析，代表事物的道理、发展的规律，包含合理、顺理的意思。

管理犹如治水，疏堵结合、顺应规律而已。所以，管理就是合理地疏与堵的思维与行为。

管理是指在特定的环境条件下，以人为中心，对组织所拥有的资源进行有效的决策、计划、组织、领导、控制，以便达到既定组织目标的过程。

我们可以利用"戴明环"（即 PDCA 循环）来总结管理的流程。首先根据目标制订计划，其次将计划付诸实施，然后在计划实施的过程中随时检查实际的执行情况，分析实际与计划的差异，如果有偏差，就采取措施进行处理。

四、项目管理

1．项目管理的概念

项目管理就是针对项目做出的各种管理活动。具体地讲，项目管理就是项目的管理者，在有限的资源约束下，运用系统的观点、方法和理论，对项目涉及的全部工作进行有效地管理。即从项目的投资决策开始到项目结束的全过程，进行计划、组织、指挥、协调、控制和评价，以实现项目的目标。

项目管理具有一次性、独特性、目标的明确性、活动的整体性、组织的临时性和开放性、成果的不可挽回性等特点。

由于项目管理的核心任务是项目的目标控制，因此按照项目管理学的基本理论，没有明确目标的建设工程不是项目管理的对象。在工程实践意义上，如果一个建设项目没有明确的投资目标、进度目标和质量目标，就没有必要进行管理，也无法进行定量的目标控制。

一个建设工程项目往往由许多参与单位承担不同的建设任务和管理任务（如勘察、土建设计、工艺设计、工程施工、设备安装、工程监理、建设物资供应、业主方管理、政府主管部门的管理和监督等),各参与单位的工作性质、工作任务和利益不尽相同,因此就形成了代表不同利益方的项目管理。由于业主方是建设工程项目实施过程(生产过程)的总集成者——人力资源、物质资源和知识的集成,也是建设工程项目生产过程的总组织者,因此对于一个建设工程项目而言,业主方的项目管理往往是该项目的项目管理核心。

2. 项目管理的分类

按建设工程项目不同参与方的工作性质和组织特征划分:

(1)业主方的项目管理(如投资方和开发方的项目管理,或由工程管理咨询公司提供的代表业主方利益的项目管理服务)。

(2)设计方的项目管理。

(3)施工方的项目管理(施工总承包方、施工总承包管理方和分包方的项目管理)。

(4)建设物资供货方的项目管理(材料和设备供应方的项目管理)。

(5)建设项目总承包(或称建设项目工程总承包)方的项目管理,如设计和施工任务综合的承包,或设计、采购和施工任务综合的承包(简称EPC承包)的项目管理等。

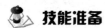 **技能准备**

一、建设项目的组成划分

为了对工程项目实行统一管理和分级管理,国家统计部门统一规定将建设项目划分为若干个单项工程,即一个建设项目由若干个单项工程组成,一个单项工程由若干个单位工程组成,一个单位工程由若干个分部工程组成,一个分部工程由若干个分项工程组成。

1. 建设项目

统计意义上的建设项目是指在一个总体设计范围内,经济上实行独立核算,行政上具有独立的组织形式的建设工程。如一座工厂、一所学校、一所医院即是一个建设项目。

2. 单项工程

单项工程是建设项目的组成部分。一般是指在一个建设项目中,具有独立的设计文件,建成后能够独立发挥生产能力或效益的工程。工业建设项目的单项工程,一般是指各个生产车间、办公楼、食堂、住宅等;非工业建设项目中,每栋住宅楼、剧院、商店、教学楼、图书馆、办公楼等,各为一个单项工程。

3. 单位工程

单位工程是单项工程的组成部分。一般是指具有独立组织施工条件及单独作为计算成本对象,但建成后不能独立进行生产或发挥效益的工程。民用项目的单位工程较容易划分。以住宅楼为例,其中一般土建工程、给水排水工程、采暖工程、通风工程、照明工程等各为一个单位工程。工业项目由于工程内容复杂,且有时出现交叉,因此单位工程的划分比较困难。以一个车间为例,其中土建工程、机电设备安装、工艺设备安装、工业管道安装、给水排水、采暖、通风、电器安装、自控仪表安装等各为一个单位工程。

4. 分部工程

分部工程是单位工程的组成部分。一般是按单位工程的结构部位、使用的材料、工种或设备种类和型号等的不同而划分的工程。建筑工程可以划分为地基与基础、主体结构、装饰装修、屋面工程、建筑给水排水及采暖、通风与空调、建筑电气、建筑智能化、建筑节能、电梯等分部工程。

5．分项工程

分项工程是分部工程的组成部分。一般是按照不同的施工方法、不同的材料及构件规格，将分部工程分解为一些简单的施工过程，是建设工程中最基本的单位内容，即通常所指的各种实物工程量。如土方分部工程，可以分为人工平整场地、人工挖土方、人工挖地槽地坑等分项工程。安装工程的情况比较特殊，通常只能将分部分项工程合并成一个概念来表达工程实物量。

二、建设程序划分

一般来说，建筑工程项目的全寿命周期包括项目的决策阶段、实施阶段和使用阶段（运营阶段，也称运行阶段）。从项目建设意图的酝酿开始，调查研究、编写和报批项目建议书、编制和报批项目的可行性研究等项目前期的组织、管理、经济和技术方面的论证都属于项目决策阶段的工作。项目立项（立项批准）是项目决策的标志。

项目的实施阶段包括设计前的准备阶段、设计阶段、施工阶段、动用前准备阶段和保修期，如图1-1所示。招标投标工作分散在设计前的准备阶段、设计阶段和施工阶段中进行，因此一般不单独列为招标投标阶段。项目实施阶段管理的主要任务是通过管理使项目的目标得以实现。

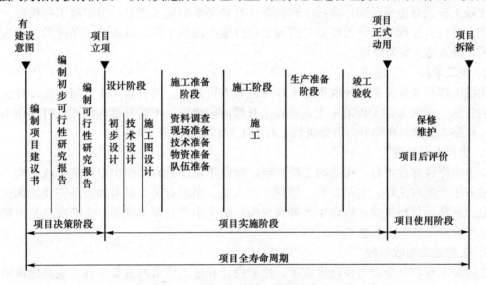

图1-1 建设工程项目的实施阶段的组成

1．决策阶段

决策阶段又称为建设前期工作阶段，主要包括编制项目建议书和编制可行性研究报告两项工作。

（1）项目建议书。对于政府投资工程项目，编报项目建议书是项目建设最初阶段的工作。其主要作用是推荐建设项目，以便在一个确定的地区或部门内，以自然资源和市场预测为基础，选择建设项目。项目建议书经批准后，可进行可行性研究工作，并不表明项目非上不可，项目建议书的批准不是项目的最终决策。

（2）可行性研究报告。可行性研究是在项目建议书被批准后，对项目在技术上和经济上是否可行所进行的科学分析和论证。根据《国务院关于投资体制改革的决定》（国发

〔2004〕20号》，对于政府投资项目须审批项目建议书和可行性研究报告。《国务院关于投资体制改革的决定》指出，对于企业不使用政府资金投资建设的项目，一律不再实行审批制，区别不同情况实行核准制和登记备案制。对于《政府核准的投资项目目录》以外的企业投资项目，实行备案制。

2．勘察设计阶段

（1）勘察过程。复杂工程分为初勘和详勘两个阶段，为设计提供实际依据。

（2）设计过程。设计过程一般划分为两个阶段，即初步设计阶段和施工图设计阶段。对于大型复杂项目，可根据不同行业的特点和需要，在初步设计之后增加技术设计阶段。初步设计是设计的第一步，如果初步设计提出的总概算超过可行性研究报告投资估算的10%或其他主要指标需要变动，要重新报批可行性研究报告。初步设计经主管部门审批后，建设项目被列入国家固定资产投资计划，方可进行下一步的施工图设计。施工图一经审查批准，不得擅自进行修改，一旦修改，必须重新报请原审批部门，由原审批部门委托审查机构审查后再批准实施。

3．建设准备阶段

建设准备阶段主要包括组建项目法人、征地、拆迁、"三通一平"乃至"七通一平"（通给水、通排水、通电、通信、通路、通燃气、通热力、场地平整）；组织材料、设备订货；办理建设工程质量监督手续；委托工程监理；准备必要的施工图纸；组织施工招投标，择优选定施工单位；办理施工许可证等。按规定做好施工准备工作，具备开工条件后，建设单申请开工，进入施工安装阶段。

4．施工阶段

建设工程具备开工条件并取得施工许可证后方可开工。项目新开工时间，按设计文件中规定的任何一项永久性工程第一次正式破土开槽时间确定；不需开槽的以正式打桩作为开工时间；铁路、公路、水库等以开始进行土石方工程作为正式开工时间。

5．生产准备阶段

对于生产性建设项目，在其竣工投产前，建设单位应适时地组织专门班子或机构，有计划地做好生产准备工作。包括招收、培训生产人员；组织有关人员参加设备安装、调试和工程验收；落实原材料供应；组建生产管理机构，健全生产规章制度等。生产准备是由建设阶段转入经营阶段的一项重要工作。

6．工程竣工验收阶段

工程竣工验收是全面考核建设成果、检验设计和施工质量的重要步骤，也是建设项目投入生产和使用的标志。验收合格后，建设单位编制竣工决算，项目正式投入使用。

7．项目后评价阶段

建设项目后评价是工程项目竣工投产、生产运营一段时间后，在对项目的立项决策、设计施工、生产运营等全过程进行系统评价的一种技术活动，是固定资产管理的一项重要内容，也是固定资产投资管理的最后一个环节。

 知识拓展

建设工程项目管理常用术语

建设工程项目管理常用术语见表1-2。

表 1-2 《建设工程项目管理规范》（GB/T 50326—2017）常用术语

序号	名称	定义
1	建设工程项目	为完成依法立项的新建、扩建、改建等各类工程而进行的、有起止日期的、达到规定要求的一组相互关联的受控活动组成的特定过程，包括策划、勘察、设计、采购、施工、试运行、竣工验收和考核评价等
2	建设工程项目管理	运用系统的理论和方法，对建设工程项目进行的计划、组织、指挥、协调和控制等专业化活动
3	组织	为实现其目标而具有职责、权限和关系等自身职能的个人或群体
4	项目管理机构	根据组织授权，直接实施项目管理的单位。可以是项目管理公司、项目部、工程监理部等
5	发包人	按招标文件或合同中约定、具有项目发包主体资格和支付合同价款能力的当事人以及取得该当事人资格的合法继承人
6	承包人	按合同中约定、被发包人接受的具有项目承包主体资格的当事人，以及取得该当事人资格的合法继承人
7	分包人	承担项目的部分工程或服务并具有相应资格的当事人
8	相关方	能够影响决策或活动、受决策或活动影响，或感觉自身受到决策或活动影响的个人或组织
9	项目负责人（项目经理）	企业法定代表人在建设工程项目上的授权委托代理人
10	项目范围管理	对合同中约定的项目工作范围进行的定义、计划、控制和变更等活动
11	项目管理责任制	组织制定的、以项目负责人（项目经理）为主体，确保项目管理目标实现的责任制度
12	项目管理目标责任书	组织的管理层与项目管理机构签订的，明确项目管理机构应达到的成本、质量、工期、安全和环境等管理目标及其承担的责任，并作为项目完成后考核评价依据的文件
13	项目管理策划	为达到项目管理目标，在调查、分析有关信息的基础上，遵循一定的程序，对未来（某项）工作进行全面的构思和安排，制定和选择合理可行的执行方案，并根据目标要求和环境变化对方案进行修改、调整的活动
14	项目采购管理	对项目的勘察、设计、施工、资源供应、咨询服务等采购工作进行的计划、组织、指挥、协调和控制等活动
15	投标管理	为实现中标目的，按照招标文件规定的要求向招标人递交投标文件所进行的计划、组织、指挥、协调和控制等活动
16	项目合同管理	对项目合同的编制、签订、实施、变更、索赔和终止等的管理活动
17	项目设计管理	对项目设计工作进行的计划、组织、指挥、协调和控制等活动
18	项目技术管理	对项目技术工作进行的计划、组织、指挥、协调和控制等活动
19	进度管理	为实现项目的进度目标而进行的计划、组织、指挥、协调和控制等活动
20	质量管理	为确保项目的质量特性满足要求而进行的计划、组织、指挥、协调和控制等活动

续表

序号	名称	定义
21	成本管理	为实现项目成本目标所进行的预测、计划、控制、核算、分析和考核等活动
22	安全生产管理	为使项目实施人员和相关人员规避伤害及影响健康的风险而进行的计划、组织、指挥、协调和控制等活动
23	绿色建造管理	为实施绿色设计、绿色施工、节能减排、保护环境而进行的计划、组织、指挥、协调和控制等活动
24	项目资源管理	对项目所需人力、材料、机具、设备、技术和资金所进行的计划、组织、指挥、协调和控制等活动
25	项目信息管理	对项目信息进行的收集、整理、分析、处置、储存和使用等活动
26	项目沟通管理	对项目内、外部关系的协调及信息交流所进行的策划、组织和控制等活动
27	项目风险管理	对项目的风险所进行的识别、评估、响应和控制等活动
28	项目收尾管理	对项目的收尾、试运行、竣工验收、竣工结算、竣工决算、考核评价、回访保修等进行的计划、组织、协调和控制等活动

1-2 明确项目管理目标和任务

知识准备

一、建设工程项目管理的概念

建设工程项目管理是指在一定约束条件下，以建设工程项目为对象，以最优实现建设工程项目目标为目的，以建设工程项目经理负责制为基础，以建设工程施工合同为纽带，对建设工程项目进行高效率的计划、组织、协调、控制和监督的系统管理活动。

二、建设工程项目管理的流程

项目管理机构应按项目管理流程实施项目管理。项目管理流程包括启动、策划、实施、监控和收尾过程，各个过程之间相对独立又相互联系。

1. 启动过程

启动过程应明确项目概念，初步确定项目范围，识别影响项目最终结果的内外部相关方。

2. 策划过程

策划过程应明确项目范围，协调项目相关方期望，优化项目目标，为实现项目目标进行项目管理规划与项目管理配套策划。

微课：明确工程项目管理任务

3. 实施过程

实施过程应按项目管理策划要求组织人员和资源，实施具体措施，完成项目管理策划中确定的工作。

4．监控过程

监控过程应对照项目管理策划，监督项目活动，分析项目进展情况，识别必要的变更需求并实施变更。

5．收尾过程

收尾过程应完成全部过程或阶段的所有活动，正式结束项目或阶段。

三、建设工程项目管理的任务

建设工程管理涉及参与工程项目的各个方面对工程的管理，即包括投资方、设计方、施工方、供货方、监理方、政府部门等的管理。建设工程管理工作是一种增值服务工作，其核心任务是为工程的建设和使用增值，如图1-2所示。在工程实践中人们往往重视通过管理为工程建设增值，而忽视通过管理为工程使用增值。如有些办公楼在设计时为节约投资，减少了必要的电梯的数量，这样就导致该办公楼日后在使用时等候电梯的时间太长。

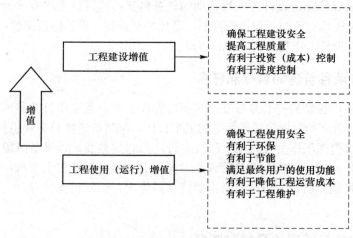

图1-2　建设工程项目管理增值

 技能准备

一、业主方项目管理的目标和任务

业主方项目管理服务于业主的利益，其项目管理的目标包括项目的投资目标、进度目标和质量目标。其中，投资目标指的是项目的总投资目标；进度目标指的是项目动用的时间目标，也即项目交付使用的时间目标，如工厂建成可以投入生产、道路建成可以通车、办公楼可以启用、旅馆可以开业的时间目标等；项目的质量目标不仅涉及施工的质量，还包括设计质量、材料质量、设备质量和影响项目运行或运营的环境质量等。质量目标包括满足相应的技术规范和技术标准的规定，以及满足业主方相应的质量要求。

项目的投资目标、进度目标和质量目标之间既有矛盾的一面，也有统一的一面，它们之间是对立统一的关系。要加快进度往往需要增加投资，欲提高质量往往也需要增加投资，过度地缩短进度会影响质量目标的实现，这都表现了目标之间关系矛盾的一面，但通过有效的管理，在不增加投资的前提下，也可缩短工期和提高工程质量，这反映了目标之间关系统一的一面。

业主方的项目管理工作涉及项目实施阶段的全过程，即设计前的准备阶段、设计阶段、施工阶段、动用前准备阶段和保修期5个阶段。主要包括安全管理、投资控制、进度控制、质量控制、合同管理、信息管理、组织和协调等。其中，安全管理是项目管理中最重要的任务，因为安全管理关系到人身的健康与安全，而投资控制、进度控制、质量控制和合同管理等则主要涉及物质的利益。

二、设计方项目管理的目标和任务

设计方作为项目建设的一个参与方，其项目管理主要服务于项目的整体利益和设计方本身的利益。由于项目的投资目标能否得以实现与设计工作密切相关，因此，设计方项目管理的目标包括设计的成本目标、设计的进度目标和设计的质量目标，以及项目的投资目标。

设计方的项目管理工作主要在设计阶段进行，但也涉及设计前的准备阶段、施工阶段、动用前准备阶段和保修期。设计方项目管理的任务包括：与设计工作有关的安全管理；设计成本控制和与设计工作有关的工程造价控制；设计进度控制；设计质量控制；设计合同管理；设计信息管理；与设计工作有关的组织和协调。

三、供货方项目管理的目标和任务

供货方作为项目建设的一个参与方，其项目管理主要服务于项目的整体利益和供货方本身的利益，其项目管理的目标包括供货方的成本目标、供货的进度目标和供货的质量目标。

供货方的项目管理工作主要在施工阶段进行，但它也涉及设计准备阶段、设计阶段、动用前准备阶段和保修期。供货方项目管理的主要任务包括：供货安全管理；供货方的成本控制；供货的进度控制；供货的质量控制；供货合同管理；供货信息管理；与供货有关的组织与协调。

四、施工方项目管理的目标和任务

由于施工方是受业主方的委托承担工程建设任务的一个参与方，施工方必须树立服务观念，为项目建设服务，为业主提供建设服务；另外，合同也规定了施工方的任务和义务，因此施工方作为项目建设的一个重要参与方，其项目管理不仅应服务于施工方本身的利益，也必须服务于项目的整体利益。项目的整体利益和施工方本身的利益是对立统一的关系，两者有统一的一面，也有矛盾的一面。

施工方项目管理的目标应符合合同的要求，主要包括：施工的安全管理目标；施工的成本目标；施工的进度目标；施工的质量目标。

如果采用工程施工总承包或工程施工总承包管理模式，施工总承包方或施工总承包管理方必须按工程合同规定的工期目标和质量目标完成建设任务。而施工总承包方或施工总承包管理方的成本目标是由施工企业根据其生产和经营的情况自行确定的。分包方则必须按工程分包合同规定的工期目标和质量目标完成建设任务，分包方的成本目标是该施工企业内部自行确定的。

按国际工程的惯例，当采用指定分包商时，无论指定分包商与施工总承包方（或与施工总承包管理方、业主方）签订合同，由于指定分包商合同在签约前必须得到施工总承包方或施工总承包管理方的认可，因此，施工总承包方或施工总承包管理方应对合同规定的工期目标和质量目标负责。

施工方项目管理的任务主要包括：施工安全管理；施工成本控制；施工进度控制；施工质量控制；施工合同管理；施工信息管理；与施工有关的组织与协调等。

施工方的项目管理工作主要在施工阶段进行。在动用前准备阶段和保修期施工合同尚未终止，在这期间，还有可能出现涉及工程安全、费用、质量、合同和信息等方面的问题，因此，施工方的项目管理也涉及动用前准备阶段和保修期。

五、项目总承包方项目管理的目标和任务

由于项目总承包方（或称建设项目工程总承包方，简称工程总承包方）受业主方的委托而承担工程建设任务，项目总承包方必须树立服务观念，为项目建设服务，为业主提供建设服务。另外，合同也规定了项目总承包方的任务和义务，因此，项目总承包方作为项目建设的一个重要参与方，其项目管理主要服务于项目的整体利益和项目总承包方本身的利益，其项目管理的目标应符合合同的要求，主要目标包括：工程建设的安全管理目标；项目的总投资目标和项目总承包方的成本目标（前者是业主方的总投资目标，后者是项目总承包方本身的成本目标）；项目总承包方的进度目标；项目总承包方的质量目标。

项目总承包方项目管理工作涉及项目实施阶段的全过程，即设计前的准备阶段、设计阶段、施工阶段、动用前准备阶段和保修期。

《建设项目工程总承包管理规范》（GB/T 50358—2017）规定，项目总承包方的管理工作涉及的方面包括：项目设计管理；项目采购管理；项目施工管理；项目试运行管理和项目收尾。

其中，属于项目总承包方项目管理的任务包括：项目风险管理；项目进度管理；项目质量管理；项目费用管理；项目安全、职业健康与环境管理；项目资源管理；项目沟通与信息管理；项目合同管理。

六、监理方项目管理的目标和任务

工程监理单位受业主委托，当在实施工程监理前与业主（建设单位）以书面形式签订监理合同，给业主提供专业的项目管理咨询服务。其管理目标是保障业主实现对工程项目的预期目标，通过自身的专业技能完成监理合同中的各项工作内容后，按规定取得合法收入。

从事工程监理活动，应当遵守国家有关法律、法规和规范性文件，严格执行工程建设程序、国家工程建设强制性标准，遵循守法、诚信、公平、科学的原则，认真履行监理职责。

"建筑工程监理应当依照法律、行政法规及有关的技术标准、设计文件和建筑工程承包合同，对承包单位在施工质量、建设工期和建设资金使用等方面，代表建设单位实施监督"（引自《中华人民共和国建筑法》）。

在建设工程项目实施的几个主要阶段，建设监理工作的主要任务如下。

1. 设计阶段建设监理工作的主要任务

以下工作内容视业主的需求而定，国家并没有作出统一的规定：①编写设计要求文件；②组织建设工程设计方案竞赛或设计招标，协助业主选择勘察设计单位；③拟订和商谈设计委托合同；④配合设计单位开展技术经济分析，参与设计方案的比选；⑤参与设计协调工作；⑥参与主要材料和设备的选型（视业主的需求而定）；⑦审核或参与审核工程估算、概算和施工图预算；⑧审核或参与审核主要材料和设备的清单；⑨参与检查设计文件是否满足施工的需求；⑩设计进度控制；⑪参与组织设计文件的报批。

2. 施工招标阶段建设监理工作的主要任务

以下工作内容视业主的需求而定，国家并没有作出统一的规定：①拟订或参与拟订建设工程施工招标方案；②准备建设工程施工招标条件；③协助业主办理招标申请；④参与或协助编写施工招标文件；⑤参与建设工程施工招标的组织工作；⑥参与施工合同的商签。

3. 材料和设备采购供应阶段建设监理工作的主要任务

对于由业主负责采购的材料和设备物资，监理工程师应负责制定计划，监督合同的执行。具体内容如下：

（1）制定（或参与制定）材料和设备供应计划和相应的资金需求计划；

（2）通过材料和设备的质量、价格、供货期和售后服务等条件的分析和比选，协助业主确定材料和设备等物资的供应单位；

（3）起草并参与材料和设备的订货合同；

（4）监督合同的实施。

4. 施工准备阶段建设监理工作的主要任务

（1）审查施工单位提交的施工组织设计中的质量安全技术措施、专项施工方案与工程建设强制性标准的符合性；

（2）参与设计单位向施工单位的设计交底；

（3）检查施工单位工程质量、安全生产管理制度及组织机构和人员资格；

（4）检查施工单位专职安全生产管理人员的配备情况；

（5）审核分包单位资质条件；

（6）检查施工单位的试验室；

（7）查验施工单位的施工测量放线成果；

（8）审查工程开工条件，签发开工令。

5. 工程施工阶段建设监理工作的主要任务

（1）施工阶段的质量控制。

1）核验施工测量放线，验收隐蔽工程、分部分项工程，签署分项、分部工程和单位工程质量评定表；

2）进行巡视、旁站和平行检验，对发现的质量问题及时通知施工单位整改，并做监理记录；

3）审查施工单位报送的工程材料、构配件、设备的质量证明资料，抽检进场的工程材料、构配件的质量；

4）审查施工单位提交的采用新材料、新工艺、新技术、新设备的论证材料及相关验收标准；

5）检查施工单位的测量、检测仪器设备、度量衡定期检验的证明文件；

6）监督施工单位对各类土木和混凝土试件按规定进行检查和抽查；

7）监督施工单位认真处理施工中发生的一般质量事故，并认真做好记录；

8）对大和重大质量事故以及其他紧急情况报告业主。

（2）施工阶段的进度控制。

1）监督施工单位严格按照施工合同规定的工期组织施工；

2）审查施工单位提交的施工进度计划，核查施工单位对施工进度计划的调整；

3）建立工程进度台账，核对工程形象、进度，按月、季和年度向业主报告工程执行情况、工程进度以及存在的问题。

（3）施工阶段的投资控制。
1）审核施工单位提交的工程款支付申请，签发或出具工程款支付证书，并报业主审核、批准；
2）建立计量支付签证台账，定期与施工单位核对清算；
3）审查施工单位提交的工程变更申请，协调处理施工费用索赔、合同争议等事项；
4）审查施工单位提交的竣工结算申请。
（4）施工阶段的安全生产管理。
1）依照法律法规和工程建设强制性标准，对施工单位安全生产管理进行监督。
2）编制安全生产事故的监理应急预案，并参加业主组织的应急预案的演练。
3）审查施工单位的工程项目安全生产规章制度、组织机构的建立及专职安全生产管理人员的配备情况。
4）督促施工单位进行安全自查工作，巡视检查施工现场安全生产情况，在实施监理过程中，发现存在安全事故隐患的，应签发监理工程师通知单，要求施工单位整改；情况严重的，总监理工程师应及时下达工程暂停指令，要求施工单位暂时停止施工，并及时报告业主。施工单位拒不整改或者不停止施工的，应通过业主及时向有关主管部门报告。

6．竣工验收阶段建设监理工作的主要任务
（1）督促和检查施工单位及时整理竣工文件和验收资料，并提出意见；
（2）审查施工单位提交的竣工验收申请，编写工程质量评估报告；
（3）组织工程预验收，参加业主组织的竣工验收，并签署竣工验收意见；
（4）编制、整理工程监理归档文件并提交给业主。

7．施工合同管理方面的工作
（1）拟订合同结构和合同管理制度，包括合同草案的拟订、会签、协商、修改、审批、签署和保管等工作制度及流程；
（2）协助业主拟订工程的各类合同条款，并参与各类合同的商谈；
（3）合同执行情况的分析和跟踪管理；
（4）协助业主处理与工程有关的索赔事宜及合同争议事宜。

七、政府部门项目管理的目标和任务

政府对工程项目管理的目标主要在于维护社会公共利益，保证社会经济能够健康有序和稳步发展，保证国家建设的顺利进行。具体而言，其主要目标是：保证投资方向符合国家产业政策的要求，保证工程项目符合社会经济发展规划和环境与生态等的要求，保证工程建设项目遵守有关的工程技术标准与规范，保证国家整体投资规模达到合理经济规模。

政府对工程项目管理的主要任务表现在：制定各种宏观经济政策，制定经济与社会发展规划，加强重要资源的管理，环境与安全管理等。具体而言，主要包括以下内容：

1．工程项目建设前期所进行的监督与管理
审查工程建设项目的可行性和必要性，确定工程建设项目的具体位置、用地范围。

2．工程项目设计和施工准备阶段所进行的监督与管理
审查工程项目的设计是否符合有关建设用地、城市规划的要求，审查工程项目是否符合建筑技术性法规、设计标准的规定，工程项目施工招投标过程的监管。

3．工程项目施工阶段所进行的监督与管理
开工条件审核、施工阶段定期或非定期检查，以及竣工检查等。

1-3 确定项目管理范围

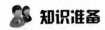知识准备

一、建设工程项目范围

项目范围是指为了顺利实现项目的目标,完成项目可交付成果而必须完成的工作,即项目行为系统的范围。

项目范围管理的对象包括完成项目所必需的专业工作和管理工作。其中,专业工作是指专业设计、施工和供应等工作;管理工作是指实现项目目标所必需的预测、决策、计划和控制工作,还可分为进度、质量、合同、资源以及信息管理。

二、建设工程项目范围管理

建设工程项目范围管理是以确定并完成项目目标为根本目的,通过明确项目有关各方的职责界限,以保证项目管理工作的充分性和有效性。

项目范围管理包括项目范围的确定、项目结构分析和项目范围控制等内容。

1. 项目范围的确定

工程项目范围确定是指明确项目的目标和可交付成果的内容,确定项目的总体系统范围并形成文件,以作为项目设计、计划、实施和评价项目成果的依据。

(1) 项目范围确定的依据:项目目标的定义或范围说明文件;环境条件调查资料;项目的限制条件和制约因素;同类项目的相关资料。

(2) 项目范围确定的过程,如图 1-3 所示。

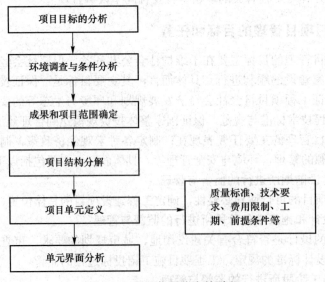

图 1-3 项目范围确定的过程

2. 项目结构分析

工程项目结构分析是指对项目系统范围结构分解，用可测量的指标定义项目的工作任务，并形成文件，以此作为分解项目目标、落实组织责任、安排工作计划和实施控制的依据。

项目结构分解是把主要的项目可交付成果分成较小的、更容易管理的部分，直到可交付成果定义得足够详细，足以支持项目将来的活动。如计划、实施、控制，并便于制定项目各具体领域和整体的实施计划。简而言之，是将项目划分为可管理的工作单元，以便这些工作单元的费用、时间和其他方面较项目整体更容易确定（图1-4）。

项目结构的分解方法主要有按项目的组成分解；按承担任务的组织分解；按管理目标分解。

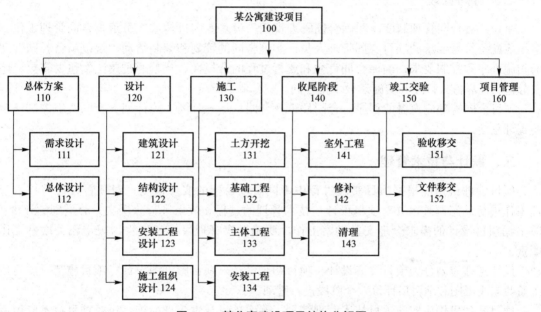

图1-4 某公寓建设项目结构分解图

3. 项目范围控制

工程项目范围控制是指保证在预定的建筑工程项目范围内进行项目的实施（包括设计、施工、采购等），对建筑工程项目范围的变更进行有效控制，保证项目系统的完备性和合理性。

技能准备

建设工程管理其内涵涉及工程项目全过程（工程项目全寿命）的管理，它主要包括决策阶段的管理、实施阶段的管理（即项目管理）、使用阶段的管理（即设施管理）。建设工程项目管理主要是对实施阶段进行的管理，主要包括采购与投标管理、合同管理、设计与技术管理、进度管理、质量管理、成本管理、安全生产管理、绿色建造与环境管理、资源管理、信息与知识管理、沟通管理、风险管理、收尾管理等。

一、采购与投标管理

采购工作应符合有关合同、设计文件所规定的技术、质量和服务标准，符合进度、安全、环境和成本管理要求。招标采购应确保实施过程符合法律、法规和经营的要求。

根据项目立项报告、工程合同、设计文件、项目管理实施规划和采购管理制度，编制采购计划。采购计划应主要包括：采购工作范围、内容及管理标准；采购信息，包括产品或服务的数量、技术标准和质量规范；检验方式和标准；供方资质审查要求；采购控制目标及措施。

项目投标前，组织应进行投标策划，确定投标目标，并编制投标计划。投标计划应主要包括：投标目标、范围、要求与准备工作安排；投标工作各过程及进度安排；投标所需要的文件和资料；与代理方以及合作方的协作；投标风险分析及信息沟通；投标策略与应急措施；投标监控要求。

二、合同管理

建立项目合同管理制度，明确合同管理责任。设立专门机构或人员负责合同管理工作。组织应配备符合要求的项目合同管理人员，实施合同的策划和编制活动，规范项目合同管理的实施程序和控制要求，确保合同订立和履行过程的合规性。严禁通过违法发包、转包、违法分包、挂靠方式订立和实施建设工程合同。

项目合同管理应遵循的程序：合同评审→合同订立→合同实施计划→合同实施控制→合同管理总结。

三、设计与技术管理

项目管理机构应根据项目实施过程中不同阶段目标的实现情况，对项目设计与技术管理工作进行动态调整，并对项目设计与技术管理的过程和效果进行分层次、分类别的评价；应根据项目设计的需求合理安排勘察工作，明确勘察管理目标和流程，规定相关勘察工作职责。

设计管理应划分为项目方案设计、项目初步设计、项目施工图设计、项目施工、项目竣工验收与竣工图和项目后评价六个阶段进行管理。

项目管理机构应实施项目技术管理策划，确定项目技术管理措施，进行项目技术应用活动。项目技术管理措施应包括：技术规格书；技术管理规划；施工组织设计、施工措施、施工技术方案；采购计划。

四、进度管理

建立项目进度管理制度，明确进度管理程序，规定进度管理职责及工作要求。

项目进度管理应遵循的程序：编制进度计划→进度计划交底，落实管理责任→实施进度计划→进行进度控制和变更管理。

根据项目控制性进度计划，编制项目的作业性进度计划。各类进度计划应包括：编制说明；进度安排；资源需求计划；进度保证措施。

五、质量管理

项目质量管理应坚持缺陷预防的原则，按照策划、实施、检查、处置的循环方式进行系统运作。

项目管理机构应通过对人员、机具、材料、方法、环境要素的全过程管理，确保工程质量满足质量标准和相关方要求。

项目质量管理应按确定质量计划→实施质量控制→开展质量检查与处置→落实质量改进的程序实施。

六、成本管理

建立项目全面成本管理制度，明确职责分工和业务关系，把管理目标分解到各项技术和管理过程。

项目成本管理应符合下列规定：

（1）组织管理层，应负责项目成本管理的决策。确定项目的成本控制重点、难点，确定项目成本目标，并对项目管理机构进行过程和结果的考核。

（2）项目管理机构，应负责项目成本管理，遵守组织管理层的决策，实现项目管理的成本目标。

项目成本管理应遵循的程序：掌握生产要素的价格信息→确定项目合同价→编制成本计划，确定成本实施目标进行成本控制→进行项目过程成本分析→进行项目过程成本考核→编制项目成本报告项目→成本管理资料归档。

七、安全生产管理

建立安全生产管理制度，坚持以人为本、预防为主，确保项目处于本质安全状态。根据有关要求确定安全生产管理方针和目标，建立项目安全生产责任制度，健全职业健康安全管理体系，改善安全生产条件，实施安全生产标准化建设。

建立专门的安全生产管理机构，配备合格的项目安全管理负责人和管理人员，进行教育培训并持证上岗。项目安全生产管理机构以及管理人员应当恪尽职守、依法履行职责。

按规定提供安全生产资源和安全文明施工费用，定期对安全生产状况进行评价，确定并实施项目安全生产管理计划，落实整改措施。

项目安全生产管理计划应满足事故预防的管理要求，并应符合下列规定：

（1）针对项目危险源和不利环境因素进行辨识与评估的结果，确定对策和控制方案；

（2）对危险性较大的分部分项工程，编制专项施工方案；

（3）对分包人的项目安全生产管理、教育和培训提出要求；

（4）对项目安全生产交底、有关分包人制定的项目安全生产方案进行控制措施；

（5）应急准备与救援预案。

八、绿色建造与环境管理

建立项目绿色建造与环境管理制度，确定绿色建造与环境管理的责任部门，明确管理内容和考核要求，制定绿色建造与环境管理目标，实施环境影响评价，配置相关资源，落实绿色建造与环境管理措施。

项目管理过程应采用绿色设计，优先选用绿色技术、建材、机具和施工方法。

绿色建造计划应包括：绿色建造范围和管理职责分工；绿色建造目标和控制指标；重要环境因素控制计划及响应方案；节能减排及污染物控制的主要技术措施；绿色建造所需的资源和费用。

九、资源管理

建立项目资源管理制度，确定资源管理职责和管理程序，根据资源管理要求，建立并监督项目生产要素配置过程。主要包括人力资源管理、劳务管理、工程材料与设备管理、施工机具与设施管理、资金管理等方面的管理。

项目资源管理包括：明确项目的资源需求；分析项目整体的资源状态；确定资源的各种提供方式；编制资源的相关配置计划；提供并配置各种资源；控制项目资源的使用过程；跟踪分析并总结改进。

十、信息与知识管理

建立项目信息与知识管理制度，及时、准确、全面地收集信息与知识，安全、可靠、方便、快捷地存储、传输信息和知识，有效、适宜地使用信息和知识。

信息管理应包括：信息计划管理；信息过程管理；信息安全管理；文件与档案管理；信息技术应用管理。

十一、沟通管理

建立项目相关方沟通管理机制，健全项目协调制度，确保组织内部与外部各个层面的交流与合作。项目管理机构应将沟通管理纳入日常管理计划，沟通信息、协调工作，避免和消除在项目运行过程中的障碍、冲突和不一致。

沟通管理计划应包括：沟通范围、对象、内容与目标；沟通方法、手段及人员职责；信息发布时间与方式；项目绩效报告安排及沟通需要的资源；沟通效果检查与沟通管理计划的调整。

十二、风险管理

建立风险管理制度，明确各层次管理人员的风险管理责任，管理各种不确定因素对项目的影响。

1. 项目风险管理程序

项目风险管理程序包括：风险识别；风险评估；风险应对；风险监控。

2. 风险管理计划内容

风险管理计划内容包括：风险管理目标；风险管理范围；可使用的风险管理方法、措施、工具和数据；风险跟踪的要求；风险管理的责任和权限；必需的资源和费用预算。

十三、收尾管理

建立项目收尾管理制度，明确项目收尾管理的职责和工作程序。项目管理机构应实施的项目收尾工作包括：编制项目收尾计划；提出有关收尾管理要求；理顺、终结所涉及的对外关系；执行相关标准与规定；清算合同双方的债权债务。

模块小结

本模块主要介绍了与建设工程项目管理相关的概念、建设工程项目管理各参建方的管理目标和任务、建设工程管理的内容等。本模块的学习重点为《建设工程项目管理规范》(GB/T 50326—2017)常用术语，项目、工程项目的概念及特征，管理、项目管理的概念及特点，以及建筑工程项目管理的内容。通过本模块学习使读者更全面、系统地掌握建设工程项目管理的基础知识，具备建设工程项目管理的能力。

自我评测

一、单项选择题

1. 建设工程管理涉及项目全寿命的管理，其中项目决策阶段的管理被称为（　　）。
   A. 开发管理　　　B. 实施管理　　　C. 决策管理　　　D. 组合管理

2. 关于工程项目管理与建设工程管理的说法，正确的是（　　）。
   A. 工程项目管理是建设工程管理中的一个组成部分
   B. 建设工程管理是工程项目管理中的一个组成部分
   C. 工程项目管理的工作涉及项目全寿命周期的工作
   D. 建设工程管理的工作仅限于项目实施期的工作

3. 建设工程管理的核心任务是（　　）。
   A. 为工程的建设和使用增值
   B. 目标控制
   C. 提高建设项目生命周期价值
   D. 实现业主的建设目标和为工程和为工程的建设增值

4. 关于项目管理和工程管理的说法，正确的是（　　）。
   A. 工程项目管理的时间是项目的全寿命周期
   B. 建设工程管理的时间是项目的实施阶段
   C. 工程管理的核心任务是为项目的建设和使用增值
   D. 项目管理的核心任务是目标控制

5. 建设工程管理过程实施阶段的管理，即（　　）。
   A. 开发管理　　　B. 施工管理　　　C. 项目管理　　　D. 设施管理

6. 项目决策的标志是（　　）。
   A. 确定项目定义　B. 项目立项　　　C. 确定建设任务　D. 项目组织

7. 建设项目管理的核心主体是（　　）。
   A. 工程总承包方　B. 工程咨询方　　C. 施工总承包方　D. 业主方

8. 建设工程管理的核心任务是（　　）。
   A. 实现业主的建设目标和为工程的建设增值
   B. 项目的目标控制
   C. 提高建设项目生命周期价值
   D. 为工程的建设和使用增值

二、多项选择题

1. 从工程项目全寿命周期的角度，建设工程管理可分为（　　）。
   A. 开发管理　　B. 决策管理　　C. 项目管理　　D. 建设管理
   E. 设施管理

2. 建设工程项目的全寿命周期包括项目的（　　）。
   A. 决策阶段　　B. 审批阶段　　C. 实施阶段　　D. 使用阶段
   E. 建设阶段

3. 在建设工程项目管理中，设计方项目管理的目标有（　　）。
   A. 设计的成本目标　　　　　　B. 设计的进度目标
   C. 设计的质量目标　　　　　　D. 项目的投资目标
   E. 设计的节能目标

4. 在建设工程项目管理中，施工方项目管理的任务有（　　）。
   A. 施工安全管理　　B. 施工合同管理　　C. 施工信息管理　　D. 施工成本控制
   E. 建设项目与外部环境的协调

5. 项目总承包方作为项目建设的一个重要参与方，其项目管理主要服务于（　　）。
   A. 业主的利益　　　　　　　　B. 项目的整体利益
   C. 设计方的利益　　　　　　　D. 总承包方本身的利益
   E. 政府方的利益

三、直通执考

1. 建设工程管理工作是一种增值服务工作，下列属于工程建设增值的是（　　）。【2017年真题】
   A. 确保工程使用安全　　　　　B. 满足最终用户的使用功能
   C. 提高工程质量　　　　　　　D. 有利于工程维护

2. 下列关于建设工程管理内涵的说法，正确的是（　　）。【2015年真题】
   A. 建设工程项目管理和设施管理即为建设工程管理
   B. 建设工程管理不涉及项目使用期的管理方对工程的管理
   C. 建设工程管理是对建设工程的行政事务管理
   D. 建设工程管理工作是一种增值服务

3. 建设工程管理工作的核心任务是（　　）。【2004年真题】
   A. 项目的目标控制　　　　　　B. 为项目建设的决策和实施增值
   C. 为工程建设和使用增值　　　D. 实现工程项目实施阶段的建设目标

4. 建设工程项目的全寿命周期包括项目的（　　）。【2005年真题】
   A. 决策阶段、实施阶段、使用阶段
   B. 可行性研究阶段、施工阶段、使用阶段
   C. 决策阶段、实施阶段、保修阶段
   D. 可行性研究阶段、设计阶段、施工阶段

5. 下列关于建设工程项目管理的说法，正确的有（　　）。【2016年真题】
   A. 业主方是建设工程项目生产过程的总组织者
   B. 建设工程项目各参与方的工作性质和工作任务不尽相同
   C. 建设工程项目管理的核心任务是项目的费用控制
   D. 施工方的项目管理是项目管理的核心

E．实施建设工程项目管理需要有明确的投资、进度和质量目标
6．建设工程项目的实施阶段包括（　　）。【2004年真题】
  A．设计阶段   B．设计准备阶段
  C．施工阶段   D．可行性研究性阶段
  E．动用前准备阶段
7．下列建设工程管理的任务中，属于为工程使用增值的是（　　）。【2019年真题】
  A．有利于环保   B．提高工程质量   C．有利于投资控制   D．有利于进度控制

模块 2　建设工程项目管理组织

模块导读

随着我国国民经济的发展，建设工程取得了迅猛的发展，建设项目管理是建设工程的基础，是对工程实施的整体调控，实行全过程、全方位的规划组织、控制和协调工作，对保证工程质量有着极其重要的作用。针对工程项目实际制定相应的组织结构形式和组建项目部，为项目管理的顺利开展奠定基础。

本模块针对"建设工程项目组织能力"的培养，安排了以下学习内容：

情境动画

学习指导

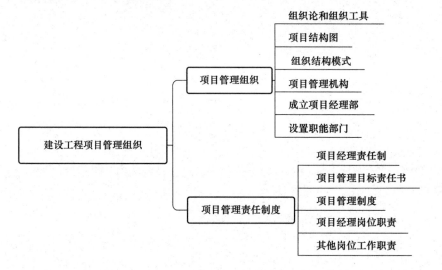

学习目标

知识目标	能力目标	素养目标
（1）熟悉项目组织模式的特点及适用范围； （2）掌握项目经理部的定义、设置程序及职能部门划分； （3）熟悉项目经理责任制的定义及落实措施； （4）掌握项目管理制度的制定原则； （5）掌握项目经理等岗位职责	（1）能够绘制组织结构图； （2）能根据项目特点组建项目经理部； （3）能区别项目部各岗位工作职责； （4）能列出项目管理目标责任书主要内容； （5）能列出项目部主要管理制度	（1）培养改革创新的专业精神； （2）培养计划、组织和协调能力； （3）培养团队协作精神； （4）培养遵规守纪的标准意识； （5）培养严谨细致的工作态度

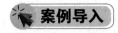 案例导入

鲁布革水电站

1981年6月，国家批准建设装机60万千瓦的鲁布革水电站，被列为当时的国家重点工程。开工3年后的1984年4月，原水利电力部决定在鲁布革工程采用世界银行贷款。当时正值改革开放初期，鲁布革工程是我国第一个利用世界银行贷款的基本建设项目。但是根据与世界银行的使用贷款协议，鲁布革部分项目实行国际招标。工程三大部分之一——引水隧洞工程必须进行国际招标。鲁布革水电站工地先后引来了7个国家的承包商、制造商和世界银行聘请的近百名咨询专家。在中国、日本、挪威、意大利、美国、德国、南斯拉夫、法国八国承包商的竞争中，日本大成公司中标，比标底低了43%。同时，挪威和澳大利亚政府决定向工程提供贷款和咨询服务。

国际招标带来了合同制管理模式。在鲁布革并存着两种管理体制：一种是以云南电力局为业主，鲁布革工程管理局为业主代表及"工程师机构"，日本大成公司为承包方的合同制管理体制；另一种是以鲁布革工程管理局为甲方，以中国水利水电十四局为乙方的投资包干管理体制。日方按照合同制管理，对工人按效率给工资。日本大成公司派到中国来的仅是一支三十多人的管理队伍，从水电十四局雇了424名工人。他们开挖了两三个月，单月平均进尺222.5 m，相当于我国当时同类工程的2～2.5倍。1986年8月，大成公司在开挖直径8.8 m的圆形发电隧洞中，创造出单头进尺373.7 m的国际先进纪录。1986年10月30日，隧洞全线贯通，工程质量优良，比合同计划提前了5个月。

相比之下，中方施工企业水电十四局承担的首部枢纽工程于1983年开工，工程进展迟缓。世界银行特别咨询团于1984年4月和1985年5月两次来工地考察，都认为按期完成截流的计划难以实现。用的是同样的工人，两者差距为何那么大？此时，中国的施工企业意识到，奇迹的产生源于好的机制，高效益来自科学的管理。

鲁布革工程指挥部开始推行新的管理体制，在首部枢纽工程建设中，施工人员发动了千人会战。此后，中国的施工企业在学习先进管理经验的基础上，提出了"项目法施工"。"项目法施工"是以工程建设项目为对象，以项目经理负责制为基础，以企业内部决策层、管理层与作业层相对分离为特性，以内部经济承包为纽带，实行动态管理和生产要素优化，从施工准备开始直至交工验收结束的一次性的施工管理活动。

1985年11月，国务院批准鲁布革工程厂房工地开始率先进行"项目法施工"的尝试。参照日本大成公司鲁布革事务所的建制，建立了精干的指挥机构，使用配套的先进施工机械，优化施工组织设计，改革内部分配办法，产生了我国最早的"项目法施工"雏形。通过试点，提高了劳动生产力和工程质量，加快了施工进度，取得了显著效果。在建设过程中，原水利电力部还实行了国际通行的工程监理制和项目法人责任制等管理办法，取得了投资省、工期短、质量好的效果。到1986年底，历时13个月，不仅把耽误的3个月时间抢了回来，还提前4个半月结束了开挖工程，安装车间混凝土工程提前半年完成。

随后，有关部门对鲁布革管理经验进行全面总结，并在建筑行业推广鲁布革经验。

2-1 成立项目管理组织

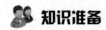 知识准备

一、组织论和组织工具

1. 组织论

组织论是一门学科，它主要研究系统的组织结构模式、组织分工和工作流程组织，它是与项目管理学相关的一门非常重要的基础理论学科。其基本内容如图2-1所示。

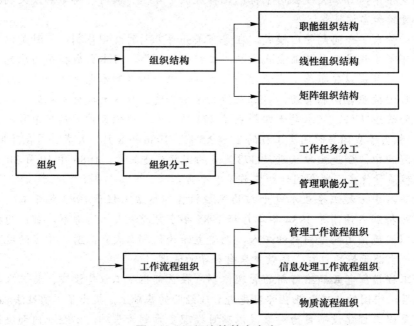

图 2-1 组织论的基本内容

组织结构模式反映了一个组织系统中各子系统之间或各元素（各工作部门或各管理人员）之间的指令关系。指令关系指的是哪一个工作部门或哪一位管理人员可以对哪一个工作部门或哪一位管理人员下达工作指令。

组织分工反映了一个组织系统中各子系统或各元素的工作任务分工和管理职能分工。组织结构模式和组织分工都是一种相对静态的组织关系。

工作流程组织则可反映一个组织系统中各项工作之间的逻辑关系，是一种动态关系。

2. 组织工具

组织工具是组织论的应用手段，用图或表等形式表示各种组织关系。组织论的三个重要组织工具：项目结构图（图2-2）、组织结构图（图2-3）和合同结构图（图2-4），其区别见表2-1。

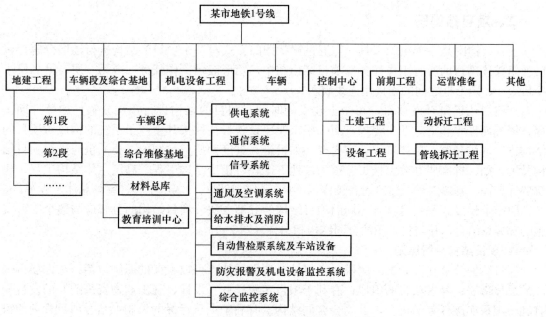

图 2-2 某市地铁 1 号线工程的项目结构图

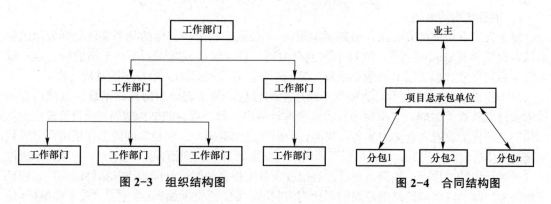

图 2-3 组织结构图　　　　　图 2-4 合同结构图

表 2-1　项目结构图、组织结构图和合同结构图的区别

名称	表达的含义	矩形框的含义	框的连接方式
项目结构图	对一个项目的结构进行逐层分解，以反映组成该项目的所有工作任务（该项目的组成部分）	一个项目的组成部分	直线
组织结构图	反映一个组织系统中各组成部门（组成元素）之间的组织关系（指令关系）	一个组织系统中的组成部分（工作部门）	单向箭线
合同结构图	反映一个建设项目参与单位之间的合同关系	一个建设项目的参与单位	双向箭线

二、项目结构图

项目结构图是一个组织工具,它通过树状图的方式对一个项目的结构进行逐层分解,以反映组成该项目的所有工作任务。项目结构图中,矩形表示工作任务(或第一层、第二层子项目等),矩形框之间的连接用连线表示。

一些居住建筑开发项目,可根据建设的时间对项目的结构进行逐层分解,如第一期工程、第二期工程和第三期工程等。而一些工业建设项目往往按其生产子系统的构成对项目的结构进行逐层分解。单体工程如有必要(如投资、进度和质量控制的需要)也应进行项目结构分解,如一栋高层办公大楼可分解为:地下工程、裙房结构工程、高层主体结构工程、建筑装饰工程、幕墙工程、建筑设备工程(不包括弱电工程)、弱电工程、室外总体工程等。

同一个建设工程项目可有不同的项目结构的分解方法,项目结构的分解应与整个工程实施的部署相结合,并与将采用的合同结构相结合(图2-2)。

1. 项目结构分解原则

项目结构分解并没有统一的模式,但结合项目的特点可以参考的原则包括:考虑项目进展的总体部署;考虑项目的组成;有利于项目实施任务(设计、施工和物资采购)的发包和有利于项目实施任务的进行,并结合合同结构;有利于项目目标的控制;结合项目管理的组织结构等。

2. 项目结构的编码

每个人的身份证都有编码,最新版编码由18位数字组成,其中的几个字段分别表示出生地域、出生年月日和性别等。交通车辆也有编码,表示城市、购买顺序和车辆的分类等。编码由一系列符号(如文字)和数字组成,编码工作是信息处理的一项重要的基础工作。

一个建设工程项目有不同类型和不同用途的信息,为了有组织地存储信息、方便信息的检索和信息的加工整理,必须对项目的信息进行编码,如:项目的结构编码;项目管理组织结构编码;项目的政府主管部门和各参与单位编码(组织编码);项目实施的工作项编码(项目实施的工作过程的编码);项目的投资项编码(业主方)/成本项编码(施工方);项目的进度项(进度计划的工作项)编码;项目进展报告和各类报表编码;合同编码;函件编码;工程档案编码等。以上这些编码是因不同的用途而编制的,如:投资项编码(业主方)/成本项编码(施工方)服务于投资控制工作/成本控制工作;进度项编码服务于进度控制工作。

项目结构的编码依据项目结构图,对项目结构的每一层的每一个组成部分进行编码。项目结构的编码和用于投资控制、进度控制、质量控制、合同管理和信息管理等管理工作的编码有紧密的联系,但它们之间又有区别。项目结构图和项目结构的编码是编制上述其他编码的基础。

三、组织结构模式

组织结构模式可以用组织结构图来描述,组织结构图是一个重要的组织工具,反映一个组织系统中各组成部门(组成元素)之间的组织关系(指令关系)。

对一个项目的组织结构进行分解,并用图表的方式表示,就形成项目组织结构图(项目管理组织结构图)。在组织结构图中,矩形框表示工作部门,上级工作部门对其直接下属工作部门的指令关系用单向箭线表示(图2-3)。

微课:选择项目管理组织模式

组织结构模式反映了一个组织系统中各子系统之间或各组织元素(如各工作部门)之间的指令关系。组织分工反映了一个组织系统中各子系统或各组织元素的工作任务分工和管理职能分工。组织结构模式和组织分工都是一种相对静态的组织关系。而工作流程组织则反映一个组织系统中各项工作之间的逻辑关系，是一种动态关系。在一个建设工程项目实施过程中，其管理工作的流程、信息处理的流程，以及设计工作、物资采购和施工的流程的组织都属于工作流程组织的范畴。

1. 职能组织结构

在人类历史发展过程中，当手工业作坊发展到一定的规模时，一个企业内需要设置对人、财、物和产、供、销管理的职能部门，这样就产生了初级的职能组织结构。职能组织结构是一种传统的组织结构模式。在职能组织结构中（图2-5），每一个职能部门可根据它的管理职能对其直接和非直接的下属工作部门下达工作指令。因此，每一个工作部门都可能得到其直接和非直接的上级工作部门下达的工作指令，它就会有多个矛盾的指令源。一个工作部门的多个矛盾的指令源会影响企业管理机制的运行。

2. 线性组织结构

在线性组织结构中（图2-6），每一个工作部门只能对其直接的下属部门下达工作指令，每一个工作部门也只有一个直接的上级部门，因此，每一个工作部门只有唯一的指令源，避免了由于矛盾的指令而影响组织系统的运行。

在国际上，线性组织结构模式是建设项目管理组织系统的一种常用模式，因为一个建设项目的参与单位很多，少则数十，多则数百，大型项目的参与单位将数以千计，在项目实施过程中矛盾的指令会给工程项目目标的实现造成很大的影响，而线性组织结构模式可确保工作指令的唯一性。在该组织结构中，每一个工作部门的指令源是唯一的。

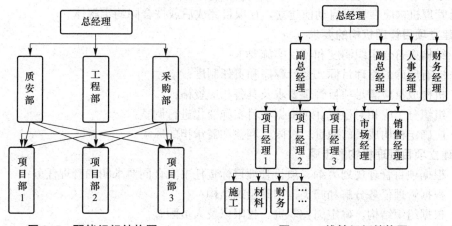

图2-5 职能组织结构图　　　　图2-6 线性组织结构图

3. 矩阵组织结构

矩阵组织结构是一种较新型的组织结构模式。在矩阵组织结构最高指挥者（部门）下设纵向和横向两种不同类型的工作部门。纵向工作部门如人、财、物、产、供、销的职能管理部门，横向工作部门如生产车间等。一个施工企业，如采用矩阵组织结构模式，则纵向工作部门可以是计划管理、技术管理、合同管理、财务管理和人事管理部门等，而横向工作部门可以是项目部。

一个大型建设项目如果采用矩阵组织结构模式，则纵向工作部门可以是投资控制、进度控制、质量控制、合同管理、信息管理、人事管理、财务管理和物资管理等部门，而横向工作部门可以是各子项目的项目管理部。矩阵组织结构适宜用于大的组织系统，在上海地铁和广州地铁一号线建设时都采用了矩阵组织结构模式（图2-7）。

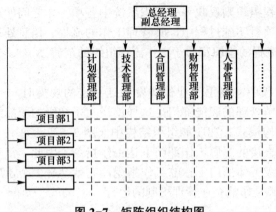

图 2-7 矩阵组织结构图

在矩阵组织结构中,每一项纵向和横向交汇的工作(如图 2-7 所示的项目部 1 涉及的合同问题)指令来自纵向和横向两个工作部门,因此其指令源为两个。当纵向和横向工作部门的指令发生矛盾时,由该组织系统的最高指挥者(部门)进行协调或决策。

四、项目管理机构

项目管理机构应承担项目实施的管理任务和实现目标的责任,由项目管理机构负责人领导,接受组织职能部门的指导、监督、检查、服务和考核,负责对项目资源进行合理使用和动态管理。

项目管理机构应在项目启动前建立,在项目完成后或按合同约定解体。

1. 建立项目管理机构的要求

(1)结构应符合组织制度和项目实施要求;
(2)应有明确的管理目标、运行程序和责任制度;
(3)机构成员应满足项目管理要求及具备相应资格;
(4)组织分工应相对稳定并可根据项目实施变化进行调整;
(5)应确定机构成员的职责、权限、利益和需承担的风险。

2. 建立项目管理机构的步骤

(1)根据项目管理规划大纲、项目管理目标责任书及合同要求明确管理任务;
(2)根据管理任务分解和归类,明确组织结构;
(3)根据组织结构,确定岗位职责、权限以及人员配置;
(4)制定工作程序和管理制度;
(5)由组织管理层审核认定。

技能准备

一、成立项目经理部

项目经理部是由项目经理在企业法定代表人授权和职能部门的支持下按照企业的相关规定组建的、进行项目管理的一次性的现场组织机构。项目经理部不具备法人资格,是施工企业根据建设工程施工项目而组建的非常设的下属机构。

微课:成立项目经理部

项目经理部一般应设置经营核算、工程技术、物资设备、监控管理、测试计量等部门。

1. 特点

(1) 项目经理部是项目管理层；

(2) 项目经理部在项目启动前建立，竣工验收后解体；

(3) 项目经理部以项目经理为核心开展各项工作；

(4) 项目经理部是一个一次性的有弹性的组织。

2. 设置程序

项目经理部设置程序如图 2-8 所示。

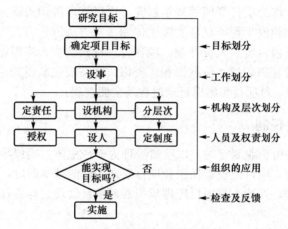

图 2-8 项目经理部设置程序

二、设置职能部门

(1) 项目经理：负责项目经理部的行政领导工作，并对整个项目的施工计划、生产进度、质量安全、经济效益全面负责，分管行政科和安全科。

(2) 项目副经理：项目经理的助手，负责项目施工中的各项生产工作，对进度、质量、安全负直接责任，分管施工科和材料科。

(3) 项目总工程师：负责项目施工中的全部技术管理、质量控制和安全监督工作，分管技术科和质检科。

(4) 施工科：负责定额核算、计划统计和预决算的编制工作；负责施工现场平面管理、施工调度及内外协调；负责施工测量、放线，负责机械设备管理和安全管理工作。

(5) 技术科：负责施工组织设计、专项施工方案和技术交底卡的编制；负责钢筋翻样、木工放样、构配件加工订货和现场施工技术问题的处理；负责发放施工图纸、设计变更和有关技术文件；负责做好隐蔽工程的验收记录和各项工程技术资料的收集整理工作。

(6) 质检科：负责工程质量的检查、监督，进行分部分项工程的自检评定，开展全面质量管理和 QC 小组的活动。

(7) 安全科：负责做好经常性的安全生产宣传工作，贯彻"安全第一，预防为主"的方针，组织日常的安全生产检查、监督工作，帮助班组消除事故隐患，促进安全生产。

(8) 材料科：负责编制材料供应计划，根据施工进度分批组织材料供应；负责材料的发放和物资保管，进行原材料的检验、化验、抽检，提供有关材料的技术文件。

(9) 行政科：负责政治宣传、职工教育、生活后勤、安全保卫、环境卫生、文明施工及接待工作。

2-2 制定项目管理制度

知识准备

建设工程项目各实施主体和参与方应建立项目管理责任制度,明确项目管理组织和人员分工,建立各方相互协调的管理机制。

项目管理责任制度作为项目管理的基本制度,项目管理机构负责人责任制应是项目管理责任制度的核心内容。建设工程项目各实施主体和参与方法定代表人应书面授权委托项目管理机构负责人,并实行项目负责人责任制。项目管理机构负责人应根据法定代表人的授权范围、期限和内容,履行管理职责;应取得相应资格,并按规定取得安全生产考核合格证书;应按相关约定在岗履职,对项目实施进行全过程及全面管理。

一、项目经理责任制

项目经理责任制是由企业制定的、以项目经理为责任主体,确保项目管理目标实现的责任制度。项目经理责任制是项目管理工作的基本制度,是评价项目经理绩效的依据,其核心是项目经理承担实现项目管理目标责任书中所确定的责任。

微课:落实项目经理责任

1. 项目经理责任制的特点

(1) 对象终一性:项目经理是以项目为对象,实行项目产品形成过程的一次性全面负责。

(2) 主体直接性:项目经理是项目的责任主体、权利主体、利益主体,是项目管理的直接组织实施者。

(3) 内容全面性:只要在企业法人授权范围内,项目经理将对项目全面负责。

(4) 责任风险性:项目经理是项目的第一责任人,项目实施成功与否的风险将由项目经理承担。

2. 项目经理责任制的作用

(1) 有利于明确项目经理、企业、职工三者之间的责、权、利、效关系;

(2) 有利于运用经济手段强化项目的全过程管理;

(3) 有利于项目管理的规范化、科学化和实现项目的整体目标;

(4) 有利于促进和提高企业项目管理的经济效益和社会效益,不断提高社会生产力。

3. 项目经理责任制的落实

(1) 项目经理应具备良好的素质条件(见表 2-2)。

表 2-2 项目经理应具备的素质

序号	素质条件	具体要求
1	身体健康、精力充沛	
2	良好的心理素质和个性特征	坚毅、果断、冷静、乐观、开朗
3	管理的基本技能、良好的知识结构	持有建造师执业资格证书(大中型项目);具备相关的项目管理的基础知识;具有相关的项目管理经验和业绩

续表

序号	素质条件	具体要求
4	综合素质较高	良好的职业道德、遵纪守法、爱岗敬业、使命感较强；以身作则、树立良好榜样；言行一致、为人正直、公平无私；求贤若渴、重视人才、广纳良策；具有长远目光、大局观念；善于总结得失
5	能力全面	组织协调能力；联系交际能力；沟通能力；团队精神、合作能力；表达能力和谈判技巧；分析与决策能力；应急应变能力；开拓创新能力；系统思维能力

（2）企业法定代表人对项目经理的合理授权。对项目经理应按照权责对等的原则合理授权（见表2-3）。授权过多，会导致项目经理自主权过大，有时会导致项目经理太自以为是，增加项目的风险；授权过少，会限制项目经理行动和决策的自由度，使项目经理趋于保守甚至会影响其工作的积极性和热情，尤其在重大的突发事件前，有时会因权限所制，无法决策，最终导致错失良机。

表 2-3　项目经理授权原则

序号	授权原则	具体要求
1	根据项目经理授权	如果项目经理管理水平较高、协调交际能力较强、管理经验颇为丰富，则应授予其足够的权限，以便使其充分发挥才干
2	根据项目部成员授权	如果项目经理部成员较多、知识储备丰富，综合素质较高，则应授予项目经理较大的权限，采取有效激励等措施充分发挥各成员的积极性，提高整个队伍的工作效率
3	根据项目特点授权	如果项目合同周期长、程序复杂、牵扯的项目相关方多、项目结构复杂、项目地点较远、环境较差，则应授予项目经理较大的权力，使其游刃有余地与各个项目相关方协商，确保项目按计划执行
4	根据项目目标要求授权	如果项目目标要求较高，则应授予项目经理的较大的权力，给项目经理足够的空间和权力去消除项目开展过程中出现的各种各样的纠纷和冲突
5	根据项目风险程度授权	如果项目风险较大，意味着项目经理承担的责任较大，则应授予项目经理较大的权力，保证项目经理拥有充分的权限，能在风云变幻的项目环境中及时地做出决策，有效规避风险或把风险降到最低

（3）企业层级完善的运行机制。项目经理责任制的落实需要企业层级建立与项目管理相适应的组织管理方式，企业内部要用完善的资源配置机制、组织协调机制、市场机制、用人机制、分配机制、服务机制和监督机制等有效机制来保证项目经理责任制的有效实施。

（4）高效的项目管理组织体系。项目经理部要建立职责明确、运行高效的项目管理组织体系。有效而灵活运转的项目管理组织体系是实现项目目标的必要条件。

二、项目管理目标责任书

项目管理目标责任书是组织管理层与项目经理部签订的明确项目经理部应达到的成

本、质量、进度、安全和环境等管理目标及其承担的责任并作为项目完成后审核评价依据的文件。

项目管理目标责任书应属于组织内部明确责任的系统性管理文件,其内容应符合组织制度要求和项目自身特点;项目管理目标责任书应在项目实施之前,由组织法定代表人或其授权人与项目管理机构负责人协商制定。

1．项目管理目标责任书编制依据

（1）项目合同文件；
（2）组织管理制度；
（3）项目管理规划大纲；
（4）组织经营方针和目标；
（5）项目特点和实施条件与环境。

2．项目管理目标责任书的内容

（1）项目管理实施目标；
（2）组织和项目管理机构职责、权限和利益的划分；
（3）项目现场质量、安全、环保、文明、职业健康和社会责任目标；
（4）项目设计、采购、施工、试运行管理的内容和要求；
（5）项目所需资源的获取和核算办法；
（6）法定代表人向项目管理机构负责人委托的相关事项；
（7）项目管理机构负责人和项目管理机构应承担的风险；
（8）项目应急事项和突发事件处理的原则和办法；
（9）项目管理效果和目标实现的评价原则、内容和方法；
（10）项目实施过程中相关责任和问题的认定和处理原则；
（11）项目完成后对项目管理机构负责人的奖惩依据、标准和办法；
（12）项目管理机构负责人解职和项目管理机构解体的条件及办法；
（13）缺陷责任期、质量保修期及之后对项目管理机构负责人的相关要求。

组织应对项目管理目标责任书的完成情况进行考核和认定,并根据考核结果和项目管目标责任书的奖惩规定,对项目管理机构负责人和项目管理机构进行奖励或处罚。项目管理目标责任书应根据项目实施变化进行补充和完善。

三、项目管理制度

1．管理制度的含义

按《辞海》的解释,制度的第一含义便是指要求成员共同遵守的、按一定程序办事的规程。汉语中的"制"是有节制、限制的意思,"度"是有尺度、标准的意思。这两个字结合起来,表明制度是节制人们行为的尺度。

管理制度是为了能够达到管理目标所要遵循的一些程序规则、规程和行为的道德伦理规范,并有度去衡量,且有法去惩罚和激励。

2．项目管理制度

针对项目范畴和项目特点所规范的管理制度就是项目管理制度。也就是为了达到"做正确的事,正确地做事,获取正确的结果"而制定的,需要项目团队成员遵循、有度地去衡量且有法去惩罚和激励的一些程序或规程。

（1）项目管理制度的主要内容。项目管理制度的要内容是"管人"和"理事"。"管人"和"理事"是在一个特定的环境下和具体的专业领域内进行的。

1）"管人"包括岗位设置与人员的行为规范管理。

2）"理事"需要明确各种管理事务的相互关系、处理原则、程序。应该做什么，不能做什么；应该怎么做，不能怎么做；要做到什么程度；行为和处事的结果会得到什么样的奖惩等。

（2）项目管理制度的制定原则。

1）规范性。管理制度的最大特点是规范性，呈现在稳定和动态变化相统一的过程中。对项目管理来说，长久不变的规范不一定是好的规范，经常变化的规范也不一定是好规范，应该根据项目发展的需要进行相对的稳定和动态的变化。

2）层次性。管理是有层次性的，制定项目管理制度也要有层次性。通常的管理制度可以分为责权利制度、岗位职能制度和作业基础制度三个层次。

3）适应性。实行管理制度的目的是多、快、好、省地实现项目目标，是使项目团队和项目各个利益相关方尽量满意。不是为了制度而制定制度。制定制度要结合项目管理的实际，既要学习国际上先进的理论，又要结合我国的国情，要适应我国的文化。

4）有效性。制定出的制度要对管理有效，要注意团队人员的认同感。制度的制定是为了项目管理的效率，而非简单地制约员工。管理制度必须在社会规范、国际标准、人性化尊重之间取得一个平衡。

5）创新性。项目管理制度的动态变化需要组织进行有效的创新，项目本身就是创新活动的载体，也只有创新才能保证项目管理制度具有适应项目的相对稳定性、规范性，合理、科学、把握好或利用好时机的创新是保持项目管理制度规范性的重要途径。

 技能准备

一、项目经理岗位职责

项目经理是根据组织法定代表人授权的范围、时间和内容，对项目实施全过程、全面的管理，是组织法定代表人在该项目上的全权委托代理人。

项目经理是项目管理的直接组织实施者，是工程项目管理的核心和灵魂，在项目管理中起到决定性的作用。

项目经理是合同履约的负责人、项目计划制定和执行监督人、项目组织的指挥员，同时还是项目协调工作的纽带以及项目信息的集散中心（见表2-4）。

微课：明确项目部岗位职责

表2-4　项目经理岗位责、权、利

序号	分类	具体内容
1	职责	项目管理目标责任书规定的职责；主持编制项目管理实施规划，对项目目标进行系统管理；对资源进行动态管理；建立各种专业管理体系并组织实施；进行授权范围内的利益分配；收集工程资料，准备结算资料，参与工程竣工验收；接受审计，处理项目经理部解体的善后工作；协助组织进行项目的检查、鉴定和评奖申报工作

续表

序号	分类	具体内容
2	权限	参与项目招标、投标和合同签订;参与组建项目经理部;主持项目经理部工作;决定授权范围内的项目资金的投入和使用;制定内部计酬办法;参与选择并使用具有相应资质的分包人;参与选择物资供应单位;在授权范围内协调与项目有关的内、外部关系;法定代表人授予的其他权力
3	利益	获得工资和奖励;项目完成后,按照项目管理目标责任书规定,经审计后给予奖励或处罚;获得评优表彰、记功等荣誉

二、其他岗位工作职责

为了加强施工现场专业人员队伍建设,住建部发布了行业标准《建筑与市政工程施工现场专业人员职业标准》(JGJ/T 250—2011),自 2012 年 1 月 1 日起实施。标准中明确了建筑业的八大员工作职责。

(1)施工员:从事施工组织策划、施工技术与管理,以及施工进度、成本、质量和安全控制等工作的专业人员(见表 2-5)。

表 2-5　施工员工作职责

工作分类	主要工作职责
施工组织策划	参与施工组织管理策划;参与制定管理制度
施工技术管理	参与图纸会审、技术核定;负责施工作业班组技术交底;负责组织施工测量放线、参与技术复核
施工进度成本控制	参与制定并调整施工进度计划、施工资源需求计划,编制施工作业计划;参与做好施工现场组织协调工作,合理调配施工资源,落实施工作业计划;协助现场经济技术签证,参与成本控制和核算;负责施工平面布置的动态管理
质量安全环境管理	协助质量、环境与职业健康安全的预控;负责施工作业的质量、环境与职业健康安全过程控制,参与隐蔽、分项、分部和单位工程的质量验收;参与质量、环境与职业健康安全问题的调查,提出整改措施并监督落实
施工信息资料管理	负责编写施工日志、施工记录等相关施工资料;负责汇总、整理、移交施工资料

(2)质量员:从事施工质量策划、过程控制、检查、监督、验收等工作的专业人员(见表 2-6)。

表 2-6　质量员工作职责

工作分类	主要工作职责
质量计划准备	参与进行施工质量策划；参与制定质量管理制度
材料质量控制	参与材料、设备的采购；负责核查进场材料、设备的质量保证资料，监督进场材料的抽样复验；负责监督、跟踪施工试验，负责计量器具的符合性审查
工序质量控制	参与施工图会审和施工方案审查；参与制定工序质量控制措施；负责工序质量检查和关键工序、特殊工序的旁站检查，参与交接检验、隐蔽验收、技术复核；负责检验批和分项工程的质量验收、评定，参与分部和单位工程的质量验收、评定
质量问题处置	参与制定质量通病预防和纠正措施；负责监督质量缺陷的处理；参与质量事故的调查、分析和处理
质量资料管理	负责质量检查的记录，编制质量资料；负责汇总、整理、移交质量资料

（3）安全员：从事施工安全策划、检查、监督等工作的专业人员（见表 2-7）。

表 2-7　安全员工作职责

工作分类	主要工作职责
项目安全策划	参与制定施工项目安全生产管理计划；参与建立安全生产责任制度；参与制定施工现场安全事故应急救援预案
资源环境安全检查	参与开工前安全条件自查；参与施工机械、临时用电、消防设施等的安全检查；负责防护用品和劳保用品的符合性审查；负责作业人员的安全教育和特种作业人员资格审查
作业安全管理	参与编制危险性较大的分部、分项工程专项施工方案；参与施工安全技术交底；负责施工作业安全及消防安全的检查和危险源的识别，对违章作业和安全隐患进行处置；负责施工现场环境监督管理
安全事故处理	参与组织安全事故应急救援演练，参与组织安全事故救援；参与安全事故的调查、分析
安全资料管理	负责安全检查的记录、安全资料的编制；负责汇总、整理、移交安全资料

（4）标准员：从事工程建设标准实施组织、监督、效果评价等工作的专业人员（见表 2-8）。

表 2-8　标准员工作职责

工作分类	主要工作职责
标准实施计划	参与企业标准体系表的编制；负责确定工程项目应执行的工程建设标准，编列标准强制性条文，并配置标准有效版本；参与制定质量安全技术标准落实措施及管理制度
施工前期标准实施	负责组织工程建设标准的宣贯和培训；参与施工图会审，确认执行标准的有效性；参与编制施工组织设计、专项施工方案、施工质量计划、职业健康安全与环境计划，确认执行标准的有效性

续表

工作分类	主要工作职责
施工过程标准实施	负责建设标准实施交底；负责跟踪、验证施工过程标准执行情况，纠正执行标准中的偏差，重大问题提交企业标准化委员会；参与工程质量、安全事故调查，分析标准执行中的问题
标准实施评价	负责汇总标准执行确认资料、记录工程项目执行标准的情况，并进行评价；负责收集对工程建设标准的意见、建议，并提交企业标准化委员会
标准信息管理	负责工程建设标准实施的信息管理

（5）材料员：从事施工材料的计划、采购、检查、统计、核算等工作的专业人员（见表2-9）。

表 2-9　材料员工作职责

工作分类	主要工作职责
材料管理计划	参与编制施工材料、设备配置计划；参与建立材料、设备管理制度
材料采购验收	负责收集材料、设备的价格信息，参与供应单位的评价、选择；负责材料、设备的选购，参与采购合同的管理；负责进场材料、设备的验收和抽样复检
材料使用存储	负责监督、管理材料、设备进场后的接收、发放、储存；负责监督、检查材料、设备的合理使用；参与回收和处置剩余及不合格材料、设备
材料统计核算	负责建立材料、设备管理台账；负责材料、设备的盘点、统计；参与材料、设备的成本核算
材料资料管理	负责材料、设备资料的编制；负责检查、汇总、整理、移交材料、设备资料

（6）机械员：从事施工机械的计划、安全使用监督检查、成本统计及核算等工作的专业人员（见表2-10）。

表 2-10　机械员工作职责

工作分类	主要工作职责
机械管理计划	参与制定机械设备使用计划，负责制定检修保养计划；参与制定机械设备管理制度
机械前期准备	参与施工总平面布置及机械设备的采购或租赁；参与审查特种设备安装、拆卸单位资质和安全事故应急救援预案、专项施工方案；参与特种设备安装、拆卸的安全管理和监督检查；参与施工机械设备的检查验收和安全技术交底，负责特种设备使用备案、登记
机械安全使用	参与组织机械设备操作人员的教育培训和资格证书查验，建立机械特种作业人员档案；负责监督检查机械设备的使用和维护保养，检查特种设备安全使用状况；负责落实施工机械设备安全防护和环境保护措施；参与机械设备事故调查、分析和处理，负责机械设备
机械成本核算	参与机械设备定额的编制，负责机械设备台账的建立；负责施工机械设备常规维护保养支出的统计、核算、报批；参与机械设备租赁结算
机械资料管理	负责编制施工机械设备安全、技术管理资料；负责汇总、整理、移交机械设备资料

（7）劳务员：从事劳务管理计划、劳务人员资格审查与培训、劳动合同与工资管理、劳务纠纷处理等工作的专业人员（见表2-11）。

表2-11　劳务员工作职责

工作分类	主要工作职责
劳务管理计划	参与制定劳务管理计划；参与组建项目劳务管理机构和制定劳务管理制度
资格审查培训	负责验证劳务分包队伍资质，办理登记备案；参与劳务分包合同签订，对劳务队伍现场施工管理情况进行考核评价；负责审核劳务人员身份、资格，办理登记备案；参与组织劳务人员培训
劳动合同管理	参与或监督劳务人员劳动合同的签订、变更、解除、终止及参加社会保险等工作；负责或监督劳务人员进出场及用工管理；负责劳务结算资料的收集整理，参与劳务费的结算；参与或监督劳务人员工资支付、负责劳务人员工资公示及台账的建立
劳务纠纷处理	参与编制、实施劳务纠纷应急预案；参与调解、处理劳务纠纷和工伤事故的善后工作
劳务资料管理	负责编制劳务队伍和劳务人员管理资料；负责汇总、整理、移交劳务管理资料

（8）资料员：从事施工信息资料的收集、整理、保管、归档、移交等工作的专业人员（见表2-12）。

表2-12　资料员工作职责

工作分类	主要工作职责
资料计划管理	参与制定施工资料管理计划；参与建立施工资料管理规章制度
资料收集整理	负责建立施工资料台账，进行施工资料交底；负责施工资料的收集、审查及整理
资料使用保管	负责施工资料的往来传递、追溯及借阅管理；负责提供管理数据、信息资料
资料归档移交	负责施工资料的立卷、归档；负责施工资料的封存和安全保密工作；负责施工资料的验收与移交
资料信息系统管理	参与建立施工资料管理系统；负责施工资料管理系统的运用、服务和管理

知识拓展

项目经理与建造师

2003年2月27日《国务院关于取消第二批行政审批项目和改变一批行政审批项目管理方式的决定》（国发〔2003〕5号）规定：取消建筑施工企业项目经理资质核准，由注册建造师代替，并设立过渡期。

建筑业企业项目经理资质管理制度向建造师执业资格制度过渡的时间定为5年，即从国发〔2003〕5号文印发之日起至2008年2月27日止。过渡期内，凡持有项目经理资质证书或者建造师注册证书的人员，经其所在企业聘用后均可担任工程项目施工的项目经理。过渡期满后，大、中型工程项目施工的项目经理必须由取得建造师注册证书的人员担任；但取得建造师注册证书的人员是否担任工程项目施工的项目经理，由企业自主决定。

在全面实施建造师执业资格制度后仍然要坚持落实项目经理岗位责任制。项目经理岗位是保证工程项目建设质量、安全、工期的重要岗位。

项目经理，是指受企业法定代表人委托，对工程项目施工过程全面负责的项目管理者，是建筑施工企业法定代表人在工程项目上的代表人。

建造师是一种专业人士的名称，而项目经理是一个工作岗位的名称，应注意这两个概念的区别和关系。取得建造师执业资格的人员表示其知识和能力符合建造师执业的要求，但其在企业中的工作岗位则由企业视工作需要和安排而定（图2-9）。

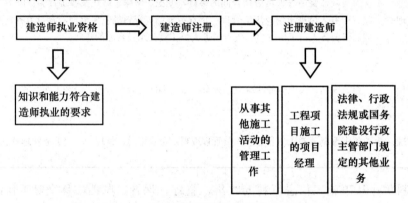

图2-9 建造师的执业资格和执业范围

在国际上，建造师的执业范围相当宽广，可以在施工企业、政府管理部门、建设单位、工程咨询单位、设计单位、教学和科研单位等执业。

国际上施工企业项目经理的地位、作用以及其特征如下：

（1）项目经理是企业任命的一个项目的项目管理班子的负责人（领导人），但他并不一定是（多数不是）一个企业法定代表人在工程项目的代表人，因为一个企业法定代表人在工程项目上的代表人在法律上赋予其的权限范围太大。

（2）项目经理的任务仅限于主持项目管理工作，其主要任务是项目目标的控制和组织协调。

（3）在有些文献中明确界定，项目经理不是一个技术岗位，而是一个管理岗位。

（4）项目经理是一个组织系统中的管理者，他所拥有的人权、财权和物资采购权等管理权限，由其上级确定。

我国在施工企业中引入项目经理的概念已有多年，并取得了显著的成绩。但是，在推行项目经理负责制的过程中也有不少误区，如：企业管理的体制与机制和项目经理负责制不协调，在企业利益与项目经理的利益之间出现矛盾；不恰当地、过分扩大项目经理的管理权限和责任；将农业小生产的承包责任机制应用到建筑大生产中，甚至采用项目经理抵押承包的模式，抵押物的价值与工程可能发生的风险极不相等等。

模块小结

本模块主要介绍了组织论和组织工具，组织结构模式，项目管理目标责任书的编制依据和内容，项目管理机构的要求，项目管理制度的制定原则，项目经理的要求、责权利等内容。

本模块的学习重点为项目组织的形式组织系统、组织论和组织工具，项目结构分析在项目管理中的应用，工作流程组织在项目管理中的应用，项目经理的责权利。通过本模块学习使读者更全面、系统掌握建设工程项目管理组织的知识，具备建设工程项目管理组织的能力。

自我评测

一、单项选择题

1. 控制项目目标的主要措施中最重要的是（　　）。
   A．组织措施　　　B．管理措施　　　C．经济措施　　　D．技术措施
2. 反映业主方和项目各参与方之间，以及项目各参与方之间的合同关系的是（　　）。
   A．项目结构图　　B．组织分工图　　C．合同结构图　　D．组织结构图
3. 反映一个组织系统中各工作部门或各管理人员之间的指令关系的是（　　）。
   A．组织结构模式　B．组织分工　　　C．管理职能分工　D．工作流程
4. 在常用的组织结构模式中，会产生多个矛盾的指令源的是（　　）。
   A．线性组织结构　B．职能组织结构　C．矩阵组织结构　D．混合组织结构

二、多项选择题

1. 施工单位项目管理任务分工表可以用于定义（　　）的任务分工。
   A．项目经理　　　　　　　　　　B．项目主管工作部门或主管人员
   C．项目各参与方　　　　　　　　D．企业内部各部门
   E．企业内部各工作人员
2. 组织论是一门学科，它主要研究系统的（　　）。
   A．组织结构模式　　　　　　　　B．组织的方法和工具
   C．组织分工　　　　　　　　　　D．参与方的管理
   E．工作流程组织
3. 矩阵组织结构的特点包括（　　）。
   A．适合于大系统
   B．有横向纵向两个指令来源
   C．国际上常用
   D．职能部门可以对其非直接的下属下达工作指令
   E．每个部门只有唯一的下属

三、直通执考

1. 下列关于组织结构模式、组织分工和工作流程组织的说法，正确的有（   ）。【2017年真题】
   A. 组织结构模式反映指令关系
   B. 工作流程组织反映工作间逻辑关系
   C. 组织分工是指工作任务分工
   D. 组织分工和工作流程组织都是动态组织关系
   E. 组织结构模式和组织分工是一种相对静态的组织关系

2. 下列组织工具中，能够反映组成项目所有工作任务的是（   ）。【2011年真题】
   A. 项目结构图   B. 工作任务分工   C. 合同结构图   D. 工作流程图

3. 项目结构信息编码的依据是（   ）。【2016年真题】
   A. 项目管理结构图   B. 项目组织结构图
   C. 项目结构图   D. 系统组织结构图

4. 某住宅小区施工前，施工项目管理机构对项目分析后形成结果如下图所示，该图是（   ）。【2012年真题】

   A. 组织结构图   B. 工作流程图   C. 项目结构图   D. 合同结构图

5. 下列组织论基本内容中，属于相对静态的组织关系的有（   ）。【2016年真题】
   A. 组织分工   B. 物质流程组织
   C. 信息处理工作流程组织   D. 管理工作流程组织
   E. 组织结构模式

6. 用来表示组织系统中各子系统或元素间指令关系的工具是（   ）。【2015年真题】
   A. 项目结构图   B. 工作流程图   C. 组织结构图   D. 职能分工表

7. 承包商就已完工，经检验合格的工程提出支付申请，监理工程师复核后，业主批准支付申请，此工作程序属于（   ）流程。
   A. 物资采购工作   B. 信息处理工作   C. 设计工作   D. 管理工作

8. 根据《国务院关于取消第二批行政审批项目和改变一批行政审批项目管理方式的决定》（国发〔2003〕5号），取得建造师注册证书的人员是否担任工程项目施工的项目经理，由（   ）决定。【2012年真题】
   A. 建设行政主管部门   B. 项目业主
   C. 建筑施工企业   D. 项目监理单位

9. 下列关于建造师和项目经理的说法，正确的是（   ）。【2012年真题】
   A. 取得建造师注册证书的人员即可成为施工项目经理
   B. 大、中型工程项目施工的项目经理必须由取得建造师注册证书的人员担任
   C. 建造师是管理岗位，项目经理是技术岗位
   D. 取得建造师注册证书的人员只能担任施工项目经理

10. 施工项目经理在承担工程项目施工的管理过程中,是以（　　）身份处理与所承担的工程项目有关的外部关系。【2011年真题】
    A. 施工企业决策者　　　　　　　　B. 施工企业法定代表人
    C. 施工企业法定代表人的代表　　　　D. 建设单位项目管理者
11. 施工单位任命项目经理在（　　）完成。【2019年真题】
    A. 项目计划阶段　　B. 项目启动阶段　　C. 项目实施阶段　　D. 项目收尾阶段
12. 根据建设工程项目管理规范,项目管理机构负责人的职责包括（　　）。【2019年真题】
    A. 参与组建项目管理机构　　　　　　B. 对各类资源进行质量监控和动态管理
    C. 主持编制项目管理目标责任书　　　D. 确定项目管理实施目标

模块 3 建设工程项目管理策划

模块导读

工程建设项目管理中，充分有效的策划同样应受到足够的重视。它既是项目成功的重要保证，也是提升企业盈利水平的有效途径。工程项目策划的过程是专家知识的组织和集成，以及信息的组织和集成的过程，其实质是知识管理的过程，即通过知识的获取，经过编写、组合和整理，而形成新的知识。

情境动画

项目策划是项目实施之前，由上级公司和本项目主要负责人对整个项目运作统筹规划的一个过程。在此过程中，首要目的是把所有影响项目决策和实施的因素总结起来，对未来的项目实施过程起到指导和控制作用，使得项目在实施过程中朝着预期的目标进展，最终完成项目的各项目标。它以具体的工程项目管理为对象，体现出项目策划管理的整体性、前瞻性、时效性和创造性。

学习指导

本模块针对"建设工程项目策划能力"的培养，安排了以下学习内容：

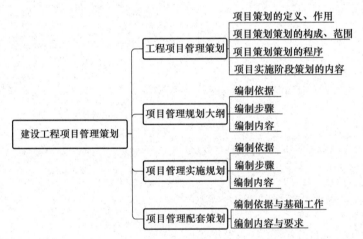

学习目标

知识目标	能力目标	素养目标
（1）熟悉项目管理策划的程序及内容； （2）熟悉项目管理规划大纲的编制依据、步骤和内容； （3）掌握项目管理实施规划的编制依据、步骤和内容； （4）了解项目管理配套策划的编制依据和内容	（1）能够依据给定项目编制项目管理规划大纲； （2）能够依据给定项目编制项目管理实施规划； （3）能够依据给定项目编制项目管理配套策划	（1）培养计划、组织、协调能力； （2）培养系统思维、大局意识； （3）培养实践动手能力； （4）具备团队协作精神； （5）培养分析、集成、创新能力

> **案例导入**

丁渭造宫

在北宋（公元960～1127年）年间，有一天皇帝居住的皇城（今河南开封）因不慎失火，酿成一场大灾。熊熊大火使鳞次栉比、覆压数里的皇宫，在一夜之间变成断壁残垣。为了修复烧毁的宫殿，皇帝诏令大臣丁渭组织民工限期完工。当时，既无汽车、起重机，又无升降机、搅拌机，一切工作只能人挑肩扛。加之皇宫的建设不同于寻常民房建筑，它高大宽敞、富丽堂皇、雕梁画栋、十分考究，免不了费时费工，耗费大量的砖、砂、石、瓦和木材等。当时，使丁渭头痛的三个主要问题：京城内烧砖无土；大量建筑材料很难运进城内；清墟时无处堆放大量的建筑垃圾。如何在规定时间内按圣旨完成皇宫修复任务，做到又快又好呢？聪明的丁渭经过反复思考，终于想出了一个巧妙的施工方案，不但提前完成了这项修筑工程，而且还"省费以亿万计"——节省了大量金银。

丁渭是怎样做的呢？

首先，丁渭把烧毁了的皇宫前面的一条大街挖成了一条又深又宽的沟渠，用挖出的泥土烧砖，就地取材，解决了无土烧砖的第一个难题；然后，他再把皇城开封附近的汴河水引入挖好的沟渠内，使又深又宽的沟渠变成了一条临时运河，这样，运送砂子、石料、木头的船就能直接驶到建筑工地，解决了大型建筑材料无法运输的问题；最后，当建筑材料齐备后，再将沟里的水放掉，并把建筑皇宫的废杂物——建筑垃圾统统填入沟内，这样又恢复了皇宫前面宽阔的大道。

显然，这是一个非常杰出的方案。首先，丁渭就地取材烧砖，解决了近处无土烧砖的难题，避免了从更远的地方去取土烧砖；其次，利用河道运送大量建筑材料，既解决了运输难题，又能将各种建筑材料直接水运到工地，这在当时只有马车与船只的时代，节省了大量的运力，意义十分重大；最后，本来要运到其他地方去的大量建筑垃圾现在统统埋进了沟中，节省了运力，节省了时间，减少了对环境的污染。这种综合解决问题的思想就是一种典型的朴素系统工程思想。

这个当时就被古人赞誉为"一举而三役济"的"丁渭造宫"，用今天的观点看来仍是值得称道的。丁渭将皇宫的修复全过程看成了一个"系统工程"，将取土烧砖、运输建筑材料、垃圾回填看成了一串连贯的环节并有机地与皇宫的修筑工程联系了起来，有效地协调好了工程建设中看上去是无法解决的矛盾，从而不仅提前完成了工程，还节省了大量的经费开支，又快又好地完成了皇宫的修复工作，实现了整个系统的最优——既省时又省钱方案。

系统工程的核心思想就是把所做的每一项工作或所研究的每一件事物看成了一个有机的称之为"系统"的整体，并且设法找出使这个系统变得最好、最佳、最优的方法与途径。就像丁渭修复皇宫那样，创造性地找到了使皇宫的修筑工程得以顺利进行的方法。

3-1 项目管理策划

 知识准备

一、项目管理策划的定义及作用

建设工程项目策划指的是通过调查研究和收集资料,在充分占有信息的基础上,针对建设工程项目的决策和实施(或决策和实施中的某个问题),进行组织、管理、经济和技术等方面的科学分析和论证,旨在为项目建设的决策和实施增值。

其作用主要如下:
(1) 有利于人类生活和工作的环境保护;
(2) 有利于建筑环境的改善;
(3) 有利于项目的使用功能和建设质量的提高;
(4) 有利于合理地平衡建设工程项目建设成本和运营成本的关系;
(5) 有利于提高社会效益和经济效益;
(6) 有利于实现合理的建设周期;
(7) 有利于建设过程的组织和协调等。

工程项目策划的过程是专家知识的组织和集成,以及信息的组织和集成的过程,其实质是知识管理的过程,即通过知识的获取,经过编写、组合和整理,而形成新的知识。

工程项目策划是一个开放性的工作过程,它需具备组织知识、管理知识、经济知识、技术知识、设计经验、施工经验、项目管理经验、项目策划经验等。

二、项目管理策划的构成和范围

项目管理策划由项目管理规划策划和项目管理配套策划组成。项目管理规划包括项目管理规划大纲和项目管理实施规划,项目管理配套策划包括项目管理规划策划以外的所有项目管理策划内容(见表3-1)。

表3-1 工程项目管理规划的范围和编制主体

项目定义	项目范围与特征	项目管理规划名称	编制主体
建设项目	在一个总体规划范围内、统一立项审批、单一或多元投资、经济独立核算的建设工程	《建设项目管理规划》	建设单位
工程项目	建设项目内的单位、单项工程或独立使用功能的交工系统(一般含多个)	《工程项目管理规划》(《规划大纲》和《实施规划》,如日常的施工组织设计、项目管理计划等)	承包单位
专业工程项目	上下水、强弱电、风暖气桩基础、内外装等	《工程项目管理实施规划》(规划大纲可略)	专业分包单位

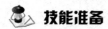 **技能准备**

一、项目管理策划的程序

项目管理策划的程序包括:识别项目管理范围;进行项目工作分解;确定项目的实施方法;规定项目需要的各种资源;测算项目成本;对各个项目管理过程进行策划。

二、项目实施阶段策划的工作内容

建设工程项目实施阶段策划是在建设项目立项之后,为了把项目决策付诸实施而形成的指导性的项目实施方案。建设工程项目实施阶段策划的内容涉及的范围和深度,在理论上和工程实践中并没有统一的规定,应视项目的特点而定。

建设工程项目实施阶段策划的主要任务是确定如何组织该项目的开发或建设。

建设工程项目实施阶段策划的基本内容如下。

1. 项目实施的环境和条件的调查与分析

环境和条件包括自然环境、建设政策环境、建筑市场环境、建设环境(能源、基础设施等)、建筑环境(民用建筑的风格和主色调等)等。

2. 项目目标的分析和再论证

项目目标的分析和再论证包括:投资目标的分解和论证;编制项目投资总体规划;进度目标的分解和论证;编制项目建设总进度规划;项目功能分解;建筑面积分配;确定项目质量目标。

3. 项目实施的组织策划

项目实施的组织策划包括:业主方项目管理的组织结构;任务分工和管理职能分工;项目管理工作流程;建立编码体系。

4. 项目实施的管理策划

项目实施的管理策划包括:项目实施各阶段项目管理的工作内容;项目风险管理与工程保险方案。

5. 项目实施的合同策划

项目实施的合同策划包括:方案设计竞赛的组织;项目管理委托、设计、施工、物资采购的合同结构方案;合同文本。

6. 项目实施的经济策划

项目实施的经济策划包括:资金需求量计划;融资方案的深化分析。

7. 项目实施的技术策划

项目实施的技术策划包括:技术方案的深化分析和论证;关键技术的深化分析和论证;技术标准和规范的应用和制定等。

8. 项目实施的风险策划

项目实施的风险策划包括:项目风险因素的识别;风险分析与估计;风险应对控制。

3-2 编制项目管理规划大纲

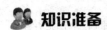
知识准备

一、建设工程项目管理规划

建设工程项目管理规划是对工程项目全过程中的各种管理职能、各种管理过程以及各种管理要素进行全面、完整、总体的筹划。项目管理规划作为指导项目管理工作的纲领性文件,应对项目管理的目标、内容、组织、资源、方法、程序和控制措施进行确定。

项目管理规划包括项目管理规划大纲和项目管理实施规划两类文件。

微课:编制项目管理规划大纲

1. 项目管理规划大纲

项目管理规划大纲是项目管理工作中具有战略性、全局性和宏观性的指导文件,是由企业管理层在投标之前编制的,旨在作为投标依据、满足招标文件要求及签订合同要求的文件。

2. 项目管理实施规划

项目管理实施规划应对项目管理规划大纲进行细化,使其具有可操作性。项目管理实施规划是在开工之前由项目经理主持编制的,旨在指导施工项目实施阶段管理的文件。

项目管理规划大纲和项目管理实施规划的关系密切,前者是后者的编制依据,后者是前者的延续、深化和具体化。两种项目管理规划的区别见表3-2。

表 3-2 两种项目管理规划的区别

种类	编制时间	编制者	主要特征	服务范围	追求主要目标
项目管理规划大纲	投标书编制前	企业管理层	规划性	投标与签约	中标和经济效益
项目管理实施规划	签约后开工前	项目管理层	作业性	施工准备至验收	施工效率和效益

二、项目管理规划大纲的编制依据

建设工程项目管理规划大纲需要依靠企业管理层的智慧与经验,取得充分依据,发挥综合优势进行编制。根据国家标准《建设工程项目管理规范》(GB/T 50326—2017)规定,项目管理规划大纲可依据项目文件、相关法律法规和标准,类似项目经验资料,实施条件调查资料进行编制。

技能准备

一、项目管理规划大纲的编制步骤

项目管理规划大纲的编制程序如图 3-1 所示。

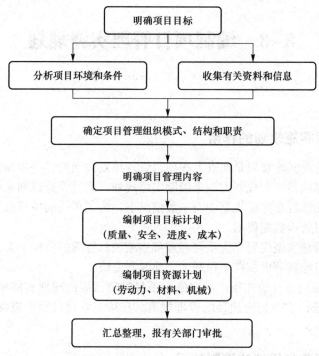

图 3-1　项目管理规划大纲的编制程序

二、项目管理规划大纲的内容

国家标准《建设工程项目管理规范》(GB/T 50326—2017)规定，建筑工程项目管理规划大纲可包括项目概况、项目范围管理、项目管理目标、项目管理组织、项目采购与投标管理、项目进度管理、项目质量管理、项目成本管理、项目安全生产管理、绿色建造与环境管理、项目资源管理、项目信息管理、项目沟通与相关方管理、项目风险管理、项目收尾管理，企业应根据需要选定。

三、直接编制项目管理实施规划的项目

直接编制项目管理实施规范的项目包括：规模小、技术简单的一般工业与民用建筑工程项目；可接受项目管理实施规划投标的工程项目；分部分项工程或专业分包工程项目。

四、工程总承包及代建制模式的项目管理规划

工程总承包及代建制模式的项目管理带有诸多建设单位的管理职能，尤其是工程设计管理和招标采购管理，直接受投资规划与决策理念的影响，需统筹进行策划，因此需要坚持工程全寿命项目管理理念，增加相关的策划内容。

工程总承包及代建制模式的项目管理规划大纲的制定，除参照《建设工程项目管理规范》(GB/T 50326—2017)规定要求外，还需将项目投融资、项目结构分解与范围管理、勘察设计管理、工程招投标管理及项目试运行管理等内容纳入规划大纲。

3-3 编制项目管理实施规划

知识准备

一、项目管理实施规划的作用

建设工程项目管理实施规划是建设工程项目管理规划大纲的进一步深化与细化，因此需依据项目管理规划大纲来编制实施规划，而且需把规划大纲策划过程的决策意图体现在实施规划中。一般情况下，施工单位的项目施工组织设计等同于项目管理实施规划。

微课：编制项目管理实施规划

建设工程项目管理实施规划作为项目经理部实施项目管理的依据，必须由项目经理组织项目经理部成员在工程开工之前编制完成。

项目管理实施规划具有的作用：制定施工项目管理目标；规划实施项目目标的组织、程序和方法、落实责任；作为相应项目的管理规范，在项目管理过程中贯彻执行；作为考核项目经理部的依据之一。

二、项目管理实施规划的编制依据

项目管理实施规划的编制依据包括：适用的法律、法规和标准；项目合同及相关要求；项目管理规划大纲；项目设计文件；工程情况与特点；项目资源和条件；有价值的历史数据；项目团队的能力和水平。

技能准备

一、项目管理实施规划的编制步骤

项目管理实施规划的编制程序如图 3-2 所示。

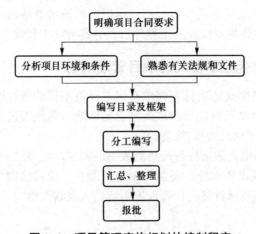

图 3-2 项目管理实施规划的编制程序

二、项目管理实施规划的编制内容

建设工程项目管理实施规划应以项目管理规划大纲的总体构想和决策意图为指导,具体规定各项管理业务的目标要求、职责分工和管理方法,把履行合同和落实项目管理目标责任书的任务,贯彻在实施规划中,是项目管理人员的行为指南。项目管理实施规划应包括编制时可以根据建设工程施工项目的性质、规模、结构特点、技术复杂难易程度和施工条件等进行选择。

1. 项目概况

工程概况主要包括工程建设概况、建设地点及环境特征、施工条件、项目管理特点及总体要求、施工项目的工作目录清单等。一般用表格的形式,简洁明了,见表3-3。

表3-3　××工程概况表

	工程名称		建设地点	
	建设单位		工程性质	
	施工单位		工程造价	
	监理单位		开工日期	
	设计单位		竣工日期	
工程概况	建筑面积		地下水位情况	现场综合情况
	建筑层数		气温情况	
	建筑高度		雨量情况	
	建筑跨度		冬雨期时间	
	结构形式		主导风向、风力	
	基础类型及埋深		抗震设防烈度	
	墙		施工用水	
	柱		施工用电	
	屋盖		施工道路	
	楼地面		……	
	门窗		合同范围	合同情况
	吊装件		合同质量目标	
	……		……	

（1）工程建设概况。工程建设概况主要介绍拟建工程的建设单位、工程名称、性质、用途和建设目的，资金来源及工程造价，开工、竣工日期，设计单位、施工单位、监理单位，施工图纸情况，施工合同情况等。

（2）工程建设地点及环境特征。工程建设地点及环境特征主要介绍拟建工程的地理位置、地形、地貌、地质、水文、气温、冬雨期时间、主导风向、风力和抗震设防烈度等。

（3）施工条件。施工条件主要介绍"三通一平"的情况，当地的交通运输条件，资源生产及供应情况，施工现场大小及周围环境情况，预制构件生产及供应情况，施工单位机械、设备、劳动力的落实情况，内部承包方式、劳动组织形式及施工管理水平，现场临时设施、供水、供电问题的解决。

（4）项目管理特点及总体要求。主要分析拟建工程施工特点和施工中关键问题、难点所在，以便突出重点、抓住关键，使施工顺利进行，提高施工单位的经济效益和管理水平；有关上级部门对建设项目的工期、质量等指标要求，以及有关建筑市场管理情况等。

2．项目总体工作安排

（1）项目管理目标。依据合同要求和工程实际条件，制定项目目标（质量、工期、成本、安全与环境）。

（2）项目实施的总时间及阶段划分。根据合同工期要求，选择施工组织方式，既要缩短工期，又要节约资源。如将工程分为基础、主体结构和装饰等几个阶段，组织流水施工。

（3）各种资源的总投入。主要包括人力、材料、机械设备、技术、资金等资源的投入。

（4）项目管理的技术路线、组织路线、管理路线。主要包括项目管理组织形式、项目经理责任制等。

3．组织方案

（1）项目管理组织应编制出项目的项目结构图、组织结构图、合同结构图、编码结构图、重点工作流程图、任务分工表、职能分工表，并进行必要的说明，处理好相互之间的关系。

（2）合同所规定的项目范围与项目管理责任。

（3）项目经理部的人员安排（主要由项目的规模和管理任务决定）。

（4）项目管理总体工作流程。

（5）项目经理部各部门的责任矩阵。

（6）工程分包策略和分包方案、材料供应方案，设备供应方案。

（7）新设置制度一览表、引用组织已有制度一览表。

4．设计与技术措施

（1）施工流向和施工顺序。施工流向是指施工项目在平面或空间上的流动方向，这主要取决于生产需要、缩短工期和保证质量等要求。施工流向的确定，需要考虑以下几个因素：

1）生产工艺或使用要求。生产工艺或使用要求往往是确定施工流向的基本因素。一般来讲，生产工艺上影响其他工段试车投产的或生产使用上要求时间紧的工段、部位先安排施工。例如：确定工业厂房的施工流向时，需要研究生产工艺流程，即先生产的区段先施工，以尽早交付生产使用，尽快发挥基本建设投资的效益。

2）施工的繁简程度。一般说来，技术复杂、施工进度较慢、工期较长的工段或部位，应先施工。

3）选用的施工机械。根据工程条件，挖土机械可选用正铲、反铲、拉铲等，吊装机械可选用履带式起重机、汽车式起重机、塔式起重机等，这些机械的开行路线或布置位置决定了基础挖土及结构吊装的施工起点和流向。

4）组织施工的分层分段。划分施工层、施工段的部位，也是决定施工流向时应考虑的因素。

5）分部工程或施工阶段的特点。

（2）施工段划分。施工段划分是指为了满足流水施工的需要，应对工程从平面上进行施工段的划分，从立面上进行施工层的划分。

（3）拟采用的先进技术和合理化建议。

（4）建筑工程主要施工方法及技术措施。应根据本工程的特点，对分项工程采用的施工方法、技术、工艺和施工机械选择做出安排。

（5）设备安装工程主要施工方法及技术措施。

（6）工程分包策略和分包方案、材料供应方案、设备供应方案。该项内容在分包合同的基础上，根据综合进度计划进行规划。

建筑工程施工技术方案是根据施工对象而制定的。用以对群体工程、单位（体）工程、分部分项工程进行总体施工部署策划，用以指导施工全过程，确保工程在经济、安全的情况下，保质保量按期交付使用。根据施工对象类型的不同，通常可分为施工组织设计、专项施工技术方案和危险性较大分部分项工程安全专项施工方案三大类。

5．进度计划

进度计划包括施工进度计划说明；工程进度计划图（表）：横道计划图或网络计划图；施工进度管理规划；影响进度的主要因素、保证进度的组织管理措施、保证工程进度的技术措施、室外管网、配套工程、室外施工提前准备。

6．质量计划

质量计划包括：编制依据；质量目标和要求：工程总体质量目标、工程分部分项质量目标分解表；质量管理体系：质量管理体系组成、质量保证体系要素职能分配表、主要质量控制点；施工质量控制措施。

7．成本计划

成本计划包括：编制说明；项目成本计划指标；单位工程计划成本汇总表。

8．安全生产计划

安全生产管理计划的关键之一是设计与施工的一体化管理。通过项目安全生产管理计划，协调勘察、设计、采购与施工接口界面，在前期的设计过程由实现施工过程的事故预防，消灭设计中的施工危险源，已经成为项目安全生产管理的基本需求。

收集包括各工种安全技术操作规程在内的安全生产法律法规、标准规范、制度办法等。

安全生产管理计划应与施工组织设计结合编制，施工组织设计需包含具有全面的安全生产管理内容的章节，或对安全生产管理进行专项策划。

9．绿色建造与环境管理计划

绿色建造计划应集成设计、施工、采购、试运行等过程的一体化环境管理要求；环境管理计划是施工过程的环境管理要求。绿色建造计划可以按照项目全过程一体化编制，也可以按照设计、施工、采购、试运行过程分别进行专项编制，如：绿色建筑设计计划、绿色施工计划等，但应考虑设计、施工一体化的绿色建造要求。环境管理计划一般在施工阶段由施工单位编制。

环境管理计划侧重施工单位实施施工环境保护的项目环境管理要求，绿色施工计划侧重绿色建造的设计、施工一体化要求。在施工阶段，施工单位可以根据情况把环境管理计划与绿色施工计划合二为一。

10．资源需求与采购计划

资源供应计划应分类编制，包括：劳动力供应计划，主要材料和周转材料供应计划，机械设备供应计划，预制品订货和供应计划，大型工具、器具供应计划、资金供应计划等。资源供应计划按照合同中施工范围所确定的工程量（如图纸、工程量表）、施工方案、资源消耗定额编制。

（1）资源需求计划的编制首先要用预算的方法得到资源需要量，列出资源计划，然后结合进度计划进行编制，列出资源数据表、画出资源横道图、资源负荷图和资源累积曲线图。

（2）资源供应计划是进度计划的支持性计划，应满足资源需求。

11．信息管理计划

信息管理计划包括：与项目组织相适应的信息流通系统；信息中心的建立规划；项目管理软件的选择与使用规划；信息管理实施规划。

12．沟通管理计划

项目沟通与协调的对象是项目所涉及的内部和外部有关组织及个人，包括建设单位和勘察设计、施工、建立、咨询服务等单位以及其他相关组织。

项目沟通计划应包括信息沟通方式和途径，信息收集归档格式，信息的发布和使用权限，沟通管理计划的调整以及约束条件和假设等内容。

13．风险管理计划

风险管理计划包括：风险因素识别一览表；风险可能出现的概率扩损失值估计；风险管理重点；风险防范对策；风险管理责任。

14．项目收尾计划

项目收尾阶段应是项目管理全过程的最后阶段，包括竣工收尾、验收、结算、决算、回访保修、管理考核评价等方面的管理。

项目经理部应全面负责项目竣工收尾工作，组织编制项目竣工计划，报上级主管部门批准后按期完成。竣工计划应包括：竣工项目名称；竣工项目收尾具体内容；竣工项目质量要求；竣工项目进度计划安排；竣工项目文件档案资料的整理要求。

项目决算应包括：项目竣工财务决算说明书；项目竣工财务决算报表；项目造价分析资料表等。

项目考核评价的定里指标可包括工期、质量、成本、职业安全健康、环境保护等。

15．项目现场平面布置图

如果是建设项目或建筑群施工，应编制施工总平面图；如果是单位工程施工，应编制单位工程施工平面图。

项目现场平面布置图应包括：施工平面图说明；施工平面图；施工平面图管理计划。

施工平面图应按现行制图标准和制度要求进行绘制，如图3-3所示。

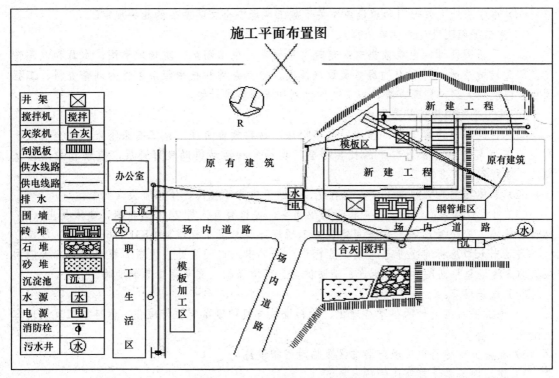

图 3-3 某教学楼施工平面布置图

知识拓展

根据项目总体施工部署,绘制现场不同施工阶段(期)总平面布置图,通常有基础工程施工总平面、主体结构工程施工总平面、装饰工程施工总平面等。

1. 施工总平面图的设计内容

(1) 项目施工用地范围内的地形状况;

(2) 全部拟建建(构)筑物和其他基础设施的位置;

(3) 项目施工用地范围内的加工设施、运输设施、存储设施、供电设施、供水供热设施、排水排污设施、临时施工道路和办公用房生活用房;

(4) 施工现场必备的安全、消防、保卫和环保设施;

(5) 相邻的地上、地下既有建(构)筑物及相关环境。

2. 施工总平面图设计原则

(1) 平面布置科学合理,施工场地占用面积少;

(2) 合理组织运输,减少二次搬运;

(3) 施工区域的划分和场地的临时占用应符合总体施工部署和施工流程的要求,减少相互干扰;

(4) 充分利用既有建(构)筑物和既有设施为项目施工服务,降低临时设施的建造费用;

(5) 符合节能、环保、安全和消防等要求;

（6）遵守当地主管部门和建设单位关于施工现场安全文明施工的相关规定。

3．施工平面图设计的主要依据

施工平面图设计的主要依据有：建筑总平面图、施工图纸、现场地形图、水源和电源情况、施工场地情况、可利用的房屋及设施情况、自然条件和技术经济条件的调查资料、工程项目管理规划大纲、施工方案、施工进度计划和资源需求计划。

4．施工平面图现场管理要点

（1）目的：使场容美观、整洁，道路畅通，材料放置有序，施工有条不紊，安全有效，利益相关者都满意，赢得广泛的社会信誉，现场各种活动得以良好开展，贯彻相关法律法规，处理好各相关方的工作关系。

（2）总体要求：文明施工、安全有序、整洁卫生、不扰民、不损害公众利益。

（3）出入口管理：现场大门应设置警卫岗亭，安排警卫人员24小时值班，查人员出入证、材料运输单、安全管理等。根据《建筑施工现场环境与卫生标准》(JGJ 146—2013)规定：施工现场出入口应标有企业名称或企业标识，主要出入口明显处应设置工程概况牌，大门内应有施工现场总平面图和安全生产、消防保卫、环境保护、文明施工等制度牌。

（4）规范场容：

1）施工平面图设计的科学合理化、物料堆放与机械设备定位标准化，保证施工现场场容规范化。

2）在施工现场周边按规范要求设置临时维护设施。

3）现场内沿路设置畅通的排水系统。

4）现场道路主要场地做硬化处理。

5）设专人清扫办公区和生活区，并对施工作业区和临时道路洒水和清扫。

6）建筑物内施工垃圾的清运，必须采用相应容器或管道运输。严禁凌空抛掷。

5．施工总平面图设计要点

（1）设置大门，引入场外道路。施工现场宜考虑设置两个以上大门。大门应考虑周边路网情况、转弯半径和坡度限制，大门的高度和宽度应满足车辆运输需要，尽可能应与加工场地、仓库的位置要求一致。

（2）布置大型机械设备。布置塔式起重机时，应考虑其植盖范围、可吊物件的运输和堆放；布置混凝土泵的位置时，应考虑泵管的输送距离、混凝土罐车行走方便。

（3）布置仓库、堆场。一般应接近使用地点，其纵向宜与交通线路平行，货物装卸需要时间长的仓库应远离路边。

（4）布置加工厂。总的指导思想是使材料和构件的运输量减小，有关联的加工厂适当集中。

（5）布置内部临时运输道路。施工现场的主要道路必须进行硬化处理，主干道应有排水措施。临时道路要把仓库、加工厂、堆场和施工点贯穿起来，按货运量大小设计双行车道或单行循环道满足运输和消防要求。主干道宽度单行道不小于4 m，双行道不小于6 m。木材场两侧应有6 m宽通道，端头处应有12 m×12 m回车场，消防车道宽度不小于4 m，载重车转弯半径不宜小于1.5 m。

（6）布置临时房屋。

1）尽可能利用已建的永久性房屋为施工服务，如不足，再修建临时房屋。临时房屋应尽量利用可装拆的活动房屋。有条件的应使生活办公区和施工区相对独立。宿舍内应保证必要的生活空间，室内净高不得小于2.4 m，通道宽度不得小于0.9 m，每间宿舍居住人员不得超过16人。

2）办公用房宜设在工地入口处。

3）作业人员宿舍宜设在场外，并避免设在不利于健康的地方。作业人员的生活福利设施，宜设在人员较集中的地方，或设在出入必经之处。

4）食堂宜布置在生活区，也可视条件设在施工区与生活区之间。为减少临时建筑，也可采用送餐制。

（7）布置临时水电管管网和其他动力设施。

1）临时总变电站应设在高压线进入工地处，尽量避免高压线穿过工地。

2）临时水池、水塔应设在用水中心和地势较高处。管网一般沿道路布置，供电线路应避免与其他管道设在同一侧。要将支线引到所有使用地点。

正式施工总平面图按正式绘图规范、比例、规定代号和规定线条绘制，把设计的各类内容一一标绘在图上，标明图名、图例、比例尺、方向标记、必要的文字说明。

16．项目目标控制计划

项目目标控制计划包括：进度目标的控制计划；质量目标的控制计划；安全目标的控制计划；成本目标的控制计划；季节施工的控制计划；保护环境的控制计划；文明施工控制计划。

17．技术经济指标

项目技术经济指标一般应包括技术的、经济的、管理的（进度、质量、成本、安全、节约）、效益的指标。技术经济指标应根据施工项目的特点选定有代表性的指标，且应突出实施难点和对策，以满足分析评价和持续改进的需要。技术经济指标的计算与分析应包括以下内容：

（1）规划的技术经济指标。

1）进度方面的指标：总工期。

2）质量方面的指标：工程整体质量标准、分部分项工程质量标准。

3）成本方面的指标：工程总造价或总成本、单位工程量成本、成本降低率。

4）资源消耗方面的指标：总用工量、单位工程用工量、平均劳动力投入量、高峰人数、劳动力不均衡系数、主要材料消耗量及节约量、主要大型机械使用数量及台班量。

5）其他指标：施工机械化水平等。

（2）规划指标水平高低的分析与评价。根据施工项目管理实施规划列出的规划指标，对各项指标的水平高低做出分析与评价。

知识拓展

施工组织设计是以施工项目为对象编制的，用以指导施工的技术、经济和管理的综合性文件。

一、施工组织设计的分类

（1）按编制对象，可分为施工组织总设计、单位工程施工组织设计和施工方案。

1）施工组织总设计：以若干单位工程组成的群体工程或特大型项目为主要对象编制的施工组织设计，对整个项目的施工过程起统筹规划、重点控制的作用。

2）单位工程施工组织设计：以单位（子单位）工程为主要对象编制的施工组织设计，对单位（子单位）工程的施工过程起指导和制约作用。

微课：编制施工组织总设计

3）施工方案：以分部（分项）工程或专项工程为主要对象编制的施工技术与组织方案，用以具体指导其施工过程。

（2）按照编制阶段，分为投标阶段施工组织设计和实施阶段施工组织设计。

二、施工组织设计的基本内容

施工组织设计应包括编制依据、工程概况、施工部署、施工进度计划、施工准备与资源配置计划、主要施工方法、施工现场平面布置及主要施工管理计划等基本内容。

1. 工程概况

（1）本项目的性质、规模、建设地点、结构特点、建设期限、分批交付使用的条件、合同条件；

（2）本地区地形、地质、水文和气象情况；

（3）施工力量、劳动力、机具、材料、构件等资源供应情况；

（4）施工环境及施工条件等。

2．施工部署及施工方案

（1）根据工程情况，结合人力、材料、机械设备、资金、施工方法等条件，全面部署施工任务，合理安排施工顺序，确定主要工程的施工方案（见表3-4）。

表3-4 施工组织设计编制内容

类型	施工组织总设计	单位工程施工组织设计	施工方案
编制内容	（1）工程概况； （2）总体施工部署； （3）施工总进度计划； （4）总体施工准备与主要资源配置计划； （5）主要施工方法； （6）施工总平面布置	（1）工程概况； （2）施工部署； （3）施工进度计划； （4）施工准备与资源配置计划； （5）主要施工方案； （6）施工现场平面布置	（1）工程概况； （2）施工安排； （3）施工进度计划； （4）施工准备与资源配置计划； （5）施工方法及工艺要求

（2）对拟建工程可能采用的几个施工方案进行定性、定量的分析，通过技术经济评价，选择最佳方案。

3．施工进度计划

（1）施工进度计划反映了最佳施工方案在时间上的安排，采用计划的形式，使工期、成本、资源等方面，通过计算和调整达到优化配置，符合项目目标的要求；

（2）使工序有序地进行，使工期、成本、资源等通过优化调整达到既定目标，在此基础上编制相应的人力和时间安排计划、资源需求计划和施工准备计划。

4．施工平面图

施工平面图是施工方案及施工进度计划在空间上的全面安排。它把投入的各种资源、材料、构件、机械、道路、水电供应网络、生产和生活活动场地及各种临时工程设施合理地布置在施工现场，使整个现场能有组织地进行文明施工。

5．主要技术经济指标

技术经济指标用以衡量组织施工的水平，用以对施工组织设计文件的技术经济效益进行全面评价。

三、施工组织设计编制原则

（1）符合施工合同或招标文件中有关工程进度、质量、安全、环境保护、造价等方面的要求。

（2）积极开发、使用新技术和新工艺，推广应用新材料和新设备。

（3）坚持科学的施工程序和合理的施工顺序，采用流水施工和网络计划等方法，科学配置资源，合理布置现场，采取季节性施工措施，实现均衡施工，达到合理的经济技术指标。

（4）采取技术和管理措施，推广建筑节能和绿色施工。

（5）与质量、环境和职业健康安全三个管理体系有效结合。

四、施工组织设计的编制依据

（1）与工程建设有关的法律、法规和文件。

（2）国家现行有关标准和技术经济措施。

（3）工程所在地区行政主管部门的批准文件，建设单位对施工的要求。

（4）工程施工合同和招标投标文件。

（5）工程设计文件。

（6）工程施工范围内的现场条件、工程地质及水文地质、气象等自然条件。

（7）与工程有关的资源供应情况。

（8）施工企业的生产能力、机具设备状况、技术水平等。

五、施工组织设计的编制和审批

（1）施工组织设计应由项目负责人主持编制，可根据需要分阶段编制和审批。有些分期分批建设的项目跨越时间很长，还有些项目地基基础、主体结构、装修装饰和机电设备安装并不是由一个总承包单位完成，此外还有一些特殊情况的项目，在征得建设单位同意的情况下，施工单位可分阶段编制施工组织设计。

（2）施工组织总设计应由总承包单位技术负责人审批；单位工程施工组织设计应由施工单位技术负责人或技术负责人授权的技术人员审批；施工方案应由项目技术负责人审批；重点、难点分部（分项）工程和专项工程施工方案应由施工单位技术部门组织相关专家评审，施工单位技术负责人批准。

在《建设工程安全生产管理条例》（国务院令第393号）中规定：对下列达到一定规模的危险性较大的分部（分项）工程编制专项施工方案，并附具安全验算结果，经施工单位技术负责人、总监理工程师签字后实施：基坑支护与降水工程；土方开挖工程；模板工程；起重吊装工程；脚手架工程；拆除爆破工程；国务院建设行政主管部门或者其他有关部门规定的其他危险性较大的工程。

深基坑、地下暗挖工程、高大模板工程的专项施工方案，施工单位还应当组织专家进行论证、审查。除上述《建设工程安全生产管理条例》中规定的分部（分项）工程外，施工单位还应根据项目特点和地方政府部门有关规定，对具有一定规模的重点、难点分部（分项）工程进行相关论证。

（3）由专业承包单位施工的分部（分项）工程或专项工程的施工方案，应由专业承包单位技术负责人或技术负责人授权的技术人员审批；有总承包单位时，应由总承包单位项目技术负责人核准备案。

（4）规模较大的分部（分项）工程和专项工程的施工方案应按单位工程施工组织设计进行编制和审批。

3-4　项目管理配套策划

知识准备

一、建设工程项目管理配套策划的依据

项目管理配套策划是除了项目管理规划文件内容以外的所有项目管理策划要求，项目管理配套策划结果不一定形成文件，具体需依据国家、行业、地方法律法规要求和组织的有关规定执行。

项目管理配套策划应是与项目管理规划相关联的项目管理策划过程。编制项目管理配套策划时的依据主要有：项目管理制度；项目管理规划；实施过程需求；相关风险程度。

二、项目管理配套策划的基础工作

（1）积累以往项目管理经验；
（2）制定有关消耗定额；
（3）编制项目基础设施配置参数；
（4）建立工作说明书和实施操作标准；
（5）规定项目实施的专项条件；
（6）配置专用软件；
（7）建立项目信息数据库；
（8）进行项目团队建设。

技能准备

一、项目管理配套策划的内容

（1）确定项目管理规划的编制人员、方法选择、时间安排；
（2）安排项目管理规划各项规定的具体落实途径；
（3）明确可能影响项目管理实施绩效的风险应对措施。

二、项目管理配套策划的编制要求

（1）界定项目管理配套策划的范围、内容、职责和权力；
（2）规定项目管理配套策划的授权、批准和监督范围；
（3）确定项目管理配套策划的风险应对措施；
（4）总结评价项目管理配套策划水平。

知识拓展

项目管理配套策划的内容，体现了项目管理规划以外的项目管理策划内容，是项目管理

规划的两头延伸，覆盖所有相关的项目管理过程。

（1）确定项目管理规划的编制人员、方法选择、时间安排是项目管理规划编制前的策划内容，不在项目管理规划范围内，其结果不一定形成文件。

（2）安排项目管理规划各项规定的具体落实途径是项目管理规划编制或修改完成后实施落实的策划，内容可能在项目管理规划范围内，也可能在项目管理规划范围之外，其结果不一定形成文件。这里既包括落实项目管理规划文件需要的应形成书面文件的技术交底、专项措施等，也包括不需要形成文件的口头培训、沟通交流、施工现场焊接工人的操作动作策划等。

（3）明确可能影响项目管理实施绩效的风险应对措施是指不属于项目管理配套策划内容前两项并且不涉及项目管理规划（或相关内容没有在项目管理规划中作出规定，或是相关深度不到位）的其他项目管理策划结果。如：可能需要的项目全过程的总结、评价计划，项目后勤人员的临时性安排、现场突发事件的临时性应急措施，针对作业人员临时需要的现场调整，与项目相关方（如社区居民）的临时沟通与纠纷处理等，这些往往是可能影响项目管理实施绩效的风险情况，需要有关责任人员进行风险应对措施的策划，其策划结果不需要形成书面文件或者无法在实施前形成文件，但是其策划缺陷必须通过项目管理策划的有效控制予以风险预防。这种现象和管理需求在工程项目现场普遍存在。制度建设是解决此类问题的基础，需要时，组织可依据自己的惯例和文化，通过团队建设进行管理。

模块小结

本模块主要介绍了项目管理策划的定义及作用，项目实施阶段策划的工作内容，项目管理规划大纲和项目管理实施规划的编制依据、步骤、内容，施工组织设计的分类、内容、编制依据，项目管理配套策划的依据、内容、编制要求等内容。本模块的学习重点为项目管理规划大纲的编制依据和内容，项目管理实施规划的编制依据和内容，项目管理配套编制划内容，施工组织设计的内容。通过本模块学习使读者更全面、系统掌握建设工程项目管理策划的基础知识，具备建设工程项目管理策划的能力。

自我评测

一、单项选择题

1. 根据《建设工程管理规范》（GB/T 50326—2017），项目管理规划包括（　　）。

　　A. 项目管理规划原则和内容　　　　B. 项目管理规划大纲和配套措施
　　C. 项目管理规划大纲和实施大纲　　D. 项目管理规划大纲和实施规划

2. 项目管理实施规划的编制过程包括：①熟悉相关法规和文件；②分析项目条件和环境；③履行报批手续；④组织编制。根据《建设工程项目管理规范》（GB/T 50326—2017），正确的编制程序是（　　）。

　　A. ①②③④　　B. ②①④③　　C. ①②④③　　D. ②①③④

3. 工程项目管理规划是指导项目管理工作的（　　）文件。
   A. 操作性　　　　B. 实施性　　　　C. 纲领性　　　　D. 作业性
4. 建设工程项目管理规划属于（　　）项目管理范畴。
   A. 工程总承包方　　　　　　　　B. 工程总承包管理方
   C. 业主方　　　　　　　　　　　D. 工程咨询方
5. 建设工程项目管理规划的内容涉及的范围与深度要求是（　　）。
   A. 一经编制则不得改变
   B. 必须随着项目进展过程中情况的变化而动态调整
   C. 不会因项目而变化
   D. 可按《建设工程项目管理规范》标准化
6. 根据《建设工程项目管理规范》（GB/T 50326—2017），项目管理实施规划应由（　　）组织编制。
   A. 项目技术负责人　　　　　　　B. 项目经理
   C. 企业技术负责人　　　　　　　D. 企业生产负责人
7. 项目管理实施规划的编制依据，不包括（　　）。
   A. 技术经济指标　　　　　　　　B. 项目管理规划大纲
   C. 项目条件和环境分析资料　　　D. 工程合同及相关文件
8. 项目管理规划应包括项目管理规划大纲和（　　）两类文件。
   A. 项目管理实施规划　　　　　　B. 项目管理决策规划
   C. 项目管理设计规划　　　　　　D. 项目管理施工规划
9. 施工组织设计是以（　　）为对象编制的。
   A. 施工项目　　　B. 施工内容　　　C. 施工单位　　　D. 施工目标
10. 施工方案即以（　　）为主要对象编制的施工技术与组织方案，用以具体指导其施工过程。
   A. 单位工程　　　　　　　　　　B. 任何工程
   C. 分部（分项）工程或专项工程　D. 子单位工程

二、多项选择题

1. 下列关于工程项目策划的说法，正确的是（　　）。
   A. 需整合多方面专家的知识　　　B. 是一个封闭性的工作过程
   C. 旨在为项目建设的决策和实施增值　D. 其过程实质是知识组合的过程
   E. 其过程的实质是知识管理的过程
2. 下列关于建设工程项目管理规划的说法，正确的是（　　）。
   A. 建设项目的其他参与单位不需要编制项目管理规划
   B. 业主方也可以委托总承包方编制建设工程项目管理规划
   C. 建设工程项目管理规划属于业主方项目管理的范畴
   D. 建设工程项目管理规划涉及项目从施工阶段至保修期
   E. 建设工程项目管理规划必须随着情况的变化而进行动态调整
3. 根据《建设工程项目管理规范》（GB/T 50326—2017），项目管理规划大纲可由（　　）负责编制。
   A. 组织的管理层　　　　　　　　B. 组织委托的项目管理单位
   C. 设计单位　　　　　　　　　　D. 总承包单位
   E. 建设单位

4. 施工组织设计按编制对象，可分为（　　）。
   A. 施工组织总设计　　　　　　　　B. 单项施工组织设计
   C. 单位工程施工组织设计　　　　　D. 施工方案
   E. 分项工程施工组织设计

5. 一般在施工工程中涉及（　　）的专项施工方案，施工单位还应当组织专家进行论证审查。
   A. 深基坑　　　B. 地下暗挖工程　　　C. 脚手架工程　　　D. 高大模板工程
   E. 钢筋工程

6. 项目施工过程中，发生以下（　　）情况时，施工组织设计应及时进行修改或补充。
   A. 某施工中的项目，设计单位应业主要求对工程设计图纸的楼梯部分进行了细微修改
   B. 某在建大桥，由于政府对预应力钢筋进行了新的规范调整修改导致需要重新调整工艺
   C. 某在建钢混结构大楼，由于国际钢材市场的大幅度调整导致采用的进口钢材无法提取，严重影响工程施工
   D. 在建项目，由于自然灾害导致工期严重滞后
   E. 某工程在施工时，施工单位发现设计图纸存在严重错误，无法正常施工

三、直通执考

1. 项目管理实施规划的编制工作包括：①分析项目具体特点和环境条件；②熟悉相关的法规和文件；③了解相关方的要求；④履行报批手续；⑤实施编制活动。正确的工作程序是（　　）。【2019年真题】
   A. ③①②⑤④　　B. ①②③④⑤　　C. ①③②⑤④　　D. ③②①④⑤

2. 建设工程项目管理规划属于（　　）项目管理的范畴。【2018年真题】
   A. 工程总承包方　　　　　　　　B. 工程总承包管理方
   C. 业主方　　　　　　　　　　　D. 工程咨询方

3. 根据《建设工程项目管理规范》（GB/T 50326—2006），项目管理规划大纲的编制工作包括：①收集项目的有关资料和信息；②明确项目目标；③确定项目管理组织模式；④明确项目管理内容；⑤编制项目目标计划；⑥报送审批；⑦分析项目环境和条件。正确的编制程序是（　　）。【2017年真题】
   A. ①－②－⑦－④－③－⑤－⑥　　B. ①－②－⑦－⑤－①－④－⑥
   C. ②－⑦－①－③－④－⑤－⑥　　D. ②－①－⑦－④－⑤－③－⑥

4. 根据《建设工程项目管理规范》（GB/T 50326—2017），项目管理规划大纲的编制依据包括（　　）。【2013年真题】
   A. 项目可行性研究报告　　　　　B. 相关市场和环境信息
   C. 设计文件、标准、规范　　　　D. 项目建议书
   E. 招标文件及有关合同文件

5. 下列项目策划的工作内容中属于项目决策阶段合同策划的是（　　）。【2018年真题】
   A. 项目管理委托的合同结构方案　　B. 方案设计竞赛的组织
   C. 实施期合同结构总体方案　　　　D. 项目物资采购的合同结构方案

6. 下列建设工程项目策划工作中，属手实施阶段策划的是（　　）。【2016年真题】
   A. 编制项目实施期组织总体方案　　B. 编制项目实施期管理总体方案
   C. 编制项目实施期合同结构总体方案　　D. 制定项目风险管理与工程保险方案

7. 下列工程项目策划工作中,属于决策阶段经济策划的是（   ）。【2019年真题】
   A. 项目总投资规划   B. 项目总投资目标的分解
   C. 项目建设成本分析   D. 技术方案分析和论证
8. 下列工程项目策划工作中,属于实施阶段管理策划的是（   ）。【2019年真题】
   A. 项目实施期管理总体方案   B. 生产运营期设施管理总体方案
   C. 生产运营期经营管理总体方案 D. 项目风险管理与工程保险方案
9. 下列项目策划的工作内容中,属于项目决策阶段合同策划的是（   ）。【2018年真题】
   A. 项目管理委托的合同结构方案 B. 方案设计竞赛的组织
   C. 实施期合同结构总体方案   D. 项目物资采购的合同结构方案
10. 下列关于建设工程项目策划的说法,正确的是（   ）。【2014年真题】。
    A. 工程项目策划只针对建设工程项目的决策和实施
    B. 旨在为项目建设的决策和实施增值
    C. 工程项目策划是一个封闭性的工作过程
    D. 其实质就是知识组合的过程

模块 4　建设工程项目采购与合同管理

模块导读

根据我国招投标相关法律规定，建设工程项目如果属于法律规定的必须招标的项目，那么项目的勘察、设计、施工、监理以及与工程建设有关的重要设备、材料等的采购，均必须进行招标。通过一系列严密的招标程序最终确定中标人，由招标人与中标人在规定的日期内签订合同，后续一切活动都必须以签订的合同为依据。我国合同法分则一共列出了 15 种合同，本模块重点讲解的是与建设工程合同相关的内容。

情境动画

本模块针对"建设工程项目采购与合同管理能力"的培养，安排了以下学习内容：

学习指导

```
                                             ┌─ 采购管理概述
                            ┌─ 工程项目采购管理 ┼─ 项目采购方式
                            │                 ├─ 项目采购计划
                            │                 └─ 项目采购流程
                            │
                            │                 ┌─ 项目投标程序
                            ├─ 工程项目投标管理 ┼─ 投标文件组成
建设工程项目采购与合同管理 ──┤                 └─ 投标文件编制
                            │
                            │                 ┌─ 合同的订立
                            ├─ 工程项目合同管理 ┼─ 合同的效力
                            │                 └─ 工程施工合同管理
                            │
                            │                 ┌─ 索赔的特征、条件、分类
                            └─ 工程项目索赔管理 ┼─ 项目索赔的程序
                                             └─ 项目索赔的计算
```

学习目标

知识目标	能力目标	素养目标
（1）了解项目采购的方式及使用条件； （2）掌握工程投标程序及投标文件的编制内容； （3）了解《建设工程施工合同（示范文本）》（GF-2017-0201）的内容组成； （4）了解合同的订立及效力； （5）掌握建设工程施工合同管理措施； （6）熟悉施工索赔的方法	（1）能够协助制定项目采购计划； （2）能够协助编制投标文件进行工程投标； （3）能够依据《建设工程施工合同（示范文本）》（GF-2017-0201）区分发、承包人的责任和义务； （4）能够处理工期索赔和费用索赔	（1）培养诚实守信的职业道德； （2）培养遵纪守法的职业规范； （3）培养严谨细心的职业态度； （4）培养计划、协调、组织能力； （5）培养统筹意识、风险意识

合同陷阱

合同陷阱需时刻警惕，常见的陷阱有以下几种：

（1）口头合同。一些用人单位与求职者就责、权、利达成口头约定，并不签订书面正式文本。一些涉世未深的大学毕业生极易相信那些冠冕堂皇的许诺，以为对方许诺的东西就是真能得到的东西，宁可相信"君子一言，驷马难追"，也不愿怀疑对方的诚意。可是，这种口头合同是最靠不住的，因为并不是人人都是君子，如果碰上对方是小人，那些许诺就会变成五颜六色的肥皂泡。

（2）格式合同。一些用人单位按国家有关法律和劳动部门制订的合同示范文本事先打好聘用合同，表面看起来，这种合同似乎无可挑剔，可是具体条款却表述含糊，甚至可以有几种解释。一旦发生纠纷，招聘方总会振振有词地拿出这种所谓规范式的合同来为自己辩护，最后吃亏的还是应聘者。

（3）单方合同。一些企业利用应聘者求职心切的心理，只约定应聘方有哪些义务，如遵守企业的各项规章制度，若有违反要承担怎样的责任；毁约要交纳违约金等，而合同上关于应聘者的权利几乎一字不提。这是最典型的不平等合同，如果接受这样的合同，无疑是将自己送上砧板，任人宰割。

另外，在工程招投标过程中还会有其他方面的陷阱，在工作过程中一定要严格按照相关法律法规严格审核确保合同无误。合同是维护自己权利的武器，失去了这个武器，不但会失去自己的尊严，同时也会失去本应该得到的利益。签合同时，一定要睁大眼睛。

4-1 项目采购管理

一、工程项目采购管理概述

1. 项目采购管理的定义

"采购"一词是翻译而来的，意为努力获得或设法搞到。不同于一般意义上的商品购买，采购包含以不同方式通过努力从系统外部获得货物、工程和服务的整个采办过程。项目的采购可以定义为从项目组织外部获取产品（包括货物和服务）的整个过程。项目采购管理就是针对这一过程而实施的管理。

项目采购管理是项目管理的重要组成部分。项目采购管理几乎贯穿整个项目生命周期，项目采购管理模式直接影响项目管理的模式和项目合同类型，对项目整体管理起着举足轻重的作用。工程项目采购管理是对项目的勘察、设计、施工、资源供应、咨询服务等采购工作进行的组织、指挥、协调和控制等活动。

2. 项目采购的内容

依据采购内容的不同，项目采购可分为货物采购、工程采购及服务采购三类。

3．项目采购当事人

项目采购当事人是指在项目采购活动中享有权利和承担义务的各类主体，包括项目采购人、采购供应商和采购代理机构等。

项目采购人是指依法进行项目采购的法人、其他组织或者自然人。项目采购供应商是指向采购人提供货物、工程或者服务的法人、其他组织或者自然人。项目采购代理机构是指接受项目采购人的委托，在其委托范围内行使其代理权限的组织机构。

4．项目采购人的职能

项目采购人应设置适宜于自己的灵活的采购部门具体实现其职能。

（1）编制采购文件。企业采购部门应根据企业发展计划与项目实施需要编制完备的采购文件。采购文件应包括：所需采购产品的类别规格、等级、数量，有部件编号的图纸，检验规程的名称、版本，技术协议，检验原则及质量要求，代码标准及标志，采购的技术标准、专业标准，是否为有毒有害产品，有无特殊采购要求等。

（2）编制采购管理制度。采购管理制度是指为了规范采购行为，由采购部门根据企业自身状况，综合考虑采购活动中可能用到的各种资源要素，为了方便处理采购活动中可能遇到的各种问题而提出的书面的规章制度。

（3）编制采购管理工作程序。采购部门应制定详细的采购管理工作程序，规范采购管理活动。采购管理应遵循下列程序：

1）明确采购产品或服务的基本要求，采购分工及有关责任；
2）进行采购策划，编制采购计划；
3）进行市场调查，选择合格的产品供应或服务单位，建立名录；
4）采用招标或协调等方式确定供应或服务单位；
5）签订采购合同；
6）运输、验证、移交采购产品或服务；
7）处置不合格产品或不符合要求的服务；
8）采购资料归档。

5．项目采购管理的作用

项目采购管理是工程项目管理中必不可少、具有关键性作用的内容。这是由于任何项目的实施都离不开采购行为，在项目实施的全过程中都要进行采购。

由于项目采购活动要占用大量的资源，包括人力、财力等来获取工程项目以及与项目实施相关的货物与服务等，因此，对这一过程的管理不仅关系到工程项目的质量、进度等，而且关系到工程项目投入与产出的关系，从而直接影响到项目收益，影响到各参与方的经济利益。

由于采购活动贯穿于整个项目实施的全过程，且伴随着各种灵活的市场采购方式的应用，因此，严格项目采购管理可以极大地减少各种贪污、腐败现象。

二、工程项目采购方式

工程项目采购按采购方式不同分为招标采购和非招标采购。

1．招标采购

《中华人民共和国招标投标法》明确规定：在中华人民共和国境内进行下列工程建设项目，包括项目的勘察、设计、施工、监理以及与工程建设有关的重要设备、材料等的采购，必须进行招标：

（1）大型基础设施、公用事业等关系到社会公共利益、公众安全的项目。

（2）全部或部分使用国有资金投资或者国家融资的项目。

（3）使用国际组织或者外国政府贷款、援助资金的项目。

为了进一步明确招标范围，国家发展和改革委员会在颁发的《工程建设项目招标范围和规模标准规定》中规定，以上招标范围的项目勘察、设计、施工、监理以及与工程建设有关的重要设备、材料等的采购，达到下列标准之一的必须进行招标：

（1）施工单项合同估算价在400万元人民币以上的。

（2）重要设备、材料等货物的采购，单项合同估算价在200万元人民币以上的。

（3）勘察、设计、监理等服务的采购，单项合同估算价在100万元人民币以上的。

（4）单项合同估算价低于（1）（2）（3）项规定的标准，但项目总投资额在3 000万元人民币以上的。

2．非招标采购

非招标采购包括询价采购、竞争性谈判和单一来源采购。

（1）询价采购。询价采购是指对几个供货商（通常至少3家）的报价进行比较以确保价格具有竞争性的一种采购方式，每个供应商或承包商只许提出一个报价，而且不许改变其报价。不得同某一供应商或承包商就其报价进行谈判。询价采购特点如下：

1）邀请报价的供应商数量至少为3家。

2）报价的提交形式可以采用电传或传真。

3）报价的评审应按照买方公共或私营部门的良好惯例进行。采购合同一般授予符合采购实体需求的最低报价的供应商或承包商。

询价采购的适用条件如下：

1）采购现成的并非按采购实体的特定规格特别制造或提供的货物或服务；

2）采购合同的估计价值低于采购条例规定的数额。

（2）竞争性谈判。竞争性谈判是指采购人或者采购代理机构直接邀请3家及以上供应商就采购事宜进行谈判的方式。竞争性谈判采购方式的特点如下：

1）可以缩短准备期，能使采购项目更快地发挥作用；

2）减少工作量，省去了大量的开标、投标工作，有利于提高工作效率，减少采购成本；

3）供求双方能够进行更为灵活的谈判；

4）有利于对民族工业进行保护；

5）能够激励供应商自觉将高科技应用到采购产品中，同时又能降低采购风险。

竞争性谈判的适用范围如下：

1）依法制定的集中采购目录以内，且未达到公开招标数额标准的货物、服务；

2）依法制定的集中采购目录以外、采购限额标准以上，且未达到公开招标数额标准的货物、服务；

3）达到公开招标数额标准、经批准采用非公开招标方式的货物、服务；

4）按照招标投标法及其实施条例必须进行招标的工程建设项目以外的政府采购工程。

竞争性谈判的适用条件如下：

1）招标后没有供应商投标或者没有合格标的，或者重新招标未能成立的；

2）技术复杂或者性质特殊，不能确定详细规格或者具体要求的；

3）非采购人所能预见的原因或者非采购人拖延造成采用招标所需时间不能满足用户紧急需要的；

4）因艺术品采购、专利、专有技术或者服务的时间、数量事先不能确定等原因不能事先计算出价格总额的。

竞争性谈判的基本程序如下：

1）采购预算与申请。采购人编制采购预算填写采购申请表并提出采用竞争性谈判的理由，经上级主管部门审核后提交财政局采购管理部门。

2）采购审批。财政行政主管部门根据采购项目及相关规定确定竞争性谈判这一采购方式，并确定采购途径——是委托采购还是自行采购。

3）代理机构的选定。程序与公开招标的相同。

4）组建谈判小组。

5）编制谈判文件。谈判文件应明确谈判程序与内容、合同草案条款及评定成交的标准等事项。

6）确定参与谈判的供应商名单。谈判小组根据采购需求，从符合相应资格条件的供应商名单中确定并邀请不少于3家的供应商进行谈判。当公开招标的货物、服务采购项目，招标过程中提交投标文件或者经评审实质性响应招标文件要求的供应商只有两家时，采购人、采购代理机构经本级财政部门批准后可以与该两家供应商进行竞争性谈判采购。

7）谈判。谈判小组所有成员集中与每一个被邀请的供应商分别进行谈判。在谈判中，任何一方不得透露与谈判有关的其他供应商的技术资料、价格和其他信息。若谈判文件有实质性变动，谈判小组应以书面形式通知所有参加谈判的供应商。可以按照供应商提交投标文件的逆序或以抽签的方式确定谈判顺序。

8）确定成交供应商。谈判结束后，谈判小组应要求所有参加谈判的供应商在规定时间内进行最后报价，采购人从谈判小组提出的成交候选人中根据符合采购需求、质量和服务相等且报价最低的原则确定成交供应商，并将结果通知所有参加谈判的未成交的供应商。要求供应商尽早报价有助于防止串标。

9）评审公示。公示内容包括成交供应商名单、谈判文件修正条款、各供应商报价、谈判专家名单。

10）发出成交通知书。公示期满无异议，即可发出成交通知书。

（3）单一来源采购。单一来源采购是指只能从唯一供应商处采购、不可预见的紧急情况、为了保证一致或配套服务从原供应商添购原合同金额10%以内的情形的政府采购项目，采购人向特定的一个供应商采购的一种政府采购方式。该采购方式的最主要特点是没有竞争性。

由于单一来源采购只同唯一的供应商、承包商或服务提供者签订合同，所以就竞争态势而言，采购方处于不利的地位，有可能增加采购成本；并且在谈判过程中容易滋生索贿、受贿现象，所以对这种采购方法的使用，国际规则一般都规定了严格的适用条件。一般而言，这种方法的采用都是出于紧急采购的时效性或者只能从唯一的供应商或承包商取得货物、工程或服务的客观性。《中华人民共和国政府采购法》（以下简称《政府采购法》）第39条对单一来源采购方式的程序作了规定，即采取单一来源采购方式采购的，采购人与供应商应当遵循《政府采购法》规定的原则，在保证采购项目质量和双方商定合理价格的基础上进行采购。采取单一来源采购方式应当遵循的基本要求，具体包括以下内容：

1）遵循的原则。采购人与供应商应当坚持《政府采购法》第3条规定的"政府采购应当遵循公开透明原则、公平竞争原则、公正原则和诚实信用原则"开展采购。单一来源采购是政府采购方式之一，尽管有其特殊性并且缺乏竞争性，但仍然要尽可能地遵循这些原则。

2）保证采购质量。政府采购的质量直接关系到政府机关履行行政事务的效果，因此，保证采购质量非常重要。虽然单一来源采购供货渠道单一，但也要考虑采购产品的质量，否则实行单一来源政府采购本身就没有意义。

3）价格合理。单一来源采购虽然缺乏竞争性，但也要按照物有所值原则与供应商进行协商，本着互利原则，合理确定价格。

单一来源采购的流程如下：

1）采购预算与申请。采购人编制采购预算，填写采购申请表并提出采用单一来源采购方式的理由，经上级主管部门审核后提交财政管理部门。其中，属于因货物或者服务使用不可替代的专利、专有技术或者公共服务项目具有特殊要求，导致只能从唯一供应商处采购的，且达到公开招标数额的货物、服务项目的，应当由专业技术人员论证并公示，公示情况一并报财政部门。

2）采购审批。财政行政主管部门根据采购项目及相关规定确定单一来源采购这一采购方式，并确定采购途径是委托采购还是自行采购。

3）代理机构的选定。程序与公开招标相同。

4）组建协商小组。由于单一来源采购缺乏竞争性，在协商中应确保质量的稳定性、价格的合理性、售后服务的可靠性。由于经过了技术论证，因而价格是协商的焦点问题，协商小组应通过协商帮助采购人获得合理的成交价并保证采购项目质量。协商情况记录应当由协商小组人员签字认可。对记录有异议的协商小组人员，应当签署不同意见并说明理由。一般由代理机构协助组建协商小组。

5）签发成交通知书。将谈判确定的成交价格报采购人，经采购人确认后签发成交通知书。

技能准备

一、工程项目采购计划的编制

采购计划是指企业采购部门通过识别确定项目所包含的需从项目实施组织外部得到的产品或服务，并对其采购内容做出合乎要求的计划，以利于项目更好地实施。

1．采购计划的编制依据

采购计划的编制依据包括：项目合同、设计文件、采购管理制度、项目管理实施规划（含进度计划）、工程材料需求或备料计划等。

2．项目采购计划的内容

产品的采购应按计划内容实施，在品种、规格、数量、交货时间、地点等方面应与项目计划一致，以满足项目需要。项目采购计划应包括：项目采购工作范围、内容及管理标准；项目采购信息，包括产品或服务的数量、技术标准和质量规范；检验方式和标准；供应方资质审查要求；项目采购控制目标及措施。

3．采购计划编制的结果

采购计划编制完成后就会形成采购管理计划和采购工作说明书。

采购管理计划是管理采购过程的依据，应指出采购采用的合同类型、如何对多个供货商进行良好的管理等。

采购工作说明书应详细说明采购项目的有关内容，为潜在的供货商提供一个自我评判的标准，以便确定是否参与该项目。

二、采购程序的运行

1. 刊登采购公告

刊登采购公告分为刊登采购总公告与刊登具体招标公告两步。

对于国内竞争性招标,其投标机会只需以国内广告的形式发出。

2. 资格预审

微课:明确招投标
工作流程

根据《建设工程施工招标文件范本》关于建设工程施工招标资格预审文件的规定,投标人应当提交如下资料以方便招标人进行资格预审:

(1) 有关确立法律地位原始文件的副本(包括营业执照、资质等级证书或非本国注册的企业经建设行政主管部门核准的资质条件);

(2) 企业在过去3年完成的与本合同相似的工程的情况和现在正在履行的合同的工程情况;

(3) 管理和执行本合同拟配备的人员情况;

(4) 完成本合同拟配备的机械设备情况;

(5) 企业财务状况资料,包括最近两年经过审计的财务报表、下一年度财务预测报告;

(6) 企业目前和过去两年参与或涉及诉讼的材料;

(7) 如为联合体投标人,还应提供联合体协议书和授权书。

资格预审的程序:编制资格预审文件→邀请有资格参加预审的单位参加资格预审→发售资格预审文件→提交资格预审申请→资格评定,确定参加投标的单位名单。

3. 编制招标文件

项目采购单位或项目采购单位委托的招标代理机构应充分利用已出版的各种招标文件范本,从而加快招标文件编制的速度,提高招标文件编制的质量。

4. 刊登具体招标通告

项目采购单位或项目采购单位委托的招标代理机构在发行资格预审文件或招标文件之前,必须在借款者国内广泛发行的报纸或官方杂志上刊登资格预审或招标通告作为具体采购通告。招标通告应包括:借款国名称;项目名称;采购内容简介(包括工程地点、规模、货物名称、数量);资源来源;交货时间或竣工工期;对合格货源国的要求;发售招标文件的单位名称、地址以及文件售价;投标截止日期和地点的规定;投标保证金的金额要求;开标日期时间、地点等内容。

5. 发售招标文件

项目采购单位或项目采购单位委托的招标代理机构按照资格预审确定的合格投标单位名单或者投标邀请书发放招标文件。

招标文件是全面反映招标单位建设意图的技术经济文件,也是投标单位编制标书的主要依据。招标文件的内容必须正确,原则上不能修改或补充。如果必须修改或补充的,须报招标投标主管部门备案,并在投标截止前15天以书面形式通知每一个投标单位。

项目采购单位或项目采购单位委托的招标代理机构发放招标文件可以收取工本费,对其中的设计文件可以收取押金,宣布中标人后收回设计文件并退还押金。

6. 投标

(1) 投标准备。为了招标工作的顺利进行,项目采购单位或项目采购单位委托的招标代理机构一定要做好投标前的准备工作:

1) 项目采购单位或项目采购单位委托的招标代理机构要根据以往经验和实际情况合理确

定投标文件的编制时间。

2）对大型工程和复杂设备的招标采购工作，项目采购单位或项目采购单位委托的招标代理机构要组织标前会和现场考察。

3）项目采购单位或项目采购单位委托的招标代理机构对投标人提出的书面问题要及时予以答复，并以补遗书的形式发给所有投标人，以示公平。

（2）投标文件的提交。

1）投标文件需在招标文件中规定的投标截止时间之前提交。

2）项目采购单位或项目采购单位委托的招标代理机构在收到投标书后，要进行签收，并做好相应记录。

3）为了与招标中公开、公平、公正和诚实信用的原则相一致，投标截止时间与开标时间应保持统一。

7．开标

开标应符合招标通告的要求。开标时要公开宣读投标信息。开标要做好开标记录。

8．评标

评标唯一的依据是招标文件。评标程序如下：

（1）初评。主要是审查投标文件是否对招标文件做出了实质性的响应，以及投标文件是否完整、计算是否正确等。

（2）对投标文件的具体评价。主要包括技术评审和商务评审。

1）技术评审主要是为了确认备选的中标人完成生产项目的能力以及他们的供货方案的可靠性。技术评审可从以下方面进行：技术资料是否完备；施工方案是否可行；施工进度计划是否可靠；施工质量是否有保障；工程材料和机器设备供应的技术性能是否符合设计技术要求；分包商的技术能力和施工经验；对投标文件中按招标文件规定提交的建议方案做出技术评审。

2）商务评审主要是从成本、财务等方面评审投标报价的正确性、合理性、经济效益和风险等，估量授标给不同投标人产生不同的后果。商务评审可从以下方面进行：报价的正确性和合理性；投标文件中的支付和财务问题；价格的调整问题；审查投标保证金；对建议方案的商务评审。

评标结果，即选出合适的中标人。中标人的投标应当符合下列条件之一：

（1）能最大限度地满足招标文件中规定的各项综合评价标准；

（2）能满足招标文件各项要求，并且经评审投标价格最低，但投标价格低于成本的除外。

9．授标

在评标报告和授标建议书经世界银行批准后，项目采购单位或项目采购单位委托的招标代理机构可向具有最低投标价格的投标人发出中标通知书，并在投标有效期内完成合同的授予。

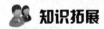

知识拓展

招标方式的比较

公开招标和邀请招标的区别如下：

一、发布信息的方式不同

公开招标是招标单位在国家指定的报刊、电子网络或其他媒体上发布招标公告。邀请招标采用投标邀请书的形式发布。

二、竞争的范围或效果不同

公开招标是所有潜在的投标单位竞争，范围较广，优势发挥较好，易获得最优效果。邀请招标的竞争范围有限，易造成中标价不合理，遗漏某些技术和报价有优势的潜在投标单位。

三、时间和费用不同

邀请招标的潜在投标单位一般为3～10家，同时又是招标单位自己选择的，从而缩短招标的时间和费用。公开招标的资格预审工作量大、时间长、费用高。

四、公开程度不同

公开招标必须按照规定程序和标准运行，透明度高。邀请招标的公开程度相对要低些。

五、招标程序不同

公开招标必须对投标单位进行资格审查，审查其是否具有与工程要求相近的资质条件。邀请招标对投标单位不进行资格预审。

4-2 进行项目投标

知识准备

一、研究招标文件

1．查证信息

建设工程施工投标中首先是获取投标信息，为使投标工作有良好的开端，投标人必须做好查证信息工作。多数公开招标项目属于政府投资或国家融资的工程，在报刊等媒体刊登招标公告或资格预审通告。但是，经验告诉我们，对于一些大型或复杂的项目，获悉招标公告后再做投标准备工作，时间仓促，易处于被动。因此，要提前注意信息、资料的积累整理，提前跟踪项目。获取投标项目信息的方法如下：

（1）根据我国国民经济建设的建设规划和投资方向，从近期国家的财政、金融政策所确定的中央和地方重点建设项目、企业技术改造项目计划收集项目信息。

（2）了解发展和改革委员会立项的项目，可从投资主管部门获取建设银行、金融机构的具体投资规划信息。

（3）跟踪大型企业的新建、扩建和改建项目计划。

（4）收集同行业其他投标单位对工程建设项目的意向。

（5）注意有关项目的新闻报道。

2．研究招标文件的具体规定

招标文件具体的规定往往集中在投标单位须知与合同条件里。投标单位须知是投标单位进行工程项目投标的指南。此文件集中体现招标单位对投标单位投标的条件和基本要求。投标单位必须掌握该文件中招标单位关于工程说明的一般性情况的规定；关于投标、开标、评标、决标的时间，投标有效期，标书语言及格式要求等程序性的规定；尤其须把握关于工程内容、承包的范围、允许的偏离范围和条件、价格形式及价格调整条件、报价支付的货币规定、分包合同等实质性的规定，以指导投标单位正确地投标。

合同条件是工程项目承发包合同的重要组成部分，是整个投标过程必须遵循的准则。合同条件中关于承发包双方权利、义务的条款，建设期限的条款，人员派遣条款，价格条款，保值条款，支付（结算）条款，保险条款，验收条款，维修条款，赔偿条款，不可抗力条款，仲裁条款等，都直接关系着工程承发包双方利益分配比例，关系投标单位报价中开办费、保险费、意外费、人工费等各项成本费用额数以及日后可以索赔的费用额，因此，合同条件是影响投标单位的投标策略及报价高低的因素，必须反复推敲。

通过重点研究投标单位须知、合同条件等文件，透彻掌握招标单位对如下事项的具体规定：投标、开标、评标、决标、工程性质、发包范围、各方的责任、工期、价款支付、外汇比例、违约、特殊风险、索赔、维修、竣工、保险、担保，对国内外投标单位的待遇差别等。

3．工程特点及工程量

分析技术规范、图纸、工程量清单等关键文件，准确地把握招标单位对下列问题的要求：投标单位的施工对象，材料、设备的性能，工艺特点，竣工后应达到的质量标准，工程各部分的施工程序，应采用的施工方法，施工中各种计量程序、计量规则、计量标准，现场工程师实验室、办公室及其设备的标准，临时工程，现场清理等。

4．招标单位修正与澄清的事项

招标单位修正与澄清的事项主要是指招标文件的差错、含混不清处及未尽事宜等对投标报价产生影响的问题。

二、申报资格审查

投标单位在获悉招标公告或投标邀请后，应当按照招标公告或投标邀请书中所提出的资格审查要求，向招标单位申报资格审查。资格审查是投标单位投标过程中的第一关。

1．投标单位应提交的资格预审资料

为了证明符合资格预审须知规定的投标资格和合格条件要求，具备履行合同的能力，参加资格预审的投标单位应提供下列资料：

（1）确定投标单位法律地位的原始文件。要求提交营业执照和资质证书的副本。

（2）履行合同能力方面的资料。要求提供以下资料：

1）管理和执行本合同的管理人员及主要技术人员的情况；

2）为完成本合同拟采用的主要技术装备情况；

3）为完成本合同拟分包的项目及分包单位的情况。

（3）项目经验方面的资料。过去3年完成的与本合同相似项目的情况和现在履行合同的情况。

（4）财务状况的资料。近两年经审计的财务报表和下一年度的财务预算报告。

（5）企业信誉方面的资料。例如，目前和过去几年参与或涉及仲裁和诉讼案件的情况，过去几年中发包人对投标人履行合同的评价等。

投标单位申报资格审查，应当按招标公告或投标邀请书的要求，向招标人提供有关资料。经招标单位审查后，招标单位应将符合条件的投标单位的资格审查资料，报建设工程招标投标管理机构复查。经复查合格的，就具有了参加投标的资格。

2．投标单位准备和提交资格预审资料的注意事项

（1）应在平时做好资格预审通用资料的积累工作。

（2）认真填好资格预审表的重点部位。例如施工招标，招标单位在资格审查中考虑的重点一般是投标单位的施工经验、施工水平和施工组织能力等方面，投标单位应通过认真阅读资格预审须知，领会招标单位的意图，认真填好资格预审表。

（3）通过决策确定投标项目后，应立即动手做资格预审的申请准备，以便在资料准备中能及时发现问题并及早解决。如果有本公司不能解决的问题，也有时间考虑联合投标等事宜。

（4）按时提交资格预审资料，并做好提交资格预审表后的跟踪工作。通过跟踪，及时发现问题，及时补充资料。

三、购领招标文件和有关资料

投标单位经资格审查合格后，便可向招标单位申购招标文件和有关资料，同时要缴纳投标保证金。

1．投标保证金

投标保证金是在招标投标活动中，投标单位随投标文件一同递交给招标单位的一定形式、一定金额的投标责任担保。主要目的：一是对投标单位投标活动不负责任而设定的一种担保形式，担保投标单位在招标单位定标前不得撤销其投标；二是担保投标单位在被招标单位宣布为中标人后其即受合同成立的约束，不得反悔或者改变其投标文件中的实质性内容，否则其投标保证金将被招标单位没收。

2．投标保证金的形式

（1）现金。对于数额较小的投标保证金而言，采用现金方式提交是一个不错的选择。但对于数额较大（如万元以上）采用现金方式提交就不太合适了。因为现金不易携带，不方便递交，在开标会上清点大量的现金不仅浪费时间，操作手段也比较原始，既不符合我国的财务制度，也不符合现代的交易支付习惯。

（2）银行汇票。银行汇票是汇票的一种，是一种汇款凭证，由银行开出，交由汇款人转交给异地收款人，异地收款人再凭银行汇票在当地银行兑取汇款。对于用作投标保证金的银行汇票而言则是由银行开出，交由投标单位递交给招标单位。招标单位再凭银行汇票在自己的开户银行兑取汇款。

（3）银行本票。银行本票是出票人签发的，承诺自己在见票时无条件支付确定的金额给收款人或者持票人的票据。对于用作投标保证金的银行本票而言则是由银行开出，交由投标单位递交给招标单位，招标单位再凭银行本票到银行兑取资金。

银行本票与银行汇票、转账支票的区别在于银行本票是见票即付，而银行汇票、转账支票等则是从汇出、兑取到资金实际到账之间有一段时间。

（4）支票。支票是出票人签发的，委托办理支票存款业务的银行或者其他金融机构在见票时无条件支付确定的金额给收款人或者持票人的票据。支票可以支取现金（即现金支票），也可以转账（即转账支票）。对于用作投标保证金的支票而言则是由投标单位开出，并由投标单位交给招标单位，招标单位再凭支票在自己的开户银行支取资金。

（5）投标保函。投标保函是由投标单位申请银行开立的保证函，保证投标单位在中标人确定之前不得撤销投标，在中标后应当按照招标文件和投标文件与招标单位签订合同。如果投标单位违反规定，开立保证函的银行将根据招标单位的通知，支付银行保函中规定数额的资金给招标单位。

3．投标保证金的作用

（1）对投标单位的投标行为产生约束作用，保证招标投标活动的严肃性。招标投标是一项严肃的法律活动，投标单位的投标是一种要约行为。投标单位作为要约人，向招标单位（受要约人）递交投标文件之后，即意味着向招标单位发出了要约。在投标文件递交截止时间至招标单位确定中标人的这段时间内，投标单位不能要求退出竞标或者修改投标文件；而一旦招标单位发出中标通知书，作出承诺，则合同即告成立，中标的投标单位必须接受，并受到约束。否则，投标单位就要承担合同订立过程中的缔约过失责任，要承担投标保证金被招标单位没收的法律后果。这实际上是对投标单位违背诚实信用原则的一种惩罚。所以，投标保证金能够对投标单位的投标行为产生约束作用，这是投标保证金最基本的功能。

（2）在特殊情况下，可以弥补招标人的损失。投标保证金一般定为投标报价的2%，这是个经验数字。因为通过对实践中大量的工程招标投标的数据统计表明，通常最低标与次低标的价格相差在2%左右。因此，如果发生最低标的投标单位反悔而退出投标的情形，则招标单位可以没收其投标保证金并授标给投标报价次低的投标单位，用该投标保证金弥补最低价与次低价两者之间的价差，从而在一定程度上弥补或减少招标单位所遭受的经济损失。

（3）督促招标单位尽快定标。投标保证金对投标单位的约束作用是有一定时间限制的，这一时间即是投标有效期。如果超出了投标有效期，则投标单位不对其投标的法律后果承担任何责任。所以，投标保证金只是在一个明确的期限内保持有效，从而可以防止招标单位无限期地延长定标时间，影响投标单位的经营决策和合理调配自己的资金。

（4）从一个侧面反映和考察投标单位的实力。投标保证金采用现金、支票、汇票等形式，实际上是对投标单位流动资金的直接考验。投标保证金采用银行保函的形式，银行在出具投标保函之前一般都要对投标单位的资信状况进行考察，信誉欠佳或资不抵债的投标单位很难从银行获得经济担保。由于银行一般都对投标单位进行动态的资信评价，掌握着大量投标单位的资信信息。因此，投标单位能否获得银行保函，能够获得多大额度的银行保函，这也可以从一个侧面反映出投标单位的实力。

四、组织投标班子

1．投标班子

投标单位在通过资格审查、购领了招标文件和有关资料之后，就要按招标文件确定的投标准备时间着手开展各项投标准备工作。投标准备时间是指从开始发放招标文件之日起至投标截止时间为止的期限，它由招标单位根据工程项目的具体情况确定。为了按时进行投标，并尽最大可能使投标获得成功，投标单位在购领招标文件后就需要有一个强有力的、内行的投标班子，以便对投标的全部活动进行通盘筹划、多方沟通和有效组织实施。投标单位的投标班子一般都是常设的，但有的也是针对特定项目临时设立的。

投标单位参加投标，是一场激烈的市场竞争。这场竞争不仅比较报价的高低，而且比较技术、质量、经验、实力、服务和信誉。特别是随着现代科技的快速发展，越来越多的是技术密集型项目，势必要求承包商具有现代先进的科学技术水平和组织管理能力，能够完成高、新、尖、难工程，能够以较低价中标，靠管理和索赔获利。因此，投标单位组织什么样的投标班子，对投标成败有直接影响。

从实践来看，承包商的投标班子一般应包括下列3类人员：

(1) 经营管理类人员。这类人员一般是从事工程承包经营管理的行家里手，熟悉工程投标活动的筹划和安排，具有相当的决策水平。

(2) 专业技术类人员。这类人员是从事各类专业工程技术的人员，如建筑师、监理工程师、结构工程师、造价工程师等。

(3) 商务金融类人员。这类人员是从事有关金融、贸易、财税、保险、会计、采购、合同、索赔等项工作的人员。

2．投标代理机构

投标单位如果没有专门的投标班子或有了投标班子还不能满足投标工作的需要，就可以考虑委托投标代理机构，即在工程所在地区找一个能代表自己利益而开展某些投标活动的咨询中介机构。

代理制度，在市场经济下的工程承包中极为普遍，能否物色到有能力的、可靠的代理人协助投标单位进行投标决策，在一定程度上关系着投标能否成功。可见，承包商根据工程的需要，选择合适的代理人是十分重要的。在国际工程承包投标中，代理机构可以是个人，也可以是公司或集团。工程投标单位在选择代理机构时，必须注意两点：第一，所选的代理人一定要完全可靠，有较强的活动能力并在当地有较好的声誉及较高的权威性；第二，应与代理机构签订代理协议。根据具体情况，在协议的条文中恰当、明确地规定代理人的代理范围和双方的权利、义务。以利双方互相信任，默契配合，严守条约，保证投标各项工作顺利进行。

(1) 投标代理人应具备的条件。投标代理人应具备的条件包括：有精深的业务知识和丰富的投标代理经验；有较高的信誉，代理机构应诚信可靠，能尽力维护委托人的合法权益，忠实地为委托人服务；有较强的活动能力，信息灵通；有相当的权威性和影响力及一定的社会背景。

(2) 代理协议。委托方还应向代理机构颁发委托书，委托书实质上是委托人的授权证书，可参考以下内容拟定：投标单位须在其代理机构的协助下参与资格预审，包括领取或购买资格预审文件，按要求完成并送交资格预审表；在招标单位评审投标资格中，要紧密配合投标单位，积极进行活动，争取获得投标资格。

五、参加踏勘工程现场和投标预备会

投标单位拿到招标文件后，应进行全面细致的调查研究。若有疑问或不清楚的问题需要招标单位予以澄清和解答的，应在收到招标文件后的7日内以书面形式向招标单位提出。为获取与编制投标文件有关的必要的信息，投标单位要按照招标文件中注明的现场踏勘（也称现场勘察、现场考察）和投标预备会的时间和地点，积极参加现场踏勘和投标预备会。按照国际惯例，投标单位递交的投标文件一般被认为是在现场踏勘的基础上编制的。投标书递交之后，投标单位无权因为现场踏勘不周、情况了解不细或因素考虑不全而提出修改投标书、调整报价或提出补偿等要求。因此，现场踏勘是投标单位正式编制、递交投标文件前必须做的重要的准备工作，投标单位必须予以高度重视。

投标单位在去现场踏勘之前，应先仔细研究招标文件有关概念的含义和各项要求，特别是招标文件中的工作范围、专用条款以及设计图纸和说明等，然后有针对性地拟订出踏勘提纲，确定重点需要澄清和解答的问题，做到心中有数。

投标单位参加现场踏勘的费用，由投标单位自己承担。招标单位一般在招标文件发出

后，就着手考虑安排投标单位进行现场踏勘等准备工作，并在现场踏勘中对投标单位给予必要的协助。

投标单位进行现场踏勘的内容，主要包括以下几个方面：

（1）工程的范围、性质以及与其他工程之间的关系。

（2）投标单位参与投标的那一部分工程与其他承包商或分包商之间的关系。

（3）现场地貌、地质、水文、气候、交通、电力、水源等情况，有无障碍物等。

（4）进出现场的方式、现场附近有无食宿条件、料场开采条件、其他加工条件、设备维修条件等。

（5）现场附近治安情况。

投标预备会，又称答疑会、标前会议，一般在现场踏勘之后的 1～2 天内举行。答疑会的目的是解答投标单位对招标文件和在现场踏勘中所提出的各种问题，并对图纸进行交底和解释。

六、编制和递交投标文件

经过现场踏勘和投标预备会后，投标单位可以着手编制投标文件。投标单位着手编制和递交投标文件的具体步骤和要求如下：

（1）结合现场踏勘和投标预备会的结果，进一步分析招标文件。招标文件是编制投标文件的主要依据，因此，必须结合已获取的有关信息认真细致地加以分析研究，特别是要重点研究其中的投标须知、专用条款、设计图纸、工程范围以及工程量表等，要弄清到底有没有特殊要求或有哪些特殊要求。

（2）校核招标文件中的工程量清单。投标单位是否校核招标文件中的工程量清单或校核得是否准确，直接影响到投标报价和中标机会。因此，投标单位应认真对待。通过认真校核工程量，投标单位在大体确定了工程总报价之后，估计某些项目工程量可能增加或减少的，就可以相应地提高或降低单价。如发现工程量有重大出入的，特别是漏项的，可以找招标单位核对，要求招标单位认可，并给予书面确认。这对于总价固定合同来说，尤其重要。

（3）根据工程类型编制施工规划或施工组织设计。施工规划和施工组织设计都是关于施工方法、施工进度计划的技术经济文件，是指导施工生产全过程组织管理的重要设计文件，是进行现场科学管理的主要依据之一。但两者相比，施工规划的深度和范围没有施工组织设计详尽、精细，施工组织设计的要求比施工规划的要求详细得多，编制起来要比施工规划复杂些。所以，在投标时，投标单位一般只要编制施工规划即可，施工组织设计可以在中标以后再编制。这样，就可避免未中标的投标单位因编制施工组织设计而造成人力、物力、财力上的浪费。但有时在实践中，招标单位为了让投标单位更充分地展示实力，常常要求投标单位在投标时就要编制施工组织设计。

施工规划或施工组织设计的内容，一般包括施工程序、方案，施工方法，施工进度计划，施工机械、材料、设备的选定和临时生产、生活设施的安排，劳动力计划，以及施工现场平面和空间的布置。施工规划或施工组织设计的编制依据，主要是设计图纸、技术规范，复核了的工程量，招标文件要求的开工、竣工日期，以及对市场材料、机械设备、劳动力价格的调查。编制施工规划或施工组织设计，要在保证工期和工程质量的前提下，尽可能使成本最低、利润最大。具体要求是：根据工程类型编制出最合理的施工程序，选择和确定技术上先进、经济上合理的施工方法，选择最有效的施工设备、施工设施和劳动组织、周密、均衡地安排人力、物力和生产，正确编制施工进度计划，合理布置施工现场的平面和空间。

（4）根据工程价格构成进行工程估价，确定利润方针，计算和确定报价。投标报价是投标的一个核心环节，投标人要根据工程价格构成对工程进行合理估价，确定切实可行的利润方针，正确计算和确定投标报价。投标单位不得以低于成本的报价竞标。

（5）形成、制作投标文件。投标文件应完全按照招标文件的各项要求编制。投标文件应当对招标文件提出的实质性要求和条件作出响应，一般不能带任何附加条件，否则将导致投标无效。

（6）递送投标文件。递送投标文件，也称递标，是指投标单位在招标文件要求提交投标文件的截止时间前，将所有准备好的投标文件密封送达投标地点。招标单位收到投标文件后，应当签收保存，不得开启。投标单位在递交投标文件以后，投标截止时间之前，可以对所递交的投标文件进行补充、修改或撤回，并书面通知招标单位，但所递交的补充、修改或撤回通知必须按招标文件的规定编制、密封和标志。补充、修改的内容为投标文件的组成部分。

七、出席开标会议

投标单位在编制、递交了投标文件后，要积极准备出席开标会议。参加开标会议对投标单位来说，既是权利也是义务。按照国际惯例，投标单位不参加开标会议的，视为弃权，其投标文件将不予启封，不予唱标，不允许参加评标。投标单位参加开标会议，要注意其投标文件是否被正确启封、宣读，对于被错误地认定为无效的投标文件或唱标出现的错误，应当场提出异议。

在评标期间，评标委员会要求澄清投标文件中不清楚问题的，投标单位应积极予以说明、解释、澄清。澄清投标文件一般可以采用向投标单位发出书面询问，由投标单位书面作出说明或澄清的方式，也可以采用召开澄清会的方式。澄清会是评标委员会为有助于对投标文件的审查、评价和比较，而个别地要求投标单位澄清其投标文件（包括单价分析表）而召开的会议。在澄清会上，评标委员会有权对投标文件中不清楚的问题，向投标单位提出询问。有关澄清的要求和答复，最后均应以书面形式进行。所说明、澄清和确认的问题，经招标单位和投标单位双方签字后，作为投标书的组成部分。在澄清会谈中，投标单位不得更改标价、工期等实质性内容。开标后和定标前提出的任何修改声明或附加优惠条件，一律不得作为评标的依据。但评标委员会按照投标须知规定，对确定为实质上响应招标文件要求的投标文件进行校核时发现的计算上或累加上的计算错误，不在此列。

八、接受中标通知书

经评标，投标单位被确定为中标人后，应接受招标单位发出的中标通知书。未中标的投标单位有权要求招标单位退还其投标保证金。中标人应在中标通知书发出之日起三十日内，与招标单位签订施工合同。在合同正式签订之前，应先将合同草案报招标投标管理机构审查。经审查后，中标人与招标单位在规定的期限内，依据招标文件、投标文件签订合同。同时，按照招标文件的要求，提交履约保证金或履约保函，招标单位同时退还中标人的投标保证金。中标人如拒绝在规定的时间内提交履约担保和签订合同，招标单位报请招标投标管理机构批准同意后取消其中标资格，并按规定不退还其投标保证金，并考虑在其余投标单位中重新确定中标人，与之签订合同，或重新招标。中标人与招标单位正式签订合同后，应按要求将合同副本分送有关主管部门备案。

技能准备

一、投标文件的组成

建设工程投标文件，是建设工程投标单位单方面阐述自己响应招标文件要求，旨在向招标单位提出愿意订立合同的意思表示，是投标单位确定、修改和解释有关投标事项的各种书面表达形式的统称。从合同订立过程来分析，建设工程投标文件在性质上属于一种要约，其目的在于向招标单位提出订立合同的意愿。建设工程投标文件作为一种要约，必须符合一定的条件才能发生约束力。这些条件主要是以下几项：

微课：编制招投标文件

（1）必须明确向招标单位表示愿以招标文件的内容订立合同的意思。
（2）必须对招标文件提出的实质性要求和条件作出响应，不得以低于成本的报价竞标。
（3）必须由有资格的投标单位编制。
（4）必须按照规定的时间、地点递交给招标单位。

凡不符合上述条件的投标文件，将被招标单位拒绝。

建设工程投标文件是由一系列有关投标方面的书面资料组成的。一般来说，投标文件由投标书；投标书附录；投标保证金；法定代表人资格证明书；授权委托书；具有标价的工程量清单与报价表；辅助资料表；资格审查表；对招标文件中的合同协议条款内容的确认和响应；施工组织设计；按招标文件规定提交的其他资料组成。

投标单位必须使用招标文件提供的投标文件表格格式，但表格可以按同样格式扩展。招标文件中拟定的供投标单位投标时参照填写的一套投标文件的格式主要有投标书及投标书附录、工程量清单与报价表、辅助资料表等。

二、投标文件的编制

1. 投标文件的编制步骤

投标单位在领取招标文件以后，就要进行投标文件的编制工作。编制投标文件的一般步骤如下：

（1）熟悉招标文件、图纸、资料，对图纸、资料有不清楚、不理解的地方，可以用书面或口头方式向招标人询问、澄清。
（2）参加招标单位施工现场情况介绍和答疑会。
（3）调查当地材料供应和价格情况。
（4）了解交通运输条件和有关事项。
（5）编制施工组织设计，复查、计算图纸工程量。
（6）编制或套用投标单价。
（7）计算取费标准或确定采用取费标准。
（8）计算投标造价。
（9）核对调整投标造价。
（10）确定投标报价。

2. 编制建设工程投标文件的注意事项

（1）投标单位编制投标文件时必须使用招标文件提供的投标文件表格格式，但表格可以按同样格式扩展。投标保证金、履约保证金的方式，按招标文件有关条款的规定可以选择。投标单位根据招标文件的要求和条件填写投标文件的空格时，凡要求填写的空格都必须填写，不得空着不填，否则，即被视为放弃意见。实质性的项目或数字如工期、质量等级、价格等未填写的，将被作为无效或作废的投标文件处理。将投标文件按规定的日期送交招标单位，等待开标、决标。

（2）应当编制的投标文件"正本"仅一份，"副本"则按招标文件前附表所述的份数提供，同时要明确标明"投标文件正本"和"投标文件副本"字样。投标文件正本和副本如有不一致之处，以正本为准。

（3）投标文件正本与副本均应使用不能擦去的墨水书写或打印，各种投标文件的填写都要字迹清晰、端正，补充设计图纸要整洁、美观。

（4）所有投标文件均由投标单位的法定代表人签署、加盖印鉴，并加盖法人单位公章。

（5）填报投标文件应反复校核，保证分项和汇总计算均无错误。全套投标文件均应无涂改和行间插字，除非这些删改是根据招标单位的要求进行的，或者是投标单位造成的必须修改的错误。修改处应由投标文件签字人签字证明并加盖印鉴。

（6）如招标文件规定投标保证金为合同总价的某百分比时，不要太早开投标保函，以防泄漏己方报价。但有的投标商提前开出并故意加大保函金额，以麻痹竞争对手的情况也是存在的。

（7）投标单位应将投标文件的正本和每份副本分别密封在内层包封中，再密封在一个外层包封中，并在内包封上正确标明"投标文件正本"和"投标文件副本"。内层和外层包封都应写明招标单位名称和地址、合同名称、工程名称、招标编号，并注明在开标时间以前不得开封。在内层包封上还应写明投标单位的名称与地址、邮政编码，以便投标出现逾期送达时能原封退回。如果内外层包封没有按上述规定密封并加写标志，招标单位将不承担投标文件错放或提前开封的责任，由此造成的提前开封的投标文件将被拒绝，并退还给投标单位。投标文件递交至招标文件前附表所述的单位和地址。

知识拓展

建设工程投标文件的递交

投标单位应在招标文件前附表规定的日期内将投标文件递交给招标单位。招标单位可以按招标文件中投标须知规定的方式，酌情延长递交投标文件的截止日期。在上述情况下，招标单位与投标单位在投标截止日期以前的全部权利、责任和义务，将适用于延长后新的投标截止日期。在投标截止日期以后送达的投标文件，招标单位应当拒收，已经收下的也须原封退给投标单位。

投标单位可以在递交投标文件以后，在规定的投标截止时间之前，采用书面形式向招标单位递交补充、修改或撤回其投标文件的通知。在投标截止日期以后，不能更改投标文件。投标单位的补充、修改或撤回通知，应按招标文件中投标须知的规定编制、密封、加写标志和递交，并在内层包封标明"补充""修改"或"撤回"字样。补充、修改的内容为投标文件的组成部分。根据投标须知的规定，在投标截止时间与招标文件中规定的投标有效期终止日之间的这段时间内，投标单位不能撤回投标文件，否则其投标保证金将不予退还。

投标单位递交投标文件不宜太早，一般在招标文件规定的截止日期前一两天内密封送交指定地点较好。

4-3　项目合同管理

知识准备

合同，又称契约，是当事人之间确立一定权利义务关系的协议。广义的合同，泛指一切能发生某种权利义务关系的协议。

建设工程合同是承包方与发包方之间确立承包方完成约定的工程项目，发包方支付价款与酬金的协议，它包括工程勘察、设计、施工合同。它是《中华人民共和国民法典》（以下简称《民法典》）中典型合同的一种，属于《民法典》调整的范围。

微课：履行合同管理

一、合同的订立

1. 合同的形式

合同的形式是指合同当事人双方在对合同的内容条款进行协商后，作出的共同的意思表达的具体方式。《民法典》第四百六十九条规定："当事人订立合同，可以采用书面形式、口头形式或者其他形式。"

（1）书面合同。书面形式是合同书、信件、电报、电传、传真等可以有形地表现所载内容的形式。以电子数据交换、电子邮件等方式能够有形地表现所载内容，并可以随时调取查用的数据电文，视为书面形式。书面合同的优点是把合同条款、双方责任落在书面，有利于分清是非责任，有利于督促当事人履行合同。《民法典》第七百八十九条规定："建设工程合同应当采用书面形式。"

（2）口头合同。口头合同是以口头的（包括电话等）表示方式而订立的合同。它的主要优点是简便迅速，缺点是发生纠纷时难于举证和分清责任。因此，应限制使用口头合同。

（3）其他形式合同。

1）合同公证。合同公证是国家公证机关根据合同当事人的申请，依照法定程序，对合同的真实性及合法性进行审查并予以确认的一种法律制度。经公证机关公证的合同具有较强的证据效力，可作为法院判决或强制执行的依据。对于依法和依照约定须经公证的合同，不经公证则无效。

2）合同鉴证。合同鉴证是国家工商行政管理机关应合同当事人的申请，依照法定程序，对合同的真实性和合法性进行认定，对合同内容的合理性、可行性进行审查监督。鉴证还有监督合同履行的权力，故鉴证具有行政监督的作用。

3）合同的批准。合同的批准是指按照国家法律、法规的规定，必须经主管机关或上级机关的批准才能生效的合同。

2. 合同的内容

合同的内容由当事人约定，这是合同自由的重要体现。《民法典》规定了合同一般应当包括的条款，但具备这些条款不是合同成立的必备条件。

（1）当事人的名称（或者姓名）和住所。明确合同主体，对了解合同当事人的基本情况、合同的履行和确定诉讼管辖具有重要的意义。合同主体包括自然人、法人、其他组织。自然人的姓名是指经户籍登记管理机关核准登记的正式用名。自然人的住所是指自然人有长期居住的意愿和事实的住所，即经常居住地。法人、其他组织的名称是指经登记主管机关核准登记的名称，如公司的名称（以营业执照上的名称为准）。法人和其他组织的住所是指他们的主要营业地或者主要办事机构所在地。

（2）标的。标的是合同当事人双方权利和义务共同指向的对象。标的表现形式为物、劳务、行为、智力成果、工程项目等。没有标的的合同是空的，当事人的权利义务无所依托；标的不明确的合同无法履行，合同也不能成立。所以，标的是合同的首要条款，签订合同时，标的必须明确、具体，必须符合国家法律和行政法规的规定。

（3）数量。数量是衡量合同标的多少的尺度，以数字和计量单位表示。没有数量或数量的规定不明确，当事人双方权利义务的多少，合同是否完全履行都无法确定。数量必须严格按照国家规定的度量衡制度确定标的物的计量单位，以免当事人产生不同的理解。

（4）质量。质量是标的的内在品质和外观形态的综合指标。签订合同时，必须明确质量标准。合同对质量标准的约定应当是准确而具体的，对于技术上较为复杂的和容易引起歧义的词语、标准，应当加以说明和解释。对于强制性的标准，当事人必须执行，合同约定的质量不得低于该强制性标准。对于推荐性的标准，国家鼓励采用。当事人没有约定质量标准的，如果有国家标准，则依国家标准执行；如果没有国家标准，则依行业标准执行；没有行业标准的，则依地方标准执行；没有地方标准的，则依企业标准执行。

（5）价款或者报酬。价款或者报酬是当事人一方向交付标的另一方支付的货币。标的物的价款由当事人双方协商，但必须符合国家的物价政策，劳务酬金也是如此。合同条款中应写明有关银行结算和支付方法的条款。

（6）履行的期限、地点和方式。履行的期限是当事人各方依照合同规定全面完成各自义务的时间，包括合同的签订期、有效期和履行期。履行的地点是指当事人交付标的和支付价款或酬金的地点，包括标的的交付、提取地点；服务、劳务或工程项目建设的地点；价款或劳务的结算地点。履行的方式是指当事人完成合同规定义务的具体方法，包括标的的交付方式和价款或酬金的结算方式。

履行的期限、地点和方式是确定合同当事人是否适当履行合同的依据，是合同中必不可少的条款。

（7）违约责任。违约责任是任何一方当事人不履行或者不适当履行合同规定的义务而应当承担的法律责任。当事人可以在合同中约定，一方当事人违反合同时，向另一方当事人支付一定数额的违约金，或者约定违约损害赔偿的计算方法。

（8）解决争议的方法。在合同履行过程中不可避免地会产生争议，为使争议发生后能够有一个双方都能接受的解决办法，应当在合同条款中对此作出规定。

3．合同订立的程序

要约和承诺是合同当事人订立合同必经的程序，也是双方当事人就合同条款进行协商和签署书面协议的过程。订立合同的过程可以划分为要约和承诺两个阶段。一般是先由当事人一方提出要约，再由当事人的另一方作出承诺的意思表示。

（1）要约。要约是希望和他人订立合同的意思表示，即合同当事人的一方向另一方提出订立合同的要求，列明合同的条款，并限定对方在一定的期限内作出承诺的意思表示。提出要约的一方称"要约人"，接受要约的一方称"受要约人"。

要约属于法律行为，其意思表示应当内容具体、确定，并表明经受要约人承诺，要约人即受该意思表示约束。

要约邀请是希望他人向自己发出要约的意思表示。要约邀请不是合同成立的必经过程，无须在法律上承担责任。一方给另一方寄送的价目表、拍卖公告、招标公告、招股说明书、商业广告等都可以看作是要约邀请。如商业广告的内容符合要约规定的，也可视为要约。

要约到达受要约人时生效。采用数据电文形式订立合同，收件人指定特定系统接收数据电文的，该数据电文进入该特定系统的时间，视为到达时间；未指定特定系统的，该数据电文进入收件人的任何系统的首次时间，视为到达时间。

要约可以撤回也可以撤销。要约撤回是指要约在发生法律效力之前，要约人欲使要约不发生法律效力而取消该项要约的意思表示。要约可以撤回，撤回要约的通知应当在要约到达受要约人之前或者与要约同时到达受要约人。要约撤销是指要约在发生法律效力之后，要约人欲使要约丧失法律效力而取消该项要约的意思表示。要约可以撤销，撤销要约的通知应当在受要约人发出承诺通知之前到达受要约人。如果要约人确定了承诺期限或者以其他形式明示要约不可撤销，或受要约人有理由认为要约是不可撤销的，并已经为履行合同做了准备工作时，要约是不可撤销的。有下列情形之一的，要约失效：

1) 拒绝要约的通知到达要约人；
2) 要约人依法撤销要约；
3) 承诺期限届满，受要约人未作出承诺；
4) 受要约人对要约的内容作出实质性变更。

（2）承诺。承诺是受要约人同意要约的意思表示。它是指合同当事人的一方对另一方发来的要约，在要约有效期内作出完全同意要约的意思表示。

承诺应当以通知的方式作出，但根据交易习惯或者要约表明可以通过行为作出承诺的除外。

承诺应当在要约确定的期限内到达要约人。如果要约没有确定承诺期限的，承诺应当依照下列规定到达：要约以对话方式作出的，应当即时作出承诺，但当事人另有约定的除外；要约以非对话方式作出的，承诺应当在合理期限内到达。

承诺通知到达要约人时生效。承诺不需要通知的，根据交易习惯或者要约的要求作出承诺的行为时生效。

承诺可以撤回。承诺的撤回是指承诺人阻止或消灭承诺发生法律效力的意思表示。承诺可以撤回。撤回承诺的通知应当在承诺通知到达要约人之前或者与承诺通知同时到达要约人。承诺的超期是指受要约人超出承诺期限而发出的承诺。超期的承诺，要约人可以承认其法律效力，但必须及时通知受要约人，否则受要约人也许会认为承诺并没有生效，或者视为是自己发出的新的要约而等待对方的承诺。承诺的延迟是指受要约人在承诺期限内发出承诺，由于其他原因致使承诺未能及时到达要约人的情况。除要约人及时通知受要约人超期不接受承诺外，延迟承诺是有效的。

二、合同的效力

合同效力即合同的法律效力，指已成立的合同在当事人之间产生的法律约束力。合同只有产生法律效力，才受法律的保护。因此，在工程合同签订中，首先应考虑合同的法律效力。如果所签订的合同无效，不但得不到法律的保护，还要承担相应的法律责任。

我国《民法典》第一百四十三条规定，民事法律行为应当具备下列条件：

（1）行为人具有相应的民事行为能力；
（2）意思表示真实；

（3）不违反法律、行政法规的强制性规定，不违背公序良俗。

1. 效力待定合同

效力待定合同，又称为效力未定合同，是指法律效力尚未确定，尚待有权利的第三方为一定意思表示来最终确定效力的合同。效力待定合同主要有以下几种情况：

（1）限制民事行为能力人订立的合同。无民事行为能力人不能订立合同，限制行为能力人一般情况下不能独立订立合同。限制民事行为能力人订立的合同，经法定代理人追认以后，合同有效。限制民事行为能力人的监护人是其法定代理人。但纯获利益的合同或与其年龄、智力、精神健康状况相适应而订立的合同，不必经法定代理人追认。相对人可以催告法定代理人在一个月内予以追认；法定代理人未作表示的，视为拒绝追认。合同被追认之前，善意相对人有撤销的权利。撤销应当以通知的方式作出。

（2）无权代理。行为人没有代理权、超越代理权或者代理权终止后以被代理人的名义订立的合同，未经被代理人追认，对被代理人不发生效力，由行为人承担责任。相对人可以催告被代理人在一个月内予以追认。被代理人未作表示的，视为拒绝追认。合同被追认之前，善意相对人有撤销的权利。撤销应当以通知的方式作出。行为人没有代理权、超越代理权或者代理权终止后以被代理人的名义订立的合同，相对人有理由相信行为人有代理权的，该代理行为有效。

（3）表见代理。表见代理是善意相对人通过被代理人的行为足以相信无权代理人具有代理权的代理。基于此项信赖，该代理行为有效。善意第三人与无权代理人进行的交易行为（订立合同），其后果由被代理人承担。表见代理的规定，其目的是保护善意的第三人。

表见代理一般应当具备以下条件：

1）表见代理人并未获得被代理人的授权，无权代理；

2）客观上存在让相对人相信行为人具备代理权的理由；

3）相对人善意且无过失。

（4）无处分权人订立的合同。处分权是所有权的核心，是所有权最基本的权能，指对物进行处置、决定物之命运的权能。如承租人未经出租人同意擅自转租，保管人擅自将储存物变卖，这种无处分权的人处分他人财产订立的合同，为效力待定合同，但"经权利人追认或者无处分权的人订立合同后取得处分权的，该合同有效"。如处分财产尚无处分权，事后由于继承、合并、买卖或赠予等方式取得了处分权的，或保管人将变卖储存物的货款交给货主，货主收取而无异议，合同均为有效。

2. 无效合同

无效合同是指合同欠缺生效的法定要件，应依法予以取缔的合同。

《民法典》中对合同无效的情形作出了规定，对于无效的合同，在签订之日起就无效，造成当事人损失的，其可以提出损害赔偿要求。

（1）主体不适格签订的合同。《民法典》第一百四十四条："无民事行为能力人实施的民事法律行为无效。"民法典第二十、二十一条规定，不能辨认自己行为的八周岁以上未成年人、成年人和不满八周岁的人为无民事行为能力人。根据民法典的上述规定，前述人员实施的诸如订立合同等民事行为无效。

（2）意思表示不真实签订的合同。《民法典》第一百四十六条："行为人与相对人以虚假的意思表示实施的民事法律行为无效。""以虚假的意思表示隐藏的民事法律行为的效力，依照有关法律规定处理。"

（3）签订违法违规的合同。《民法典》第一百五十三条："违反法律、行政法规的强制性规定的民事法律行为无效。

（4）违背公序良俗的合同。《民法典》第一百五十三条第二款：违背公序良俗的民事法律行为无效。"

（5）恶意串通损害他人利益的合同。《民法典》第一百五十四条："行为人与相对人恶意串通，损害他人合法权益的民事法律行为无效。"

此外，《民法典》中还规定了格式条款无效、免责条款无效的情形。

3．可变更与可撤销合同

可变更与可撤销合同指当事人订立的合同由于意思表示不真实或合同的内容存在瑕疵，当事人一方依法享有变更与撤销权。《民法典》第一百四十七条到一百五十一条规定了可撤销的民事法律行为：

（1）基于重大误解订立的合同；

（2）一方或者第三人以欺诈手段，使对方在违背真实意思的情况下订立的合同；

（3）一方或者第三人以胁迫手段，使对方在违背真实意思的情况下订立的合同；

（4）一方利用对方处于危困状态、缺乏判断能力等情形，订立时时显失公平的合同。

4．合同无效或者被撤销后的法律后果

（1）无效合同或被撤销合同的法律效力。无效合同或者被撤销的合同自始没有法律约束力。合同部分无效，不影响其他部分效力的，其他部分仍然有效。

合同无效、被撤销或者终止的，不影响合同中独立存在的有关解决争议方法的条款的效力。

（2）无效合同或被撤销合同的法律后果。合同无效或者被撤销后，因该合同取得的财产，应当予以返还；不能返还或者没有必要返还的，应当作价补偿。有过错的一方应当赔偿对方因此所受到的损失，双方都有过错的，应当各自承担相应的责任。

当事人恶意串通，损害国家、集体或者第三人利益的，因此取得的财产收归国家所有或者返还集体、第三人。

三、建设工程施工合同管理

1．建设工程施工合同的组成

施工合同文件应能相互解释、互为说明。除专用条款另有约定外，组成施工合同的文件和优先解释顺序如下：

（1）双方签署的合同协议书。

（2）中标通知书。

（3）投标书及其附件。

（4）本合同专用条款。

合同专用条款是发包人与承包人根据法律、行政法规规定，结合具体工程实际，经协商达成一致意见的条款，是对通用条款的具体化、补充或修改。

（5）合同通用条款。合同通用条款是根据法律、行政法规规定及建设工程施工的需要订立，通用于建设工程施工的条款。它代表我国的工程施工惯例。

（6）工程所适用的标准、规范及有关技术文件。

1）适用的我国国家标准、规范的名称。

2）没有国家标准、规范但有行业标准、规范的，则约定适用行业标准、规范的名称。

3）没有国家和行业标准、规范的，则约定适用工程所在地的地方标准、规范的名称，发包人应按专用条款约定的时间向承包人提供一式两份约定的标准、规范。

4）国内没有相应标准、规范的，由发包人按专用条款约定的时间向承包人提出施工技术要求，承包人按约定的时间和要求提出施工工艺，经发包人认可后执行。

5）若发包人要求使用国外标准、规范的，应负责提供中文译本，所发生的购买和翻译标准、规范或制定施工工艺的费用，由发包人承担。

（7）图纸。

（8）工程量清单。

（9）工程报价单或预算书。

合同履行过程中，双方有关工程的洽商、变更等书面协议或文件视为本合同的组成部分，在不违反法律和行政法规的前提下，当事人可以协商变更合同的内容，这些变更的协议或文件的效力高于其他合同文件，且签署在后的协议或文件效力高于签署在先的协议或文件。

施工合同文件使用汉语语言文字进行书写、解释和说明。如专用条款约定使用两种以上（含两种）语言文字时，汉语应为解释和说明施工合同的标准语言文字。在少数民族地区，双方可以约定使用少数民族语言文字书写和解释、说明施工合同。

2．双方的一般权利及义务

（1）发包人。发包人是指在协议书中约定，具有工程发包主体资格和支付工程价款能力的当事人及其合法继承人。在我国，发包人可能是工程的业主，也可能是工程的总承包单位。

发包人的首要义务就是按照合同约定的期限和方式向承包人支付合同价款及应支付的其他款项。同时，发包人还应按合同专用条款约定的内容和时间完成以下工作：

1）办理土地征用、拆迁补偿、平整施工现场等工作，使施工场地具备施工条件。在开工后继续解决相关的遗留问题。

2）将施工所需水、电、电信线路接至专用条款约定地点，并保证施工期间的需要。

3）开通施工场地与城乡公共道路的通道以及由专用条款约定的施工场地内的主要交通干道，满足施工运输的需要，并保证施工期间的畅通。

4）向承包人提供施工场地的工程地质和地下管网线路资料，对资料的正确性负责。

5）办理施工许可证及其他施工所需的证件、批件和临时用地、停水、停电、中断交通、爆破作业等申请批准手续（证明承包人自身资质的证件除外）。

6）确定水准点与坐标控制点，以书面形式交给承包人，并进行现场交验。

7）组织承包人和设计单位进行图纸会审，向承包人进行设计交底。

8）协调处理施工现场周围地下管线和邻近建筑物、构筑物（包括文物保护建筑）、古树名木的保护工作，并承担有关费用。

9）由专用条款约定的其他应由发包人负责的工作。

上述这些工作也可以在专用条款中约定由承包人承担，但由发包人承担相关费用。发包人如果不履行上述各项义务，导致工期延误或给承包人造成损失，发包人应予以赔偿，延误的工期相应顺延。

合同约定由发包人供应材料设备的，发包人还应按照约定遵从以下规定：

1）若工程实行由发包人提供材料设备，则双方应当约定发包人供应材料设备的一览表，作为本合同附件。双方在专用条款内约定发包人供应材料设备的结算方式。

2）发包人应按一览表内约定的内容提供材料设备，并向承包人提供其产品合格证明，对其质量负责。发包人在所供材料设备到货前 24 h，以书面形式通知承包人，由承包人派人与发包人共同清点。

3）清点后由承包人妥善保管，发包人支付相应保管费用。若发生丢失损坏，由承包人负责赔偿。发包人未通知承包人验收，承包人不负责材料设备的保管，丢失损坏由发包人负责赔偿。

4）如果发包人供应的材料设备与一览表不符，发包人应按专用条款的约定承担有关责任。

5）发包人供应的材料设备使用前由承包人负责检验或试验，不合格的不得使用，检验或试验费用由发包人承担。

（2）承包人。承包人是指在协议书中约定，被发包人接受的具有工程承包主体资格的当事人及其合法继承人。承包人负责工程的施工，是施工合同的实施者。

承包人按照合同规定进行施工、竣工并完成工程质量保修责任。承包人的工程范围由合同协议书约定或由工程项目一览表确定，并应按专用条款约定的内容和时间完成以下工作：

1）根据发包人的委托，在其设计资质允许的范围内，完成施工图设计或与工程配套的设计，经工程师确认后使用，发生的费用由发包人承担。

2）向工程师提供年、季、月度工程进度计划及相应进度统计报表。

3）按工程需要提供和维修夜间施工使用的照明设备、围栏设施，并负责安全保卫。

4）按专用条款约定的数量和要求，向发包人提供施工现场办公和生活的房屋及设施，费用由发包人承担。

5）遵守有关部门对施工场地交通、施工噪声以及环境保护和安全审查等的管理规定，按管理规定办理有关手续，并以书面形式通知发包人。发包人承担由此发生的费用，因承包人责任造成的罚款除外。

6）已竣工工程在未交付发包人之前，承包人按专用条款约定负责保护工作。保护期间发生损坏，承包人自费予以修复。

7）按专用条款的约定做好施工现场地下管线和邻近建筑物、构筑物（包括文物保护建筑）、古树名木的保护工作。

8）保证施工现场清洁符合环境卫生管理的有关规定，交工前清理现场达到专用条款约定的要求，承担因自身原因违反有关规定造成的损失和罚款。

9）在专用条款中约定的其他工作。

承包人如果不履行上述条款各项义务，则应赔偿发包人相关损失。

如果承包人提出使用专利技术或特殊工艺，必须报工程师认可后实施，承包人负责办理申报手续并承担有关费用。

承包人在正常的施工过程中还应该履行安全施工的责任。

承包人在进行工程分包时，应按条款的约定分包部分工程：

1）非经发包人同意，承包人不得将承包工程的任何部分分包出去。

2）承包人不得将其承包的全部工程转包给他人，也不得将其承包的全部工程肢解后以分包的名义分别转包给他人。

3）工程分包不能解除承包人任何责任与义务。分包单位的任何违约行为、安全事故或疏忽导致工程损害或给发包人造成其他损失的，承包人承担责任。

4）分包工程价款由承包人与分包单位结算。未经承包人同意，发包人不得以任何名义向分包单位支付各种工程款。

承包人在采购材料、设备时，应遵从相应的约定。

技能准备

一、工程进度控制

1．准备阶段

（1）合同工期的约定。工期是指发包人和承包人在协议书中约定，按总日历天数（包括法定节假日）计算的承包天数。合同工期是施工的工程从开工起到完成专用条款约定的全部内容，工程达到竣工验收标准为止所经历的时间。

承发包双方必须在协议书中明确约定工期，包括开工日期和竣工日期。开工日期是指发包人和承包人在协议书中约定，承包人开始施工的绝对或相对的日期。竣工日期指发包人和承包人在协议书中约定，承包人完成承包范围内工程的绝对或相对的日期。工程竣工验收通过，实际竣工日期为承包人送交竣工验收报告的日期；工程按发包人要求修改后通过竣工验收的，实际竣工日期为承包人修改后提请发包人验收的日期。合同当事人应当在开工日期前做好一切开工的准备工作，承包人则应当按约定的开工日期开工。

对于群体工程，双方应在合同附件中具体约定不同单位工程的开工日期和竣工日期。

对于大型、复杂的工程项目，除了约定整个工程的开工日期、竣工日期和合同工期的总日历天数外，还应约定重要里程碑事件的开工日期与竣工日期，以确保工期总目标的顺利实现。

（2）进度计划。承包人应按专用条款约定的日期将施工组织设计和工程进度计划提交工程师，工程师按专用条款约定的时间予以确认或提出修改意见，逾期不确认也不提出书面意见的，则视为已经同意。群体工程中单位工程分期进行施工的，承包人应按照发包人提供的图纸及有关资料的时间，按单位工程编制进度计划，其具体内容在专用条款中约定，分别向工程师提交。

工程师对进度计划予以确认或者提出修改意见，并不免除承包人对施工组织设计和工程进度计划本身的缺陷所应承担的责任。工程师对进度计划予以确认的主要目的，是为工程师对进度进行控制提供依据。

（3）其他准备工作。在开工前，合同双方还应该做好其他各项准备工作，如发包人应当按照专用条款的约定使施工场地具备开工条件，开通通往施工场地的道路；承包人应当做好施工人员和设备的调配工作，按合同规定完成材料设备的采购准备等。工程师需要做好水准点与坐标控制点的交验。为了能够按时向承包人提供施工图纸，工程师需要做好协调工作，组织图纸会审和设计交底等。

（4）开工及延期开工。承包人应当按照协议书约定的开工日期开始施工。若承包人不能按时开工，应当不迟于协议书约定的开工日期前 7 d，以书面形式向工程师提出延期开工的理由和要求。工程师应当在接到延期开工申请后的 48 h 内以书面形式答复承包人。工程师在接到申请后 48 h 内不答复，视为已同意承包人要求，工期相应顺延。如果工程师不同意延期要求或承包人未在规定时间内提出延期开工要求，工期不予顺延。

因发包人原因而导致不能按照协议书约定的日期开工，工程师应以书面形式通知承包人推迟开工日期。承包人对延期开工的通知没有否决权，但发包人应当赔偿承包人因此造成的损失，并相应顺延工期。

2. 施工阶段

（1）工程师对进度计划的检查与监督。工程开工后，承包人必须按照工程师批准的进度计划组织施工，接受工程师对进度的检查、监督。检查、监督的依据一般是双方已经确认的月度进度计划。一般情况下，工程师每月检查一次承包人的进度计划执行情况，由承包人提交一份上月进度计划实际执行情况和本月的施工计划。同时，工程师还应进行必要的现场实地检查。当工程实际进度与经确认的进度计划不符时，承包人应按工程师的要求提出改进措施，经工程师确认后执行。但是，对于因承包人自身的原因导致实际进度与进度计划不符时，所有的后果都应由承包人自行承担，承包人无权因改进措施而提出追加合同价款，工程师也不对改进措施的效果负责。如果采用改进措施后，经过一段时间工程实际进展赶上了进度计划，则仍可按原进度计划执行。如果采用改进措施一段时间后，工程实际进展仍明显与进度计划不符，则工程师可以要求承包人修改原进度计划，并经工程师确认后执行。但是，这种确认并不是工程师对工程延期的批准，而仅仅是要求承包人在合理的状态下施工。因此，如果承包人按修改后的进度计划施工不能按期竣工的，承包人仍应承担相应的违约责任；工程师应当随时了解施工进度计划执行过程中所存在的问题，并帮助承包人解决，特别是承包人无力解决的内外关系协调问题。

（2）暂停施工。工程师认为确有必要暂停施工时，应当以书面形式要求承包人暂停施工，并在提出要求后 48 h 内提出书面处理意见。承包人应当按工程师要求停止施工并妥善保护已完工程。承包人实施工程师作出的处理意见后，可以书面形式提出复工要求，工程师应当在 48 h 内给予答复。工程师未能在规定时间内提出处理意见，或收到承包人复工要求后 48 h 内未给予答复的，承包人可自行复工。因发包人原因造成停工的，由发包人承担所发生的追加合同价款，赔偿承包人由此造成的损失，相应顺延工期；因承包人原因造成停工的，由承包人承担发生的费用，工期不予顺延。因工程师不及时作出答复，导致承包人无法复工的，由发包人承担违约责任。

当发包人出现某些违约情况时，承包人可以暂停施工，这是合同赋予承包人保护自身权益的有效措施。如发包人不按合同约定及时向承包人支付工程预付款、工程进度款且双方未达成延期付款协议，在承包人发出要求付款通知后仍不付款的，经过一段时间后，承包人可暂停施工。这时，发包人应当承担相应的违约责任。出现这种情况时工程师应当尽量督促发包人履行合同，以求减少双方的损失。

在施工过程中出现一些意外情况，如果需要承包人暂停施工的，承包人应该暂停施工，此时工期是否给予顺延，应视风险责任由谁承担而确定。如发现有价值的文物、发生不可抗力事件等，风险责任应由发包人承担，工期顺延。

（3）工程变更。施工中发包人如果需要对原工程设计进行变更，应提前 14 d 以书面形式向承包人发出变更通知。变更超过原设计标准或者批准的建设规模时，发包人应报规划管理部门和其他有关部门重新审查批准，并由原设计单位提供变更的相应图纸和说明。承包人按照工程师发出的变更通知及有关要求，进行相应变更。由于发包人对原设计进行变更造成合同价款的增减及承包人的损失，由发包人承担，延误的工期相应顺延。合同履行中发包人要求变更工程质量标准及发生其他实质性变更的，由双方协商解决。

承包人应当严格按照图纸施工，不得未经批准擅自对原工程设计进行变更。

（4）工期延误。承包人应当按照合同工期完成工程施工，如果由于其自身原因造成工期延误，则应承担违约责任。但因以下原因造成工期延误的，经工程师确认，工期相应顺延：

1）发包人未能按专用条款的约定提供图纸及开工条件。

2）发包人未能按约定日期支付工程预付款、进度款,致使施工不能正常进行。
3）工程师未按合同约定提供所需指令、批准等,致使施工不能正常进行。
4）设计变更和工程量增加。
5）一周内因非承包人原因停水、停电、停气造成停工累计超过 8 h。
6）不可抗力。
7）专用条款中约定或工程师同意工期顺延的其他情况。

上述这些情况工期可以顺延的原因在于:这些情况属于发包人违约或者是应当由发包人承担的风险。

承包人在以上情况发生后的 14 d 内就延误的工期以书面形式向工程师提出报告,工程师在收到报告后 14 d 内予以确认,逾期不予确认也不提出修改意见的,视为同意顺延工期。

3．验收阶段

在竣工验收阶段,工程师进度控制的任务是督促承包人完成工程扫尾工作,协调竣工验收中的各方关系,参加竣工验收。

（1）竣工验收的程序。承包人必须按照协议书约定的竣工日期或者工程师同意顺延的工期竣工。因承包人原因不能按照协议书约定的竣工日期或者工程师同意顺延的工期竣工的,承包人应当承担违约责任。

当承包人按合同要求全部完成后,具备竣工验收条件的,承包人按国家工程竣工验收的有关规定,向发包人提供完整的竣工资料和竣工验收报告。双方约定由承包人提供竣工图的,承包人应按专用条款内约定的日期和份数向发包人提交竣工图。

发包人收到竣工验收报告后 28 d 内组织有关单位验收,并在验收后 14 d 内给予认可或提出修改意见,承包人应当按要求进行修改,并承担因自身原因造成的增加的费用。中间交工工程的范围和竣工时间,由双方在专用条款内约定。验收程序同上。

发包人收到承包人送交的竣工验收报告后 28 d 内不组织验收,或者在验收后 14 d 内不提出修改意见,则视为竣工验收报告已经被认可。发包人收到承包人竣工验收报告后 28 d 内不组织验收,从第 29 d 起承担工程保管及一切意外责任。

（2）提前竣工。施工过程中如发包人因故需工程提前竣工,业主和承包方双方协商一致后可签订提前竣工协议,作为合同文件组成部分。提前竣工协议应将要求提前的时间、承包人采取的赶工措施、发包人为提前竣工提供的条件、承包人为保证工程质量和安全采取的措施、提前竣工所需的追加合同价款等内容包括进去。

（3）甩项竣工。因特殊原因,发包人要求部分单位工程或工程部位需甩项竣工时,双方应另行订立甩项竣工协议,明确双方责任和工程价款的支付办法。

二、质量控制

工程施工中的质量控制是合同履行中的重要环节。施工合同的质量控制涉及许多方面的因素,任何一个方面的缺陷和疏漏,都会使工程质量无法达到预期的标准。承包人应按照合同约定的标准、规范、图纸、质量等级以及工程师发布的指令认真施工,并达到合同约定的质量等级。在施工过程中,承包人要随时接受工程师对材料、设备、中间部位、隐蔽工程、竣工工程等质量的检查、验收与监督。

1．工程质量标准

工程质量应当达到协议书约定的质量标准,质量标准以国家或专业的质量验收标准为依据。因承包人原因工程质量达不到约定的质量标准,由承包人承担违约责任。发包人对部分或全部工程质量有特殊要求的，应支付由此增加的追加合同价款（在专用条款中写明计算方法），对工期有影响的应相应顺延工期。

双方对工程质量有争议的，由双方同意的工程质量检测机构鉴定，所需费用及因此而造成的损失，由责任方承担。双方均有责任的，由双方根据其责任分别承担。

2. 检查及返工

在工程施工过程中，工程师及其委派人员对工程进行检查检验是其日常工作和重要职能。承包人应认真按照标准、规范和设计图纸要求以及工程师依据合同发出的指令施工，随时接受工程师的检查检验，为检查检验提供便利条件。工程质量达不到约定标准的部分，工程师一经发现，即要求承包人拆除和重新施工，承包人应按工程师的要求拆除和重新施工，直到符合约定标准。因承包人原因达不到约定标准，由承包人承担拆除和重新施工的费用，工期不予顺延。

工程师的检查检验不应影响施工正常进行。如影响施工正常进行，检查检验不合格时，影响正常施工的费用由承包人承担。除此之外，影响正常施工的追加合同价款由发包人承担，相应顺延工期。因工程师指令失误或其他非承包人原因发生的追加合同价款，由发包人承担。以上检查检验合格后又发现由承包人原因引起的质量问题仍由承包人承担责任和发生的费用，赔偿发包人的直接损失，工期不予顺延。

3. 隐蔽工程和中间验收

由于隐蔽工程在施工中一旦完成隐蔽，很难再对其进行质量检查（这种检查成本很大），因此必须在隐蔽前进行检查验收。对于中间验收，双方可在专用条款中约定验收的单项工程和部位的名称、验收的时间、操作程序和要求，以及发包人应该提供的便利条件等。

当工程具备隐蔽条件或达到专用条款约定的中间验收部位，承包人应首先自检合格，并在隐蔽或中间验收前48 h以书面形式通知工程师验收。通知包括隐蔽和中间验收的内容、验收时间和地点。承包人准备验收记录，验收合格后，工程师在验收记录上签字，之后承包人方可进行隐蔽和继续施工。若验收不合格，承包人在工程师限定的时间内修改后重新验收。

工程师不能按时进行验收的，应在验收前24 h以书面形式向承包人提出延期要求，延期不能超过48 h。工程师未能按以上时间提出延期要求，不进行验收的，承包人可自行组织验收，工程师应承认验收记录。经工程师验收，工程质量符合标准、规范和设计图纸等的要求，验收24 h内，工程师没有在验收记录上签字的，视为工程师已经认可验收记录，承包人可进行隐蔽或继续施工。

4. 重新检验

无论工程师是否进行验收，当工程师提出对已经隐蔽的工程重新检验的要求时，承包人应按要求进行剥离或开孔，并在检验后重新覆盖或修复。检验合格，发包人承担由此发生的全部追加合同价款，赔偿承包人损失，并相应顺延工期。检验不合格，承包人承担发生的全部费用，工期不予顺延。

5. 工程试车

安装工程施工完备，双方约定需要试车的，应当组织试车。试车内容应与承包人承包的安装范围相一致。

（1）单机无负荷试车。设备安装工程具备单机无负荷试车条件，由承包人组织试车，并在试车前48 h以书面形式通知工程师。通知包括试车内容、时间、地点。承包人准备试车记录。发包人根据承包人要求为试车提供必要条件。试车合格后，工程师在试车记录上签字。

只有单机试运转达到规定要求,才能进行联试。工程师不能按时参加试车,须在开始试车前24 h以书面形式向承包人提出延期要求,延期不能超过48 h。工程师未能按以上时间提出延期要求,并且不参加试车,承包人可自行组织试车,工程师应承认试车记录。

(2)联动无负荷试车。设备安装工程具备无负荷联动试车条件的,发包人组织试车,并在试车前48 h以书面形式通知承包人。通知包括试车内容、时间、地点和对承包人的要求。承包人按要求做好准备工作。试车合格,双方在试车记录上签字。

(3)投料试车。投料试车应在工程竣工验收后由发包人负责。如发包人要求在工程竣工验收前进行或需要承包人配合时,应当征得承包人同意,双方另行签订补充协议。

6. 竣工验收

竣工验收是全面考核建设工作,检查是否符合设计要求和工程质量的重要环节。工程未经竣工验收或竣工验收未通过的,发包人不得使用。发包人强行使用时,由此发生的质量问题及其他问题,由发包人承担责任。但在此情况下发包人主要是对强行使用直接产生的质量问题和其他问题承担责任,不能免除承包人对工程的保修等责任。

三、投资控制

1. 合同价款及调整

合同价款是指发包人、承包人在协议书中约定,发包人用以支付承包人按照合同约定完成承包范围内全部工程并承担质量保修责任的款项。招标工程的合同价款由发包人和承包人依据中标通知书中的中标价格(总价或单价)在协议书中约定。非招标工程的合同价款由发包人和承包人依据工程预算书在协议书中约定。在合同协议书中约定的合同价款对双方均具有约束力,任何一方不得擅自改变,但它通常并不是最终的合同结算价格。最终的合同结算价格还包括在施工过程中发生、经工程师确认后追加的合同价款,以及发包人按照合同规定对承包方的扣减款项。

下列3种确定合同价款的方式,双方可在专用条款内约定采用其中一种:

(1)固定价格合同。双方在专用条款内约定合同价款包含的风险范围和风险费用的计算方法,在约定的风险范围内合同价款不再调整。风险范围以外的合同价款调整方法,应当在专用条款内约定。如果发包人对施工期间可能出现的价格变动采取一次性付给承包人一笔风险补偿费用办法的,可在专用条款内写明补偿的金额和比例,写明补偿后是全部不予调整还是部分不予调整,以及可以调整项目的名称。

(2)可调价格合同。合同价款可根据双方的约定而调整,双方在专用条款内约定合同价款的调整方法。可调价格合同中合同价款的调整因素如下:

1)法律、行政法规和国家有关政策变化影响合同价款。

2)工程造价管理部门(指国务院有关部门、县级以上人民政府建设行政主管部门或其委托的工程造价管理机构)公布的价格调整。

3)一周内因非承包人原因停水、停电、停气造成停工累计超过8 h。

4)双方约定的其他因素。

此时,双方在专用条款中可写明调整的范围和条件,除材料费外是否包括机械费、人工费、管理费等,对通用条款中所列出的调整因素是否还有补充,如对工程量增减和工程变更的数量有限制的,还应写明限制的数量;调整的依据,写明是哪一级工程造价管理部门公布的价格调整文件;写明调整的方法、程序;承包人提出调价通知的时间;工程师批准和支付的时间等。

(3)成本加酬金合同。合同价款包括成本和酬金两部分,双方在专用条款中约定成本构成和酬金的计算方法。

2. 工程预付款

预付款是在工程开工前发包人承诺预先支付给承包人用来进行工程准备的一笔款项。如果约定工程预付款的，双方应当在专用条款内约定发包人向承包人预付工程款的时间和数额，开工后按约定的时间和比例逐次扣回。预付时间应不迟于约定的开工日期前 7 d。发包人不按约定预付的，承包人可在约定预付时间 7 d 后向发包人发出要求预付的通知，发包人收到通知后仍不能按要求预付的，承包人可在发出通知后 7 d 停止施工，发包人应从约定应付之日起向承包人支付应付款的贷款利息，并承担违约责任。

3. 工程款（进度款）

（1）工程量的确认。对承包人已完成的工程量进行计量、核实与确认，是发包人支付工程款的前提。工程量的确认应符合以下规定：

1) 承包人应按专用条款约定的时间，向工程师提交已完工程量的报告。

2) 工程师接到报告后 7 d 内按设计图纸核实已完工程量（计量），并在计量前 24 h 通知承包人，承包人应为计量提供便利条件并派人参加。承包人收到通知后不参加计量，计量结果有效，作为工程价款支付的依据。

3) 工程师收到承包人报告后 7 d 内未进行计量，从第 8 d 起，承包人报告中开列的工程量即视为已被确认，作为工程价款支付的依据。

4) 工程师不按约定时间通知承包人，致使承包人未能参加计量的，计量结果无效。

5) 对承包人超出设计图纸范围和因承包人原因造成返工的工程量，工程师不予计量。

（2）工程款（进度款）结算方式。按月结算是国内外常见的一种工程款支付方式，一般在每个月末，承包人提交已完工程量报告，经工程师审查确认，签发月度付款证书后，由发包人按合同约定的时间支付工程款。

按形象进度分段结算是国内另一种常见的工程款支付方式。当承包人完成合同约定的工程形象进度时，承包人提出已完工程量报告，经工程师审查确认，签发付款证书后，由发包人按合同约定的时间付款。

当工程项目工期较短或合同价格较低时，还可以采用工程价款每月月中预支、竣工后一次性结算的方法。

（3）工程款（进度款）支付的程序和责任。在确认计量结果后 14 d 内，发包人应向承包人支付工程款（进度款）。同期用于工程的发包人供应的材料设备价款、按约定时间发包人应扣回的预付款，与工程款（进度款）同期结算。合同价款调整、工程师确认增加的工程变更价款及追加的合同价款、发包人或工程师同意确认的工程索赔款等，也应与工程款（进度款）同期调整支付。

发包人如超过约定的支付时间不支付工程款（进度款），承包人可向发包人发出要求付款的通知，发包人收到承包人通知后仍不能按要求付款的，可以与承包人协商签订延期付款协议，经承包人同意后可延期支付。协议应明确延期支付的时间和从计量结果确认后第 15 d 起计算应付款的贷款利息。发包人不按合同约定支付工程款（进度款），双方又未达成延期付款协议，导致施工无法进行的，承包人可停止施工。

4. 变更价款的确定

承包人在工程变更确定后的 14 d 内，提出变更工程价款的报告，经工程师确认后调整合同价款。变更合同价款按下列方法进行：

（1）合同中已有适用于变更工程的价格，可以参照已有的价格变更合同价款。

（2）合同中只有类似于变更工程的价格，可以参照类似价格变更合同价款。

（3）合同中没有适用或类似于变更工程的价格，由承包人提出适当的变更价格，经工程师确认后执行。

5．竣工结算

（1）竣工结算程序。工程竣工验收报告经发包人认可后 28 d 内，承包人向发包人递交竣工结算报告及完整的结算资料，双方按照协议书约定的合同价款及专用条款约定的合同价款调整内容，进行工程竣工结算。发包人收到承包人递交的竣工结算报告及结算资料后 28 d 内进行核实，给予确认或者提出修改意见。发包人确认竣工结算报告后通知经办银行向承包人支付工程竣工结算价款。承包人收到竣工结算价款后 14 d 内将竣工工程交付给发包人。

（2）竣工结算相关的违约责任。发包人收到竣工结算报告及结算资料后 28 d 内无正当理由不支付工程竣工结算价款的，从第 29 d 起按承包人同期向银行贷款利率支付拖欠工程价款的利息，并承担违约责任。

发包人收到竣工结算报告及结算资料后 28 d 内不支付工程竣工结算价款，承包人可以催告发包人支付结算价款。发包人在收到竣工结算报告及结算资料后 56 d 内仍不支付的，承包人可以与发包人协议将该工程折价，也可以由承包人申请人民法院将该工程依法拍卖，承包人就该工程折价或者拍卖的价款优先受偿。目前在建设领域，拖欠工程款的情况十分严重，承包人采取有力措施，保护自己的合法权利是十分重要的。

工程竣工验收报告经发包人认可后 28 d 内，承包人未能向发包人递交竣工结算报告及完整的结算资料，造成工程竣工结算不能正常进行或工程竣工结算价款不能及时支付，发包人要求交付工程的，承包人应当交付，发包人不要求交付工程的，承包人承担保管责任。

承、发包双方对工程竣工结算价款发生争议时，按照合同约定程序处理争议。

6．质量保修金

保修金（或称保留金、尾留款）是发包人在工程竣工后自应付承包人工程款中扣留的款项，其目的是约束承包人在竣工后履行保修义务。有关保修项目、保修期、保修内容、保修范围、保修期限及保修金额等均应在工程质量保修书中约定。如果承包方提供履约担保，不宜再扣留质量保修金。

保修期满后，承包人履行了保修义务。发包人应在质量保修期满后 14 d 内结算，将剩余保修金和按工程质量保修书约定的银行利率计算的利息一起返还承包人。

不可抗力

不可抗力指合同当事人不能预见、不能避免并不能克服的客观情况。建设工程施工中的不可抗力包括因战争、动乱、空中飞行物体坠落或其他非发包人、承包人责任造成的爆炸、火灾，以及专用条款约定的风、雨、雪、震、洪水等对工程造成损害的自然灾害。

在施工合同的履行中，应当加强管理，在尽可能的范围内减少因不可抗力事件的发生而导致的损失。不可抗力事件发生后，承包人应立即通知工程师，并在力所能及的条件下迅速采取措施，此时，发包人应协助承包人采取措施。工程师认为应当暂停施工的，承包人应暂停施工。不可抗力事件结束后 48 h 内承包人向工程师通报受害情况和损失情况，以及预计清理和修复的费用。不可抗力事件持续发生，承包人应每隔 7 d 向工程师报告一次受害情况。不可抗力事件结束后 14 d 内，承包人应向工程师提交清理和修复费用的正式报告及有关资料。

因不可抗力事件导致的费用及延误的工期由双方按以下方法分别承担：
（1）工程本身的损害、因工程损害导致第三者人员伤亡和财产损失以及运至施工场地用于施工的材料和待安装设备的损害，由发包人承担。
（2）发包人、承包人人员伤亡由其所在单位负责，并承担相应费用。
（3）承包人机械设备损坏及停工损失，由承包人承担。
（4）停工期间，承包人应工程师要求留在施工场地的必要的管理人员及保卫人员的费用由发包人承担。
（5）工程所需清理、修复费用，由发包人承担。
（6）延误的工期相应顺延。

因合同一方迟延履行合同后发生不可抗力的，不能免除迟延履行方的相应责任。

4-4 处理项目索赔

知识准备

索赔是当事人在合同实施过程中，根据法律、合同规定及惯例，对不应由自己承担责任的情况所造成的损失，向合同的另一方当事人提出给予赔偿或补偿要求的行为。索赔权利的享有是相对的，即发包人、承包人、分包人都享有。在工程承包市场上，一般称工程承包人提出的索赔为施工索赔，即由于发包人或其他方面的原因，致使承包人在项目施工中付出了额外的费用或造成了损失，承包人通过合法途径和程序，如谈判、诉讼或仲裁，要求发包人补偿其在施工中的费用损失的过程。

微课：明确索赔程序

一、索赔的特征

从索赔的基本含义，可以看出索赔具有以下基本特征。
（1）索赔是要求给予赔偿（或补偿）的权利主张，是一种合法的正当权利要求，不是无理争利。
（2）索赔是双向的。合同当事人（含发包人、承包人）双方都可以向对方提出索赔要求，被索赔方可以对索赔方提出异议，阻止对方的不合理的索赔要求。
（3）只有实际发生了经济损失或权利损害，而且必须有确凿的证据，一方才能给予对方相应的赔偿（或补偿）。经济损失是指因对方之故造成合同额外经济支出，如人工费、材料费、机械费、管理费等。一般情况下，由此产生费用索赔。权利损害是指虽然没有经济上的损失，但造成了一方权利上的损害，如由于恶劣气候条件对工程进度的不利影响，承包人有权要求工期延长等。
（4）索赔的依据是所签订的合同和有关法律、法规和规章及其他证据。
（5）索赔的目的是补偿索赔方在工期和经济上的损失。

二、索赔成立的条件

监理工程师判定承包人索赔成立时，必须同时具备下列三个条件：

（1）索赔事件已造成承包人施工成本的额外支出或者工期延长。
（2）产生索赔事件的原因属于非承包人之故。
（3）承包人在规定的时间范围内提交了索赔意向通知。

三、索赔事件的分类

1. 按索赔目的分类

（1）工期索赔。由于非承包人责任的原因而导致施工进程延误，要求批准顺延合同工期的索赔，称为工期索赔。工期索赔形式上是对权利的要求，以避免承包人在原定合同竣工日不能完工时，被发包人追究拖期违约责任。一旦获得批准合同工期顺延后，承包人不仅可免除承担拖期违约赔偿费的严重风险，而且可能因提前工期得到奖励，最终仍反映在经济收益上。

（2）费用索赔。费用索赔即承包人向业主要求补偿不应该由承包人自己承担的经济损失或额外开支，也就是取得合理的经济补偿。其取得的前提是：一是施工受到干扰，导致工作效率降低；二是业主指令工程变更或产生额外工程，导致工程成本增加。由于这两种情况所增加的新增费用或额外费用，承包人有权索赔。

2. 按索赔发生的原因分类

（1）延期索赔。延期索赔主要表现在由于发包人的原因不能按原定计划的时间进行施工所引起的索赔。由于材料和设备价格时有上涨，为了控制建设的成本，发包人往往将材料和设备自己直接订货，再供应给承包人，这样发包人则要承担因不能按时供货，而导致工程延期的风险。建设法规的改变最容易造成延期索赔。另外，设计图样和规范的错误和遗漏，设计者不能及时提交审查或批准图纸，引起延期索赔的事件更是屡见不鲜。

（2）工程变更索赔。工程变更索赔是指对合同中规定的工作范围的变化而引起的索赔。其责任和损失不如延期索赔那么容易确定，如某分项工程所包含的详细工作内容和技术要求、施工要求很难在合同文件中用语言描述清楚，设计图纸也很难对每一个施工细节的要求都说得清清楚楚。另外设计的错误和遗漏，或发包人和设计者主观意志的改变都会向承包人发布变更设计的命令，从而引起索赔。设计变更引起的工作量和技术要求的变化都可能被认为是工作范围的变化，为完成此变更可能增加时间，并影响原计划工作的执行，从而可能导致工期和费用的增加。

（3）施工加速索赔。施工加速索赔是由于发包人或监理工程师指令承包人加快施工速度、缩短工期，引起承包人人、财、物的额外开支而提出的索赔。

（4）意外风险和不可预见因素索赔。在工程实施过程中，因人力不可抗拒的自然灾害、特殊风险以及不可预见的不利施工条件或外界障碍，如地下水、地质断层、地面沉陷、地下障碍物等引起的索赔。

（5）其他索赔。其他索赔包括如因货币贬值、物价与工资上涨、政策法令变化、银行利率变化、外汇利率变化等原因引起的索赔。

3. 按索赔的处理方式分类

（1）单项索赔。单项索赔是指采取一事一索赔的方式，即在每一件索赔事件发生后，报送索赔通知书，编制索赔报告，要求单项解决支付，不与其他的索赔事项混在一起。工程索赔通常采用这种方式，它能有效避免多项索赔的相互影响和制约，解决起来比较容易。

（2）总索赔。总索赔又称为一揽子索赔，是指承包人在工程竣工决算前，将施工过程中未得到解决的和承包人对发包人答复不满意的单项索赔集中起来，提出一份索赔报告，综合在一起解决。在实际工程中,总索赔方式应尽量避免采用,因为它涉及的因素十分复杂,且纵横交错,不太容易索赔成功。

四、工程索赔的程序

1. 发出索赔意向通知

索赔事件发生后,承包人应在索赔事件发生后的 28 d 内向工程师递交索赔意向通知,声明将对此事件提出索赔。该意向通知是承包人就具体的索赔事件向工程师和发包人表示的索赔愿望和要求。如果超过这个期限,工程师和发包人有权拒绝承包人的索赔要求。索赔事件发生后,承包人有义务做好现场施工的同期记录,并加大收集索赔证据的管理力度,以便于监理工程师随时检查和调阅,为判断索赔事件所造成的实际损害提供依据。

2. 递交索赔报告

承包人应在索赔意向通知提交后的 28 d 内,或监理工程师可能同意的其他合理时间内递送正式的索赔报告。索赔报告的内容应包括:索赔的合同依据、事件发生的原因、对其权益影响的证据资料、此项索赔要求补偿的款项和工期展延天数的详细计算等有关材料。如果索赔事件的影响持续存在,28 d 内还不能算出索赔额和工期展延天数时,承包人应按工程师合理要求的时间间隔(一般为 28 d),定期持续提交各个阶段的索赔证据资料和索赔要求。在该项索赔事件的影响结束后的 28 d 内,提交最终详细报告。

3. 评审索赔报告

承包人的索赔意向通知必须在事件发生后的 28 d 内提出,包括因对变更估价双方不能取得一致意见,而先按监理工程师单方面决定的单价或价格执行时,承包人提出的保留索赔权利的意向通知,这在司法活动中称为证据保全。如果承包人未能在时间规定内提出索赔意向和索赔报告,则他就失去了就该项事件请求补偿的索赔权利。此时他所受到损害的补偿,将不超过监理工程师认为应主动给予的补偿额。监理工程师(或发包人)接到承包人的索赔报告后,应该及时分析承包人报送的索赔资料,并对不合理的索赔进行反驳或提出疑问。在评审过程中,承包人应对工程师提出的各种质疑作出完整的答复。监理工程师(或发包人)对索赔报告的审查主要包括以下几个方面:

(1) 事态调查。通过对合同实施的跟踪、分析了解事件前因后果,掌握事件详细情况。

(2) 损害事件原因分析。损害事件原因分析是分析索赔事件是由何种原因引起的,责任应由谁来承担。在实际工作中,损害事件的责任有时是多方面原因造成的,故必须进行责任分解,划分责任范围,按责任大小承担损失。

(3) 分析索赔理由。分析索赔理由主要依据合同文件判明索赔事件是否属于未履行合同规定义务或未正确履行合同义务导致,是否在合同规定的赔偿范围之内。只有符合合同规定的索赔要求才有合法性,才能成立。如某合同规定,在工程总价 5% 范围内的工程变更属于承包人承担的风险,则发包人指令在这个范围内增加工程量,承包人不能提出索赔。

(4) 实际损失分析。实际损失分析是分析索赔事件的影响,主要表现为工期的延长和费用的增加。如果索赔事件不造成损失,则无索赔可言。损失调查的重点是分析、对比实际和计划的施工进度、工程成本和费用方面的资料,在此基础上核算索赔值。

(5) 证据资料分析。证据资料分析主要分析证据资料的有效性、合理性、正确性,这也是索赔要求有效的前提条件。如果监理工程师认为承包人提出的证据不足以说明其要求的合理性时,可以要求承包人进一步提交索赔的证据资料,否则索赔要求是不成立的。

4. 确定合理的补偿额

经过监理工程师对索赔报告的评审，与承包人进行了较充分的讨论后，监理工程师应提出索赔处理的初步意见，并参加发包人与承包人进行的索赔谈判。通过谈判，作出索赔的最后决定。

（1）监理工程师与承包人协商补偿。监理工程师核查后初步确定应予以补偿的额度往往与承包人的索赔报告中要求的额度不一致，甚至差额较大。主要原因大多为对承担事件损害责任的界限划分不一致，索赔证据不充分，索赔计算的依据和方法分歧较大等，因此双方应就索赔的处理进行协商。

对于持续影响时间超过28 d工期延误的事件，当工期索赔条件成立时，对承包人每隔28 d报送的阶段性索赔临时报告审查后，每次均应作出批准临时延长工期的决定，并于事件影响结束后的28 d内，在承包人提出最终的索赔报告后，批准顺延工期总天数。应当注意的是，最终批准的总顺延天数不应少于以前各阶段已同意顺延天数之和。承包人在事件影响期间必须每隔28 d提出一次阶段性索赔报告，以使监理工程师能及时根据同期记录批准该阶段应予顺延工期的天数，避免事件影响时间太长而不能准确确定索赔值。

（2）监理工程师索赔处理决定。在经过认真分析研究，与承包人、发包人广泛讨论后，监理工程师应该向发包人和承包人提出自己的"索赔处理决定"。监理工程师收到承包人送交的索赔报告和有关资料后，于28 d内给予答复或要求承包人进一步补充索赔理由和证据。2017年10月1日起执行的《建设工程施工合同（示范文本）》（GF-2017-0201）规定，监理工程师收到承包人递交的索赔报告和有关资料后，如果在28 d内既未予以答复，也未对承包人作进一步要求的话，则视为承包人提出的该项索赔要求已经认可。但是，监理工程师的处理决定不是终局性的，对发包人和承包人都不具有强制性的约束力。当承包人对监理工程师的决定不满意时，可以按合同中的争议条款提交约定的仲裁机构仲裁或诉讼。

5. 发包人审查索赔处理

当监理工程师确定的索赔额超过其权限范围时，必须报请发包人批准。发包人首先根据事件发生的原因、责任范围、合同条款审核承包人的索赔申请和工程师的处理报告，再依据工程建设的目的、投资控制、竣工投产日期要求以及针对承包人在施工中的缺陷或违反合同规定等的有关情况，决定是否同意监理工程师的处理意见。例如，当承包人某项索赔理由成立，监理工程师根据相应条款规定，除同意给予一定的费用补偿外，还应批准顺延相应的工期。但发包人权衡了施工的实际情况和外部条件的要求后，可能不同意顺延工期，而宁可给承包人增加费用补偿额，要求他采取赶工措施，按期或提前完工。这样的决定只有发包人才有权作出。索赔报告经发包人同意后，监理工程师即可签发有关证书。

6. 承包人是否接受最终索赔处理

承包人接受最终的索赔处理决定，索赔事件的处理即告结束。如果承包人不同意，就会导致合同争议。通过协商，双方达到互谅互让的解决方案，是处理争议的最理想方式。如达不成谅解，承包人有权提交仲裁或诉讼解决。

索赔程序流程如图4-1所示。

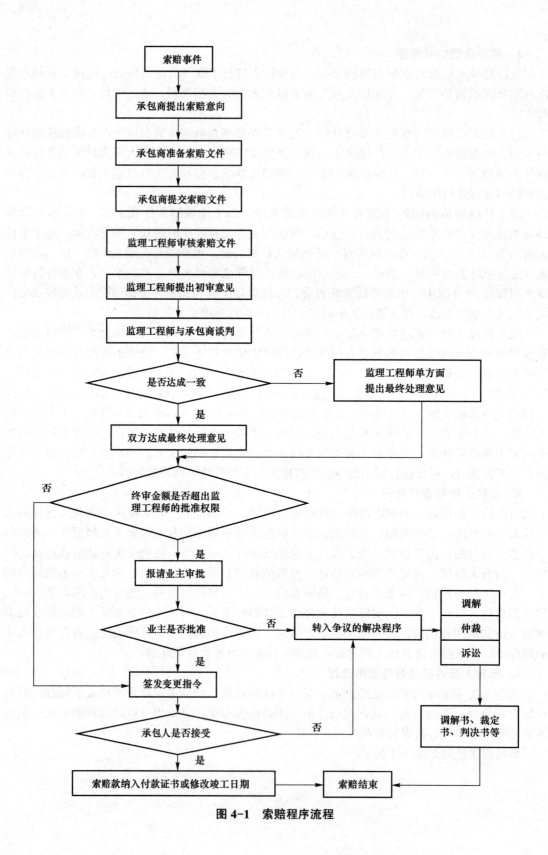

图 4-1 索赔程序流程

技能准备

一、工期索赔的计算

在工程施工中,常常会发生一些未能预见的干扰事件使施工不能顺利进行,造成工期延长,这样,对合同双方都会造成损失。承包人提出工期索赔的目的通常有两个:一是免去自己对已产生的工期延长的合同责任,使自己不支付或尽可能不支付工期延长的罚款;二是进行因工期延长而造成的费用损失的索赔。在工期索赔中,首先要确定索赔事件发生对施工活动的影响及引起的变化,其次再分析施工活动变化对总工期的影响。计算工期索赔一般采用分析法,其主要依据合同规定的总工期计划、进度计划,以及双方共同认可的对工期的修改文件,调整计划和受干扰后实际工程进度记录,如施工日记、工程进度表等。承包人应在每个月底以及在干扰事件发生时,分析对比上述资料,以发现工期拖延及拖延原因,提出有说服力的索赔要求。分析法又分为网络图分析法和对比分析法两种。

1. 网络图分析法

网络图分析法是利用进度计划的网络图,分析其关键线路,如果延误的工作为关键工作,则延误的时间为索赔的工期;如果延误的工作为非关键工作,当该工作由于延误超过时差限制而成为关键工作时,可以索赔延误时间与时差的差值;若该工作延误后仍为非关键工作,则不存在工期索赔问题。可以看出,网络图分析法要求承包人切实使用网络技术进行进度控制,才能依据网络计划提出工期索赔。按照网络图分析法得出的工期索赔值是科学合理的,容易得到认可。

2. 对比分析法

对比分析法比较简单,适用于索赔事件仅影响单位工程或分部分项工程的工期,由此计算对总工期的影响。对比分析法的计算公式为:总工期索赔=(额外或新增工程量价格/原合同价格)×原合同总工期。

二、费用索赔的计算

费用索赔都是以补偿实际损失为原则,实际损失包括直接损失和间接损失两个方面。其中要注意的一点是索赔对发包人不具有任何惩罚性质。因此,所有干扰事件引起的损失以及这些损失的计算,都应有详细的具体证明,并在索赔报告中出具这些证据。没有证据,索赔要求不能成立。

1. 索赔费用的组成

(1)人工费。人工费包括额外雇用劳务人员、加班工作、工资上涨、人员闲置和劳动生产率降低的工时所花费的费用。

(2)材料费。材料费包括由于索赔事项的材料实际用量超过计划用量而增加的材料费;由于客观原因材料价格大幅度上涨的费用;由于非承包人责任工程延误导致的材料价格上涨和材料超期储存费用。

(3)施工机械使用费。施工机械使用费包括由于完成额外工作增加的机械使用费;非承包人责任的工效降低增加的机械使用费;由于发包人或工程师原因导致机械停工的窝工费。

(4)现场管理费。现场管理费包括工地的临时设施费、通信费、办公费、现场管理人员和服务人员的工资等。

(5)公司管理费。公司管理费是承包人的上级主管部门提取的管理费,如公司总部办公楼折旧费、总部职员工资、交通差旅费、通信广告费等。公司管理费无法直接计入具体合同或某项具体工作中，只能按一定比例进行分摊。公司管理费与现场管理费相比，数额较为固定，一般仅在工程延期和工程范围变更时才允许索赔公司管理费。

（6）融资成本、利润与机会利润损失。融资成本又称资金成本，即取得和使用资金所付出的代价，其中最主要的是支付资金供应者利息。利润是完成一定工程量的报酬，因此在工程量的增加时可索赔利润。不同的国家和地区对利润的理解和规定也不同，有的将利润归入公司管理费中，则不能单独索赔利润。机会利润损失是由于工程延期和合同终止使承包人失去承揽其他工程的机会而造成的损失。在某些国家和地区，是可以索赔机会利润损失的。

2. 索赔费用的计算原则和计算方法

在确定赔偿金额时，应遵循两个原则：第一，所有赔偿金额，都应该是承包人为履行合同所必须支出的费用；第二，按此金额赔偿后，应使承包人恢复到未发生事件前的财务状况。即承包人不致因索赔事件而遭受任何损失，但也不得因索赔事件而获得额外收益。根据上述原则可以看出，索赔金额是用于赔偿承包人因索赔事件而受到的实际损失（包括支出的额外成本而失掉的可得利润）。所以索赔金额计算的基础是成本，用索赔事件影响所发生的成本减去事件影响时所应有的成本，其差值即为赔偿金额。索赔金额的计算方法很多，各个工程项目都可能因具体情况不同而采用不同的方法。主要有以下3种：

（1）总费用法。总费用法又称总成本法，就是计算出索赔工程的总费用，减去原合同报价时的成本费用，即得索赔金额。这种计算方法简单但不尽合理，因为实际完成工程的总费用中，可能包括由于承包人的原因（如管理不善、材料浪费、效率太低等）所增加的费用，而这些费用是属于不该索赔的；另一方面，原合同价也可能因工程变更或单价合同中的工程量变化等原因而不能代表真正的工程成本。凡此种种原因，使得采用此法往往会引起争议，遇到障碍。但是在某些特定条件下，当需要具体计算索赔金额很困难，甚至不可能时，则也有采用此法。在这种情况下，应具体核实已开支的实际费用，取消其不合理部分，以求接近实际情况。

（2）修正总费用法。修正总费用法是指对难于用实际总费用进行审核的情况，可以考虑是否能计算出与索赔事件有关的单项工程的实际总费用和该单项工程的投标报价。若可行，可按其单项工程的实际费用与报价的差值来计算其索赔的金额。

（3）实际费用法。实际费用法即根据索赔事件所造成的损失或成本增加，按费用项目逐项进行分析、计算索赔金额的方法。这种方法比较复杂，但能客观地反映承包人的实际损失，比较合理，易于被当事人接受，在国际工程中被广泛采用。实际费用法是按每个索赔事件所引起损失的费用项目分别分析、计算索赔值的一种方法，通常分三步：第一步分析每个或每类索赔事件所影响的费用项目，不得有遗漏，这些费用项目通常应与合同报价中的费用项目一致；第二步计算每个费用项目受索赔事件影响的数值，通过与合同价中的费用价值进行比较即可得到该项费用的索赔值；第三步将各费用项目的索赔值汇总，得到总费用索赔值。

知识拓展

索赔事件

1. 项目简介

某建筑公司（乙方）于2008年4月20日与工业厂（甲方）签订了建筑面积为3 000 m² 工业厂房基坑开挖的施工合同，乙方编制的施工方案和进度计划已获监理工程师批准。该工程的基坑开挖土方量为 4 500 m³，假设直接费单价为 4.2 元 /m³，综合费率为直接费的 20%。该工程的基坑施工方案规定：土方工程采用租赁一台斗容量为 1 m³ 的反铲挖土机施工（租赁费 450 元 / 台班）。甲、乙双方合同约定 5 月 11 日开工，5 月 20 日完工。在实际施工中发生如下事件：

（1）因租赁的挖土机大修，晚开工 2 d，造成人员窝工 10 个工日；

（2）基坑开挖后，因遇软土层，接到监理工程师 5 月 15 日停工的指令，进行地质复查，配合用工 15 个工日；

（3）5 月 19 日接到监理工程师于 5 月 20 日复工令，同时提出基坑开挖深度加深 2 m 的设计变更通知单，由此增加土方开挖量 900 m³；

（4）5 月 20 日～5 月 22 日，因下罕见的大雨迫使基坑开挖暂停，造成人员窝工 10 个工日；

（5）5 月 23 日用 30 个工日修复冲坏的永久道路，5 月 24 日恢复挖掘工作，最终基坑于 5 月 30 日挖坑完毕。

2．合同管理问题

（1）建筑公司对上述事件分析可以向厂方要求索赔原因。

（2）每项事件工期索赔各是多少天？总计工期索赔是多少天？

（3）假设人工费单价为 23 元 / 工日，因增加用工所需的管理费为增加人工费的 30%，则合同的费用索赔总额是多少？

（4）在工程施工中，通常可以提供的索赔证据有哪些？

3．分析与解答

（1）索赔成立与否说明。

事件 1：索赔不成立。因为租赁的挖土机大修延迟开工，属于承包商的自身责任。

事件 2：索赔成立。因为施工地质条件变化是一个有经验的承包商所无法合理预见的。

事件 3：索赔成立。因为这是由设计变更引起的，应由业主承担责任。

事件 4：索赔成立。这是因特殊反常的恶劣天气造成的工程延误，业主应承担责任。

事件 5：索赔成立。因恶劣的自然条件或不可抗力引起的工程损坏及修复应由业主承担责任。

（2）工期索赔计算。

事件 2：可索赔工期 5 d（15 日—19 日）。

事件 3：可索赔工期 2 d：900 m³/（4 500 m³/10 天）=2 d。

事件 4：可索赔工期 3 d（20 日—22 日）。

事件 5：可索赔工期 1 d（23 日）。

共计索赔工期 5+2+3+1=11（d）。

（3）费用索赔计算。

事件 2：人工费：15 工日 ×23 元 / 工日 ×（1+30%）=448.5（元）。

机械费：450 元 / 台班 ×5 天 =2 250（元）。

事件 3：（900 m³×4.2 元 /m³）×（1+20%）=4 536（元）。

事件 5：人工费：30 工日 ×23 元 / 工日 ×（1+30%）=897（元）。

机械费：450 元 / 台班 ×1 d=450（元）。

可索赔费用总额为 448.5+2 250+4 536+897+450=8 581.5（元）。

（4）可以提供的索赔证据。

1）招标文件、工程合同及附件、业主认可的施工组织设计、工程图纸、技术规范；工程图纸、图纸变更、交底记录的送达份数及日期记录；

2）工程各项经业主或监理工程师签认的签证；工程预付款、进度款拨付的数额及日期记录；

3）工程各项往来信件、指令、信函、通知、答复及工程各项会议纪要；

4）施工计划及现场实施情况记录；施工日报及工长工作日志、备忘录；工程现场气候，有关开工的温度、风力、降雨雪量等；

5）工程送电、送水、道路开通、封闭的日期及数量记录；工程停水、停电和干扰事件影响的日期及恢复施工的日期；

6）工程有关部位的照片及录像等；

7）工程验收报告及各项技术鉴定报告等；

8）工程材料采购、订货、运输、进场、验收、使用等方面的凭据；

9）工程会计核算资料；

10）国家、省、市有关影响工程造价、工期的文件、规定等。

模块小结

本模块主要介绍了项目采购管理的定义、内容、工作程序，工程项目采购方式，工程项目采购计划的编制依据、内容、程序，工程项目投标程序、投标保证金的形式及作用，投标文件的组成、编制步骤，合同的形式、内容，合同订立的程序，合同的效力，建设工程施工合同的组成，工程索赔的特征、条件、程序，索赔事件的分类，工期索赔、费用索赔等内容。本模块的学习重点为工程项目采购方式，工程项目投标程序、投标保证金的形式及作用，投标文件的组成，合同的形式、内容，合同订立的程序，合同的效力，建设工程施工合同的组成，工期索赔，费用索赔。通过本模块学习使读者更全面、系统掌握建设工程项目采购与合同管理的基础知识，具备建设工程项目采购与合同管理的能力。

自我评测

一、单项选择题

1. 根据《中华人民共和国招标投标法》（简称《招标投标法》）规定，招标人和中标人应当在中标通知书发出之日起（   ）d内，按照招标文件和中标人的投标文件订立书面合同。
   A. 20   B. 30   C. 10   D. 15

2. 招标人采用邀请招标方式招标时，应当向（   ）个以上具备承担招标项目的能力、资信良好的特定的法人或者其他组织发出投标邀请书。
   A. 3   B. 4   C. 5   D. 2

3. 评标委员会的组成人员中，要求技术经济方面的专家不得少于成员总数的（   ）。
   A. 1/2   B. 2/3   C. 1/3   D. 1/5

4. 招标人对已发出的招标文件进行必要的澄清或者修改的,应当在招标文件要求提交投标文件截止时间至少（　　）d 前,以书面形式通知所有招标文件收受人。
   A. 20　　　　　　B. 10　　　　　　C. 15　　　　　　D. 7

5. 公开招标也称无限竞争性招标,是指招标人以（　　）的方式邀请不特定的法人或者其他组织投标。
   A. 投标邀请书　　B. 合同谈判　　C. 行政命令　　D. 招标公告

6. 承包人在索赔事项发生后的（　　）d 以内,应向工程师正式提出索赔意向通知。
   A. 14　　　　　　B. 7　　　　　　C. 28　　　　　　D. 21

7. 依据施工合同示范文本的规定,下列关于承包商索赔的说法,错误的是（　　）。
   A. 只能向有合同关系的对方提出索赔
   B. 工程师可以对证据不充分的索赔报告不予理睬
   C. 工程师的索赔处理决定不具有强制性的约束力
   D. 索赔处理应尽可能协商达成一致

8. 中标通知书、合同协议书和图纸是施工合同文件的组成部分,就这三部分而言,如果在施工合同文件中出现不一致时,其优先解释顺序为（　　）。
   A. 中标通知书、合同协议书、图纸　　B. 合同协议书、中标通知书、图纸
   C. 合同协议书、图纸、中标通知书　　D. 中标通知书、图纸、合同协议书

9. 某土方工程合同约定,合同工期为 60 d,工程量增减超过 15% 时,承包商可提出变更。实施中因业主提供的地质资料不实,导致工程量由 3 200 m³ 增加到 4 800 m³,则承包商可索赔工期（　　）d。
   A. 0　　　　　　B. 16.5　　　　　C. 21　　　　　　D. 30

10. 工程施工过程中发生索赔事件以后,承包人首先要做的工作是（　　）。
    A. 向监理工程师提出索赔证据　　　　B. 提交索赔报告
    C. 提出索赔意向通知　　　　　　　　D. 与业主就索赔事项进行谈判

二、多项选择题

1. 《建设工程施工合同（示范文本）》（GF-2017-0201）中,因以下原因造成的工期延误,经工程师确认,工期相应顺延（　　）。
   A. 承包人未能按合同约定质量标准施工
   B. 发包人未能按约定日期支付工程预付款、进度款,致使施工不能正常进行
   C. 工程师未按合同约定提供所需指令、批准等,致使施工不能正常进行
   D. 设计变更和工程量增加
   E. 一周内非因承包人的原因停水、停电、停气造成停工累计超过 8 h

2. 承包人向发包人索赔成立的前提条件有（　　）。
   A. 按合同规定程序和时间提交了索赔报告
   B. 按合同规定程序和时间提交了索赔意向通知
   C. 与合同对照,事件已造成了承包人实际损失
   D. 索赔原因按合同约定不属于承包人的行为责任
   E. 索赔前需进行现场保护

3. 承包商可以就下列（　　）事件的发生向业主提出索赔。
   A. 施工中遇到地下文物被迫停工　　　B. 施工机械大修,误工 3 d
   C. 材料供应商延期交货　　　　　　　D. 业主要求提前竣工,导致工程成本增加
   E. 设计图纸错误,造成返工

4. 根据《建设工程施工合同(示范文本)》(GF-2017—0201),发包人责任和义务有(   )。
   A. 办理建设工程施工许可证
   B. 提供施工场地的工程地质和地下管网线路资料
   C. 组织承包人和设计单位进行图纸会审
   D. 办理土地征用、拆迁补偿、平整施工现场
   E. 协调处理施工现场周围地下管线

5. 根据《建设工程施工合同(示范文本)》(GF-2017—0201)可以顺延工期的情况有(   )。
   A. 施工中发生了地震
   B. 发包人未按合同约定提供施工现场
   C. 发包人提供的测量基准点存在错误
   D. 监理人未按合同约定发出指示、批准文件
   E. 承包商选定的分包商或供货商延误工期

三、案例分析

1. 案例一

经当地主管部门的批准,某建筑幕墙安装工程由建设单位自行组织进行公开招标,招标工作按照先后顺序主要包括:组建招标工作小组;发布招标公告;编制招标文件;发放招标文件;组织现场踏勘后招标答疑;投标单位资格审查;接受投标文件;开标;确定中标单位;评标;签订施工合同;发出中标通知书。

在建设单位组织现场踏勘和招标答疑后,在投标截止日前10 d,建设单位书面通知各投标单位需要修改招标文件的部分内容。

问题:

(1) 背景中介绍到的招标工作的先后顺序是否妥当?如果不妥,请确定合理的顺序。

(2) 在本案项目施工招标过程中,建设单位有无不妥行为?

2. 案例二

某建筑公司(乙方)与某开发商(甲方)签订了综合楼承建合同。双方就施工进度网络计划达成一致如下图所示。

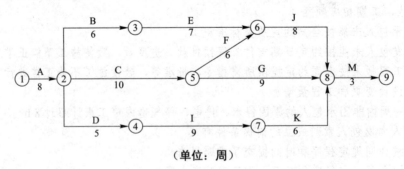

(单位:周)

施工中发生如下事件:

事件1:A 基础土方工程原合同土方量为400 m³,因设计变更实际土方量为450 m³。

事件2:B 工程施工中乙方为保证施工质量,将施工范围土方边缘扩大,将计划土方量由260 m³ 增加到320 m³。

事件3:C 工程施工完成后,甲方认为已完工程地下管线位置与设计图纸不符,经剥露检

查确实有误，延误工期 2 d。

事件 4：I 工程施工中发现甲方提供施工设计图纸存在错误，修改图纸致使乙方施工拖延 3 天。

事件 5：G 工程施工中乙方租赁的设备出现故障，使乙方施工拖延 2 d。

问题：

（1）该工程计划工期为多少天？请指出关键线路的关键工作。

（2）该工程实际工期为多少天？上述事件中哪些应进行工期补偿？

四、直通执考

1. 采购管理程序中，完成编制采购计划后下一步应进行的工作是（　　）。【2017年真题】
   A．进行采购合同谈判，签订采购合同
   B．选择材料设备的采购单位
   C．进行市场调查，选择合格的产品供应单位并建立名录
   D．明确采购产品的基本要求、采购分工和有关责任

2. 关于建设工程合同订立程序的说法，正确的是（　　）。【2019年真题】
   A．招标人通过媒体发布招标公告，称为承诺
   B．招标人向符合条件的投标人发出投标邀请书，称为要约邀请
   C．投标人向招标人提交投标文件，称为承诺
   D．招标人向中标人发出中标通知书，称为要约邀请

3. 根据《中华人民共和国招标投标法》，下列项目宜采用公开招标方式确定承包人的有（　　）。【2019年真题】
   A．技术复杂且潜在投标人较少的项目　　B．大型基础设施项目
   C．部分使用国有资金投资的项目　　　　D．使用国际组织援助资金的项目
   E．关系公众安全的公共事业项目

4. 投标人根据招标文件在约定期限内向招标人提交投标文件的行为，称为（　　）。【2014年真题】
   A．要约　　　　B．承诺　　　　C．要约邀请　　　　D．合同生效

5. 关于投标文件的说法，正确的是（　　）。【2017年真题】
   A．通常投标文件中需要提交投标担保
   B．投标文件在对招标文件的实质性要求作出响应后，可另外提出新的要求
   C．投标书只需要盖有投标企业公章或企业法定代表人名章
   D．投标书可由项目所在地的企业项目经理部组织投标，不需要授权委托书

6. 根据《建设工程施工合同（示范文本）》（GF—2017—0201），合同文本由（　　）组成。【2014年真题】
   A．通用合同条款　　　　B．合同协议书
   C．标准和技术规范　　　D．专用合同条款
   E．中标通知书

7. 根据《建设工程施工劳务分包合同（示范文本）》，除专用条款另有规定外，下列合同文件中拥有最优先解释权的是（　　）。【2013年真题】
   A．通用合同条款　　　　B．中标通知书
   C．投标函及其附件　　　D．技术标准和要求

8. 某工程签约合同价为 2 400 万元，总工期为 24 个月，施工过程中业主增加工程 200 万元，则根据比例分析法承包商可提出的合理工期索赔值为（　　）。【2019 年真题】
   A. 1 个月　　　　B. 2 个月　　　　C. 3 个月　　　　D. 4 个月

9. 根据《建设工程施工合同（示范文本）》（GF-2017-0201）通用条款，除专用条款另有约定外，发包人的责任与义务有（　　）。【2019 年真题】
   A. 对施工现场发掘的文物古迹采取妥善保护措施
   B. 负责完善无法满足施工需要的场外交通设施
   C. 按照承包人实际需要的数量免费提供图纸
   D. 无条件向承包人提供银行保函形式的支付担保
   E. 最迟于开工日期 7 d 前向承包人移交施工现场

模块 5　建设工程项目进度管理

模块导读

建设工程项目进度管理的终极目的是促进工程项目优质、高效完成，保证建筑施工单位的效益，它在降低施工成本和缩短施工工期等方面发挥重要作用。建设工程项目能否在预定时间内完成，是项目最为重要的问题之一，也是项目管理所追求的目标之一。因此，进度管理作为工程项目建设中的重要内容，对项目建设有着非常重要的作用与价值，它不仅是保障工程工期、确保工程质量的客观需要，也是提高工程效益的必然要求。

本模块针对"建设工程项目进度管理能力"的培养，安排了以下学习内容：

情境动画

学习指导

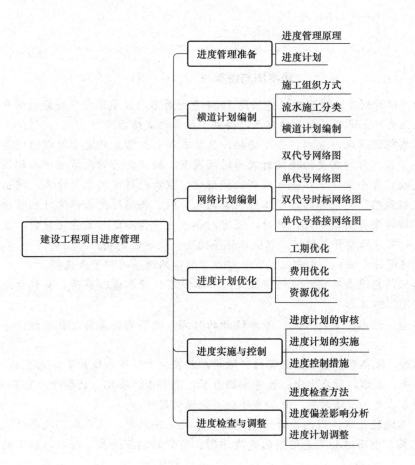

学习目标

知识目标	能力目标	素养目标
（1）熟悉施工组织方式，掌握流水施工的分类及计算； （2）掌握横道计划编制方法； （3）掌握网络计划的绘制及时间参数计算； （4）熟悉网络计划优化的方法； （5）掌握进度计划的实施与控制措施； （6）掌握进度检查的方法； （7）熟悉进度计划的调整方法	（1）能够选择合适的施工组织方式； （2）能够编制单位工程的横道计划； （3）能够绘制单位工程的网络图，并通过计算找出关键线路和关键工作； （4）能够按照进度计划组织施工，并准确检查和记录实际进度； （5）能够对进度偏差进行分析并优化进度计划	（1）培养惜时守时的时间意识； （2）树立优质高效的专业精神； （3）提高计划、组织、协调能力； （4）养成标准意识、规则意识； （5）培养分析、集成、创新能力

案例导入

华罗庚与统筹法

统筹法，又称网络计划法。我国的统筹法是1964年由著名的数学家华罗庚教授研究并加以推广的，在工农业生产中进行了大量的应用，得到了显著的成绩。

统筹法的基本思想就是统筹兼顾、合理安排，具体表现为：首先从需要管理的任务的总进度着眼，以任务中各工作所需要的持续时间为时间因素，按照工作的先后顺序和相互关系作出统筹图，以反映任务全貌，实现管理过程的模型化。然后进行时间参数计算，找出计划中的关键工作和关键线路，对任务的各项工作所需的人、财、物通过改善网络计划作出合理安排，从而得到合理方案并付诸实施。此外，还可对各种评价指标进行定量化分析，在计划的实施过程中，进行有效的监督与控制，以保证任务优质、优量地完成。

华罗庚教授在《统筹方法》一文中，运用一个非常简单的泡茶的例子来说明。

例如：早上起床，想泡壶茶喝。当时情况是：开水没有，开水壶、茶壶、茶杯要洗，火已生了，茶叶也有了，怎么办？

方法一：洗水壶，灌水，放在火上；等水烧开的时间，洗茶壶、茶杯，放茶叶；等水烧开了，泡茶喝。

方法二：洗水壶，洗茶壶、茶杯，放茶叶；灌水，放在火上；等水烧开了，泡茶喝。

方法三：洗水壶，灌水，放在火上；坐等水烧开了，洗茶壶、茶杯，放茶叶，泡茶喝。

显然，第一种方法更加节省时间，更加合乎统筹兼顾的思想。

开水壶不洗，不能烧开水，因而洗开水壶是烧开水的先决问题。没开水、没茶叶、不洗茶杯，我们不能泡茶。因而这些又是泡茶的先决问题。它们的相互关系，可以用以下的箭头图来表示：

从图5-1中可以看出，方法一需要16 min，而方法二、三需要20 min。如果要缩短工时、提高工作效率，主要抓的是烧开水这一环节，而不是拿茶叶这一环节。同时，洗茶壶、拿茶叶总共不过 4 min，大可利用"等水开"的时间来做。

在建筑业错综复杂的工艺过程中，往往就不能像泡茶喝这么简单了。任务多了，几百几千，甚至有好几万个任务；关系多了，错综复杂、千头万绪，更需要统筹兼顾。

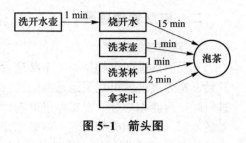

图 5-1　箭头图

5-1　建立项目进度计划系统

知识准备

一、进度管理的概念

项目进度管理，是指采用科学的方法确定进度目标，编制进度计划和资源供应计划，进行进度控制，在与质量、费用目标协调的基础上，实现工期目标。项目进度管理的主要目标是要在规定的时间内，制定出合理、经济的进度计划，然后在该计划的执行过程中，检查实际进度是否与计划进度相一致，保证项目按时完成。

建设工程项目是在动态条件下实施的，因此进度管理也必须是一个动态的管理过程。它包括以下内容：

（1）进度目标的分析和论证，其目的是论证进度目标是否合理，进度目标有否可能实现。如果经过科学的论证，目标不可能实现，则必须调整目标。

（2）在收集资料和调查研究的基础上编制进度计划。

（3）进度计划的跟踪检查与调整。它包括定期跟踪检查所编制进度计划的执行情况，若其执行有偏差，则采取纠偏措施，并视必要调整进度计划。

建设工程项目进度管理的流程如图 5-2 所示。项目管理者围绕目标工期要求编制计划，付诸实施且在此过程中经常检查计划的实际执行情况，通过实际与计划的比较判断是否存在偏差，进一步分析进度偏差原因并在此基础上，不断调整、修改计划直至工程竣工交付使用。

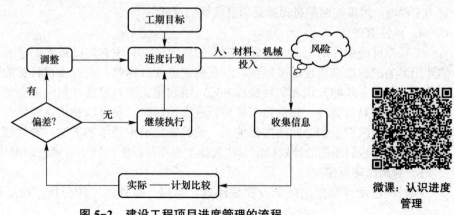

图 5-2　建设工程项目进度管理的流程

微课：认识进度管理

二、进度管理原理

1. 动态控制原理

工程项目进度控制是一个不断进行的动态控制，也是一个循环进行的过程。从项目施工开始，实际进度就出现了运动的轨迹，也就是计划进入执行的动态。实际进度按照计划进度进行时，两者相吻合；当实际进度与计划进度不一致时，便产生超前或落后的偏差。分析偏差的原因，采取相应的措施，调整原来计划，使两者在新的起点上重合，继续按其进行施工活动，并且尽量发挥组织管理的作用，使实际工作按计划进行。但是在新的干扰因素作用下，又会产生新的偏差。进度计划控制就是采用这种动态循环的控制方法。

2. 系统控制原理

（1）工程项目进度计划系统。为了对工程项目实行进度计划控制，首先必须编制工程项目的各种进度计划。其中包括工程项目总进度计划、单位工程进度计划、分部分项工程进度计划、季度和月（旬）作业计划，这些计划组成一个工程项目进度计划系统。计划的编制对象由大到小，计划的内容从粗到细。编制时从总体计划到局部计划，逐层进行控制目标分解，以保证计划控制目标落实。执行计划时，从月（旬）作业计划开始实施，逐级按目标控制，从而达到对工程项目整体进度目标的控制。

（2）工程项目进度实施组织系统。工程项目实施全过程的各专业队伍都是遵照计划规定的目标去努力完成一个个任务的。工程项目经理和有关劳动调配、材料设备、采购运输等各职能部门都按照工程进度规定的要求进行严格管理、落实和完成各自的任务。施工组织各级负责人，从项目经理、施工队长、班组长及其所属全体成员组成了工程项目实施的完整组织系统。

（3）工程项目进度控制组织系统。为了保证工程项目进度实施还有一个项目进度的检查控制系统。自公司经理、项目经理，一直到作业班组都设有专门职能部门或人员负责检查汇报，统计整理实际施工进度的资料，并与计划进度比较、分析和进行调整。当然不同层次人员负有不同进度控制职责，分工协作，形成一个纵横连接的施工项目控制组织系统。事实上有的领导可能既是计划的实施者又是计划的控制者。实施是计划控制的落实，控制是保证计划按期实施。

3. 信息反馈原理

信息反馈是工程项目进度控制的主要环节，施工的实际进度通过信息反馈给基层施工项目进度控制的工作人员，在分工的职责范围内，经过对其加工，再将信息逐级向上反馈，直到主控制室，主控制室整理统计各方面的信息，经比较分析做出决策，调整进度计划，仍使其符合预定工期目标。若不应用信息反馈原理，不断地进行信息反馈，则无法进行计划控制。工程项目进度控制的过程就是信息反馈的过程。

4. 弹性原理

工程项目进度计划工期长、影响进度的原因多，其中有的已被人们掌握，根据统计经验估计出影响的程度和出现的可能性，并在确定进度目标时，进行实现目标的风险分析。在计划编制者具备了这些知识和实践经验之后，编制施工项目进度计划时就会留有余地，即是使工程进度计划具有弹性。在进行工程项目进度控制时，便可以利用这些弹性，缩短有关工作的时间，或者改变它们之间的搭接关系，使检查之前拖延了的工期，通过缩短剩余计划工期的方法，仍然达到预期的计划目标。这就是工程项目进度控制中对弹性原理的应用。

5. 封闭循环原理

项目的进度计划控制的全过程是计划、实施、检查、比较分析、确定调整措施、再计划。从编制项目进度计划开始，经过实施过程中的跟踪检查，收集有关实际进度的信息，比较和分析实际进度与施工计划进度之间的偏差，找出产生原因和解决办法，确定调整措施，再修改原进度计划，形成一个封闭的循环系统。

6. 网络计划技术原理

在工程项目进度的控制中利用网络计划技术原理编制进度计划，根据收集的实际进度信息，比较和分析进度计划，又利用网络计划的工期优化，工期与成本优化和资源优化的理论调整计划。网络计划技术原理是工程项目进度控制的完整的计划管理和分析计算理论基础。

微课：建立进度计划系统

三、进度计划系统

工程项目进度计划是规定各项工程的施工顺序和开竣工时间及相互衔接关系的计划，是在确定工程项目目标工期的基础上，根据相应完成的工程量，对各项施工过程的施工顺序、起止时间和相互衔接关系所做的统筹安排。

建设工程项目进度计划系统是由多个相互关联的进度计划组成的系统，它是项目进度控制的依据。由于各种进度计划编制所需要的必要资料是在项目进展过程中逐步形成的，因此项目进度计划系统的建立和完善也有一个过程，它是逐步形成的。如图 5-3 所示是一个建设工程项目进度计划系统的示例，这个计划系统有 4 个计划层次。

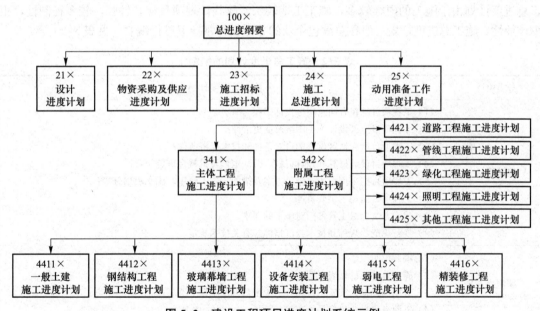

图 5-3 建设工程项目进度计划系统示例

工程项目可从不同深度、不同功能、不同项目参与方、不同周期和不同编制对象建立项目的进度计划系统分类，具体见表 5-1。

表 5-1 项目进度计划的分类

分类依据	具体分类
深度	总进度计划；项目子系统进度计划；项目子系统中的单项工程进度计划
功能	控制性进度计划；指导性进度计划；实施性（操作性）进度计划

续表

分类依据	具体分类
项目参与方	业主方编制的整个项目实施的进度计划;设计进度计划;施工和设备安装进度计划;采购和供货进度计划等
周期	年建设进度计划;年度、季度、月度和旬计划等
编制对象	施工总进度计划;单位工程进度计划;分阶段(或专项工程)工程进度计划;分部分项工程进度计划

 技能准备

一、施工总进度计划的编制

施工总进度计划是以一个建设项目或一个建筑群体为编制对象,用以指导整个建设项目或建筑群体施工全过程进度控制的指导性文件。它按照总体施工部署确定了每个单项工程、单位工程在整个项目施工组织中所处的地位,也是安排各类资源计划的主要依据和控制性文件。施工总进度计划由于施工的内容较多,施工工期较长,故其计划项目综合性强,较多控制性,很少作业性。施工总进度计划一般在总承包企业的总工程师领导下进行编制(见表5-2)。

表5-2 施工总进度计划的编制

分类项目	施工总进度计划
编制依据	(1) 工程项目承包合同及招标投标书; (2) 工程项目全部设计施工图纸及变更洽商; (3) 工程项目所在地区位置的自然条件和技术经济条件; (4) 工程项目设计概算和预算资料、劳动定额及机械台班定额等; (5) 工程项目拟采用的主要施工方案及措施、施工顺序、流水段划分等; (6) 工程项目需用的主要资源; (7) 建设方及上级主管部门对施工的要求; (8) 现行规范、规程和技术经济指标等有关技术规定
编制内容	(1) 编制说明; (2) 施工总进度计划表(图); (3) 分期(分批)实施工程的开、竣工日期及工期一览表; (4) 资源需要量及供应平衡表等
编制步骤	(1) 根据独立交工系统的先后顺序,明确划分建设工程项目的施工阶段,按照施工部署要求,合理确定各阶段各个单项工程的开、竣工日期; (2) 分解单项工程,列出每个单项工程的单位工程和每个单位工程的分部工程; (3) 计算每个单项工程、单位工程和分部工程的工程量; (4) 确定单项工程、单位工程和分部工程的持续时间; (5) 编制初始施工总进度计划; (6) 进行综合平衡后,绘制正式施工总进度计划图

二、单位工程进度计划的编制

单位工程进度计划是以一个单位工程为编制对象，在项目总进度计划控制目标的原则下，用以指导单位工程施工全过程进度控制的指导性文件。由于它所包含的施工内容比较具体明确，施工期较短，故其作业性较强，是进度控制的直接依据。单位工程开工前，由项目经理组织，在项目技术负责人领导下进行编制（见表5-3）。

表5-3 单位工程进度计划的编制

分类项目	单位工程进度计划
编制依据	（1）主管部门的批示文件及建设单位的要求； （2）施工图纸及设计单位对施工的要求； （3）施工企业年度计划对该工程的安排和规定的有关指标； （4）施工组织总设计或大纲对该工程的有关部门规定和安排； （5）资源配备情况，如：施工中需要的劳动力、施工机具和设备、材料、预制构件和加工品的供应能力及来源情况； （6）建设单位可能提供的条件和水电供应情况； （7）施工现场条件和勘察资料； （8）预算文件和国家及地方规范等资料
编制内容	（1）工程建设概况； （2）工程施工情况； （3）单位工程进度计划，分阶段进度计划，单位工程准备工作计划，劳动力需用量计划，主要材料、设备及加工计划，主要施工机械和机具需要量计划，主要施工方案及流水段划分，各项经济技术指标要求等
编制步骤	（1）收集编制依据； （2）划分施工过程、施工段和施工层； （3）确定施工顺序； （4）计算工程量； （5）计算劳动量或机械台班需用量； （6）确定持续时间； （7）绘制可行施工进度计划图； （8）优化并绘制正式施工进度计划图

知识拓展

项目进度控制的任务

业主方进度控制的任务是控制整个项目实施阶段的进度，包括控制设计准备阶段的工作进度、设计工作进度、施工进度、物资采购工作进度，以及项目动用前准备阶段的工作进度。

设计方进度控制的任务是依据设计任务委托合同对设计工作进度的要求控制设计工作进度，这是设计方履行合同的义务。另外，设计方应尽可能使设计工作的进度与招标、施工和物资采购等工作进度相协调。在国际上，设计进度计划主要是各设计阶段的设计图纸（包括有关的说明）的出图计划，在出图计划中标明每张图纸的名称、图纸规格、负责人和出图日期。出图计划是设计方进度控制的依据，也是业主方控制设计进度的依据。

施工方进度控制的任务是依据施工任务委托合同对施工进度的要求控制施工进度，这是施工方履行合同的义务。在进度计划编制方面，施工方应视项目的特点和施工进度控制的需要，编制深度不同的控制性、指导性和实施性施工的进度计划，以及按不同计划周期（年度、季度、月度和旬）的施工计划等。

供货方进度控制的任务是依据供货合同对供货的要求控制供货进度，这是供货方履行合同的义务。供货进度计划应包括供货的所有环节，如采购、加工制造、运输等。

5-2 编制项目横道计划

 知识准备

一、横道计划的概念

工程进度计划最基本的内容是横道图。横道图又叫甘特图（Gantt chart），也称条状图（Bar chart），是以图示的方式通过活动列表和时间刻度形象地表示出任何特定项目的活动顺序与持续时间。横道图最初是在1917年由亨利·甘特开发的，其内在思想简单，基本是一条线条图，横轴表示时间，纵轴表示活动（项目），线条表示在整个期间上计划和实际的活动完成情况。它直观地表明任务计划在什么时候进行，实际进展与计划要求的对比。管理者由此极为便利地弄清一项任务（项目）还剩下哪些工作要做，并可评估工作是提前还是滞后，抑或正常进行。

微课：认识施工组织方式

二、施工组织方式

任何一个建筑工程都是由许多施工过程组成的，而每一个施工过程可以组织一个或多个施工队组来进行施工。如何组织各施工队组的先后顺序和平行搭接施工，是组织施工中的一个基本问题。通常，组织施工有依次施工、平行施工和流水施工3种基本方式。

 某4幢相同的砖混结构房屋的基础工程，划分为基槽挖土、混凝土垫层、砌砖基础、回填土4个施工过程，每个施工过程安排一个施工队伍，一班制施工，其中每幢楼挖土方工作队由16人组成，2d完成；垫层工作队由30人组成，1d完成；砌基础工作队由20人组成，3d完成；回填土工作队由10人组成，1d完成。

1. 组织依次施工

依次施工的组织方式，是将拟建工程项目的整个建造过程分解成若干个施工过程，按照一定的施工顺序，前一个施工过程完成后，后一个施工过程开始施工；或前一个工程完成后，后一个工程才开始施。它是一种最基本、最原始的施工组织方式，如图5-4和图5-5所示。

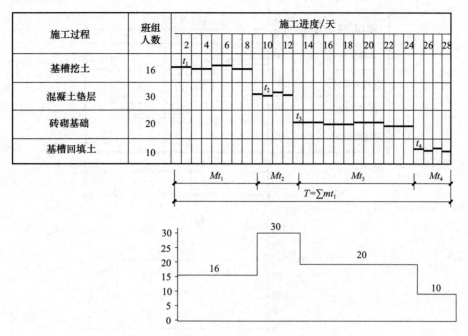

图 5-4 按幢（或施工段）组织依次施工

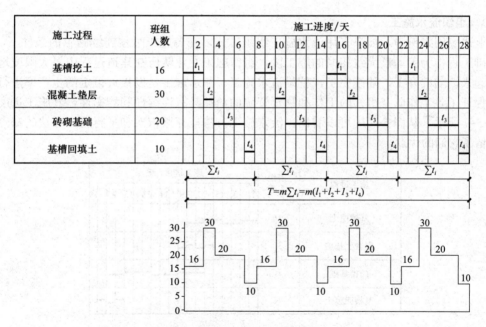

图 5-5 按施工过程组织依次施工

2. 组织平行施工

平行施工的组织方式，是将拟建工程项目的整个建造过程分解成若干个施工过程，在工程任务十分紧迫、工作面允许及资源保证供应的条件下，可以组织多个相同的工作队，在同一时间、不同的空间上进行施工（图 5-6）。

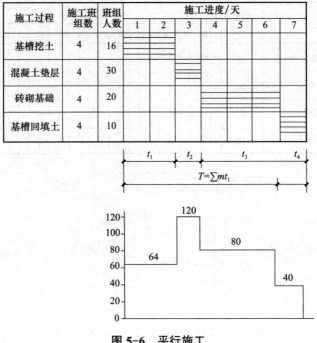

图 5-6 平行施工

3. 组织流水施工

上述应用案例中,如果采用流水施工组织方式,在各施工过程连续施工的条件下,把 4 项基础工程作为劳动量大致相同的施工段,组织施工专业队伍在建造过程中最大限度地相互搭接起来,陆续开工,陆续完工,就是流水施工。流水施工是以接近恒定的生产率进行生产的,保证了各工作队(组)的工作和物资资源的消耗具有连续性和均衡性,其施工进度计划如图 5-7 所示。从图 5-7 中可以看出,流水施工方法能克服依次和平行施工方法的缺点,同时保留了它们的优点。

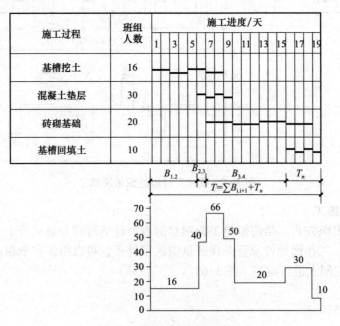

图 5-7 流水施工组织方式

组织施工三种方式的特点比较见表 5-4。

表 5-4 组织施工三种方式的特点比较

比较内容	依次施工	平行施工	流水施工
工作面利用情况，工期	不能充分利用工作面，工期最长	最充分地利用了工作面，工期最短	合理、充分地利用了工作面，工期适中
窝工情况	按施工段依次施工，有窝工现象	若不进行工程协调，则有窝工现象	减少或消除了窝工现象
资源供应与施工管理	日资源用量少，品种单一施工管理简单	日资源用量大而集中，品种单一且不均匀，施工管理困难	日资源用量适中，且比较均匀，有利于提高管理水平
对劳动生产率和工程质量的影响	消除窝工则不能实行专业班组施工，对提高劳动生产率和工程质量不利	对合理利用资源，提高劳动生产率和工程质量不利	实行专业班组，有利于提高劳动生产率和工程质量

流水施工兼顾了依次施工和平行施工的优点，克服了两者的缺点，是三种组织方式中比较合理、先进、可行的组织方式，但是依次施工、平行施工也各有特点。在实际应用中，要结合实际进行具体分析，然后选择合理、适用的组织方式。

流水施工适用于大多数工程；平行施工一般适用于工期要求紧，大规模建筑群（如住宅小区）及分期、分批组织施工的工程。当工程规模较小，施工工作面有限时，依次施工是适用的，也是常见的。

三、流水施工原理

1. 流水施工的组织条件

（1）划分施工过程。首先，将拟建工程根据工程特点、施工工艺要求、工程量大小、施工班组的组成情况，划分为若干施工过程。

（2）划分施工段。根据组织流水施工的需要，将拟建工程在平面或空间上，划分为工程量大致相等（误差一般控制在 15% 以内）的若干个施工段。

（3）每个施工过程组织独立的施工班组。在一个流水组中，每个施工过程尽可能组织独立的施工班组，其形式可以是专业班组，也可以是混合班组，这样可以使每个施工班组按照施工顺序依次地、连续地、均衡地从一个施工段转到另一个施工段进行相同的操作。

微课：组织流水施工

（4）主导施工过程必须连续、均衡地施工。对工程量较大、施工时间较长的施工过程，必须组织连续、均衡的施工；对次要施工过程，可考虑与相邻的施工过程合并或在有利于缩短工期的前提下，安排其间断施工。

（5）不同的施工过程尽可能组织平行搭接施工。按照施工先后顺序要求，在有工作面的条件下，除必要的技术和组织间歇时间以外，尽可能组织平行搭接施工。

流水施工由于具有明显的优越性，已在建筑工程中得到普遍应用。但是建筑产品不同于一般的工业产品，由于自身的技术构造特点，流水施工不可能在任何建筑对象上都适用。如工程规模较小，无法划分施工段，或不实行专业分工，一个综合班组包揽全部施工过程等，就没有条件组织流水施工。

2. 流水施工的表达方式

流水施工进度计划图表是反映工程流水施工时各施工过程按其工艺上的先后顺序、相互配合的关系和它们在时间、空间上开展情况的图表。目前应用最广泛的流水施工进度计划图表有横道图和网络图,如图5-8所示。

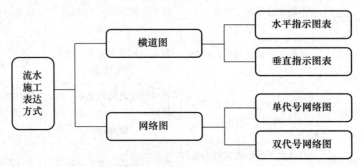

图5-8 流水施工表达方式

3. 流水施工的主要参数

在组织项目流水施工时,用以表达流水施工在施工工艺、空间布置和时间排列方面开展状态的参量,统称为流水参数。它包括工艺参数、空间参数和时间参数3类,见表5-5。

表5-5 流水施工主要参数

分类	主要参数	定义
工艺参数	施工过程(N)	指参与一组流水的施工过程的数目
空间参数	工作面(A)	指某专业工种在加工建筑产品时所必须具备的活动空间
空间参数	施工段(M)	指拟建工程在组织流水施工中所划分的施工区段,包括平面上划分的施工段数和垂直方向划分的施工层数
时间参数	流水节拍(t_i)	指专业施工班组在一个施工段上施工所需的时间
时间参数	流水步距($K_{i,\,i+1}$)	指两个相邻的施工班组先后投入施工的时间间隔
时间参数	搭接时间(t_d)	指相邻两施工过程同时在同一施工段上的工作时间
时间参数	间歇时间(t_j)	指前一个施工过程结束到后一个施工过程开始的间隔时间
时间参数	工期(T)	指完成一项工程任务或一个流水组施工所需的时间

(1)施工过程。施工过程是施工进度计划的基本组成单元,应按照图纸和施工顺序将拟建工程的各个施工过程列出,并结合施工方法、施工条件、劳动组织等因素,加以适当调整。

在施工过程划分时,应该以主导施工过程为主,如住宅工程前期是主体结构(砌墙、装楼板等)起主导作用,后期是装饰工程起主导作用。组织流水施工时,一般只考虑主导施工过程,保证这些过程的流水作业,如砌墙工程中的脚手架搭设和材料运输等都是配合砌墙这个主要施工过程而进行的,它不占绝对工期,故不能看作主导作用的施工过程,而砌墙本身,则应作为主导过程而参与流水作业。若在施工过程划分时,施工过程数过多使施工组织太复杂，那么所定立的组织计划失去弹性；若过少又使计划过于笼统，所以合适的施工过程数对施工组织很重要。因此，在施工过程划分时，并不需要将所有的施工过程都组织到流水施工中，只有那些占有工作面，对流水施工有直接影响的施工过程才作为组织的对象。

因此，在施工过程划分时，应考虑以下因素：

1) 施工过程数应结合房屋的复杂程度、结构的类型及施工方法。对复杂的施工内容应分得细些，简单的施工内容分得不要过细。

2) 根据施工进度计划的性质确定。控制性施工进度计划时，组织流水施工的施工过程可以划分得粗一些；实施性施工进度计划时，施工过程可以划分得细一些。

3) 施工过程的数量要适当，以便于组织流水施工的需要。施工过程数过少，也就是划分得过粗，达不到好的流水效果；反之施工过程数过大，需要的专业队（组）就多，相应的需要划分的流水段也多，同样也达不到好的流水效果。

4) 要以主要的建造类施工过程为划分依据，同时综合考虑制备类和运输类施工过程。

(2) 工作面。某专业工种在加工建筑产品时所必须具备的活动空间，称为该工种的工作面。工作面的大小，表明能安排施工人数或机械台数的多少。每个作业的工人或每台施工机械所需工作面的大小，取决于单位时间内其完成的工程量和安全施工的要求。工作面确定的合理与否，直接影响专业工作队的生产效率。因此，必须合理确定工作面。工作面相关参数见表5-6。

表5-6 主要工种工作面参考数据

序号	工作项目	单位	工作面	说明
1	砖基础	m/人	7.6	以1砖半计，2砖乘以0.8，3砖乘以0.55
2	砌砖墙	m/人	8.5	以1砖计，1砖半乘以0.71，3砖乘以0.55
3	混凝土柱、墙基础	m³/人	8	机拌、机捣
4	混凝土设备基础	m³/人	7	机拌、机捣
5	现浇钢筋混凝土柱	m³/人	2.45	机拌、机捣
6	现浇钢筋混凝土梁	m³/人	3.2	机拌、机捣
7	现浇钢筋混凝土墙	m³/人	5	机拌、机捣
8	现浇钢筋混凝土楼板	m³/人	5.3	机拌、机捣
9	预制钢筋混凝土柱	m³/人	3.6	机拌、机捣
10	预制钢筋混凝土梁	m³/人	3.6	机拌、机捣
11	预制钢筋混凝土屋架	m³/人	2.7	机拌、机捣
12	混凝土地坪及面层	m²/人	40	机拌、机捣
13	外墙抹灰	m²/人	16	
14	内墙抹灰	m²/人	18.5	
15	卷材屋面	m²/人	18.5	
16	防水水泥砂浆屋面	m²/人	16	

(3) 施工段。施工段是指拟建工程在组织流水施工中所划分的施工区段，用"M"表示。包括平面上划分的施工段数和垂直方向划分的施工层数。拟建工程在平面上划分的若干个劳动量大致相等的施工段数，用符号"m"表示；在垂直方向划分的施工层数，用符号"j"表示。施工段数M与m、j的关系为

$$M = mj \tag{5-1}$$

划分施工段的目的,在于保证不同的施工班组在不同的施工段上同时进行施工,并使各施工班组按一定的时间间隔转移到另一个施工段进行连续施工。这样既消除了等待、停歇现象,又不余互相干扰。

施工层的划分视工程对象的具体情况而定,一般以建筑物的结构层作为施工层,也可按施工高度进行划分。在平面上划分施工段时,应考虑以下几点:

1)施工段的数目要合理。施工段过多,工作面减小,施工班组人数需要减少,加之工作面不能充分利用,会使工期延长;施工段过少,则会引起劳动力、机械和材料供应的过分集中,有时还会造成"断流"现象的产生。

2)各施工段上的劳动量(或工程量)应尽可能相等(相差宜在15%以内),以保证各个施工班组连续、均衡、有节奏地施工。

3)要有利于结构的整体性。施工段的划分与施工对象的结构界限(温度缝、沉降缝、施工缝、单元等)应尽可能一致;如果施工段必须放在墙体中间,应尽量放在对结构整体性影响较小的部位上。

4)要有足够的工作面。使每一个施工段所能容纳的劳动力人数或机械台数能满足合理劳动组织的要求。

5)当建筑物有层间关系,分段又分层时,为使各施工班组能够连续施工(即各施工班组做完第一段,能立即转入第二段,做完第一层的最后一段,能立即转入第二层的第一段),每层的施工段数必须大于等于施工过程数,即:$m \geq N$。

当 $m=N$ 时,施工班组连续施工,工作面也能充分利用,无停歇现象,最理想。

当 $m>N$ 时,施工班组仍是连续施工,但工作面不能被充分利用,有轮流停歇的现象。

当 $m<N$ 时,施工班组因不能连续施工而窝工。

(4)流水节拍。流水节拍是指专业施工班组在一个施工段上施工所需的时间,用 t_i 表示。

1)确定流水节拍应考虑的因素:

①施工班组人数要适宜,满足最小劳动组合和最小工作面的要求。

②工作班制要恰当。对于确定的流水节拍采用不同的班制,其所需班组人数是不同。当工期较紧或工艺限制时可采用两班制或三班制。

③以主导施工过程流水节拍为依据。

④充分考虑机械台班效率或台班产量的大小及工程质量的要求。

⑤节拍值一般取整。为避免浪费工时,流水节拍在数值上一般可取半个班的整数倍。

2)流水节拍的确定方法。

①根据每个施工过程的工期要求确定流水节拍。

a. 若每个施工段上的流水节拍要求不等,则用估算法。

b. 若每个施工段上的流水节拍要求相等,则每个施工段上的流水节拍为

$$t_i = \frac{T}{M} \tag{5-2}$$

式中 T——每个施工过程的工期(持续时间);

M——每个施工过程的施工段数。

②根据每个施工段的工程量计算(根据工程量、产量定额、班组人数计算):

$$t_i = \frac{Q}{S \cdot R \cdot Z} \tag{5-3}$$

式中　Q——施工段 i 的工程量；

　　　S——施工段 i 的人工或机械产量定额；

　　　R——施工段 i 的人数或机械的台、套数；

　　　Z——施工段 i 的工作班次。

③三时估算法。它是根据以往的施工经验，先估算出每个施工段的流水节拍的最短值 a、最长值 c 和最可能值 b 三种时间，然后据此求出期望时间作为某专业工作队在某施工段上的流水节拍。这种方法多适用于采用新工艺、新方法和新材料等没有定额可循的工程或项目。

$$D_e = \frac{a + 4m + b}{6} \tag{5-4}$$

式中　D_e——期望持续时间估计值；

　　　a——最短估计时间；

　　　b——最长估计时间；

　　　m——最可能估计时间。

（5）流水步距。流水步距是指两个相邻的施工班组先后投入施工的时间间隔，用符号 $K_{i,i+1}$ 表示（i 表示前一个施工班组，$i+1$ 表示后一个施工班组）。如果施工段不变，流水步距越大，则工期越长；反之，工期则越短。

流水步距的确定一般应满足以下基本要求：

1）始终保持各相邻施工过程间先后的施工顺序。

2）满足各施工班组连续施工、均衡施工的需要。

3）前后施工过程尽可能组织平行搭接施工，以缩短工期。

4）考虑各种间歇和搭接时间。

5）流水步距的确定要保证工程质量、满足安全生产和组织要求。

（6）搭接时间。在组织流水施工时，有时为了缩短工期，在工作面允许的条件下，如果前一个专业工作队完成部分施工任务后，能够提前为后一个专业工作队提供工作面，使后者提前进入前一个施工段，两者在同一施工段上平行搭接施工，这个搭接时间称为平行搭接时间。

（7）间歇时间。包括技术间歇时间和组织间歇时间。

1）技术间歇时间是指流水施工中某些施工过程完成后需要有合理的工艺间歇（等待）时间。技术间歇时间与材料的性质和施工方法有关。如设备基础，在浇筑混凝土后，必须经过一定的养护时间，使基础达到一定强度后才能进行设备安装；又如设备涂刷底漆后，必须经过一定的干燥时间，才能涂面漆等。

2）组织间歇时间是指流水施工中某些施工过程完成后要有必要的检查验收或施工过程准备时间。如一些隐蔽工程的检查、焊缝检验、机器转场等。

（8）工期。工期是指完成一项工程任务或一个流水组施工所需的时间，一般采用可用下式表示。

$$T = \sum K_{i,i+1} + T_N + \sum t_j - \sum t_d \tag{5-5}$$

式中　T——流水施工工期；

　　　$\sum K_{i,i+1}$——流水施工中各流水步距之和；

　　　$\sum t_j$——所有间歇时间之和；

　　　$\sum t_d$——所有搭接时间之和；

　　　T_N——最后一个施工班组的持续时间。

4. 流水施工分类

流水施工根据节奏特征的不同，可分为有节奏流水和无节奏流水两大类，如图5-9所示。

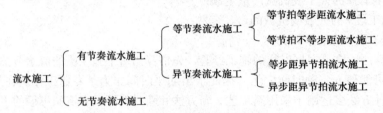

图 5-9 流水施工分类图

（1）有节奏流水施工。有节奏流水施工是指同一施工过程在各施工段上的流水节拍都相等的一种流水施工方式。根据不同施工过程之间的流水节拍是否相等，有节奏流水施工又可分为等节奏流水施工和异节奏流水施工。

（2）无节奏流水施工。无节奏流水施工是指同一施工过程在各施工段上的流水节拍不完全相等的一种流水施工方式。

技能准备

流水施工计算与横道图绘制

一、等节奏流水施工

等节奏流水施工是指同一施工过程在各施工段上的流水节拍都相等，并且不同施工过程之间的流水节拍也相等的一种流水施工方式。即各施工过程的流水节拍均为常数，故也称为全等节拍流水。它根据流水步距的不同分为两种情况：等节拍等步距流水施工和等节拍不等步距流水施工。

微课：编制横道计划

1. 等节拍等步距流水施工

等节拍等步距流水施工是指各施工过程的流水节拍均相等，各流水步距均相等，且等于流水节拍的一种流水施工方式。

等节拍等步距流水施工的特征表现为：各施工过程在各施工段上的流水节拍彼此相等，即 $t_i=t$（常数）；各流水步距彼此相等，而且等于流水节拍值，即 $K_{i,i+1}=K=t$（常数）。

根据流水施工一般工期计算公式，可以推导出等节拍等步距流水施工的工期计算公式为

$$T=(N+M-1)t \tag{5-6}$$

应用案例

某住宅楼地基与基础分部工程划分为 A（挖土）、B（垫层）、C（基础）、D（回填）共4个施工过程，每个施工过程分为5个施工段，各施工过程的流水节拍均为 2 d，试组织等节拍等步距流水施工。

案例解析

（1）确定相关参数：流水步距由等节拍等步距流水施工的特征可知：$K=t=2$ d；$M=5$；$N=4$。

(2)计算工期 $T=(N+M-1)t=(4+5-1)\times 2=16$（d）。

(3)用横道图绘制流水施工进度计划,如图5-10所示。

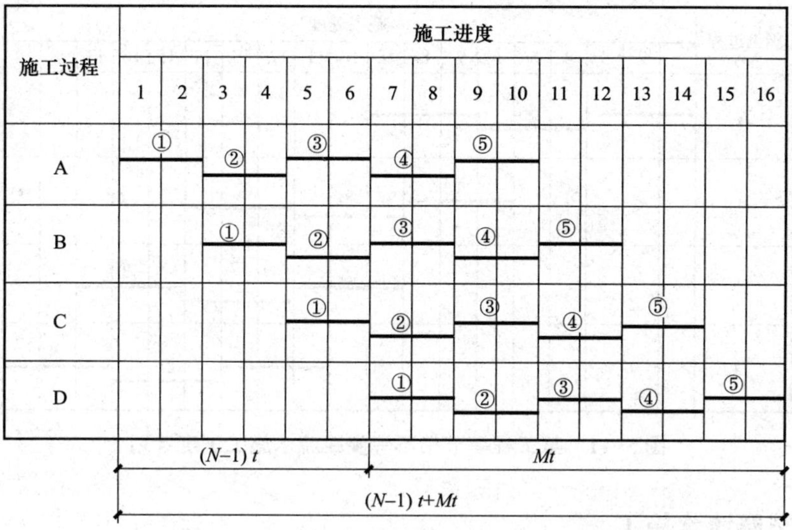

图5-10 某工程等节拍等步距流水施工进度计划

2．等节拍不等步距流水施工

等节拍不等步距流水施工是指各施工过程的流水节拍均相等,但各流水步距不相等的一种流水施工方式。

等节拍不等步距流水施工的特征表现为:各施工过程在各施工段上的流水节拍彼此相等,即 $t_i=t$（常数）；但各流水步距不相等。这是由于各施工过程之间,有的需要间歇时间,有的需要搭接时间。

根据流水施工一般工期计算公式（5-5）,可以推导出等节拍不等步距流水施工的工期计算公式为

$$T=(N+M-1)t+\sum t_j-\sum t_d \tag{5-7}$$

某游泳池改造工程划分为 A（防水）、B（池壁装修）、C（池底装修）、D（池外装修）共4个施工过程,每个施工过程分为3个施工段,各施工过程的流水节拍均为3 d,其中A与B之间有2 d的间歇时间,C与D之间有1 d的搭接时间。试组织等节拍不等步距流水施工。

案例解析

(1)确定相关参数:流水步距由等节拍等步距流水施工的特征可知: $K=t=3$ d; $M=3$; $N=4$。

(2)计算工期 $T=(N+M-1)t+\sum T_j-\sum T_d$
$=(4+3-1)\times 3+2-1=19$（d）

(3)用横道图绘制流水施工进度计划,如图5-11所示。

适用范围:等节奏流水施工能保证各专业班组的工作连续,工作面能充分利用,实现均衡施工,但由于它要求各施工过程的每一个施工段上的流水节拍都要相等。这对于一个工程

来说往往很难达到这样的要求。所以，在单位工程组织施工时应用较少，往往用于分部工程或分项工程。

施工过程	施工进度																		
	1	2	3	4	5	6	7	8	9	10	11	12	13	14	15	16	17	18	19
A	①——			②——			③——												
B					①——			②——			③—————								
C									①——		②———			③———					
D											①———		②———		③———				

图 5-11 某工程等节拍不等步距流水施工进度计划

二、异节奏流水施工

异节奏流水施工是指同一施工过程在各施工段上的流水节拍都相等，不同施工过程之间的流水节拍不完全相等的流水施工方式。异节奏流水施工又可分为异步距异节拍流水施工和等步距异节拍流水施工两种。

1. 异步距异节拍流水施工

异步距异节拍流水施工又叫作不等节拍流水施工，是指同一施工过程在各施工段上的流水节拍相等，不同施工过程之间的流水节拍既不相等也不成倍的流水施工方式。此时，只能组织不等节拍流水施工。

不等节拍流水施工的流水步距可按下列公式计算：

$$K_{i,i+1} \begin{cases} t_i + (t_j - t_d) & (t_i \leq t_i+1) \\ Mt_i - (M-1)t_{i+1} + (t_j - t_d) & (t_i > t_i+1) \end{cases} \quad (5-8)$$

不等节拍流水施工的工期 $T = \sum K_{i,i+1} + T_N$。

某乡村公路工程划分为 A（土方）、B（压实）、C（路基）、D（路面）共 4 个施工过程，分为三个施工段组织施工，各施工过程的流水节拍分别为 3 d、4 d、2 d、3 d，施工过程 C 与 D 搭接 1 d。试组织不等节拍流水施工，求出各施工过程之间的流水步距及该工程的工期，并绘制施工进度图。

案例解析

（1）确定流水步距：

$t_A < t_B$

$$K_{A,B} = t_A = 3 \text{ d}$$

$t_B > t_C$

$$K_{B,C} = Mt_B - (M-1)t_C = [3 \times 4 - (3-1) \times 2] \text{ d} = 8 \text{ (d)}$$

$t_C < t_D$，且 C 与 D 搭接 1 d

$$K_{C,D}=t_C-t_D=（2-1）d=1（d）$$

（2）计算流水工期：

$$T=\sum K_{i,i+1}+T_N=[(3+8+1)+3\times 3]\ d=21（d）$$

（3）绘制施工进度计划，如图 5-12 所示。

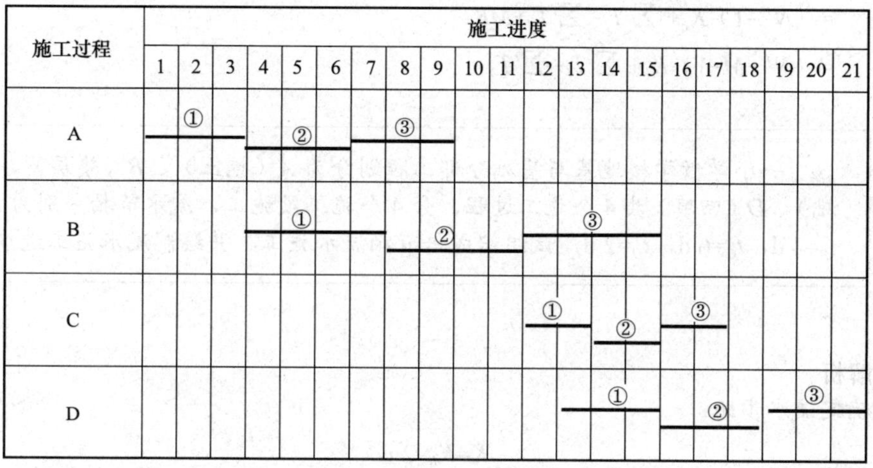

施工过程	施工进度																				
	1	2	3	4	5	6	7	8	9	10	11	12	13	14	15	16	17	18	19	20	21
A	① ① ①			② ② ②			③ ③ ③														
B				① ① ①				② ② ②				③ ③ ③ ③ ③ ③									
C												① ①	② ②		③ ③						
D													① ① ①			② ② ②			③ ③ ③		

图 5-12　某工程不等节拍流水施工进度计划

不等节拍流水施工适用于施工段大小相等的分部和单位工程的流水施工，其在进度安排上比等节奏流水施工灵活，实际应用范围广泛。

2．等步距异节拍流水施工

等步距异节拍流水施工又叫作成倍节拍流水施工，是指同一施工过程在各施工段上的流水节拍相等，不同施工过程之间的流水节拍不完全相等，但各施工过程的流水节拍之间存在整数倍（或最大公约数）关系的流水施工方式。为加快流水施工进度，按最大公约数的倍数组建每个施工过程的施工班组数，以形成类似于等节奏流水的等步距不等节拍流水施工方式。

成倍节拍流水施工的特征表现为：同一施工过程在各施工段上的流水节拍相等，不同施工过程的流水节拍之间存在整数倍（或公约数）关系；当不存在间歇时间和搭接时间时，流水步距彼此相等，且等于流水节拍的最大公约数；各专业施工班组能够保证连续作业，施工段没有空闲；施工班组数 N' 大于施工过程数 N，即：$N'>N$。

成倍节拍流水施工的流水步距用下列公式确定：

$$K_{i,i+1}=K_b+t_j-t_d \tag{5-9}$$

式中　K_b——流水节拍的最大公约数。

其他符号含义同前。

每个施工过程的施工班组数和施工班组总数分别用公式（5-10）和公式（5-11）确定：

$$b_i=\frac{t_i}{K_b} \tag{5-10}$$

$$N'=\sum b_i \tag{5-11}$$

式中　b_i——某施工过程所需施工班组数；

　　　N'——施工班组总数。

其他符号含义同前。

根据流水施工一般工期计算公式（5-5），可以推导出成倍节拍流水施工的工期计算公式为

$$T = (N' + M - 1)K_b + \sum T_j - \sum T_d \qquad (5\text{-}12)$$

推导过程如下：

因为 $K_{i,i+1} = K_b + t_j - t_d$，则 $\sum K_{i,i+1} = (N'-1)K_b + \sum T_j - \sum T_d$

所以 $T = \sum K_{i,i+1} + T_N$

$\qquad = (N'-1)K_b + \sum T_j - \sum T_d + MK_b$

$\qquad = (N'+M-1)K_b + \sum T_j - \sum T_d$

一小学教学楼地基与基础分部工程划分为A（挖土）、B（垫层）、C（基础）、D（回填）共4个施工过程，分4个施工段施工，流水节拍分别为 $t_A = 4$ d，$t_B = 4$ d，$t_C = 6$ d，$t_D = 2$ d，试组织成倍节拍流水施工，并绘制流水施工进度图。

案例解析

（1）确定流水步距：

$$K = K_b = 2 \text{ d}$$

（2）确定每个施工过程的施工班组数：

$$b_A = \frac{t_A}{K_b} = \frac{4}{2} \text{个} = 2 \text{个} \qquad b_B = \frac{t_B}{K_b} = \frac{4}{2} \text{个} = 2 \text{个}$$

$$b_C = \frac{t_C}{K_b} = \frac{4}{2} \text{个} = 2 \text{个} \qquad b_D = \frac{t_D}{K_b} = \frac{4}{2} \text{个} = 2 \text{个}$$

施工班组总数 $N' = \sum b_i = (2+2+3+1)$ 个 $= 8$（个）

（3）计算工期：$T = (N'+M-1)K_b + \sum T_j - \sum T_d$

$\qquad\qquad\qquad = (8+4-1) \times 2$

$\qquad\qquad\qquad = 22$（d）

（4）绘制施工进度计划，如图5-13所示。

施工过程	施工班组	施工进度																					
		1	2	3	4	5	6	7	8	9	10	11	12	13	14	15	16	17	18	19	20	21	22
A	A_1	①					③																
	A_2			②					④														
B	B_1					①				③													
	B_2							②				④											
C	C_1									①						④							
	C_2											②											
	C_3													③									
D	D_1															①		②		③		④	

图5-13 某工程成倍节拍流水施工进度计划

成倍节拍流水施工的组织方法：首先根据工程对象和施工要求，划分若干个施工过程；其次根据各施工过程的内容、要求及其工程量，计算每个施工工程在各施工段所需的劳动量；接着根据施工班组人数及组成，确定劳动量最少的施工过程的流水节拍；最后确定其他劳动量较大的施工过程的流水节拍，用调整施工班组人数或其他技术组织措施的方法，使它们为最小流水节拍的整数倍（或节拍之间存在公约数）。

成倍节拍流水施工的方式比较适用于线性工程（如道路、管道等）的施工，也适用于房屋建筑工程施工。

三、无节奏流水施工

无节奏流水施工是指同一施工过程在各施工段上的流水节拍不完全相等的一种流水施工方式。

1．无节奏流水施工的特点

（1）同一施工过程在各施工段上的流水节拍不完全相等；

（2）各施工过程之间的流水步距不完全相等且差异较大；

（3）各施工班组能够在各施工段上连续作业，但有的施工段可能有空闲时间；

（4）施工班组数等于施工过程数。

2．无节奏流水施工流水步距的确定

无节奏流水施工由于同一施工过程在各施工段上流水节拍不等，很容易造成工艺停歇或工艺超前现象，所以必须正确计算出流水步距。

无节奏流水施工的流水步距通常采用"累加斜减取大差法"确定，由于该方法是由苏联专家潘特考夫斯基提出的，所以又称潘氏方法。这种方法简捷、准确，便于掌握。

3．无节奏流水施工工期的确定

无节奏流水施工工期的计算采用公式（5-5），即 $T=\sum K_{i,i+1}+T_N+\sum t_j-\sum t_d$。

现有一座桥梁分 6 个施工段，每个施工段又分为立模、扎筋、浇混凝土 3 道工序，各工序工作时间见表 5-7。确定最小流水步距、并求总工期和绘制其施工进度图。

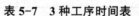

表 5-7　3 种工序时间表

施工过程	施工段					
	一	二	三	四	五	六
立模	3	3	2	2	2	2
扎筋	4	2	3	2	2	3
浇混凝土	2	2	3	3	3	2

分析：上述工程有 3 个施工过程，划分 6 个施工段，各施工过程在各施工段上的流水节拍均不同。因此，该工程属于非节奏流水施工。

案例解析

（1）计算 $K_{1,2}$。

1）将第一道工序的工作时间依次累加后得：3　6　8　10　12　14

2）将第二道工序的工作时间依次累加后得：4　6　9　11　13　15

3）将上面两步得到的两行错位相减，取大差得

$$\begin{array}{r} 3\ 6\ 8\ 10\ 12\ 14 \\ -4\ 6\ 9\ 11\ 13\ 15 \\ \hline 3\ 2\ 2\ 1\ 1\ 1\ -15 \end{array}$$

$$K_{1,2}=3$$

（2）计算 $K_{2,3}$，步骤同上。

$$\begin{array}{r} 4\ 6\ 9\ 11\ 13\ 15 \\ -2\ 4\ 7\ 10\ 13\ 15 \\ \hline 4\ 4\ 5\ 4\ 3\ 2\ -15 \end{array}$$

$$K_{2,3}=5$$

（3）计算总工期 T。

$$T=\sum K_{i,i+1}+T_N+\sum T_j-\sum T_d$$
$$=3+5+（2+2+3+3+3+2）$$
$$=23（d）$$

（4）绘制施工进度图，如图5-14所示。

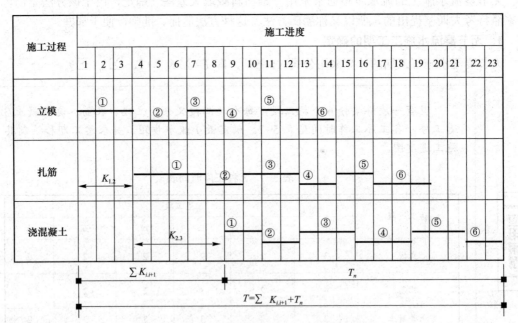

图 5-14　某工程非节奏流水施工进度计划图

4．无节奏流水施工适用范围

在无节奏流水施工中，各施工过程在各施工段上流水节拍不完全相等，不像有节奏流水施工那样有一定的时间约束，在进度安排上比较自由、灵活，适用于各种不同结构和规模的工程组织施工，在实际工程中应用最多。

5-3 编制项目网络计划

知识准备

网络计划是一种以网状图形表示计划或工程开展顺序的工作流程图。网络计划的表达形式是网络图。所谓网络图是指由箭线和节点组成的,用来表示工作流程的有向、有序的网状图形。

我国《工程网络计划技术规程》(JGJ/T 121—2015)推荐的常用的工程网络计划类型包括:双代号网络计划;单代号网络计划;双代号时标网络计划;单代号搭接网络计划。

微课:认识网络计划技术

一、双代号网络计划

1. 双代号网络图的构成

双代号网络图是以箭线及其两端节点的编号表示工作的网络图,即用两个节点一根箭线代表一项工作,工作名称写在箭线上面,工作持续时间写在箭线下面,在箭线前后的衔接处画上节点编上号码,并以节点编号 i 和 j,代表一项工作名称,如图 5-15 所示。

微课:绘制双代号网络图

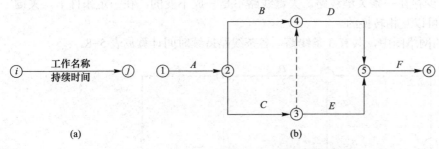

图 5-15 双代号网络图
(a)工作的表示方法;(b)工程的表示方法

双代号网络计划是由箭线、节点、线路 3 个基本要素组成。

(1)箭线。在双代号网络计划中,箭线分为实箭线和虚箭线,两者表示的含义不同。

1)实箭线。一根实箭线表示一个施工过程或一项工作。根据网络计划的性质和作用的不同,箭线表示的施工过程可大可小,既可以表示一个单位工程,如土建、装饰、设备安装等;又可表示一个分部工程,如基础、主体、屋面等;还可表示分项工程,如抹灰、砌墙等。一般情况下,每根实箭线表示的施工过程都要消耗一定的时间和资源,如砌墙、浇筑混凝土等。但也存在只消耗时间而不消耗资源的施工过程,如混凝土养护、砂浆找平和层干燥等技术间歇,若单独考虑,也应作为一个施工过程来对待,也用实箭线表示。

2)虚箭线。在双代号网络图中,为了正确表达施工过程之间的逻辑关系,有时必须使用虚箭线,如图 5-15(b)中的③—④所示。虚箭线表示虚工作,既不消耗时间也不消耗资源,它在双代号网络图中起逻辑连接、逻辑断路或逻辑区分的作用。

3）箭线的长短一般与工作的持续时间无关（时标网络计划例外）。箭线的方向表示工作进行的方向，箭尾表示该工作开始的瞬间，箭头表示该工作的结束瞬间。

（2）节点（圆圈）。节点表示前面工作结束或后面工作开始的瞬间。因此，节点既不消耗时间也不消耗资源。

节点根据其位置和含义不同，可分为下列3种类型：

1）起点节点。网络图的第一个节点为起点节点，代表一项计划的开始。在单目标网络计划中应只有一个起点节点。

2）终点节点。网络图的最后一个节点为终点节点，代表一项计划的结束。在不分期完成任务的网络计划中，应只有一个终点节点。

3）中间节点。位于起点节点和终点节点之间的所有节点都称为中间节点，中间节点既表示前面工作结束的瞬间，又表示后面工作开始的瞬间。

为了方便叙述和检查，应对节点进行编号，节点编号的要求和原则为：从左到右，由小到大，始终做到箭尾编号小于箭头编号，即 $i<j$；节点在编号过程中，编码可以不连续，但不可以重复。

（3）线路。在网络图中，从起点节点开始，沿着箭线方向依次通过一系列节点和箭线，最后到达终点节点的若干条通路，称为线路。线路可依次用该线路上的节点编号来表示，也可依次用该线路上的工作名称来表示。通常情况下，一个网络图有多条线路，线路上各工作的持续时间之和为线路的总持续时间。各条线路总持续时间往往各不相等，其中，所花时间最长的线路称为关键线路，其余的线路称为非关键线路。位于关键线路上的工作称为关键工作。关键工作通常用粗箭线、双箭线或彩色箭线表示。

在网络图中，至少存在一条关键线路。关键线路不是一成不变的，在一定条件下，关键线路和非关键线路是可以互相转换的。

如图5-16所示的网络图中，共有3条线路，各条线路持续时间计算见表5-8。

图 5-16 双代号网络图

表 5-8 线路的总持续时间

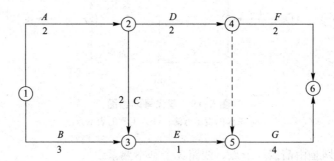

线路	总持续时间 /d	关键线路
①→②→③→⑤→⑥ （A 2, C 2, E 1, G 4）	9	9 d
①→②→④→⑤→⑥ （A 2, D 2, G 4）	8	

续表

线路	总持续时间/d	关键线路
①→$\underset{3}{B}$→③→$\underset{1}{E}$→⑤→$\underset{4}{G}$→⑥	8	
①→$\underset{2}{A}$→②→$\underset{2}{D}$→④→$\underset{2}{F}$→⑥	6	

2. 双代号网络图的相关概念

（1）紧前工作、紧后工作、平行工作。

1）紧前工作。紧排在本工作之前的工作称为本工作的紧前工作。双代号网络图中，本工作和紧前工作之间可能有虚工作。如图5-17所示，槽1是槽2的组织关系上的紧前工作；垫1和垫2之间虽有虚工作，但垫1仍然是垫2的组织关系上的紧前工作；槽1则是垫1的工艺关系上的紧前工作。

2）紧后工作。紧排在本工作之后的工作称为本工作的紧后工作。双代号网络图中，本工作和紧后工作之间可能有虚工作。如图5-17所示，垫2是垫1的组织关系上的紧后工作；垫1是槽1的工艺关系上的紧后工作。

3）平行工作。可与本工作同时进行的工作称为本工作的平行工作（图5-17）。槽2是垫1的平行工作。

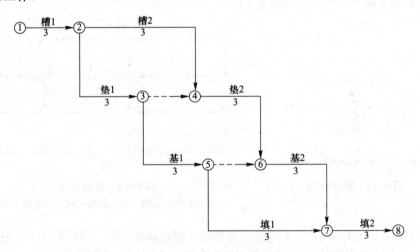

图5-17 逻辑关系

（2）内向箭线和外向箭线。

1）内向箭线。指向某个节点的箭线称为该节点的内向箭线，如图5-18（a）所示。

2）外向箭线。从某节点引出的箭线称为该节点的外向箭线，如图5-18（b）所示。

（3）逻辑关系。工作之间相互制约或依赖的关系称为逻辑关系。工作之间的逻辑关系包括工艺关系和组织关系。

1）工艺关系。工艺关系是指生产工艺上客观存

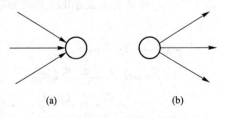

图5-18 内向箭线和外向箭线
（a）内箭线；（b）外箭线

在的先后顺序关系，或者是非生产性工作之间由工作程序决定的先后顺序关系。例如：建筑工程施工时，先做基础，后做主体；先做结构，后做装修。工艺关系是不能随意改变的。在图 5-17 中，槽 1→垫 1→基 1→填 1 为工艺关系。

2）组织关系。组织关系是指在不违反工艺关系的前提下，人为安排工作的先后顺序关系。例如：建筑群中各个建筑物的开工顺序的先后，施工对象的分段流水作业等。组织顺序可以根据具体情况，按安全、经济、高效的原则统筹安排。在图 5-17 中，槽 1→槽 2、垫 1→垫 2 等为组织关系。

（4）虚工作及其应用。双代号网络计划中，只表示前后相邻工作之间的逻辑关系，既不占用时间，也不耗用资源的虚拟工作称为虚工作。虚工作用虚箭线表示，虚工作起着联系、区分、断路 3 个作用。

1）联系作用。虚工作不仅能表达工作间的逻辑连接关系，而且能表达不同幢号的房屋之间的相互联系。例如，工作 A、B、C、D 之间的逻辑关系为：工作 A 完成后同时进行 B、D 两项工作，工作 C 完成后进行工作 D。不难看出 A 完成后其紧后工作为 B，C 完成后其紧后工作为 D，很容易表达，但 D 又是 A 的紧后工作，为把 A 和 D 联系起来，必须引入虚工作 ②-⑤，逻辑关系才能正确表达，如图 5-19 所示。

2）区分作用。双代号网络计划是用两个代号表示一项工作。如果两项工作用同一代号，则不能明确表示出该代号表示哪一项工作。因此，不同的工作必须用不同代号。如图 5-20（a）所示，出现"以同代号表示两项工作"的错误；图 5-20（b）、（c）是两种不同的区分方式；图 5-20（d）则多画了一个不必要的虚工作。

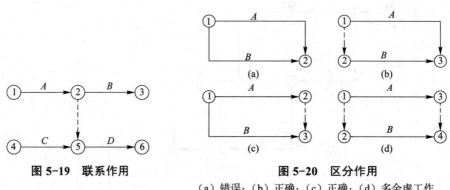

图 5-19 联系作用

图 5-20 区分作用
（a）错误；（b）正确；（c）正确；（d）多余虚工作

3）断路作用。如图 5-21（a）所示为某基础工程挖基槽（A）、垫层（B）、基础（C）、回填土（D）4 项工作的流水施工网络图。该网络图中出现了多余联系的错误。

为了正确表达工作间的逻辑关系，在出现逻辑错误的圆圈（节点）之间增设新节点（即虚工作），切断毫无关系的工作之间的联系，这种方法称为断路法，如图 5-21（b）所示。

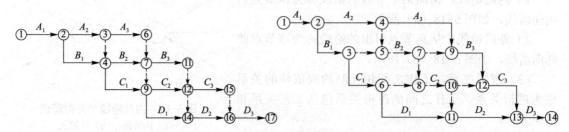

图 5-21 逻辑关系
（a）错误的逻辑关系；（b）正确的逻辑关系（断路作用）

由此可见，双代号网络图中虚工作是非常重要的，但在应用时要恰如其分，不能滥用，以必不可少为限。另外，增加虚工作后要进行全面检查，不要顾此失彼。

3．双代号网络图的绘制

（1）正确表达工作之间的逻辑关系。在网络图中，各工作之间的逻辑关系变化多端。表5-9是一些常见的逻辑关系及其双代号表示方法。

表 5-9　常见逻辑关系及其双代号表示方法

序号	工作之间的逻辑关系	双代号网络图表示方法
1	A、B 两项工作依次进行	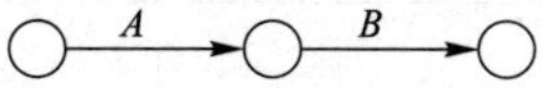
2	A、B、C 三项工作同时开始	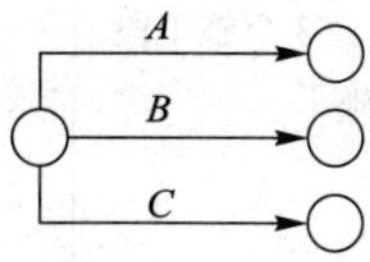
3	A 完成后，同时开始 B 和 C	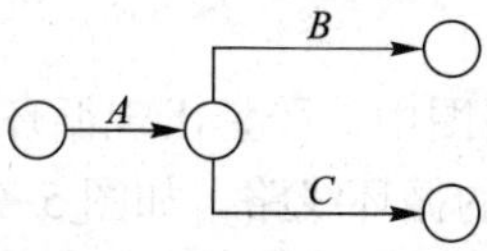
4	A、B 完成后，进行 C	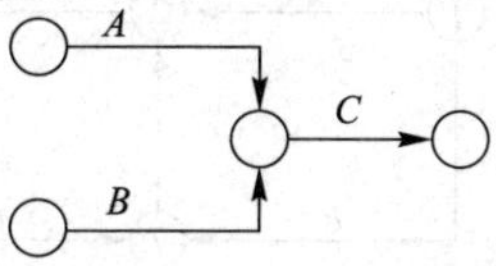
5	A 完成后同时进行 B、C，B 和 C 完成后进行 D	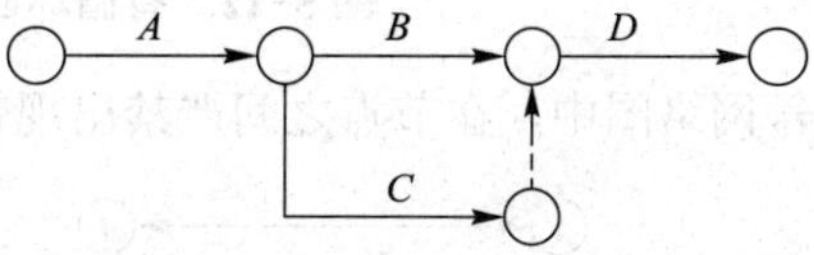
6	A 和 B 都完成后进行 C、D	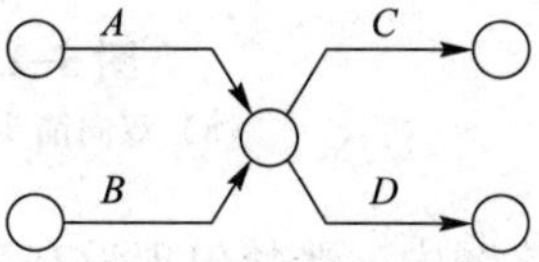
7	A 完成后进行 C，A 和 B 都完成后进行 D	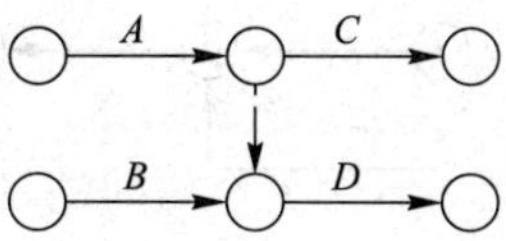
8	A、B 都完成后进行 D，B、C 都完成后进行 E	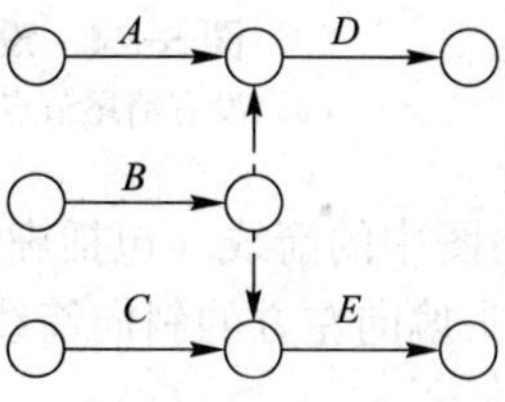

续表

序号	工作之间的逻辑关系	双代号网络图表示方法
9	A 完成后进行 C、D，B 完成后进行 D、E	
10	A、B 两项工作分 3 个施工段流水施工	

(2) 绘制规则。

1) 双代号网络图中，严禁出现循环回路。所谓循环回路是指从一个节点出发，顺箭线方向又回到原出发点的循环线路。如图 5-22 所示就出现了循环回路 2—3—4—5—6—7—2。

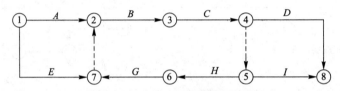

图 5-22 有循环回路的错误网络图

2) 双代号网络图中，在节点之间严禁出现带双向箭头和无箭头的连线，如图 5-23 所示。

图 5-23 错误的箭线画法
（a）双向箭头的连线；（b）无箭头的连线

3) 双代号网络图中，严禁出现没有箭头节点或没有箭尾节点的箭线，如图 5-24 所示。

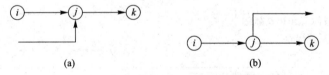

图 5-24 没有箭尾和箭头节点的箭线
（a）没有箭尾节点的箭线；（b）没有箭头节点的箭线

4) 双代号网络图中的箭线（包括虚箭线）宜保持自左向右的方向，不宜出现箭头指向左方的水平箭线和箭头偏向左方的斜向箭线，如图 5-25 所示。

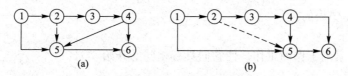

图 5-25　双代号网络图的表达
（a）较差方式；（b）较好方式

5）双代号网络图中严禁在箭线上引入或引出箭线，如图 5-26 所示。

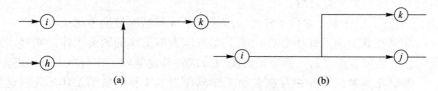

图 5-26　错误画法
（a）引入箭线；（b）引出箭线

6）在双代号网络图中，不允许出现编号相同的节点或工作，如图 5-27 所示。

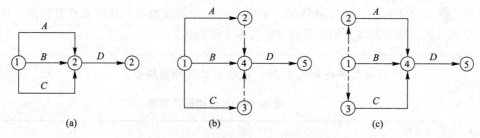

图 5-27　不允许出现编号相同的节点或工作
（a）错误；（b）正确；（c）正确

7）当双代号网络图的某些节点有多条外向箭线或多条内向箭线时，可采用母线法绘制。当箭线线型不同时，可在母线上引出的支线上标出，如图 5-28 所示。

8）绘制双代号网络图时，箭线不宜交叉，当交叉不可避免时，可用过桥法或指向法，如图 5-29 所示。

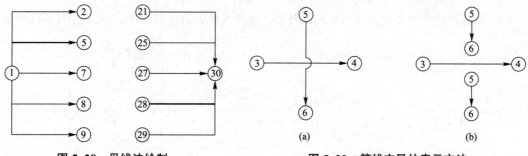

图 5-28　母线法绘制　　　　**图 5-29　箭线交叉的表示方法**
　　　　　　　　　　　　　　　　（a）过桥法；（b）指向法

9）双代号网络图中应只有一个起点节点；在不分期完成任务的网络图中，应只有一个终点节点；而其他所有节点均应是中间节点。如图 5-30 所示，出现两个起点节点①、③和两个终点节点⑤、⑥是错误的。

(3) 绘制技巧。

1) 绘制没有紧前工作的工作，使它们具有相同的开始节点，即起点节点。

2) 绘制没有紧后工作的工作，使它们具有相同的结束节点，即终点节点。

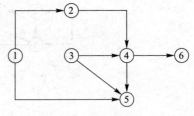

图 5-30 多个起点节点和多个终点节点表示方法

3) 当所绘制的工作只有一个紧前工作时，将该工作直接画在其紧前工作的结束节点之后。

4) 当所绘制的工作有多个紧前工作时，应按以下 4 种情况分别考虑：

情况一：如果在其紧前工作中存在一项工作只作为本工作的紧前工作，则将本工作直接画在该紧前工作的结束节点之后，然后用虚箭线分别将其他紧前工作与本工作相连。

情况二：如果在其紧前工作中存在多项工作只作为本工作的紧前工作，先将这些紧前工作的结束节点合并，从合并后的节点画出本工作，然后再用虚箭线分别将其他紧前工作与本工作相连。

情况三：如果其所有紧前工作都同时作为其他工作的紧前工作，先将它们的结束节点合并，再从合并后的节点画出本工作。

情况四：如果不存在以上 3 种情况，则应将本工作的开始节点单独画在其紧前工作箭线之后的中部，然后用虚箭线分别将紧前工作与本工作相连。

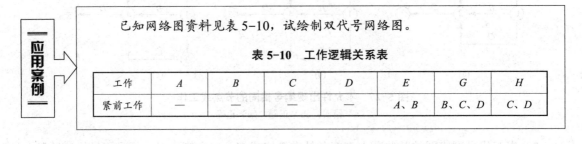

应用案例 已知网络图资料见表 5-10，试绘制双代号网络图。

表 5-10 工作逻辑关系表

工作	A	B	C	D	E	G	H
紧前工作	—	—	—	—	A、B	B、C、D	C、D

案例解析

(1) 绘制没有紧前工作的工作箭线 A、B、C、D，如图 5-31 (a) 所示。

(2) 按前述绘制方法中情况一绘制工作 E，如图 5-31 (b) 所示。

(3) 按前述绘制方法中情况三绘制工作 H，如图 5-31 (c) 所示。

(4) 按前述绘制方法中情况四绘制工作 G，并将工作 F、G、H 合并，如图 5-31 (d) 所示。

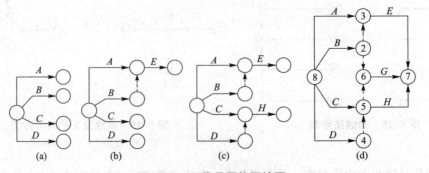

图 5-31 双代号网络图绘图

(4)排列方法。在绘制实际工程的网络计划时,由于施工过程数目较多且逻辑关系复杂,因此除了符合绘制规则外,还应选择一定的排列方法,使网络图条理清楚、层次分明。主要排列方式有混合排列、按施工过程排列和按施工段排列 3 种。

1)混合排列:对于简单的网络图,可根据施工顺序和逻辑关系将各施工过程对称排列,如图 5-32 所示。其特点是构图美观、形象、大方。

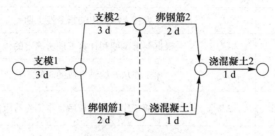

图 5-32 混合排列

2)按施工过程排列:据施工顺序把各施工过程按垂直方向排列,施工段按水平方向排列,如图 5-33 所示。其特点是相同工种在同一水平线上,突出不同工种的工作情况。

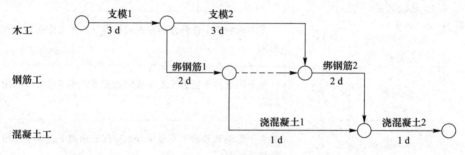

图 5-33 按施工过程排列

3)按施工段排列:同一施工段上的有关施工过程按水平方向排列,施工段按垂直方向排列,如图 5-34 所示。其特点是同一施工段的工作在同一水平线上,反映出分段施工的特征,突出工作面的利用情况。

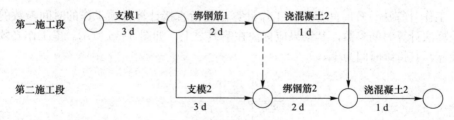

图 5-34 按施工段排列

4.双代号网络图的计算

(1)双代号网络计划的时间参数。网络计划的时间参数是指网络图、工作及节点所具有的各种时间值。双代号网络计划时间参数的定义及表达符号

微课:计算双代号
网络图时间参数

见表 5-11。

表 5-11 双代号网络计划时间参数的定义及表达符号

参数种类	参数名称	表达符号	定义
工期	计算工期	T_c	根据时间参数计算所得到的工期
	要求工期	T_r	任务委托人所提出的指令性工期
	计划工期	T_p	根据要求工期和计算工期所确定的作为实施目标的工期
工作的时间参数	持续时间	D_{i-j}	一项工作从开始到完成的时间
	最早开始时间	ES_{i-j}	各紧前工作全部完成后，本工作有可能开始的最早时刻
	最早完成时间	EF_{i-j}	各紧前工作全部完成后，本工作有可能完成的最早时刻
	最迟开始时间	LS_{i-j}	在不影响整个任务按期完成（计划工期）的前提下，本工作必须开始的最迟时刻
	最迟完成时间	LF_{i-j}	在不影响整个任务按期完成的前提下，本工作必须完成的最迟时刻
	总时差	TF_{i-j}	在不影响整个任务按期完成的前提下，本工作可以利用的机动时间
	自由时差	FF_{i-j}	在不影响其紧后工作最早开始时间的前提下，本工作可以利用的机动时间
节点的时间参数	最早时间	ET_i	以该节点为开始节点的各项工作的最早开始时间
	最迟时间	LT_i	以该节点为完成节点的各项工作的最迟完成时间

（2）工作计算法计算时间参数。工作计算法是指直接计算各项工作的时间参数的方法。按工作计算法计算时间参数，其结果应标注在箭线之上，如图 5-35 所示。虚工作必须视同工作进行计算，其持续时间为零。

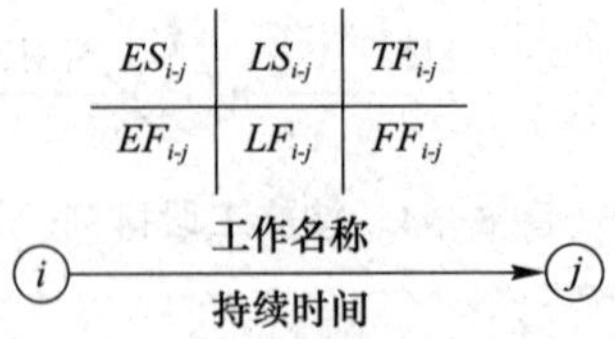

图 5-35 工作计算法的标注内容

1）工作最早开始时间。工作最早开始时间是指各紧前工作全部完成后，本工作有可能开始的最早时刻。工作 $i-j$ 的最早开始时间 ES_{i-j} 的计算应符合下列规定。

①工作 $i-j$ 的最早开始时间 ES_{i-j} 应从网络计划的起点节点开始，顺箭线方向依次逐项计算。

②以起点节点为完成节点的工作 i–j，当规定其最早开始时间 ES_{i-j} 时，其值应等于零，即 $ES_{i-j}=0$（$i=1$）。

③当工作只有一项紧前工作时，其最早开始时间应为

$$ES_{i-j}=ES_{h-i}+D_{h-i} \tag{5-13}$$

④当工作有多个紧前工作时，其最早开始时间应为

$$ES_{i-j}=\max\{ES_{h-i}+D_{h-i}\} \tag{5-14}$$

2）工作最早完成时间。工作最早完成时间是指各紧前工作完成后，本工作有可能完成的最早时刻。工作 i–j 的最早完成时间 EF_{i-j} 应按下式计算：

$$EF_{i-j}=ES_{i-j}+D_{i-j} \tag{5-15}$$

3）工期。计算工期 T_c 是指根据时间参数计算得到的工期，它应按下式计算：

$$T_c=\max\{EF_{i-n}\} \tag{5-16}$$

网络计划的计划工期是指按要求工期和计算工期确定的作为实施目标的工期。其计算应按下述规定。

规定了要求工期 T_r 时 　　　　　　　$T_p \leqslant T_r$

当未规定要求工期时　　　　　　　　$T_p=T_c$

4）工作最迟完成时间。工作最迟完成时间是指在不影响整个任务按期完成的前提下，工作必须完成的最迟时刻。

①工作 i–j 的最迟完成时间 LF_{i-j} 应从网络计划的终点节点开始逆着箭线方向依次逐项计算。

②以终点节点（$j=n$）为箭头节点的工作最迟完成时间 LF_{i-j} 应按网络计划的计划工期 T_p 确定，即

$$LF_{i-n}=T_p \tag{5-17}$$

③其他工作 i–j 的最迟完成时间 LF_{i-j} 应按下式计算：

$$LF_{i-j}=\min\{LF_{j-k}-D_{j-k}\} \tag{5-18}$$

5）工作最迟开始时间。工作最迟开始时间是指在不影响整个任务按期完成的前提下，工作必须开始的最迟时刻。

工作 i–j 的最迟开始时间应按下式计算：

$$LS_{i-j}=LF_{i-j}-D_{i-j} \tag{5-19}$$

6）工作总时差。工作总时差是指在不影响总工期的前提下，本工作可以利用的机动时间。该时差应按下式计算：

$$TF_{i-j}=LS_{i-j}-ES_{i-j} \text{ 或 } TF_{i-j}=LF_{i-j}-EF_{i-j} \tag{5-20}$$

7）工作自由时差。工作自由时差是指在不影响其紧后工作最早开始时间的前提下，本工作可以利用的机动时间。工作 i–j 的自由时差 FF_{i-j} 的计算应符合下列规定。

①当工作 i–j 有紧后工作 j–k 时，其自由时差应为

$$FF_{i-j}=ES_{j-k}-ES_{i-j}-D_{i-j} \text{ 或 } F_{F-j}=ES_{j-k}-EF_{i-j} \tag{5-21}$$

②以终点节点为箭头节点的工作，其自由时差 FF_{i-j} 应按网络计划的计划工期 T_p 确定，即

$$FF_{i-n}=T_p-ES_{i-n}-D_{i-n} \text{ 或 } FF_{i-n}=T_p-EF_{i-n} \tag{5-22}$$

8）判断关键线路。当计划工期等于计算工期时，总时差为零的工作就是关键工作，由关键工作组成的线路是关键线路。

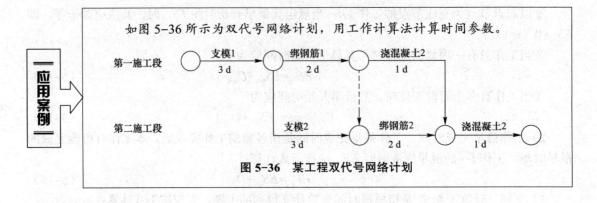

图 5-36 某工程双代号网络计划

案例解析

工作计算法计算时间参数如图 5-37 所示。

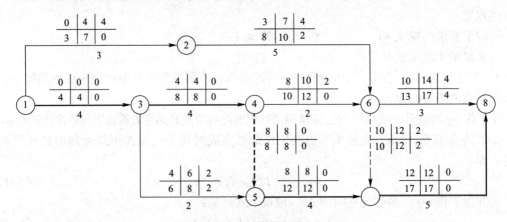

图 5-37 工作计算法计算时间参数

(3) 节点计算法计算时间参数。节点计算法,就是先计算网络计划中各个节点的最早时间和最迟时间,然后再据以计算各项工作的时间参数。按节点计算法计算时间参数,其结果应标注在节点之上,如图 5-38 所示。

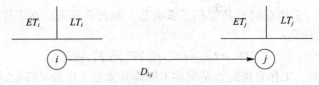

图 5-38 节点计算法的标注内容

1) 节点的最早时间。节点最早时间的计算应从网络计划的起点节点开始,顺着箭线方向依次进行。

①网络计划的起点节点,如未规定最早时间,其值等于零。

②其他节点的最早时间应按下式进行计算:

$$ET_i = \max\{ES_i + D_{i-j}\} \tag{5-23}$$

2) 工期。网络计划的计算工期按下式计算:

$$T_c=ET_n \tag{5-24}$$

式中　ET_n——终点节点 n 的最早时间。

网络计划的计划工期 T_p 的确定与工作计算法相同。

3）节点的最迟时间。节点最迟时间的计算从网络计划的终点节点开始，逆着箭线方向依次进行。

①网络计划终点节点的最迟时间等于网络计划的计划工期，即 $LT_n=T_p$。

②其他节点的最迟时间应按下式进行计算：

$$LT_i=\min\{LT_j-D_{i-j}\} \tag{5-25}$$

4）判断关键线路。当计划工期等于计算工期时，最早时间与最迟时间相等的节点为关键节点。需要注意的是，关键工作两端的节点必为关键节点，但两端为关键节点的工作不一定是关键工作，或者关键线路上的节点一定为关键节点，但由关键节点组成的线路不一定是关键线路（图 5-39）。

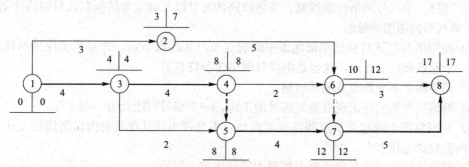

图 5-39　节点计算法计算时间参数

二、单代号网络计划

1. 单代号网络图的构成

单代号网络图是以节点及其编号表示工作，以箭线表示工作之间的逻辑关系的网络图。即每一个节点代表一项工作，节点所代表的工作名称、持续时间和工作代号等标注在节点内，如图 5-40 所示。

微课：绘制单代号网络图

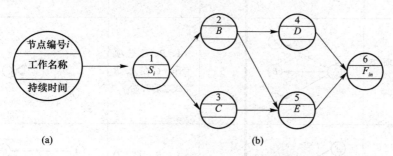

图 5-40　单代号网络图
（a）工作的表示方法；（b）工程的表示方法

单代号网络计划也是由箭线、节点、线路 3 个基本要素组成。

（1）箭线。在单代号网络计划中，只有实箭线，没有虚箭线。箭线仅用来表示工作之间的逻辑关系。既不消耗时间，也不消耗资源，其含义与双代号网络计划中虚箭线含义相同。

（2）节点（圆圈）。一个节点表示一项工作，一般情况下既消耗时间，又消耗资源，含义与双代号网络计划中的实箭线含义相同。

单代号网络计划中的节点也可划分为以下3类：

1）起点节点。网络图的第一个节点为起点节点，代表一项计划的开始。需要注意的是，起点节点只有一个。如果有多项工作同时开始，则虚拟一个起点节点，持续时间为0，如图5-40（b）中的①节点所示。

2）终点节点。网络图的最后一个节点为终点节点，代表一项计划的结束。需要注意的是，终点节点也只有一个。如果有多项工作同时结束，则虚拟一个终点节点，持续时间为0，如图5-40（b）中的⑥节点所示。

3）中间节点。位于起点节点和终点节点之间的所有节点都称为中间节点，中间节点有多个。

单代号网络计划节点编号原则同双代号网络计划。

（3）线路。单代号网络计划线路、关键线路的含义以及确定方法同双代号网络计划。

2. 单代号网络图的绘制

（1）在网络图的开始和结束增加虚拟的起点节点和终点节点。这是为了保证单代号网络计划有一个起点和一个终点，这也是单代号网络图所特有的。

（2）网络图中不允许出现循环回路。

（3）网络图中不允许出现有重复编号的工作，一个编号只能代表一项工作。

（4）在网络图中除起点节点和终点节点外，不允许出现其他没有内向箭线的工作节点和没有外向箭线的工作节点。

（5）网络图的编号应是后面节点编号大于前面节点编号。

常见逻辑关系及其单代号表示方法见表5-12。

表5-12 常见逻辑关系及其单代号表示方法

序号	逻辑关系	单代号表示方法	序号	逻辑关系	单代号表示方法
1	A、B两项工作依次进行施工	A→B	4	A、B、C三项工作，A完成之后，B、C开始	A→B, A→C
2	A、B、C三项工作同时开始施工	S→A, S→B, S→C	5	A、B、C三项工作，C在A、B完成之后开始	A→C, B→C
3	A、B、C三项工作同时结束施工	A→E, B→E, C→E	6	A、B、C、D四项工作，A、B完成之后，C、D开始	A→C, A→D, B→C, B→D

3. 单代号网络图的计算

（1）最早开始时间。工作最早开始时间的计算应从网络计划的起点节点开始，顺着箭线方向按节点编号从小到大的顺序依次进行。

1）起点节点所代表的工作的最早开始时间未规定时，其值应为零。

2）其他工作的最早开始时间应按下式计算：

$$ES_i = \max\{ES_h + D_h\} \quad (5\text{-}26)$$

（2）最早完成时间。工作的最早完成时间应等于本工作的最早开始时间与其持续时间之和，即

$$EF_i = ES_i + D_i \quad (5\text{-}27)$$

（3）工期。网络计划的计算工期的规定与双代号网络计划相同，等于终点节点的最早完成时间，$T_c = \max\{EF_n\}$ 计划工期的确定与双代号网络计划相同。

（4）相邻两项工作之间的时间间隔。相邻两项工作之间存在着时间间隔，工作 i 与 j 的时间间隔记为 $LAG_{i\text{-}j}$，时间间隔是指相邻两项工作之间，后项工作的最早开始时间与前项工作的最早完成时间之差，即

微课：计算单代号网络图时间参数

$$LAG_{i\text{-}j} = ES_j - EF_i \quad (5\text{-}28)$$

相邻两项工作之间的时间间隔，计算结果标注在两节点之间的箭线之上。

（5）总时差。工作总时差的计算应从网络计划的终点节点开始，逆着箭线方向按节点编号从大到小的顺序依次进行。

1）终点节点 n 所代表的工作的总时差应为

$$TF_n = T_p - EF_n \quad (5\text{-}29)$$

2）其他工作的总时差应等于本工作与其紧后工作之间的时间间隔加该紧后工作的总时差所得之和的最小值，即

$$TF_i = \min\{TF_j + LAG_{i\text{-}j}\} \quad (5\text{-}30)$$

（6）自由时差。

1）终点节点 n 所代表的工作的自由时差应为

$$FF_n = T_p - EF_n \quad (5\text{-}31)$$

2）其他工作的自由时差应为

$$FF_i = \min\{LAG_{i\text{-}j}\} \quad (5\text{-}32)$$

（7）最迟完成时间。工作最迟完成时间的计算应从网络计划的终点节点开始，逆着箭线方向按节点编号从大到小的顺序依次进行。

1）终点节点 n 所代表的工作的最迟完成时间等于该网络计划的计划工期，即

$$LF_n = T_p \quad (5\text{-}33)$$

2）其他工作的最迟完成时间等于本工作的最早完成时间与其总时差之和，即

$$LF_i = EF_i + TF_i \quad (5\text{-}34)$$

（8）最迟开始时间。工作的最迟开始时间应按下式计算：

$$LS_i = LF_i - D_i \text{ 或 } LS_i = ES_i + TF_i \quad (5\text{-}35)$$

（9）判断关键线路。单代号网络计划中关键工作的确定方法与双代号网络计划相同，即总时差最小的工作为关键工作。从起点节点到终点节点均为关键工作，且所有相邻两项工作之间的时间间隔为零的线路为关键线路。

如图 5-41 所示单代号网络计划，按工作计算法计算时间参数（图 5-42）。

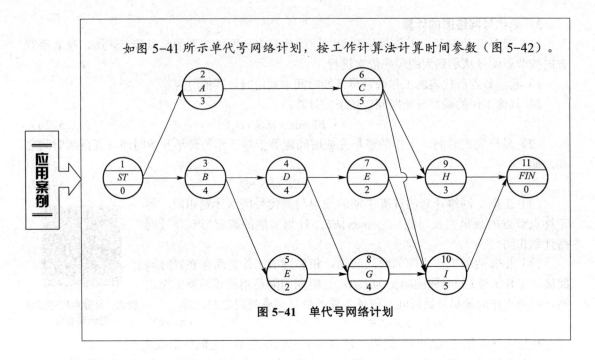

图 5-41　单代号网络计划

案例解析

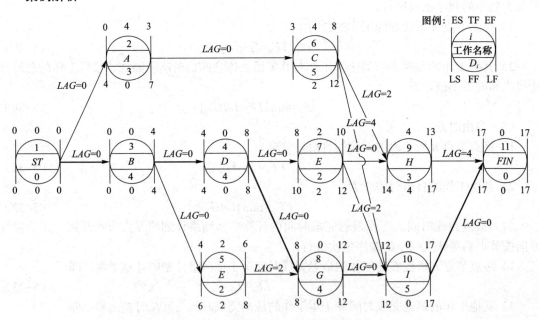

图 5-42　单代号网络计划时间参数计算

三、双代号时标网络计划

1. 双代号时标网络计划的概念

双代号时标网络计划是以时间坐标为尺度绘制的网络计划。它具有横道计划图的直观性，工作间不仅逻辑关系明确。而且时间关系也一目了然。采用

微课：编制双代号时标网络计划

时标网络计划为施工管理进度的调整与控制,以及进行资源优化,提供了便利。时标网络计划适用于编制工作项目较少,工艺过程较简单的施工计划。对于大型复杂的工程,可先编制总的施工网络计划,然后根据工程的性质,所需网络计划的详细程度,每隔一段时间对下段时间应施工的工程区段绘制详细的时标网络计划。

2. 双代号时标网络计划的特点

如图 5-43 所示为一项双代号时标网络计划,其特点如下:

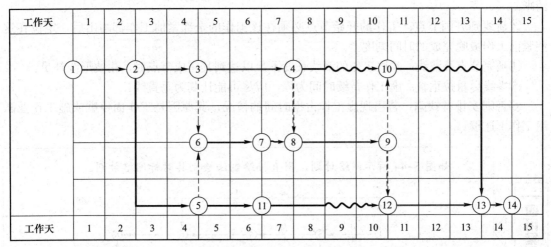

图 5-43 双代号时标网络计划

(1) 时标网络计划中,箭线的长短与时间有关;
(2) 可直接显示各工作的时间参数和关键线路,不必计算;
(3) 由于受到时间坐标的限制,所以时标网络计划不会产生闭合回路;
(4) 可以直接在时标网络图的下方绘出资源动态曲线,便于分析,平衡调度;
(5) 由于箭线的长度和位置受时间坐标的限制,因而调整和修改不太方便。

3. 双代号时标网络计划的绘制

(1) 双代号时标网络计划的绘制要求。

1) 双代号时标网络计划必须以水平时间坐标为尺度表示工作时间。时标的时间单位应根据需要在编制网络计划之前确定为时、天、周、月或季。

2) 时标网络计划应以实箭线表示工作,以虚箭线表示虚工作,以波形线表示工作的自由时差。

3) 时标网络计划中所有符号在时间坐标上的水平投影位置都必须与其时间参数相对应。节点中心必须对准相应的时标位置。虚工作必须以垂直方向的虚箭线表示,有自由时差加波形线表示。

(2) 时标网络计划的绘制方法。时标网络计划宜按工作的最早开始时间绘制。

1) 间接绘制法。间接绘制法是先计算网络计划的时间参数,再根据时间参数在时间坐标上进行绘制的方法。

其绘制步骤和方法:先绘制双代号网络图,计算时间参数,确定关键工作及关键线路;根据需要确定时间单位并绘制时标横轴;根据工作最早开始时间或节点的最早时间确定各节点的位置;依次在各节点间绘制箭线及时差。绘制时宜先画关键工作、关键线路,再画非关键工作,如箭线长度不足以达到工作的完成的节点时,用波形线补足,箭头画在波形线与节点连接处;用虚箭线连接各有关节点,将有关的工作连接起来。

2）直接绘制法。直接绘制法是不计算网络计划时间参数，直接在时间坐标上进行绘制的方法。

其绘制步骤和方法可归纳为："时间长短坐标限，曲直斜平利相连；箭线到齐画节点，画完节点补波线；零线尽量拉垂直，否则安排有缺陷"。

①时间长短坐标限：箭线的长度代表着具体的施工时间，受到时间坐标的制约。

②曲直斜平利相连：箭线的表达方式可以是直线、折线、斜线等，但布图应合理，直观清晰。

③箭线到齐画节点：工作的开始节点必须在该工作的全部紧前工作都画出后，定位在这些紧前工作最晚完成的时间刻度上。

④画完节点补波线：某些工作的箭线长度不足以达到其完成节点时，用波形线补足。

⑤零线尽量拉垂直：虚工作持续时间为零，应尽可能让其为垂直线。

⑥否则安排有缺陷：若出现虚工作占据时间的情况，其原因是工作面停歇或施工作业队组工作不连续。

应用案例

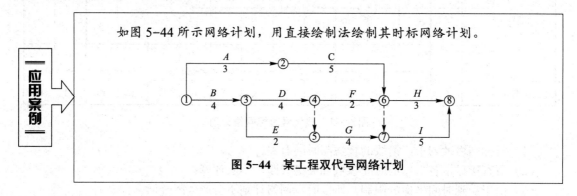

图 5-44　某工程双代号网络计划

案例解析

（1）将起点节点定位在时间坐标的起始刻度线上。

（2）按工作的持续时间绘制起点节点的外向箭线。

将节点①定位在时间坐标的起始刻度线"0"的位置上，从节点①分别绘出工作 A 和 B，如图 5-45 所示。

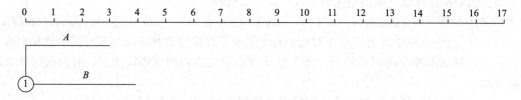

图 5-45　直接绘制法第一步

（3）除起点节点外，其他节点必须在其所有内向箭线绘出后，定位在这些箭线中最迟的箭线末端，其他内向箭线的长度不足以到达该节点时，须用波形线补足，箭头画在与该节点的连接处。

（4）用上述方法从左至右依次确定其他各个节点的位置，直至绘出终点节点。

本例中由于节点②只有一条内向箭线，所以节点②直接定位在箭线 A 的末端；同理，节点③直接定位在箭线 B 的末端，如图 5-46 所示。

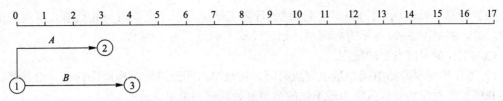

图 5-46　直接绘制法第二步

绘制 D 工作，并将节点④定位在箭线 D 的末端；节点⑤的位置需要在绘出虚工作④→⑤和工作 E 之后，定位在工作 E 和虚工作④→⑤中最迟的箭线末端，即时刻"8"的位置上。此时，箭线 E 的长度不足以到达节点⑤，用波形线补足，如图 5-47 所示。

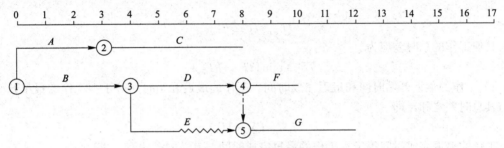

图 5-47　直接绘制法第三步

用同样的方法依次确定节点⑥、⑦、⑧的位置，完成时标网络图的绘制，如图 5-48 和图 5-49 所示。

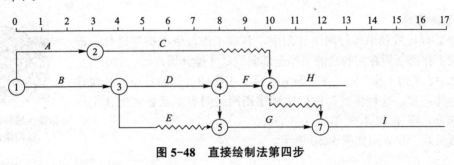

图 5-48　直接绘制法第四步

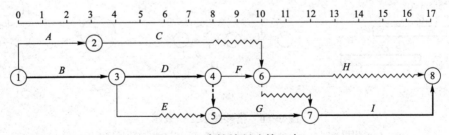

图 5-49　直接绘制法第五步

4. 关键线路的确定和时间参数的确定

（1）关键线路的确定。在时标网络计划中，自终点节点逆箭线方向朝起点节点，自始至终不出现波形线的线路为关键线路。例如图 5-49 所示，线路①→③→④→⑤→⑦→⑧即为关键线路。

（2）计算工期的确定。时标网络计划的计算工期应等于终点节点与起点节点所对应的时标值之差。例如图 5-49 所示时标网络计划的计算工期为 T_c=17-0=17。

（3）工作的时间参数的确定。

1）工作的最早开始时间和最早完成时间。按最早时间绘制的时标网络计划，每条箭线的箭尾和箭头所对应的时标值应为该工作的最早开始时间和最早完成时间。

2）工作的自由时差。波形线的水平投影长度即为该工作的自由时差。

3）工作的总时差。工作总时差的判定应从网络计划的终点节点开始，逆着箭线方向依次进行。

以终点节点为完成节点的工作，其总时差应等于计划工期与本工作最早完成时间之差，即

$$TF_{i-n}=Tp-EF_{i-n}$$

其他工作的总时差应为

$$TF_{i-j}=\min\{TF_{j-k}+FF_{i-j}\}$$

4）工作的最迟开始时间和最迟完成时间。工作的最迟开始时间等于本工作的最早开始时间与其总时差之和，即

$$LS_{i-j}=ES_{i-j}+TF_{i-j}$$

工作的最迟完成时间等于本工作的最早完成时间与其总时差之和，即

$$LF_{i-j}=EF_{i-j}+TF_{i-j}$$

四、单代号搭接网络计划

1. 基本概念

在普通双代号和单代号网络计划中，各项工作按依次顺序进行，即任何一项工作都必须在它的紧前工作全部完成后才能开始。

例如 A、B 两工作，A 工作进行 4 d 后 B 工作即可开始，而不必要等 A 工作全部完成。这种情况若按依次顺序用网络图表示就必须把 A 工作分为两部分，即 A_1 和 A_2 工作，

搭接关系工作表示如图 5-50 所示。

微课：编制单代号搭接网络计划

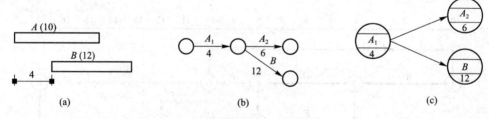

图 5-50 搭接关系工作表示
（a）用横道图表示；（b）以双代号网络图；（c）以单代号网络图表示

但在实际工作中，为了缩短工期，许多工作可采用平行搭接的方式进行。为了简单直接地表达这种搭接关系，使编制网络计划得以简化，于是出现了搭接网络计划方法。单代号搭接网络图如图 5-51 所示，其中起点节点 St 和终点节点 Fin 为虚拟节点。

（1）单代号搭接顺序。单代号搭接网络图中，工作的搭接顺序关系是用前项工作的开始或完成时间与其紧后工作的开始或完成时间之间的间距来表示，具体有 4 类：

FTS_{i-j}——工作 i 完成时间与其紧后工作 j 开始时间的时间间距；
FTF_{i-j}——工作 i 完成时间与其紧后工作 j 完成时间的时间间距；
STS_{i-j}——工作 i 开始时间与其紧后工作 j 开始时间的时间间距；
STF_{i-j}——工作 i 开始时间与其紧后工作 j 完成时间的时间间距。

（2）单代号网络图中的节点必须编号，编号标注在节点内，其号码可间断，但不允许重复。箭线的箭尾节点编号应小于箭头节点编号。一项工作必须有唯一的一个节点及相应的一个编号。

（3）工作之间的逻辑关系包括工艺关系和组织关系，在网络图中均表现为工作之间的先后顺序。

（4）单代号搭接网络图中，各条线路应用该线路上的节点编号自小到大依次表述，也可用工作名称依次表述。如图5-51所示的单代号搭接网络图中的一条线路可表述为 $1 \to 2 \to 5 \to 6$，也可表述为 $St \to B \to E \to Fin$。

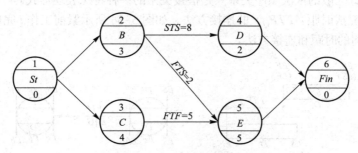

图 5-51 单代号搭接网络计划

（5）单代号搭接网络计划中的时间参数基本内容和形式应按图5-52所示方式标注。工作名称和工作持续时间标注在节点圆圈内，工作的时间参数（如 ES，EF，LS，LF，TF，FF）标注在圆圈的上下。而工作之间的时间参数（如 STS，ETF，STF，FTS 和时间间隔 $LAG_{i,j}$）标注在联系箭线的上下方。

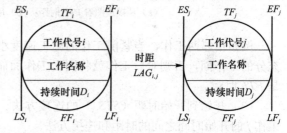

图 5-52 单代号搭接网络计划时间参数标注形式

2. 绘图规则

（1）单代号搭接网络图必须正确表述已定的逻辑关系。

（2）单代号搭接网络图中，不允许出现循环回路。

（3）单代号搭接网络图中，不能出现双向箭头或无箭头的连线。

（4）单代号搭接网络图中，不能出现没有箭尾节点的箭线和没有箭头节点的箭线。

（5）绘制网络图时，箭线不宜交叉。当交叉不可避免时，可采用过桥法和指向法绘制。

（6）单代号搭接网络图只应有一个起点节点和一个终点节点。当网络图中有多项起点节点或多项终点节点时，应在网络图的相应端分别设置一项虚工作，作为该网络图的起点节点（St）和终点节点（Fin）。

3. 单代号搭接网络计划中的搭接关系

搭接网络计划中搭接关系在工程实践中的具体应用，简述如下。

（1）完成到开始时距（$FTS_{i,j}$）的连接方法。如图5-53所示紧前工作 i 的完成时间与紧后工作 j 的开始时间之间的时距和连接方法。

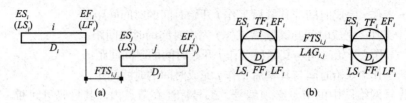

图 5-53 时距 FTS 的表示方法
（a）从横道图看 FTS 时距；（b）用单代号搭接网络计划方法表示

例如修一条堤坝的护坡时，一定要等土堤自然沉降后才能修护坡，这种等待的时间就是 FTS 时距。

当 $FTS=0$ 时，即紧前工作 i 的完成时间等于紧后工作 j 的开始时间，这时紧前工作与紧后工作紧密衔接，当计划所有相邻工作的 $FTS=0$ 时，整个搭接网络计划就成为一般的单代号网络计划。因此，一般的依次顺序关系只是搭接关系的一种特殊表现形式。

（2）完成到完成时距（$FTF_{i,j}$）的连接方法。如图 5-54 所示紧前工作 i 完成时间与紧后工作 j 完成时间之间的时距和连接方法。

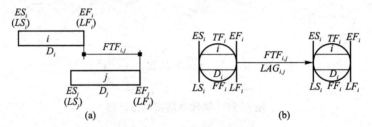

图 5-54 时距 FTF 的表示方法
（a）从横道图看 FTF 时距；（b）用单代号搭接网络计划方法表示

例如相邻两工作，当紧前工作的施工速度小于紧后工作时，则必须考虑为紧后工作留有充分的工作面，否则紧后工作就将因无工作面而无法进行。这种结束工作时间之间的间隔就是 FTF 时距。

（3）开始到开始时距（$STS_{i,j}$）的连接方法。如图 5-55 所示紧前工作 i 的开始时间与紧后工作 j 的开始时间之间的时距和连接方法。

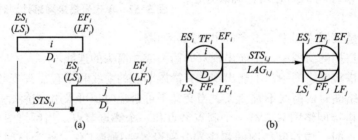

图 5-55 时距 STS 的表示方法
（a）从横道图看 STS 间距；（b）用单代号搭接网络计划方法表示

例如道路工程中的铺设路基和浇筑路面，待路基开始工作一定时间为路面工程创造一定工作条件之后，路面工程即可开始进行，这种开始工作时间之间的间隔就是 STS 时距。

（4）开始到完成时距（$STF_{i,j}$）的连接方法。如图 5-56 所示紧前工作 i 的开始时间与紧后

工作 j 的结束时间之间的时距和连接方法,这种时距以 $STF_{i,j}$ 表示。

例如要挖掘带有部分地下水的土壤,地下水水位以上的土壤可以在降低地下水水位工作完成之前开始,而在地下水水位以下的土壤则必须要等降低地下水位之后才能开始。降低地下水水位工作的完成与何时挖地下水水位以下的土壤有关,至于降低地下水水位何时开始,则与挖土没有直接联系。这种开始到结束的限制时间就是 STF 时距。

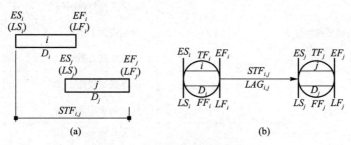

图 5-56 时距 STF 的表示方法
(a)从横道图看 STF 间距;(b)用单代号搭接网络计划方法表示

(5)混合时距的连接方法。在搭接网络计划中,两项工作之间可同时由四种基本连接关系中两种以上来限制工作间的逻辑关系,例如 i,j 两项工作可能同时由 STS 与 FTF 时距限制,或 STF 与 FTS 时距限制等。

技能准备

一、网络计划技术原理

网络计划技术的基本原理可以表述为:用网络图的形式和数学运算来表达一项计划中各项工作的先后顺序和相互关系,通过时间参数的计算,找出关键工作、关键线路及工期,在满足既定约束条件下,按照规定的目标,不断改善网络计划,选择最优方案并付诸实施。在计划实施过程中,不断进行跟踪检查、调整,保证计划自始至终有计划、有组织地顺利进行,从而达到工期短、费用低、质量好的目的。

二、网络计划技术程序

工程网络计划技术的一般应用程序见表 5-13。

表 5-13 工程网络计划技术的一般应用程序

序号	阶段	步骤
1	准备	确定网络计划目标
		调查研究
2	工程项目工作结构分解	WBS
		编制工程实施方案
		编制工作明细表

续表

序号	阶段	步骤
3	编制初步网络计划	分析确定逻辑关系
		绘制初步网络图
		确定工作持续时间
		确定资源需求
		计算时间参数
		确定关键线路
		形成初步网络计划
4	编制正式网络计划	检查与修正
		网络计划优化
		确定正式网络计划
5	网络计划实施与控制	贯彻
		检查
		调整
6	收尾	分析
		总结

知识拓展

节点时间参数推导工作时间参数

（1）工作的最早开始时间等于该工作开始节点的最早时间，即

$$ES_{i-j}=ET_i$$

（2）工作的最早完成时间等于该工作开始节点的最早时间与其持续时间之和，即

$$EF_{i-j}=ET_i+D_{i-j}$$

（3）工作的最迟完成时间等于该工作结束节点的最迟时间，即

$$LF_{i-j}=LT_j$$

（4）工作的最迟开始时间等于该工作结束节点的最迟时间与其持续时间之差，即

$$LS_{i-j}=LT_j-D_{i-j}$$

（5）工作的总时差等于该工作结束节点的最迟时间减去该工作开始节点的最早时间所得差值再减其持续时间，即

$$TF_{i-j}=LF_{i-j}-LS_{i-j}=LT_j-LT_i-D_{i-j}$$

（6）工作的自由时差等于该工作结束节点的最早时间减去该工作开始节点的最早时间所得差值再减去其持续时间，即

$$FF_{i-j}=ET_j-ET_i-D_{i-j}$$

5-4　优化项目进度计划

👥 知识准备

网络计划的绘制和时间参数的计算，只是完成网络计划的第一步，得到的只是计划的初始方案，是一种可行方案，但不一定是最优方案。由初始方案形成最优方案，既要对网络计划进行优化。

网络计划的优化，就是在满足既定约束条件下，按某一目标，通过不断改进网络计划寻求满意方案。

网络计划的优化目标应按计划任务的需要和条件选定，一般有工期目标、费用目标和资源目标等。网络计划的优化，按其优化达到的目标不同，一般分为工期优化、费用优化、资源优化。

一、工期优化

工期优化是指在一定约束条件下，按合同工期目标，通过延长或缩短计算工期以达到合同工期的目标。目的是使网络计划满足工期，保证按期完成任务。

微课：网络
计划优化

1．优化方法

计算工期大于合同工期时，可通过压缩关键工作的时间，满足合同工期，与此同时必须相应增加被压缩作业时间的关键工作的资源需要量。

选择压缩作业时间的关键工作应考虑以下因素：

（1）备用资源充足；

（2）压缩作业时间对质量和安全影响较小；

（3）压缩作业时间所需增加的费用最少。

由于关键线路的缩短，非关键线路可能转化为关键线路，即有时需要同时缩短非关键线路上有关工作的作业时间，才能达到合同工期的要求。

2．优化步骤

（1）计算并找出网络计划中的关键线路及关键工作；

（2）计算工期与合同工期对比，求出应压缩的时间；

（3）确定各关键工作能压缩的作业时间；

（4）选择关键工作，压缩其作业时间，并重新计算网络计划的工期；

（5）通过上述步骤，若计算工期仍超过合同工期，则重复以上步骤直到满足工期要求。

3．注意事项

（1）不能将关键工作压缩成非关键工作；当出现多条关键线路时，各条关键线路须同时压缩。

（2）当所有关键工作的作业时间都已达到其能缩短的极限而工期仍不满足要求时，应对计划的技术、组织方案进行调整或对合同工期重新审定。

二、费用优化

费用优化又叫工期—成本优化，是通过不同工期及其相应工程费用的比较，寻求与工程费用最低相对应的最优工期。

1. 工程成本与工期的关系

工程成本由直接费和间接费组成。直接费包括人工费、材料费和机械费。采用不同的施工方案，工期不同，直接费也不同。间接费包括施工组织管理的全部费用，他与施工单位的管理水平、施工条件、施工组织等有关。在一定时间范围内，工程直接费随着工期的增加而减小，间接费则随着工期的增加而增大，如图5-57所示。

图5-57中总成本曲线是将不同工期的直接费与间接费叠加而成。总成本曲线最低点所对应的工期，成为最优工期，工期——成本优化，就是寻求最低成本时的最优工期。

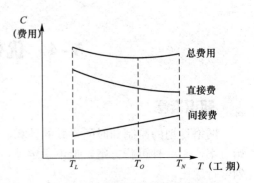

图 5-57 工期—费用关系示意

T_L—最短工期；T_O—最优工期；T_N—正常工期

为简化计算，将工作的直接费与持续时间之间的关系近似地认为是一条直线关系。工作的持续时间每缩短单位时间而增加的直接费称为直接费用率。直接费用率可按下式计算：

$$\Delta C_{i-j} = \frac{CC_{i-j} - CN_{i-j}}{DN_{i-j} - DC_{i-j}} \tag{5-36}$$

式中　ΔC_{i-j}——工作 i–j 的直接费用率；

　　　CC_{i-j}——按最短持续时间完成工作 i–j 时所需的直接费；

　　　CN_{i-j}——按正常持续时间完成工作 i–j 是所需的直接费；

　　　DN_{i-j}——工作 i–j 的正常持续时间；

　　　DC_{i-j}——工作 i–j 的最短持续时间。

2. 费用优化方法和步骤

费用优化的基本思路：不断地在网络计划中找出直接费用率（或组合直接费用率）最小的关键工作，缩短其持续时间，同时考虑间接费随工期缩短而减少的数值，最后求得工程总成本最低时的最优工期安排。图5-58所示为直接费——持续时间曲线。

按照上述基本思路，费用优化可按以下步骤进行：

（1）按工作的正常持续时间确定网络计划的计算工期、关键线路和总费用。

（2）计算各项工作的直接费用率。

（3）在网络计划中，找出直接费用率（或组合直接费用率）最小的一项关键工作（或一组关键工作），通过压缩其持续时间压缩工期。

（4）计算压缩工期后相应的总费用。

（5）重复步骤（3）（4），直至工程总费用最低为止。

在压缩工期过程中应注意：不能将关键工作压缩成非关键工作；当出现多条关键线路时，各条关键线路须同时压缩。

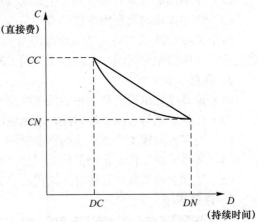

图 5-58 直接费——持续时间曲线

DN—工作的正常持续时间；

CN—按正常持续时间完成工作时所需的直接费；

DC—工作的最短持续时间；

CC—按最短持续时间完成工作时所需的直接费

三、资源优化

资源是为完成施工任务所需投入的人力、材料、机械设备和资金等的统称。资源优化即通过调整初始网络计划的每日资源需要量，达到资源均衡使用，减少施工现场各种临时设施的规模，便于施工组织管理，以取得良好的经济效果；在日资源受限制时，使日资源需要量不超过日资源限量，并保证工期最短。

在通常情况下，网络计划的资源优化分为两种："资源有限，工期最短"的优化和"工期固定，资源均衡"的优化。前者是通过调整计划安排，在满足资源限制的条件下，使工期延长最少的过程；后者是通过调整计划安排，在工期保持不变的条件下，使资源需用量尽可能均衡的过程。

1. 资源优化的条件

（1）在优化过程中，不改变网络计划中各项工作之间的逻辑关系；
（2）在优化过程中，不改变网络计划中各项工作的持续时间；
（3）网络计划中各项工作的资源强度（单位时间所需资源数量）为常数，而且是合理的；
（4）除规定可中断的工作外，一般不允许中断工作，应保持其连续性。

2. "资源有限，工期最短"的优化方法和步骤

（1）绘制早时标网络计划，并计算网络计划每个时间单位的资源需用量。
（2）从计划开始日期起，逐个检查每个时段的资源需用量是否超过资源限量。如果在向整个工期范围内每个时段的资源需用量均能满足资源限量的要求，则可行优化方案编制完成；否则，必须进行调整。
（3）分析超过资源限量的时段。如果在该时段内有几项工作平行作业，则将一项工作安排在与之平行的另一项工作之后进行，以降低该时段的资源需用量。调整的标准是使工期延长最短。
（4）绘制调整后的网络计划，重新计算每个时间单位的资源需用量。
（5）重复上述（2）～（4）步骤，直至满足要求为止。

技能准备

一、工期优化

已知某办公楼室内装修工程双代号网络计划如图 5-59 所示，图中箭线下方括号外数字为工作的正常持续时间，括号内数字为最短持续时间，箭线上方括号内数字为工作优选系数，该系数综合考虑了压缩时间对工作质量、安全的影响和费用的增加，优选系数小的工作适宜压缩。假设要求工期为 19 d，试对其进行工期优化。

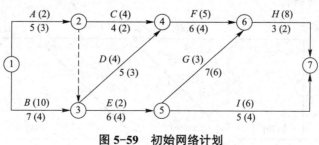

图 5-59 初始网络计划

案例解析

该网络计划的工期优化可按以下步骤进行：

（1）根据各项工作的正常持续时间，确定网络计划的计算工期和关键线路。如图58所示，此时关键线路为①→③→⑤→⑥→⑦，计算工期为23 d。

（2）计算应缩短的时间，即

$$\Delta T = T_c - T_r = 23 - 19 = 4 （d）$$

（3）第一次压缩。由于关键工作中③→⑤工作的优选系数最小，故首先应压缩工作③→⑤的持续时间，将其压缩至最短持续时间4，并重新计算网络计划的计算工期，确定关键线路，如图5-60所示。此时计算工期为21 d，网络计划中出现两条关键线路，即①→③→⑤→⑥→⑦和①→③→④→⑥→⑦。

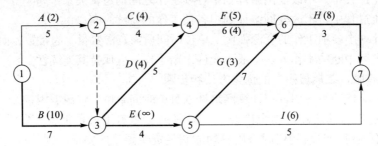

图 5-60　一次压缩后的网络计划

（4）第二次压缩。此时网络计划中有两条关键线路，需同时压缩。工作③→⑤的持续时间已达最短，不能再压缩。选择优选系数组合最小的关键工作③→④和⑤→⑥同时压缩1 d（D压缩至最短），再重新计算网络计划的计算工期为20 d，确定关键线路，如图5-61所示。

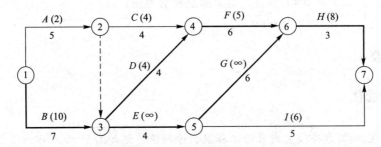

图 5-61　第二次压缩后的网络计划

（5）第三次压缩。工作⑤→⑥的持续时间也达到最短，不能再压缩。选择优选系数最小的关键工作⑥→⑦压缩1 d（H压缩至最短），再重新计算网络计划的计算工期，确定关键线路，如图5-62所示。

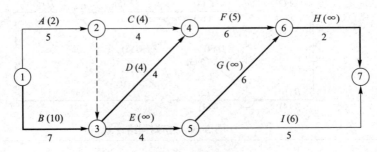

图 5-62　满意方案

此时计算工期为 19 d，等于要求工期，所以如图 5-62 所示网络计划即为满意方案。

二、费用优化

已知某宾馆安装工程双代号网络计划如图 5-63 所示，图中箭线下方括号外数字为工作的正常时间，括号内数字为最短持续时间；箭线上方括号外数字为工作按正常持续时间完成时所需的直接费，括号内数字为工作按最短持续时间完成时所需的直接费。该工程的间接费用率为 0.7 万元/天，正常工期时的间接费为 26.4 万元。试对其进行费用优化。

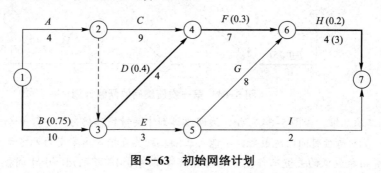

图 5-63 初始网络计划

案例解析

该网络计划的费用优化可按以下步骤进行：

（1）根据各项工作的正常持续时间，确定网络计划的计算工期和关键线路，如图 5-63 所示。计算工期为 26 d，关键线路为①→③→④→⑥→⑦。

此时，工程总费用 = 直接费 + 间接费
　　　　　　　 =（9.9+7.6+8.2+5.1+7.9+5.9+6.7+6.1+6.6）+26.4
　　　　　　　 =64+26.4
　　　　　　　 =90.4（万元）

（2）计算各项工作的直接费用率，见表 5-14。

表 5-14　各项工作的直接费用率

工作代号	正常持续时间/d	最短持续时间/d	正常时间直接费/万元	最短时间直接费/万元	直接费用率/万元/天
①→②	4	3	9.9	10.8	0.9
①→③	10	8	7.6	9.1	0.75
②→④	9	7	8.2	8.8	0.3
③→④	5	4	5.1	5.5	0.4
③→⑤	3	2	7.9	8.4	0.5
④→⑥	7	6	5.9	6.2	0.3
⑤→⑥	8	6	6.7	7.2	0.25
⑤→⑦	2	1	6.1	6.5	0.4
⑥→⑦	4	3	6.6	6.8	0.2

(3) 压缩关键工作的持续时间。

1) 第一次压缩：由图 5-63 可知，该网络计划中有一条关键线路，直接费用率最低的关键工作⑥→⑦的直接费用率为 0.2 万元/天，小于间接费用率 0.7 万元/天，压缩其持续时间可使总费用降低，故将其压缩至最短持续时间 3 d。压缩后的网络计划如图 5-64 所示，关键线路没有发生变化，工期缩短为 25 d。

压缩后的工程总费用 =90.4+0.2×1−0.7×1=89.9（万元）

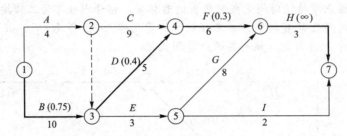

图 5-64　第一次压缩后的网络计划

2) 第二次压缩：由图 5-64 可知，该网络计划中关键线路仍为①→③→④→⑥→⑦。此时，关键工作⑥→⑦的持续时间已达最短，不能再压缩，故其直接费用率变为无穷大。在剩余的关键工作中，直接费用率最低的关键工作④→⑥的直接费用率为 0.3 万元/d，小于间接费用率 0.7 万元/d，压缩其持续时间可使总费用降低，故将其压缩至最短持续时间 6 d。压缩后的网络计划如图 5-65 所示，关键线路成为两条①→③→④→⑥→⑦和①→③→⑤→⑥→⑦，工期缩短为 24 d。

压缩后的工程总费用 =89.9+0.3×1−0.7×1=89.5（万元）

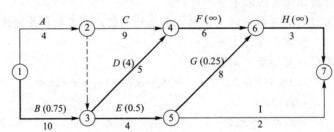

图 5-65　第二次压缩后的网络计划

3) 第三次压缩：由图 5-65 可知，工作④→⑥和工作⑥→⑦不能再压缩。选择组合直接费用率最小的工作组合③→④和⑤→⑥同时压缩 1 d，其组合直接费用率为（0.4+0.25）万元/d =0.65 万元/天，小于间接费用率 0.7 万元/d，压缩其持续时间可使总费用降低。压缩后的网络计划如图 5-66 所示，关键线路没有发生变化，工期缩短为 23 d。

压缩后的工程总费用 =89.5+0.65×1−0.7×1=89.45（万元）

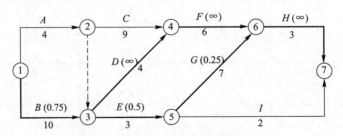

图 5-66　第三次压缩后的网络计划

4) 第四次压缩：从图 5-66 可知，由于工作③→④、④→⑥和工作⑥→⑦不能再压缩，为了同时压缩两条关键线路的总持续时间，只能够压缩工作①→③，但因其直接费用率为 0.75 万元/d，大于间接费用率 0.7 万元/d，再次压缩会使总费用增加。因此，如图 5-66 所示的网络计划为最优方案，最优工期即为 23 d，相对应的总费用为 89.45 万元。

三、资源优化

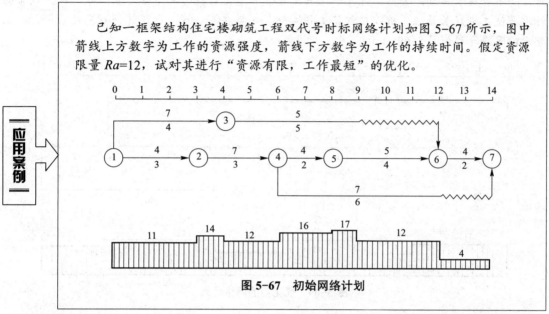

已知一框架结构住宅楼砌筑工程双代号时标网络计划如图 5-67 所示，图中箭线上方数字为工作的资源强度，箭线下方数字为工作的持续时间。假定资源限量 $R_a=12$，试对其进行"资源有限，工作最短"的优化。

图 5-67 初始网络计划

案例解析

（1）计算网络计划每个时间单位的资源需用量，绘出资源需用量动态曲线，如图 5-67 下方曲线所示。

（2）从计划开始日期起，经检查发现在时段 [3，4] 存在资源冲突，即资源需用量超过资源限量，故应首先调整该时段。

（3）在时段 [3，4] 有工作①→③和工作②→④两项工作平行作业。经过分析发现，若把工作①→③安排在②→④之后进行，将会延长工期 3 d；若把工作②→④安排在①→③之后进行，将会延长工期 1 d。按照调整的标准是使工期延长最短，所以应该将工作②→④安排在①→③之后进行。调整后的网络计划如图 5-68 所示。

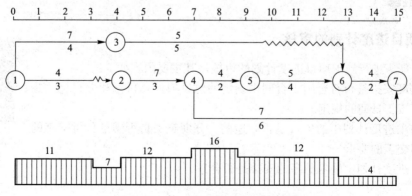

图 5-68 第一次调整后的网络计划

（4）重新计算调整后的网络计划每个时间单位的资源需要量，绘出资源需用量动态曲线，如图5-68下方曲线所示。从图中可知，在时段[7，9]存在资源冲突，故应调整该时段。

（5）在时段[7，9]有③→⑥、④→⑤和④→⑦共3项工作平行作业。经过分析发现，若把工作③→⑥安排在④→⑤之后进行，将会延长工期1 d；若把工作③→⑥安排④→⑦之后进行，将会延长工期5 d；若把工作④→⑤安排在③→⑥之后进行，将会延长工期2 d；若把工作④→⑤安排在④→⑦之后进行，将会延长工期6 d；若把工作④→⑦安排在③→⑥之后进行，将不会延长工期；若把工作④→⑦安排在④→⑤之后进行，不会延长工期。按照调整的标准是使工期延长最短，所以应该将工作④→⑦安排在④→⑤（也是③→⑥）之后进行。调整后的网络计划如图5-69所示。

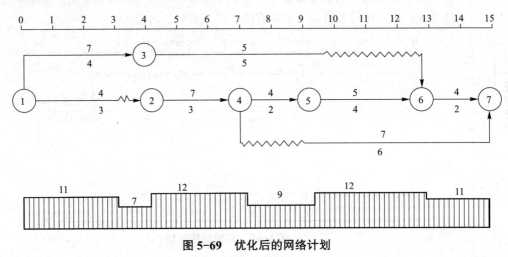

图5-69 优化后的网络计划

（6）重新计算调整后的网络计划每个时间单位的资源需用量，绘出资源需用量动态曲线，如图5-69下方曲线所示。此时整个工期范围内的资源需用量均未超出资源限量，故图5-69所示方案为最优方案，其最短工期为15 d。

5-5 控制项目进度实施

知识准备

一、项目进度计划的审核

项目经理应进行施工项目进度计划的审核，其主要内容如下：

（1）进度安排是否符合施工合同中确定的建设项目总目标和分目标，是否符合开、竣工日期的规定。

（2）施工进度计划中的项目是否有遗漏，分期施工是否满足分批交工的需要和配套交工的要求。

（3）总进度计划中施工顺序的安排是否合理。

微课：进度计划实施控制

（4）资源供应计划是否能保证施工进度的实现，供应是否均衡，分包人供应的资源是否能满足进度的要求。

（5）总分包之间的进度计划是否相协调，专业分工与计划的衔接是否明确、合理。

（6）对实施进度计划的风险是否分析清楚，是否有相应的对策。

（7）各项保证进度计划的实现的措施是否周到、可行、有效。

二、项目进度计划的贯彻

1．检查各层次的计划，形成严密的计划保证系统

工程项目的所有进度计划包括项目总进度计划、单位工程施工进度计划、分部分项工程施工进度计划，都是围绕一个总任务而编制的。它们之间关系是：高层次的计划为低层次计划的依据，低层次计划是高层次计划的具体化。在其贯彻执行时应当首先检查是否协调一致，计划目标是否层层分解、互相衔接，组成一个计划实施的保证体系。

2．层层签订承包合同或下达施工任务书

工程项目经理、施工队和作业班组之间可分别签订承包合同，按计划目标明确规定合同工期、相互承担的经济责任、权限和利益，或者采用下达施工任务书，将施工内容下达到施工班组，明确具体施工任务、技术措施、质量要求等内容，使施工班组保证按作业计划时间完成规定的任务。

3．进度计划的全面交底

项目进度计划的实施是全体工作人员的共同行动，要使有关人员都明确各项计划的目标、任务、实施方案和措施，使管理层和作业层协调一致，将进度计划的实施变成项目全员的自觉行动。在计划实施前要进行计划交底工作，可以根据计划的范围召开交底落实会议。

三、项目进度计划的实施

项目进度计划的实施就是用项目进度计划指导施工活动、落实和完成进度计划。项目进度计划逐步实施的过程就是工程项目建造逐步完成的过程。为了保证项目进度计划的实施，保证各进度目标的实现，应做好如下工作。

1．编制作业计划

为了实施项目进度计划，使项目现场施工条件、资源条件满足进度计划的要求，在施工开始前和施工过程中必须不断地编制或调整作业计划，使进度计划更具体、可行。作业计划一般以月、旬或周为单位编制，主要包括：本月（旬、周）应完成的任务、所需要的各种资源量、提高劳动生产率和节约措施等。

2．签发施工任务书

施工任务书是向班组下达任务，实行责任承包，实施全面管理的原始记录或技术文件，是计划和实施的纽带。施工任务书应按班组编制和下达，包括施工任务单和限额领料单，见表5-15和表5-16。施工任务书应由工长编制并下达，班组接到任务并接受交底后，应做好分工，妥善安排，任务完成后，向工长报请验收。工长验收时查数量、质量、安全、用工、节约等验收后收回任务书，交项目经理部登记、结算、统计、存档。

表 5-15 施工任务单

项目名称_____ 编　　号_____ 开工日期_____
部位名称_____ 签 发 人_____ 交 底 人_____
施工班组_____ 签发日期_____ 回收日期_____

定额编号	分项工程名称	单位	定额工数			实际完成情况				考勤记录
			工程量	时间定额 / 定额系数	定额工数	工程量	实需工数	实耗工数	工效/%	

材料名称	单位	定额数量	实需数量	实耗数量	施工要求及注意事项	
					验收内容	签证人
					质量分	
					安全分	
					文明施工分	

计划施工日期：　　月　　日至　　月　　日　　　　实际施工日期：　　月　　日至　　月　　日

表 5-16 限额领料单

　　　　　　　　　　　　　　　　　　　　　　　　　　　　　　　　　年　月　日

单位工程			施工预算工程量				任务单编号		
分项工程			实际工程量				执行班组		
材料名称	规格	单位	施工定额	计划用量	实际用量	计划单价	金额	级配	节约	超用

材料名称	规格	单位	施工定额	计划用量	实际用量	计划单价	金额	级配	节约	超用

3. 做好施工进度记录

在计划任务完成的过程中，各级项目进度计划的执行者都要跟踪做好施工记录，记录计划中每项工作的开始日期、每日完成数量和完成日期，记录施工现场发生的各种情况、干扰因素的排除情况，跟踪做好形象进度、工程量、总产量以及耗用的资源数量统计与分析，为项目进度检查和控制分析提供信息。

4. 做好施工调度工作

施工调度是指掌握计划实施情况，组织施工中各阶段、各环节、各专业和各工种的互相配合，协调各方面关系，采取措施，及时排除施工中出现的或可能出现的各种矛盾，加强各薄弱环节，实现动态平衡，保证各施工作业计划的顺利完成。

调度工作的主要内容如下：

（1）监督作业计划的实施，调整协调各方面的进度关系；

（2）监督检查施工准备工作；

（3）督促资源供应单位按计划供应劳动力、施工机具、材料构配件等，并对临时出现的问题采取调配措施；

（4）按施工平面图管理施工现场，结合实际情况进行必要的调整；

（5）了解气候、水电供应等情况，采取相应的防范和保证措施；

（6）及时发现和处理施工中各种事故和意外事件；

（7）定期召开现场调度会议。

技能准备

在项目实施过程中，必须对进展过程实施动态监测，随时监控项目的进展情况收集实际进度数据，并与进度计划进行对比分析，若出现偏差，找出原因及对工期的影响程度，并相应采取有效的措施做必要调整，使项目按预定的进度目标进行，这一不断循环的过程称为进度控制。

项目进度控制的目标就是确保项目按既定工期目标实现，或在实现项目目标的前提下适当缩短工期。

一、进度控制程序

建设工程项目进度控制的程序如图 5-70 所示。

进度控制是各项目标实现的重要工作，其任务是实现项目的工期或进度目标。主要分为进度的事前控制、事中控制和事后控制，见表 5-17。

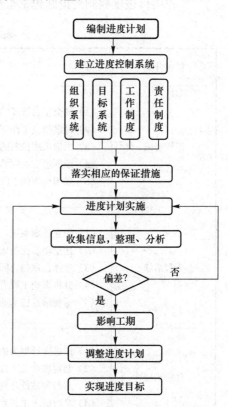

图 5-70 项目进度计划控制的程序

表 5-17 项目进度控制的任务

事前控制	事中控制	事后控制
（1）编制项目实施总进度计划，确定工期目标； （2）将总目标分解为分目标，制定相应细部计划； （3）制定完成计划的相应施工方案和保障措施	（1）检查工程进度，一是审核计划进度与实际进度的差异；二是审核形象进度、实物工程量与工作量指标完成情况的一致性。 （2）进行工程进度的动态管理。即分析进度差异的原因。提出调整的措施和方案，相应调整施工进度计划、资源供应计划	当实际进度与计划进度发生偏差时，在分析原因的基础上采取以下措施： （1）制定保证总工期不突破的对策措施； （2）制定总工期突破后的补救措施； （3）调整相应的施工计划，并组织协调相应的配套设施和保障措施

二、进度控制措施

工程项目进度控制的措施包括组织措施、管理措施、经济措施和技术措施，见表 5-18。

表 5-18 进度控制的措施

措施分类	具体措施
组织措施	（1）健全项目管理的组织体系； （2）设置相应工作部门，由专人负责进度控制工作； （3）明确进度控制的主要工作环节； （4）编制进度控制的工作流程； （5）采用恰当的手段进行组织和协调
管理措施	（1）建立计划系统，明确责任； （2）建立动态控制思想，根据实际需要及时调整计划； （3）选择合理的合同结构，加强合同管理； （4）分析影响工程进度的风险，采取相应的管理措施； （5）重视信息技术的应用
经济措施	（1）以进度计划为依据，编制工程资金需求计划； （2）制定加快施工进度的经济激励措施； （3）编制与进度计划相适应的资源需求计划； （4）及时解决工程款支付，落实相应资金
技术措施	（1）选择合适的施工方案和施工技术； （2）选择合适的是施工机具； （3）及时进行设计变更工作

工程进度报告

在项目实施过程中，有关人员应对项目实际进度情况进行跟踪检查，对数据进行统计整理和对比分析，确定实际进度与计划进度之间的关系，其主要工作如下：

（1）随着项目进展，不断观测每一项工作的实际开始时间、实际完成时间、实际持续时间、目前现状等内容，并加以记录。

（2）定期观测关键工作的进度和关键线路的变化情况，并相应采取措施进行调整。

（3）观测检查非关键工作的进度，以便更好地发掘潜力，调整或优化资源。以保证关键工作按计划实施。

（4）定期检查工作之间的逻辑关系变化情况，以便适时进行调整。

（5）观测有关项目范围、进度目标、保障措施变更的信息等，并加以记录。

项目进度计划检查后，应形成书面进度报告。项目进度报告格式见表5-19。

表5-19　××工程进度报告表

工程名称		报告周期	
进度的具体情况： （1）项目实施概况、管理概况、进度总体状况； （2）设计文件提供进度； （3）材料、物资供应进度； （4）项目施工进度； （5）劳务状况； （6）变更指令状况； （7）资金供应进度状况； （8）进度趋势及风险预测。			
报告编制机构			
报告编制人		编制时间	

5-6　检查与调整项目进度

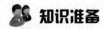

一、项目进度检查

在施工项目的实施进程中，为了进行进度控制，进度控制人员应经常、定期地跟踪检查施工实际进度情况。主要检查工作量的完成情况、工作时间的执行情况、资源使用及与进度的互相配合情况等。项目进度计划的检查比

微课：进度检查

较方法主要有：横道图比较法、S形曲线比较法、香蕉形曲线比较法和前锋线比较法。

1. 横道图比较法

横道图比较法是指将项目实施过程中检查实际进度收集到的数据，经加工整理后直接用横道线平行绘于原计划的横道线处，进行实际进度与计划进度的比较方法。采用横道图比较法可以形象、直观地反映实际进度与计划进度的比较情况。

（1）匀速进展横道图比较法。匀速进展是指在工程项目中，每项工作在单位时间内完成的任务量都是相等的，即工作的进展速度是均匀的。此时，每项工作累计完成的任务量与时间呈线性关系。如图 5-71 所示，完成的任务量可以用实物工程量、劳动消耗量或费用支出表示。为了便于比较，通常用上述物理量的百分比表示。

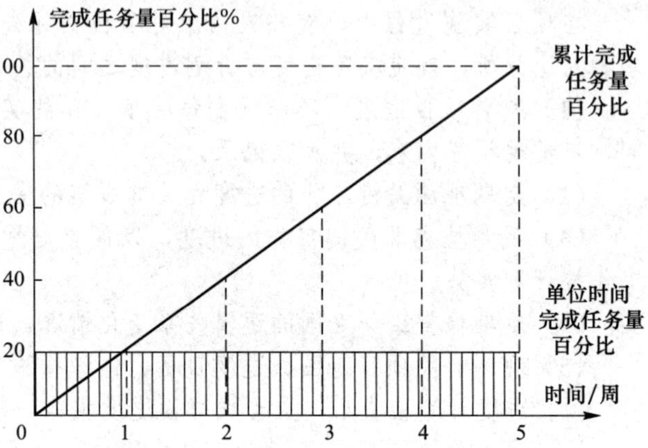

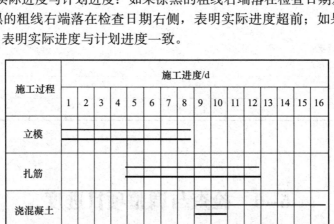

图 5-71 工作匀速进展时任务量与时间关系曲线

采用匀速进展横道图比较法时，其步骤如下：

1) 编制横道图进度计划。
2) 在进度计划上标出检查日期。
3) 将检查收集到的实际进度数据经加工整理后按比例用涂黑的粗线标于计划进度的下方，如图 5-72 所示。
4) 对比分析实际进度与计划进度：如果涂黑的粗线右端落在检查日期左侧，表明实际进度拖后；如果涂黑的粗线右端落在检查日期右侧，表明实际进度超前；如果涂黑的粗线右端与检查日期重合，表明实际进度与计划进度一致。

图 5-72 匀速进展横道图比较图

必须指出，该方法仅适用于工作从开始到结束的整个过程中，其进展速度均为固定不变的情况。如果工作的进展速度是变化的，则不能采用这种方法进行实际进度与计划进度的比较；否则，会得出错误的结论。

（2）非匀速进展横道图比较法。匀速施工横道图比较法，只适用施工进展速度是匀速情况下的施工实际进度与计划进度之间的比较。当工作在不同的单位时间里的进展速度不同时，累计完成的任务量与时间的关系不是成直线变化的。按匀速施工横道图比较法绘制的实际进度涂黑粗线，不能反映实际进度与计划进度完成任务量的比较情况。这种情况的进度比较可以采用非匀速横道图比较法。

非匀速横道图比较法适用于工作的进度按变速进展的情况下，工作实际进度与计划进度进行比较的一种方法。它是在表示工作实际进度的涂黑粗线同时，在表上标出某对应时刻完成任务的累计百分比，将该百分比与其同时刻计划完成任务累计百分比相比较，判断工作的实际进度与计划进度之间的关系的一种方法。该方法的步骤如下：

1）编制横道图进度计划；
2）在横道线上方标出各工作主要时间的计划完成任务累计百分比；
3）在计划横道线的下方标出工作的相应日期实际完成的任务累计百分比；
4）用涂黑粗线标出实际进度线，并从开工日起，同时反映出施工过程中工作的连续与间断情况；
5）对照横道线上方计划完成累计量与同时间的下方实际完成累计量，比较出实际进度与计划进度之间的偏差，可能有以下3种情况：

①当同一时刻上下两个累计百分比相等时，表明实际进度与计划进度一致；
②当同一时刻上面的累计百分比大于下面的累计百分比时表明该时刻实际施工进度拖后时，拖后的量为二者之差；
③当同一时刻上面的累计百分比小于下面累计百分比时表明该时刻实际施工进度超前时，超前的量为二者之差。

这种比较法不仅适合于施工速度是变化情况下的进度比较，同样地还能提供某一指定时间二者比较情况的信息（除找出检查日期进度比较情况外）。当然，这要求实施部门按规定的时间记录当时的完成情况。

值得指出的是：由于工作的施工速度是变化的，因此横道图中的进度横线，不管是计划的还是实际的，都只表示工作的开始时间、持续天数和完成的时间，并不表示计划完成量和实际完成量，这两个量分别通过标注在横道线上方及下方的累计百分比数量表示。实际进度的涂黑粗线是从实际工程的开始日期标起，若工作实际施工间断，也可在图中将涂黑粗线作相应的空白。

应用案例

一学校图书馆的土方开挖工程按施工计划安排需要8 d完成，每天计划完成任务量百分比、每天工作的实际进度和检查日累计完成任务的百分比如图5-73所示，请利用横道图进行进度比较。

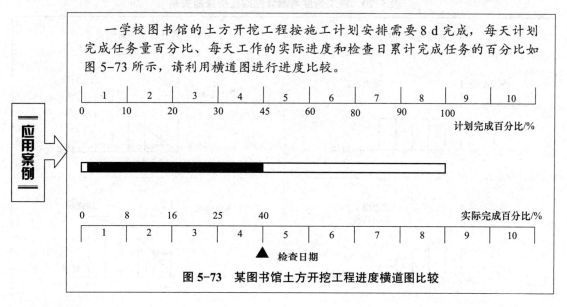

图5-73 某图书馆土方开挖工程进度横道图比较

案例解析

(1) 编制横道图进度计划，如图 5-73 中的横道线所示。

(2) 在横道线上方标出土方开挖工程每天计划完成任务的累计百分比分别为 10%、20%、30%、45%、60%、80%、90%、100%。

(3) 在横道线的下方标出工作 1 天、2 天、3 天末和检查日期的实际完成任务的百分比，分别为：8%、16%、25%、40%。

(4) 用涂黑粗线标出实际进度线。从图中可以看出第一天末实际进度比计划进度落后 2%，以后各天末累计落后分别为 4%、5% 和 5%。

综上所述，横道图比较法具有下列优点：比较方法简单，形象直观，容易掌握。应用方便被广泛地采用于简单的进度监测工作中。但是，由于它以横道图进度计划为基础，因此，带有不可克服的局限性，如各工作之间的逻辑关系不明显，关键工作和关键线路无法确定，一旦某些工作进度产生偏差时，难以预测其对后续工作和整个工期的影响及确定调整方法。因此，横道图比较法主要用于工程项目中某些工作实际进度与计划进度的局部比较。

2. S 形曲线比较法

(1) S 形曲线比较法的定义。S 形曲线比较法是以横坐标表示时间，纵坐标表示累计完成任务量，绘制一条按计划时间累计完成任务量的 S 形曲线；然后将工程项目实施过程中各检查时间实际累计完成任务量的 S 形曲线也绘制在同一坐标系中，进行实际进度与计划进度比较的一种方法。

从整个工程项目实际进展全过程看，若施工过程是匀速时，时间与累计完成任务量之间呈成正比例直线；若施工过程是变速的，则计划呈曲线形态。具体而言，若施工速度是先快后慢，计划累计曲线呈抛物线形态；若施工速度是先慢后快，计划累计曲线呈指数曲线形态；若施工速度是中期快首尾慢（工程中多是这种情况），随工程进展累计完成的任务量则应呈 S 形变化。由于其形似英文字母"S"，S 形曲线因此而得名。在实际施工过程中，由于单位时间投入的资源量一般是开始和结束时较少，中间阶段较多，因此计划累计曲线多呈 S 形曲线形态。施工速度与累计完成任务量的具体关系见表 5-20。

表 5-20 施工速度与累计完成任务量的关系

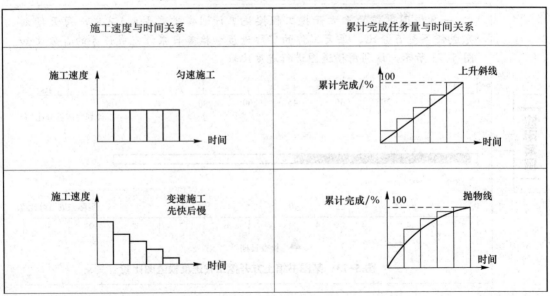

续表

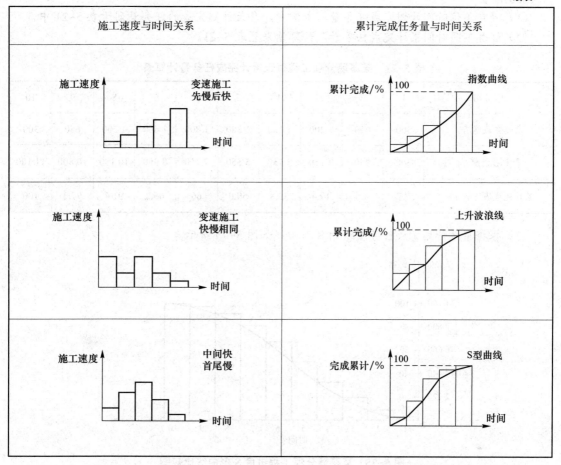

应用案例

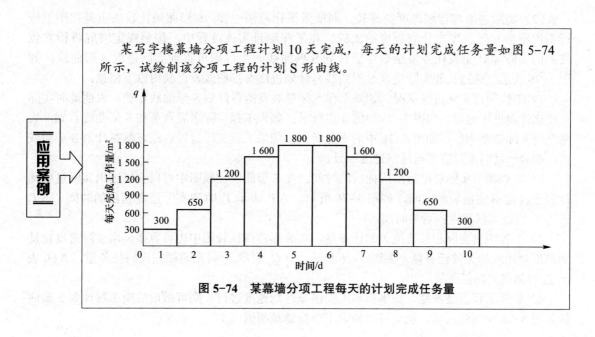

图 5-74 某幕墙分项工程每天的计划完成任务量

某写字楼幕墙分项工程计划 10 天完成，每天的计划完成任务量如图 5-74 所示，试绘制该分项工程的计划 S 形曲线。

案例解析

（1）确定单位时间计划完成任务量。本例中，每天计划完成的任务量列于表 5-21 中。
（2）计算不同时间累计完成任务量。计算结果见表 5-21。

表 5-21 某幕墙分项工程每天累计完成任务量计算表

时间 /d	1	2	3	4	5	6	7	8	9	10
每天完成量 /m²	300	650	1 200	1 600	1 800	1 800	1 600	1 200	650	300
累计完成量 /m²	300	950	2 150	3 750	5 550	7 350	8 950	10 150	10 800	11 100
累计完成百分比 /%	2.7	8.6	19.4	33.8	50.0	66	66.2	91.4	97.3	100

（3）根据累计计划完成任务量绘制 S 形曲线如图 5-75 所示。

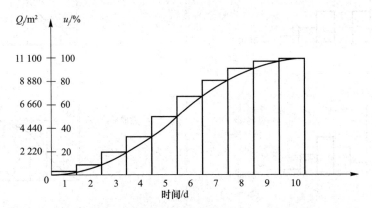

图 5-75 某幕墙分项工程进度 S 形曲线比较图

（2）实际进度与计划进度的比较。同横道图比较法一样，S 形曲线比较法也是在图上进行工程项目实际进度与计划进度的比较。在工程项目实施过程中，按照规定时间将检查收集到的实际累计完成任务量绘制在原计划 S 形曲线图上，即可得到实际进度 S 形曲线，如图 5-76 所示。通过比较实际进度 S 形曲线与计划进度 S 形曲线，可获得以下信息：

1）工程项目实际进展状况。如果工程实际进展点落在计划 S 形曲线左侧，表明此时实际进度比计划进度超前，如图 5-76 中的 a 点所示；如果工程实际进展点落在 S 形曲线右侧，表明此时实际进度拖后，如图 5-76 中的 b 点所示；如果工程实际进展点正好落在计划 S 形曲线上，则表示此时实际进度与计划进度一致。

2）工程项目实际进度超前或拖后的时间。在 S 形曲线比较图中可以直接读出实际进度比计划进度超前或拖后的时间。如图 5-76 所示，ΔT_a 表示 T_a 时刻实际进度超前的时间，ΔT_b 表示 T_b 时刻实际进度拖后的时间。

3）工程项目实际超额或拖欠的任务量。在 S 形曲线比较图中也可直接读出实际进度比计划进度超额或拖欠的任务量。如图 5-76 所示，ΔQ_a 表示 T_a 时刻超额完成的任务量，ΔQ_b 表示 T_b 时刻拖欠的任务量。

4）后期工程进度预测。如果后期工程按原计划速度进行，则可做出后期工程计划 S 形曲线如图 5-76 中虚线所示，从而可以确定工期拖延预测值 ΔT_c。

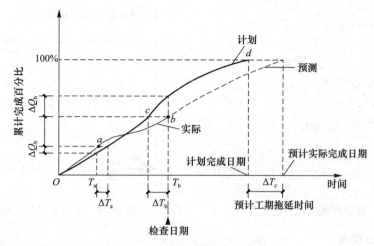

图 5-76　S 形曲线实际与计划比较

3. 香蕉形曲线比较法

（1）香蕉形曲线的定义。香蕉形曲线是由两条 S 形曲线组合成的闭合曲线。对于一个施工项目的网络计划，在理论上总是分为最早和最迟两种开始与完成时间的。因此，一般情况，任何一个施工项目的网络计划，都可以绘制出两条 S 形曲线。

其一是计划以各项工作的最早开始时间安排进度而绘制的 S 形曲线，称为 ES 曲线；其二是计划以各项工作的最迟开始时间安排进度，而绘制的 S 形曲线，称为 LS 曲线。两条 S 形曲线都是从计划的开始时刻开始和完成时刻结束，因此两条曲线是闭合的。一般情况，其余时刻 ES 曲线上的各点均落在 LS 曲线相应点的左侧，形成一个形如香蕉的曲线，故此称为香蕉形曲线，如图 5-77 所示。

在项目实施中，进度控制的理想状况是任一时刻按实际进度描绘的点，应落在该"香蕉"形曲线的区域内。

（2）香蕉形曲线比较法的作用。香蕉形曲线比较法能直观地反映工程项目的实际进度情况，并可以获得比 S 形曲线更多的作用。其主要作用如下：

1）利用香蕉形曲线进行进度的合理安排。如果工程项目中的各项工作均按其最早开始时间安排进度，将导致项目的投资加大；而如果各项工作均按其最迟开始时间安排进度，则一旦受到进度影响因素的干扰，又将导致工期拖延，使工程进度风险加大。因此，一个科学合理的进度计划优化曲线应处于香蕉形曲线所包络的区域之内，如图 5-77 所示。

2）进行施工实际进度与计划进度比较。在工程项目实施过程中，根据每次检查收集到的实际完成任务量，绘制出实际进度 S 形曲线，便可以与计划进度进行比较。工程项目实施进度的理想状态是任一时刻工程实际进展点应落在香蕉形曲线图的范围之内。如果工程实际进展点落在 ES 曲线的左侧，表明此刻实际进度比各工作按其最早开始时间安排的计划进度超前；如果工程实际进展点落在 LS 曲线的右侧，则表明此刻实际进度比各项工作按其最迟开始时间安排的计划进度拖后。

3）确定在检查状态下，后期工程的 ES 曲线和 LS 曲线的发展趋势利用香蕉形曲线可以对后期工程的进展情况进行预测。如图 5-78 所示，该工程项目在检查日实际进度超前。检查日期之后的后期工程进度安排如图中虚线所示，预计该工程项目将提前完成。

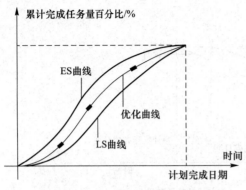
图 5-77 香蕉曲线控制方法示意

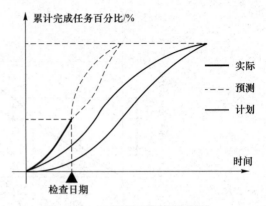
图 5-78 工程进展趋势预测图

4. 前锋线比较法

前锋线比较法也是一种简单地进行工程实际进度与计划进度比较的方法，它主要适用于时标网络计划。前锋线是指在原时标网络计划上，从检查时刻的时标点出发，用点划线依次将各项工作实际进展点连接而成的折线。前锋线比较法就是通过实际进度的前锋线与原进度计划中各工作箭线交点的位置来判断工作实际进度与计划进度的偏差，进而判定该偏差对后续工作及总工期影响程度的一种方法。

采用前锋线比较法进行实际进度与原进度计划的比较，其步骤如下：

（1）绘制时标网络计划图。工程项目实际进度的前锋线是在时标网络计划图上标示的，为清楚起见，可在时标网络计划图的上方和下方各设一时间坐标。

（2）绘制实际进度前锋线。一般从时标网络计划图上方时间坐标的检查日期开始绘制，依次连接相邻工作的实际进展位置点，最后与时标网络计划图下方坐标的检查日期相连接。工作实际进展位置点的标定方法有两种：

1）按该工作已完成任务量比例进行标定。假设工程项目中各项工作均为匀速进展，根据实际进度检查时刻该工作已完成任务量占其计划完成总任务量的比例，在工作箭线上从左至右按相同的比例标定其实际进展位置点。

2）按尚需作业时间进行标定。当某些工作的持续时间难以按实物工程量来计算而只能凭经验估算时，可以先估算出检查时刻到该工作全部完成尚需作业的时间，然后在该工作箭线上从右向左逆向标定其实际进展位置点。

（3）进行实际进度与计划进度的比较。前锋线可以直观地反映出检查日期有关工作实际进度与计划进度之间的关系。对某项工作来说，其实际进度与计划进度之间的关系可能存在以下 3 种情况：

1）工作实际进展位置点落在检查日期的左侧，表明该工作实际进度拖后，拖后的时间为二者之差。

2）工作实际进展位置点与检查日期重合，表明该工作实际进度与计划进度一致。

3）工作实际进展位置点落在检查日期的右侧，表明该工作实际进度超前，超前的时间为二者之差。

（4）预测进度偏差对后续工作及总工期的影响。通过实际进度与计划进度的比较确定进度偏差后，还可根据工作的自由时差和总时差预测该进度偏差对后续工作及项目总工期的影响。由此可见，前锋线比较法既适用于工作实际进度与计划进度之间的局部比较，又可用来分析和预测工程项目整体进度状况。

例如，图 5-79 所示是一份时标网络计划用前锋线进行检查记录的实例。该图有 4 条前锋线，分别记录了第 47 d、第 52 d、第 57 d、第 62 d 的 4 次检查结果。

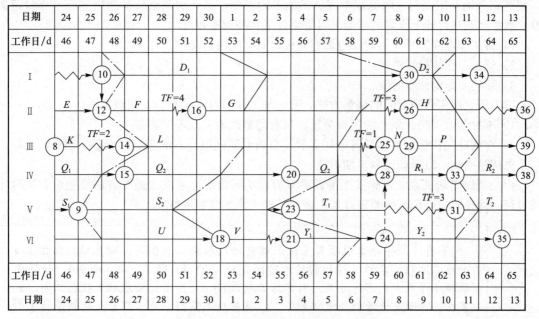

图 5-79　某工程实际进度前锋线比较图

二、项目进度计划的调整

施工进度计划在执行过程中呈现出波动性、多变性和不均衡性的特点，因此在施工项目进度计划执行中，要经常检查进度计划的执行，及时发现问题，当实际进度与计划进度存在差异时，必须对进度计划进行调整，以实现进度目标。

微课：进度
计划调整

1．进度计划调整的内容

（1）调整关键线路的长度；

（2）调整非关键工作时差；

（3）增、减工作项目；

（4）调整逻辑关系；

（5）重新估计某些工作的持续时间；

（6）对资源的投入做相应调整。

2．进度计划调整的方法

（1）调整关键线路的方法。

1）当关键线路的实际进度比计划进度拖后时，应在尚未完成的关键工作中，选择资源强度小或费用低的工作缩短其持续时间，并重新计算未完成部分的时间参数。将其作为一个新计划实施。

2）当关键线路的实际进度比计划进度提前时，若不拟提前工期，应选用资源占用量大或者直接费用高的后续关键工作，适当延长其持续时间，以降低其资源强度或费用。当确定要提前完成计划时,应将计划尚未完成的部分作为一个新计划,重新确定关键工作的持续时间,按新计划实施。

(2) 非关键工作时差的调整方法。非关键工作时差的调整应在其时差的范围内进行,以便更充分地利用资源、降低成本或满足施工的需要。每一次调整后都必须重新计算时间参数,观察该调整对计划全局的影响。可采用以下几种调整方法:

1) 将工作在其最早开始时间与最迟完成时间范围内移动;
2) 延长工作的持续时间;
3) 缩短工作的持续时间。

(3) 增、减工作项目时的调整方法。增、减工作项目时应符合下列规定:

1) 不打乱原网络计划总的逻辑关系,只对局部逻辑关系进行调整;
2) 在增减工作后应重新计算时间参数,分析对原网络计划的影响;当对工期有影响时,应采取调整措施,以保证计划工期不变。

(4) 调整逻辑关系。逻辑关系的调整只有当实际情况要求改变施工方法或组织方法时才可进行。调整时应避免影响原定计划工期和其他工作的顺利进行。

某商住写字楼工程项目基础工程包括挖基槽、做垫层、砌基础、回填土4个施工过程,各施工过程的持续时间分别为21 d、15 d、18 d和9 d,如果采取顺序作业方式进行施工,则其总工期为63 d。为缩短该基础工程总工期,如果在工作面及资源供应允许条件下,将基础工程划分为工程量大致相等的3个施工段组织流水作业,试绘制该基础工程流水作业网络计划,并确定其计算工期。

该基础工程流水作业网络计划如图5-80所示。通过组织流水作业,使得该基础工程的计算工期由63 d缩短为35 d。

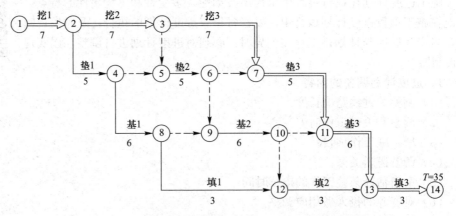

图5-80 某商住写字楼基础工程流水作业网络计划图

(5) 调整工作的持续时间。当发现某些工作的原持续时间估计有误或实现条件不充分时,应重新估算其持续时间,并重新计算时间参数,尽量使原计划工期不受影响。

(6) 调整资源的投入。当资源供应发生异常时,应采用资源优化方法对计划进行调整,或采取应急措施,使其对工期的影响最小。

网络计划的调整，可以定期进行，亦可根据计划检查的结果在必要时进行。

技能准备

进度偏差的影响分析

1. 分析出现进度偏差的工作是否为关键工作

若出现偏差的工作为关键工作，则无论偏差大小，都对后续工作及总工期产生影响，必须采取相应的调整措施；若出现偏差的工作不为关键工作，需要根据偏差值与总时差和自由时差的大小关系，确定对后续工作和总工期的影响程度。

2. 分析进度偏差是否超过总时差

若工作的进度偏差大于该工作的总时差，说明此偏差必将影响后续工作和总工期，必须采取相应的调整措施；若工作的进度偏差小于或等于该工作的总时差，说明此偏差对总工期无影响，但它对后续工作的影响程度，需要根据比较偏差与自由时差的情况来确定。

3. 分析进度偏差是否超过自由时差

若工作的进度偏差大于该工作的自由时差，说明此偏差对后续工作产生影响，应该如何调整，应根据后续工作允许影响的程度而定；若工作的进度偏差小于或等于该工作的自由时差，则说明此偏差对后续工作无影响，因此，原进度计划可以不做调整（图 5-81）。

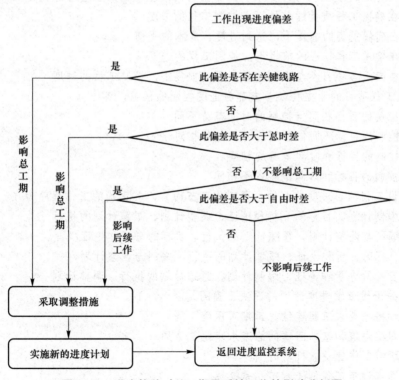

图 5-81 进度偏差对总工期及后续工作的影响分析图

模块小结

本模块主要介绍了进度管理原理及分类，施工总进度计划的编制依据、内容、步骤，单位工程进度计划的编制依据、内容、步骤，施工组织方式及特点，流水施工的分类及计算，横道计划编制方法，网络计划的绘制及时间参数计算，网络计划优化的方法，进度计划的实施与控制措施，进度检查的方法，进度计划的调整方法等内容。本模块的学习重点为流水施工的分类及计算，横道计划编制方法，网络计划的绘制及时间参数计算，网络计划优化的方法。通过本模块学习使读者更全面、系统掌握建设工程项目进度管理的基础知识，具备建设工程项目进度管理的能力

自我评测

一、单项选择题

1. 在进行施工进度控制时，必须树立和坚持的最基本的工程管理原则是（　　）。
   A. 在确保工程质量的前提下，控制工程的进度
   B. 在确保投资的前提下，达到进度、成本的平衡
   C. 在确保工程投资的前提下，控制工程的进度
   D. 在满足各项目参与方利益最大化的前提下，控制工程的进度

2. 建设工程项目的业主和参与方都有进度控制的任务，各方（　　）。
   A. 控制的目标相同但控制的时间范畴不同
   B. 控制的目标不同但控制的时间范畴相同
   C. 控制的目标和时间范畴均相同
   D. 控制的目标和时间范畴各不相同

3. 就建设工程项目进度控制的主要工作环节而言，其正确的工作程序为（　　）。
   A. 编制计划、目标的分析和论证、调整计划、跟踪计划的执行
   B. 编制与调整计划、跟踪计划的执行、目标的分析和论证
   C. 目标的分析和论证、跟踪计划的执行、编制与调整计划
   D. 目标的分析和论证、编制计划、跟踪计划的执行、调整计划

4. 下列关于横道图进度计划的说法正确的是（　　）。
   A. 如果不要求工程连续，工期可压缩1周
   B. 圈梁浇筑和基础回填间的流水步距是2周
   C. 所有工作都没有机动时间
   D. 圈梁浇筑工作的流水节拍是2周

工作名称	时间/周									
	一	二	三	四	五	六	七	八	九	十
基础土方	1	2	3							
基础垫层		1	2	3						
砌砖基础			1	2	3					
圈梁浇筑					1	2		3		
基础回填								1	2	3

5. 某工程双代号网络计划如下图，其计算工期是（　　）d。
　　A. 11　　　　B. 13　　　　C. 15　　　　D. 22

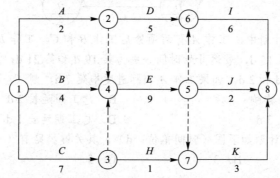

6. 某双代号网络计划如下图，如 B、D、I 工作共用一台施工机械且按 $B \to D \to I$ 顺序施工，则对网络计划可能造成的影响是（　　）。
　　A. 总工期不会延长，但施工机械会在现场闲置 1 周
　　B. 总工期不会延长，且施工机械在现场不会闲置
　　C. 总工期会延长 1 周，但施工机械在现场不会闲置
　　D. 总工期会延长 1 周，且施工机械会在现场闲置 1 周

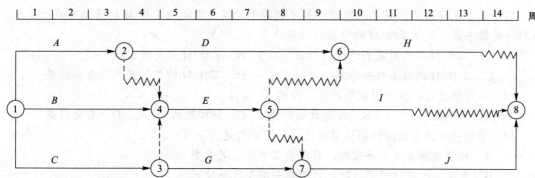

7. 某双代号网络计划中，工作 M 的自由时差 3 d，总时差 5 d。在进度计划实施检查中发现工作 M 实际进度落后，且影响总工期 2 d。在其他工作均正常的前提下，工作 M 的实际进度落后（　　）d。
　　A. 7　　　　B. 5　　　　C. 6　　　　D. 8

8. 某单代号网络计划如下图（时间单位：d），其计算工期为（　　）d。
   A. 20　　　　　　B. 26　　　　　　C. 22　　　　　　D. 24

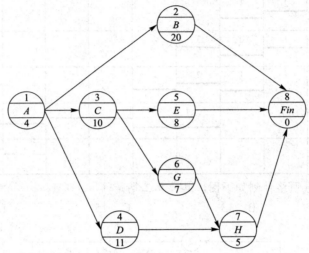

9. 某双代号网络计划中，工作 A 有两项紧后工作 B 和 C，工作 B 和工作 C 的最早开始时间分别为第 13 d 和第 15 d，最迟开始时间分别为第 19 d 和第 21 d；工作 A、工作 B 和工作 C 的间隔时间分别为 0 d 和 2 d。如果工作 A 实际进度拖延 7 d，则（　　）。
   A. 对工期没有影响　　　　　　B. 总工期延长 2 d
   C. 总工期延长 3 d　　　　　　D. 总工期延长 1 d

10. 某双代号网络计划如下图（时间单位：d），其关键线路有（　　）条。
    A. 2　　　　　　B. 3　　　　　　C. 5　　　　　　D. 4

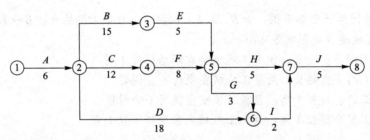

11. 某双代号网络计划中，假设计划工期等于计算工期，且工作 M 的开始节点和完成节点均为关键节点。关于工作 M 的说法，正确的是（　　）。
    A. 工作 M 的总时差等于自由时差　　B. 工作 M 是关键工作
    C. 工作 M 的自由时差为零　　　　　D. 工作 M 的总时差大于自由时差

12. 一般情况下，横道图能反映出工作的（　　）。
    A. 总时差　　　B. 最迟开始时间　　　C. 持续时间　　　D. 自由时差

13. 下列关于施工进度计划调整的说法，正确的是（　　）。
    A. 当资源供应发生异常时，可调整工作的工艺关系
    B. 当实际进度计划拖后时，可缩短关键工作持续时间
    C. 为充分利用资源、降低成本，应减少资源的投入
    D. 任何情况下均不允许增减工作项目

14. 某网络计划如下图，逻辑关系正确的是（　　）。
    A. E 的紧前工作是 B、D
    B. A 完成后同时进行 C、F
    C. A、D 均完成后进行 E
    D. F 的紧前工作是 D、E

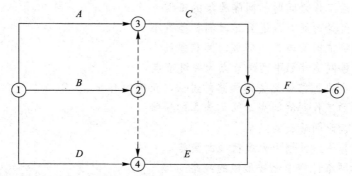

15. 某双代号网络图如下图所示，存在的错误是（　　）。
    A. 工作代号相同
    B. 出现无箭头连线
    C. 出现无箭头节点箭头
    D. 出现多个起点节点

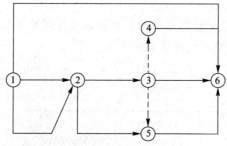

16. 下列关于关键工作和关键线路的说法正确的是（　　）。
    A. 关键线路上的工作全部是关键工作
    B. 关键工作不能出现在非关键线路上
    C. 关键线路上不允许出现虚工作
    D. 关键线路上的工作总时差均为零

17. 双代号时标网络计划中，当某工作之后有虚工作时，则该工作的自由时差为（　　）。
    A. 该工作的波形线的水平长度
    B. 本工作与紧后工作间波形线水平长度和的最大值
    C. 本工作与紧后工作间波形线水平长度和的最小值
    D. 后续所有线路段中波形线中水平长度和的最小值

18. 建设工程项目进度控制的措施中，属于经济措施的是（　　）。
    A. 重视信息技术在进度控制中的应用
    B. 编制与进度计划相适应的资源求计划
    C. 分析设计方案对工程进度的影响，优化设计方案
    D. 分析影响工程进度的风险，减少进度失控的风险量

19. 下列建设工程项目进度控制的措施中，属于经济措施的是（　　）。
    A. 落实资金供应条件
    B. 选择发承包模式
    C. 进行工程进度的风险分析
    D. 优选工程项目的设计、施工方案

20. 为赶上已拖延的施工进度，项目部决定采用混凝土泵代替原来的塔吊运输混凝土，该纠偏措施属于（　　）。
    A. 管理措施　　B. 组织措施　　C. 经济措施　　D. 技术措施

二、多项选择题

1. 工程网络计划中，关键工作是指（   ）工作。
   A. 时标网络计划中无波形线
   B. 与紧后工作之间时间间隔为零的工作
   C. 最早开始时间与最迟开始时间相差最小
   D. 最早完成时间与最迟完成时间相差最小
   E. 双代号网络计划中两端节点为关键节点

2. 下列关于判别网络计划关键线路的说法，正确的有（   ）。
   A. 相邻两工作间的间隔时间均为零的线路
   B. 总持续时间最长的线路
   C. 双代号网络计划中无虚箭线的线路
   D. 时标网络计划中无波形线的线路
   E. 双代号网络计划中由关键节点组成的线路

3. 在双代号网络图中，虚箭线的作用有（   ）。
   A. 指向   B. 联系   C. 区分   D. 过桥
   E. 断路

4. 某工程项目的双代号时标网络计划，当计划执行到第 4 周末及第 10 周末时，检查得出实际进度前锋线如下图所示，检查结果表明（   ）。

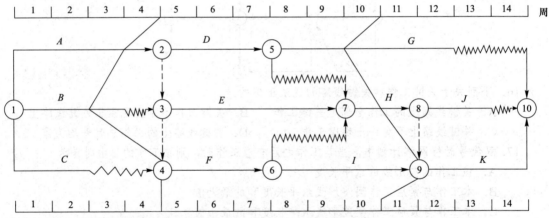

   A. 第 4 周末检查时工作 B 拖后 1 周，但不影响总工期
   B. 第 4 周末检查时工作 A 拖后 1 周，影响总工期 1 周
   C. 第 10 周末检查时工作 G 拖后 1 周，但不影响总工期
   D. 第 10 周末检查时工作 I 提前 1 周，可使总工期提前 1 周
   E. 在第 5 周到第 10 周内，工作 F 和工作 I 的实际进度正常

5. 下列项目进度控制的措施中，属于经济措施的有（   ）。
   A. 编制工程网络计划   B. 编制资源需求计划
   C. 分析影响进度的资源风险   D. 采取激励措施
   E. 分析资金供应条件

6. 下列建设工程项目进度控制措施中，属于技术措施的有（   ）。
   A. 建立图纸审查、工程变更管理制度
   B. 深化设计，选用对实现目标有利的设计方案

C. 编制与进度计划相适应的资金保证计划
D. 优化施工方案，合理选用机械设备
E. 优化工作之间的逻辑关系，缩短持续时间

7. 下列建设工程项目进度控制的措施中，属于管理措施的有（　　）。
   A. 采用工程网络计划实现进度控制科学化
   B. 明确进度控制管理职能分工
   C. 选择合理的工程物资采购模式
   D. 编制资源需求计划
   E. 重视信息技术在进度控制中的应用

8. 下列关于建设工程项目进度控制措施的说法，正确的有（　　）。
   A. 各类进度计划的编制、审批程序属于组织措施
   B. 进度控制的管理措施涉及管理的思想、方法和手段、承发包模式等
   C. 应用信息技术进行进度控制属于管理措施
   D. 对工程项目的进度开展风险管理属于经济措施
   E. 进度控制会议的组织设计属于技术措施

9. 项目进度控制时，进度控制会议的组织设计的内容有（　　）。
   A. 会议的具体流程　　　　　　　B. 会议的类型
   C. 会议的主持人　　　　　　　　D. 会议的召开时间
   E. 会议文件的整理

10. 下列关于工作总时差、自由时差及相邻两工作间间隔时间关系的说法，正确的有（　　）。
    A. 工作的自由时差一定不超过其相应的总时差
    B. 工作的自由时差一定不超过其紧后工作的总时差
    C. 工作的总时差一定不超过其紧后工作的自由时差
    D. 工作的总时差一定不超过其与紧后工作之间的间隔时间
    E. 工作的自由时差一不超过其与紧后工作之间的间隔时间

11. 网络进度计划的工期调整可通过（　　）来实现。
    A. 调整关键工作持续时间　　　　B. 缩短非关键工作的持续时间
    C. 增加非关键工作的时差　　　　D. 增减工作项目
    E. 调整工作间的逻辑关系

三、直通执考

1. 下列关于项目进度计划和进度计划系统的说法，正确的是（　　）。【2019年真题】
   A. 进度计划系统由多个进度计划组成，是逐步形成的
   B. 进度计划是实施性的，进度计划系统是控制性的
   C. 业主方编制的进度计划是控制性的，施工方编制的进度计划是实施性的
   D. 进度计划是项目参与方编制的，进度计划系统是业主方编制的

2. 某建设工程项目按施工总进度计划、各单位工程进度计划及相应分部工程进度计划组成了计划系统，该计划系统是由多个相互关联的不同（　　）的进度计划组成。【2018年真题】
   A. 深度　　　　B. 项目参与方　　　　C. 功能　　　　D. 周期

3. 建设工程项目进度控制的过程包括：①收集资料和调查研究；②进度计划的跟踪检查；③编制进度计划；④根据进度偏差情况纠偏或调整进度计划。其正确的工作步骤是（　　）。【2016年真题】

　　A. ①③②④　　　　B. ①②③④　　　　C. ①③④②　　　　D. ③①②④

4. 项目进度控制的主要工作环节中，首先应进行的工作是（　　）。【2013年真题】

　　A. 编制进度计划　　　　　　　　　　B. 分析和论证进度目标

　　C. 定期跟踪进度计划的执行情况　　　D. 采取纠偏措施

5. 下列关于建设工程项目进度控制的说法，正确的有（　　）。【2013年真题】

　　A. 进度控制的过程，就是随着项目的进展，进度计划不断调整的过程

　　B. 施工方进度控制的目的就是尽量缩短工期

　　C. 项目各参与方进度控制的目标和时间范畴是相同的

　　D. 施工进度控制直接关系到工程的质量和成本

　　E. 进度控制的目的是通过控制以实现过程的进度目标

6. 在项目实施阶段，项目总进度应包括（　　）。【2017年真题】

　　A. 项目建议书编制进度　　　　　　　B. 设计工程进度

　　C. 招标工作进度　　　　　　　　　　D. 项目投产运行工作进度

　　E. 工程施工和设备安装进度

7. 下列关于单代号网络计划绘图规则的说法，正确的是（　　）。【2019年真题】

　　A. 不允许出现虚工作

　　B. 箭线不能交叉

　　C. 不能出现双向箭头的连线

　　D. 只能有一个起点节点，但可以有多个终点节点

8. 下列关于横道图进度计划的说法，正确的有（　　）。【2018年真题】

　　A. 便于进行资源化和调整　　　　　　B. 能直接显示工作的开始和完成时间

　　C. 计划调整工作量大　　　　　　　　D. 可将工作简要说明直接放在横道上

　　E. 有严谨的时间参数计算，可使用电脑自动编制

9. 按工作持续时间的特点不同，工程网络计划可划分为（　　）。【2005年真题】

　　A. 肯定型网络计划　　　　　　　　　B. 随机型网络计划

　　C. 分级型网络计划　　　　　　　　　D. 非肯定型网络计划

　　E. 事件型网络计划

10. 下列关于虚工作的说法，正确的是（　　）。【2015年真题】

　　A. 虚工作只在双代号网络计划中存在

　　B. 虚工作一般不消耗资源但占用时间

　　C. 虚工作可以正确表达工作间逻辑关系

　　D. 双代号时标网络计划中虚工作用波形表示

11. 某工程持续时间2 d，有两项紧前工作和三项紧后工作，紧前工作的最早开始时间分别是第3 d、第6 d（计算坐标系），对应的持续时间分别是5 d、1 d；紧后工作的最早开始时间分别是第15 d、第17 d、第19 d，对应的总时差分别是3 d、2 d、0 d。该工作的总时差是（　　）d。【2019年真题】

　　A. 9　　　　　　　　B. 10　　　　　　　　C. 8　　　　　　　　D. 13

12. 某双代号网络计划如下图（时间单位：d），则工作 E 的自由时差为（   ）d。
【2019年真题】
    A. 3   B. 2   C. 4   D. 0

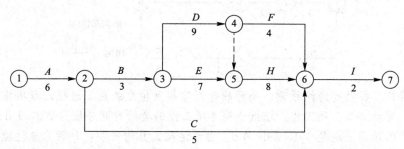

13. 某网络计划中，工作 N 的持续时间为 6 d，最迟完成时间为第 25 d，该工作三项紧前工作的最早完成时间分为第 10 d、第 12 d 和第 13 d，则工作 N 的总时差是（   ）d。
【2018年真题】
    A. 12   B. 8   C. 6   D. 4

14. 某双代号时标网络计划如下图，工作 F、工作 H 的最迟完成时间分别为（   ）。【2018年真题】

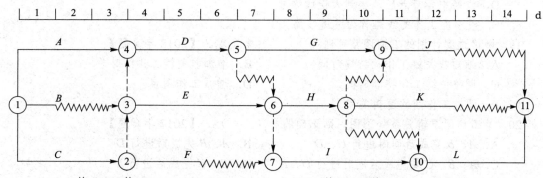

    A. 第 8 d，第 11 d   B. 第 8 d，第 9 d
    C. 第 7 d，第 11 d   D. 第 7 d，第 9 d

15. 某双代号网络计划如下图，绘图的错误有（   ）。【2018年真题】

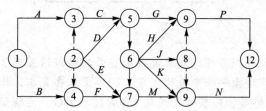

    A. 有多个起点节点   B. 有多个终点节点
    C. 存在循环回路   D. 有多余虚工作
    E. 节点编号有误

16. 某工程网络计划图如下，工作 D 的最迟开始时间是第（   ）d。【2019年真题】

A. 3　　　　　　B. 5　　　　　　C. 6　　　　　　D. 8

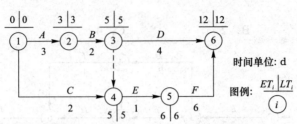

17. 某装饰工程共有墙纸裱糊、墙面软包两项相互独立的施工过程，每项施工过程包括备料、运输、现场施工三项工作，墙纸裱糊各项工作的持续时间分别为 2 d、1 d、6 d，墙面软包各项工作的时间分别是 3 d、2 d、4 d；由于运输工具的限制，每天只能运输一项施工过程的材料，该装饰工程的最短施工工期是（　　）d。【2019年真题】

　　A. 9　　　　　　B. 10　　　　　　C. 11　　　　　　D. 12

18. 下列关于双代号网络计划中线路的说法，正确的有（　　）。【2019年真题】
　　A. 长度最短的线路称为非关键线路
　　B. 一个网络图中可能有一条或多条关键线路
　　C. 线路中各项工作持续时间之和就是该线路的长度
　　D. 线路中各节点应从小到大连续编号
　　E. 没有虚工作的线路称为关键线路

19. 网络进度计划的工期调整可通过（　　）来实现。【2018年真题】
　　A. 缩短非关键工作的持续时间　　　　B. 增加非关键工作的时差
　　C. 调整关键工作持续时间　　　　　　D. 增减工作项目
　　E. 调整工作间的逻辑关系

20. 某工作间逻辑关系如下图，则正确的是（　　）。【2017年真题】
　　A. A、B完成后同时进行C、D　　　　B. A、B完成后进行D
　　C. A、B、C均完成后同时进行D、E　　D. B、C完成后进行E

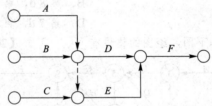

21. 某工程基础包含开挖基槽、浇筑混凝土垫层、砌筑砖基础3项工作，分3个施工段组织流水施工，每项工作均由一个专业班组施工，各工作在各施工段上的流水节拍分别是 4 d、1 d 和 2 d，混凝土垫层和砖基础之间有 1 d 的技术间歇。在保证各专业班组连续施工的情况下，完成该基础施工的工期是（　　）d。【2017年真题】
　　A. 8　　　　　　B. 12　　　　　　C. 18　　　　　　D. 22

22. 下列进度控制的措施中，属于组织措施的有（　　）。【2013年真题】
　　A. 选择承发包模式　　　　　　　　B. 进行工程进度的风险分析
　　C. 落实资金供应的条件　　　　　　D. 编制项目进度控制的工作流程
　　E. 进行有关进度控制会议的组织设计

模块 6 建设工程项目质量管理

模块导读

建设工程项目投资大，建成及使用时期长，只有合乎质量标准，才能投入生产和交付使用，发挥投资效益，满足社会需要。建设工程质量不仅关系到建设工程的适用性、可靠性、耐久性和建设项目的投资效益，而且直接关系到人民群众的生命和财产安全。切实加强建设工程项目质量管理，预防和正确处理可能发生的工程质量事故，保证工程质量达到预期目标，是建设工程项目管理的主要任务之一。

本模块针对"建设工程项目质量管理能力"的培养，安排了以下学习内容：

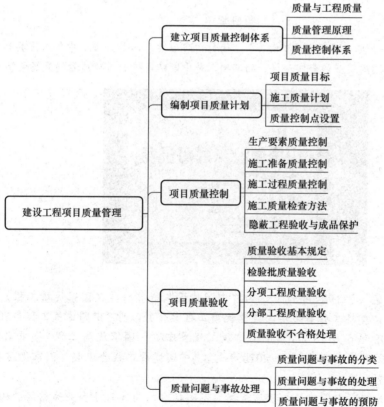

学习目标

知识目标	能力目标	素养目标
（1）掌握项目质量管理的概念，熟悉质量控制体系的内容； （2）掌握施工质量计划的内容，掌握质量控制点的设置原则； （3）掌握项目质量控制的方法； （4）掌握质量检查的方法、质量验收的划分及合格条件； （5）了解质量问题的数理统计方法，掌握质量事故的等级划分及处理程序，熟悉质量事故的预防措施	（1）能够建立项目质量控制体系； （2）能够编制施工质量计划，设置质量控制点； （3）能够进行施工质量控制并进行质量检查验收； （4）能够正确处理质量问题与质量事故，并制定预防措施	（1）树立质量第一的专业精神； （2）培养精益求精的工匠精神； （3）提高计划、组织、协调能力； （4）养成标准意识、规则意识； （5）培养分析、集成、创新能力

案例导入

鲁班奖

"中国建设工程鲁班奖（国家优质工程）"，简称"鲁班奖"，是一项由中华人民共和国住房和城乡建设部指导、中国建筑业协会实施评选的奖项，是中国建筑行业工程质量的最高荣誉奖。

"建筑工程鲁班奖"于1987年设立，为"中国建设工程鲁班奖（国家优质工程）"的前身。1996年9月26日，建筑工程鲁班奖与国家优质工程奖合并，称"中国建筑工程鲁班奖（国家优质工程）"。2008年6月13日，"中国建筑工程鲁班奖（国家优质工程）"更名为"中国建设工程鲁班奖（国家优质工程）"。2010年起，"中国建设工程鲁班奖（国家优质工程）"改为每两年评比、表彰一次。

鲁班奖的创立，为提高中国建设工程质量树立了高标准，为建筑业企业诚信经营树立"中国建造"品牌，明确管理目标，为行业评价工程项目建立了一种创新激励机制，日益成为广大建筑业企业和业主树立崇高社会形象的荣誉追求。对于继承中国建筑优秀传统、弘扬中华民族建筑文化、推动企业科技进步和管理创新、促进工程质量管理水平升级和提高企业核心竞争力具有里程碑式的重大意义。

6-1　建立项目质量控制体系

知识准备

一、质量

质量可定义为：客体的一组固有特性满足要求的程度。

客体是指可感知或可想象到的任何事物，可能是物质的、非物质的或想象的，包括产品、服务、过程、人员、组织、体系、资源等。固有特性是指本来就存在的、永久的特性，正是这一组特性，使其区别于其他产品，这一组特性满足哪些方面的要求，就是哪方面的质量好。要求是指明示的、通常隐含的或必须履行的需求或期望。质量差、好或优秀，以其质量特性满足质量要求的程度来衡量。

微课：认识质量管理

一般"要求"可以用一些具体"特性"加以描述，通常包括"可用性（有用性）、安全性、可靠性、维修性、有效性、经济性、适应性、舒适性"等。

需要注意的是质量并不等同于等级，所以质量比较应注意在同一"等级"的基础上进行比较。

二、工程质量

建设工程项目质量是指通过项目实施形成的工程实体的质量，是反映建筑工程满足法律、法规的强制性要求和合同约定的要求，包括在安全、使用功能以及在耐久性能、环境保护等方面满足要求的明显和隐含能力的特性总和。其质量特性主要体现在适用性、安全性、耐久性、可靠性、经济性及与环境的协调性6个方面。

1．工程质量的特性

建设工程项目从本质上说是一项拟建或在建的建筑产品，它和一般产品具有同样的质量内涵，即其固有特性满足需要的程度。由于建筑产品一般是采用单件性筹划、设计和施工的生产组织方式，因此，其具体的质量特性指标是在各建设工程项目的策划、决策和设计过程中进行定义的。建设工程项目的基本质量特性可以概括如下：

（1）有关使用功能的质量特性。工程项目的功能性质量，主要表现为反映项目使用功能需求的一系列特性指标，如房屋建筑工程的平面空间布局、通风采光性能；工业建筑工程的生产能力和工艺流程；道路交通工程的路面等级、通行能力等。按照现代质量管理理念，功能性质量必须以顾客关注为焦点，满足顾客的需求或期望。

（2）有关安全可靠的质量特性。建筑产品不仅要满足使用功能和用途的要求，而且在正常的使用条件下应能达到安全可靠的标准，如建筑结构自身安全可靠，使用过程防腐蚀、防坠、防火、防盗、防辐射，以及设备系统运行与使用安全等。可靠性质量必须在满足功能性质量需求的基础上，结合技术标准、规范（特别是强制性条文）的要求进行确定与实施。

（3）有关文化艺术的质量特性。建筑产品具有深刻的社会文化背景，历来人们都把具有某种特定历史文化内涵的建筑产品视同为艺术品。其个性的艺术效果，包括建筑造型、立面外观、文化内涵、时代表征以及装修装饰、色彩视觉等，不仅使用者关注，而且社会也关注；不仅现在关注，而且未来的人们也会关注和评价。工程项目艺术文化特性的质量来自设计者的设计理念、创意和创新，以及施工者对设计意图的领会与精益施工。

（4）有关工程环境的质量特性。建设工程环境质量主要是指在项目建设与使用过程中对周边环境的影响，包括项目的规划布局、交通组织、绿化景观、节能环保，及其与周边环境的协调性或适宜性。

2．工程质量的分类

从工程项目的结构层次，可将工程质量分为工序质量、检验批质量、分项工程质量、分部工程质量、单位工程质量。

从工程项目的生产过程，可将工程质量分为决策质量、设计质量、施工质量、回访保修质量、工作质量。

3．工程质量的影响因素

建设工程项目质量的影响因素，主要是指在项目质量目标策划、决策和实现过程中影响质量形成的各种客观因素和主观因素，包括人的因素、机械因素、材料（含设备）因素、方法因素和环境因素（简称"人机料法环"）等。

（1）人的因素。在工程项目质量管理中，人的因素起决定性的作用。项目质量控制应以控制人的因素为基本出发点。影响项目质量的人的因素，包括两个方面：一是指直接履行项目质量职能的决策者、管理者和作业者个人的质量意识及质量活动能力；二是指承担项目策划、决策或实施的建设单位、勘察设计单位、咨询服务机构、工程承包企业等实体组织的质量管理体系及其管理能力。前者是个体的人，后者是群体的人。我国实行建筑业企业经营资质管理制度、市场准入制度、执业资格注册制度、作业及管理人员持证上岗制度等，从本质上说，都是对从事建设工程活动的人的素质和能力进行必要的控制。人，作为控制对象，应避免工作失误；作为控制动力，应充分调动人的积极性，发挥人的主导作用。因此，必须有效控制项目参与各方的人员素质，不断提高人的质量活动能力，才能保证项目质量。

（2）机械的因素。机械主要是指施工机械和各类工器具，包括施工过程中使用的运输设备、吊装设备、操作工具、测量仪器、计量器具以及施工安全设施等。施工机械设备是所有施工方案和工法得以实施的重要物质基础，合理选择和正确使用施工机械设备是保证项目施工质量和安全的重要条件。

（3）材料（含设备）的因素。材料包括工程材料和施工用料，又包括原材料、半成品、成品、构配件和周转材料等。各类材料是工程施工的基本物质条件，材料质量不符合要求，工程质量就不可能达到标准。这里说的设备是指工程设备，是组成工程实体的工艺设备和各类机具，如各类生产设备、装置和辅助配套的电梯、泵机，以及通风空调、消防、环保设备等，它们是工程项目的重要组成部分，其质量的优劣，直接影响到工程使用功能的发挥。所以加强对材料设备的质量控制，是保证工程质量的基础。

（4）方法的因素。方法的因素也可以称为技术因素，包括勘察、设计、施工所采用的技术和方法，以及工程检测、试验的技术和方法等。从某种程度上说，技术方案和工艺水平的高低，决定了项目质量的优劣。依据科学的理论，采用先进合理的技术方案和措施，按照规范进行勘察、设计、施工，必将对保证项目的结构安全和满足使用功能，对组成质量因素的产品精度、强度、平整度、清洁度、耐久性等物理、化学特性等方面起到良好的推进作用。如建设主管部门推广应用的建筑业10项新技术：地基基础和地下空间工程技术，钢筋与混凝土技术，模板及脚手架技术，装配式混凝土结构技术，钢结构技术，机电安装工程技术，绿色施工技术，防水技术与维护结构节能，抗震、加固与监测技术，信息化技术，对消除质量通病、保证建设工程质量都有积极作用，收到明显的效果。

（5）环境的因素。影响项目质量的环境因素，又包括项目的自然环境因素、社会环境因素、管理环境因素和作业环境因素。

1）自然环境因素。自然环境因素主要是指工程地质、水文、气象条件和地下障碍物以及其他不可抗力等影响项目质量的因素。例如，复杂的地质条件必然对建设工程的地基处理和基础设计提出更高的要求，处理不当就会对结构安全造成不利影响；在地下水水位高的地区，若在雨期进行基坑开挖，遇到连续降雨或排水困难，就会引起基坑塌方或地基受水浸泡影响承载力等；在寒冷地区冬期施工措施不当，工程会因受到冻融而影响质量；在基层未干燥或大风天进行卷材屋面防水层的施工，就会导致粘贴不牢及空鼓等质量问题。

2）社会环境因素。社会环境因素主要是指会对项目质量造成影响的各种社会环境因素，包括国家建设法律法规的健全程度及其执法力度；建设工程项目法人决策的理性化程度以及经营者的经营管理理念；建筑市场（包括建设工程交易市场和建筑生产要素市场）的发育程度及交易行为的规范程度；政府的工程质量监督及行业管理成熟程度；建设咨询服务业的发展程度及其服务水准的高低；廉政管理及行风建设的状况等。

3）管理环境因素。管理环境因素主要是指项目参建单位的质量管理体系、质量管理制度和各参建单位之间的协调等因素。例如，参建单位的质量管理体系是否健全，运行是否有效，决定了该单位的质量管理能力；在项目施工中根据承发包的合同结构，理顺管理关系，建立统一的现场施工组织系统和质量管理的综合运行机制，确保工程项目质量保证体系处于良好的状态，创造良好的质量管理环境和氛围，则是施工顺利进行，施工质量提高的保证。

4）作业环境因素。作业环境因素主要指项目实施现场平面和空间环境条件中，各种能源介质供应，施工照明、通风、安全防护设施，施工场地给水排水，以及交通运输和道路条件等因素。这些条件是否良好，都直接影响到施工能否顺利进行，以及施工质量能否得到保证。

三、工程项目质量管理

质量管理就是关于质量的管理，是在质量方面指挥和控制组织的协调活动，包括建立和确定质量方针和质量目标，并在质量管理体系中通过质量策划、质量保证、质量控制和质量改进等手段来实施全部质量管理职能，从而实现质量目标的所有活动。

工程项目质量管理是指在工程项目实施过程中，指挥和控制项目参与各方关于质量的相互协调的活动，是围绕着使工程项目满足质量要求，而开展的策划、组织、计划、实施、检查、监督和审核等所有管理活动的总和。它是工程项目的建设、勘察、设计、施工、监理等单位的共同职责。项目参与各方的项目经理必须调动与项目质量有关的所有人员的积极性，共同做好本职工作，才能完成项目质量管理的任务。

工程项目质量管理的实施程序：确定质量计划→实施质量控制→开展质量检查与处置→落实质量改进。

四、质量管理基本原理

1．全面质量管理（TQC）

全面质量管理（Total Quality Control，TQC），是20世纪中期开始在欧美和日本广泛应用的质量管理理念和方法。我国于20世纪80年代开始引进和推广全面质量管理，其基本原理是强调在企业或组织最高管理者的质量方针指引下，实行全面、全过程和全员参与的质量管理。

TQC 的主要特点是：以顾客满意为宗旨；领导参与质量方针和目标的制定；提倡预防为主、科学管理、用数据说话等。在当今世界标准化组织颁布的 ISO 9000 质量管理体系标准中，处处都体现了这些特点和思想。建设工程项目的质量管理，同样应贯彻"三全"管理的思想和方法：

（1）全面质量管理。建设工程项目的全面质量管理，是指项目参与各方所进行的工程项目质量管理的总称，其中包括工程（产品）质量和工作质量的全面管理。工作质量是产品质量的保证，工作质量直接影响产品质量的形成。建设单位、监理单位、勘察单位、设计单位、施工总承包单位、施工分包单位、材料设备供应商等，任何一方、任何环节的怠慢疏忽或质量责任不落实都会对建设工程质量造成不利影响。

（2）全过程质量管理。全过程质量管理，是指根据工程质量的形成规律，从源头抓起，全过程推进。我国质量管理体系标准强调质量管理的"过程方法"原则，要求应用"过程方法"进行全过程质量控制。要控制的主要过程有：项目策划与决策过程，勘察设计过程，设备材料采购过程，施工组织与实施过程，检测设施控制与计量过程，施工生产的检验试验过程，工程质量的评定过程，工程竣工验收与交付过程，工程回访维修服务过程等。

（3）全员参与质量管理。按照全面质量管理的思想，组织内部的每个部门和工作岗位都承担着相应的质量职能，组织的最高管理者确定了质量方针和目标，就应组织和动员全体员工参与到实施质量方针的系统活动中去，发挥自己的角色作用。开展全员参与质量管理的重要手段就是运用目标管理方法，将组织的质量总目标逐级进行分解，使之形成自上而下的质量目标分解体系和自下而上的质量目标保证体系，发挥组织系统内部每个工作岗位、部门或团队在实现质量总目标过程中的作用。

2．PDCA 循环

在长期的生产实践和理论研究中形成的 PDCA 循环，是建立质量管理体系和进行质量管理的基本方法。从某种意义上说，管理就是确定任务目标，并通过 PDCA 循环来实现预期目标。每一循环都围绕着实现预期的目标，进行计划、实施、检查和处置活动，随着对存在问题的解决和改进，在一次一次的滚动循环中逐步上升，不断增强质量管理能力，不断提高质量水平。每一个循环的四大职能活动相互联系，共同构成了质量管理的系统过程，如图 6-1 所示。

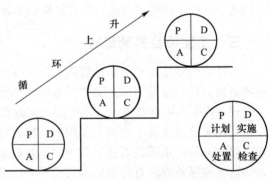

图 6-1　PDCA 循环示意

（1）计划 P（Plan）。计划由目标和实现目标的手段组成，所以说计划是一条"目标—手段"链。质量管理的计划职能，包括确定质量目标和制定实现质量目标的行动方案两方面。实践表明质量计划的严谨周密、经济合理和切实可行，是保证工作质量、产品质量和服务质量的前提条件。建设工程项目的质量计划，是由项目参与各方根据其在项目实施中所承担的任务、责任范围和质量目标，分别制定质量计划而形成的质量计划体系。其中，建设单位的工程项目质量计划，包括确定和论证项目总体的质量目标，制定项目质量管理的组织、制度、工作程序、方法和要求。项目其他各参与方，则根据国家法律法规和工程合同规定的质量责任和义务，在明确各自质量目标的基础上，制定实施相应范围质量管理的行动方案，包括技术方法、业务流程、资源配置、检验试验要求、质量记录方式、不合格处理及相应管理措施等具体内容和做法的质量管理文件，同时也须对其实现预期目标的可行性、有效性、经济合理性进行分析论证，并按照规定的程序与权限，经过审批后执行。

（2）实施 D（Do）。实施职能在于将质量的目标值，通过生产要素的投入、作业技术活动和产出过程，转化为质量的实际值。为保证工程质量的产出或形成过程能够达到预期的结果，在各项质量活动实施前，要根据质量管理计划进行行动方案的部署和交底。交底的目的在于使具体的作业者和管理者明确计划的意图和要求，掌握质量标准及其实现的程序与方法。在质量活动的实施过程中，则要求严格执行计划的行动方案，规范行为，把质量管理计划的各项规定和安排落实到具体的资源配置和作业技术活动中去。

（3）检查 C（Check）。检查是指对计划实施过程进行各种检查，包括作业者的自检、互检和专职管理者专检。各类检查也都包含两大方面：一是检查是否严格执行了计划的行动方案，实际条件是否发生了变化，或者不执行计划的原因；二是检查计划执行的结果，即产出的质量是否达到标准的要求，对此进行确认和评价。

（4）处置 A（Action）。对于质量检查所发现的质量问题或质量不合格，及时进行原因分析，采取必要的措施，予以纠正，保持工程质量形成过程的受控状态。处置分纠偏和预防改进两个方面。前者是采取有效措施，解决当前的质量偏差、问题或事故；后者是将目前质量状况信息反馈到管理部门，反思问题症结或计划时的不周，确定改进目标和措施，为今后类似质量问题的预防提供借鉴。

 技能准备

一、项目质量控制体系的建立

为了有效地进行系统、全面的质量控制，必须由项目实施的总负责单位建立建设工程项目质量控制体系，实施质量目标的控制。建设工程项目质量控制体系是项目质量目标控制的一个工作系统，一般呈多层次、多单元的结构形态，这是由其实施任务的委托方式和合同结构所决定的。

项目质量控制体系的建立过程，实际上就是项目质量总目标的确定和分解过程，也是项目各参与方之间质量管理关系和控制责任的确立过程。为了保证质量控制体系的科学性和有效性，必须明确体系建立的原则、程序和主体。

1. 建立的原则

（1）分层次规划原则。项目质量控制体系的分层次规划，是指项目管理的总组织者（建设单位或代建制项目管理企业）和承担项目实施任务的各参与单位，分别进行不同层次和范围的建设工程项目质量控制体系规划。

（2）目标分解原则。项目质量控制系统目标的分解，是根据控制系统内工程项目的分解结构，将工程项目的建设标准和质量总体目标分解到各个责任主体，明示于合同条件，由各责任主体制定出相应的质量计划，确定其具体的控制方式和控制措施。

（3）质量责任制原则。项目质量控制体系的建立，应按照《中华人民共和国建筑法》和《建设工程质量管理条例》有关工程质量责任的规定，界定各方的质量责任范围和控制要求。

2. 建立的程序

项目质量控制体系的建立过程，一般可按以下环节依次展开工作：

（1）建立系统质量控制网络。首先明确系统各层面的工程质量控制负责人。一般应包括承担项目实施任务的项目经理（或工程负责人）、总工程师、项目监理机构的总监理工程师、专业监理工程师等，以形成明确的项目质量控制责任者的关系网络架构。

（2）制定质量控制制度。质量控制制度包括质量控制例会制度、协调制度、报告审批制度、质量验收制度和质量信息管理制度等，形成建设工程项目质量控制体系的管理文件或手册，作为承担建设工程项目实施任务各方主体共同遵循的管理依据。

（3）分析质量控制界面。项目质量控制体系的质量责任界面，包括静态界面和动态界面。静态界面根据法律法规、合同条件、组织内部职能分工来确定。动态界面主要是指项目实施过程中设计单位之间、施工单位之间、设计与施工单位之间的衔接配合关系及其责任划分，必须通过分析研究，确定管理原则与协调方式。

（4）编制质量控制计划。项目管理总组织者，负责主持编制建设工程项目总质量计划，并根据质量控制体系的要求，布置各质量责任主体分别编制与其承担任务范围相符合的质量计划，并按规定程序完成质量计划的审批，作为其实施自身工程质量控制的依据。

二、项目质量控制体系的运行

项目质量控制体系的建立，为项目的质量控制提供了组织制度方面的保证。质量控制体系的有效运行，有赖于系统内部的运行环境和运行机制的完善。

1. 运行环境

项目质量控制体系的运行环境，主要是指以下几方面为系统运行提供支持的管理关系、组织制度和资源配置的条件：

（1）项目的合同结构。建设工程合同是联系建设工程项目各参与方的纽带，只有在项目合同结构合理，质量标准和责任条款明确，并严格进行履约管理的条件下，质量控制体系的运行才能成为各方的自觉行动。

（2）质量管理的资源配置。质量管理的资源配置，包括专职的工程技术人员和质量管理人员的配置，实施技术管理和质量管理所必需的设备、设施、器具、软件等物质资源的配置。人员和资源的合理配置是质量控制体系得以运行的基础条件。

（3）质量管理的组织制度。项目质量控制体系内部的各项管理制度和程序性文件的建立，为质量控制系统各个环节的运行，提供必要的行动指南、行为准则和评价基准的依据，是系统有序运行的基本保证。

2. 运行机制

项目质量控制体系的运行机制，是质量控制体系的生命，机制缺陷是造成系统运行无序、失效和失控的重要原因。因此，在系统内部的管理制度设计时，必须防止重要管理制度的缺失、制度本身的缺陷、制度之间的矛盾等现象出现，才能为系统的运行注入有效的动力机制、约束机制、反馈机制和持续改进机制。

（1）动力机制。动力机制是项目质量控制体系运行的核心机制，它是基于对项目参与各方及其各层次管理人员公正、公开、公平的责、权、利分配，以及适当的竞争机制而形成的内在动力。

（2）约束机制。约束机制取决于各质量责任主体内部的自我约束能力和外部的监控效力。约束能力表现为组织及个人的经营理念、质量意识、职业道德及技术能力的发挥；监控效力取决于项目实施主体外部对质量工作的推动和检查监督。两者相辅相成,构成了质量控制过程的制衡关系。

(3) 反馈机制。运行状态和结果的信息反馈,是对质量控制系统的能力和运行效果进行评价,并为及时作出处置提供决策依据。因此,必须有相关的制度安排,保证质量信息反馈的及时性和准确性。

(4) 持续改进机制。在项目实施的各个阶段,不同的层面、不同的范围和不同的质量责任主体之间,应用PDCA循环原理,即计划、实施、检查和处置不断循环的方式展开质量控制,并不断寻求改进机会、研究改进措施,才能保证建设工程项目质量控制系统的不断完善和持续改进,不断提高质量控制能力和控制水平。

知识拓展

建筑施工企业质量管理体系的建立与认证

建筑施工企业质量管理体系是企业为实施质量管理而建立的管理体系,通过第三方认证机构的认证,为该企业的工程承包经营和质量管理奠定基础。企业质量管理体系应按照我国GB/T 19000质量管理体系族标准进行建立和认证。该标准是我国按照等同原则,采用国际标准化组织颁布的ISO 9000质量管理体系族标准制定的。

一、质量管理原则

《质量管理体系基础和术语》(GB/T 19000—2016/ISO 9000:2015) 提出了质量管理7项原则,具体内容如下:

1. 以顾客为关注焦点

质量管理的首要关注点是满足顾客要求并且努力超越顾客期望。

2. 领导作用

各级领导建立统一的宗旨和方向,并创造全员积极参与实现组织的质量目标的条件。

3. 全员积极参与

整个组织内各级胜任、经授权并积极参与的人员,是提高组织创造和提供价值能力的必要条件。

4. 过程方法

将活动作为相互关联、功能连贯的过程组成的体系来理解和管理时,可以更加有效和高效地得到一致的、可预知的结果。

5. 改进

成功的组织持续关注改进。

6. 循证决策

基于数据和信息的分析和评价的决策,更有可能产生期望的结果。

7. 关系管理

为了持续成功,组织需要管理与有关相关方(如供方)的关系。

二、企业质量管理体系文件的构成

质量管理体系标准明确要求,企业应有完整和科学的质量管理体系文件,这是企业开展质量管理的基础,也是企业为达到所要求的产品质量,实施质量体系审核、认证,进行质量改进的重要依据。

1. 质量手册

质量手册是质量管理体系的规范,是阐明一个企业的质量政策、质量体系和质量实践的文件,是在实施和保持质量体系过程中长期遵循的纲领性文件。

2. 程序文件

各种生产、工作和管理的程序文件是质量手册的支持性文件,是企业各职能部门为落实质量手册要求而规定的细则。企业为落实质量管理工作而建立的各项管理标准、规章制度都属于程序文件范畴。

3. 质量计划

质量计划是为了确保过程的有效运行和控制,在程序文件的指导下,针对特定的项目、产品、过程或合同,而制定的专门质量措施和活动顺序的文件。

4. 质量记录

质量记录是产品质量水平和质量体系中各项质量活动进行及结果的客观反映,对质量体系程序文件所规定的运行过程及控制测量检查的内容如实加以记录,用以证明产品质量达到合同要求及质量保证的满足程度。

三、企业质量管理体系的认证与监督

《中华人民共和国建筑法》规定,国家对从事建筑活动的单位推行质量体系认证制度。质量管理体系由公正的第三方认证机构,依据质量管理体系的要求标准,审核企业质量管理体系要求的符合性和实施的有效性,进行独立、客观、科学、公正的评价,得出结论。认证应按申请、审核、审批与注册发证等程序进行。

企业获准认证的有效期为3年。企业获准认证后,应经常性地进行内部审核,保持质量管理体系的有效性,并每年一次接受认证机构对企业质量管理体系实施的监督管理。获准认证后监督管理工作的主要内容有企业通报、监督检查、认证注销、认证暂停、认证撤销、复评及重新换证等。

6-2 编制项目质量计划

知识准备

一、项目质量目标

工程质量要达到的最基本要求是:通过施工形成的项目工程实体质量经检查验收合格。

建筑工程施工质量验收合格应符合下列规定:

(1) 符合工程勘察、设计文件的要求。

(2) 符合现行的《建筑工程施工质量验收统一标准》(GB 50300—2013)和相关专业验收规范的规定。

微课:编制
质量计划

上述规定(1)是要符合勘察、设计方对施工提出的要求。工程勘察、设计单位针对本工程的水文地质条件,根据建设单位的要求,从技术和经济结合的角度,为满足工程的使用功

能和安全性、经济性、与环境的协调性等要求，以图纸、文件的形式对施工提出要求，是针对每个工程项目的个性化要求。

规定（2）是要符合国家法律、法规的强制性要求。国家建设行政主管部门为了加强建筑工程质量管理，规范建筑工程施工质量的验收，保证工程质量，制定相应的标准和规范。这些标准、规范是主要从技术的角度，为保证房屋建筑各专业工程的安全性、可靠性、耐久性而提出的一般性要求。

施工质量在合格的前提下，还应符合施工承包合同约定的要求。施工承包合同的约定具体体现了建设单位的要求和施工单位的承诺，全面反映了对施工形成的工程实体的适用性、安全性、耐久性、可靠性、经济性和与环境的协调性6个方面质量特性的要求。

"合格"是对项目质量的最基本要求，国家鼓励采用先进的科学技术和管理方法，提高建设工程质量。全国和地方（部门）的建设行政主管部门或行业协会设立了"鲁班奖（国家优质工程）"以及"长城杯（北京市优质工程）""白玉兰杯（上海市优质工程）""泰山杯（山东省优质工程）"等各种优质工程奖，都是为了鼓励项目参建单位创造更好的工程质量。

工程质量目标要符合项目质量总目标的要求，要以工程承包合同为基本依据，逐级分解目标以形成在合同环境下的各级质量目标。项目施工质量目标的分解主要从两个角度展开，即：从时间角度展开，实施全过程的控制；从空间角度展开，实现全方位和全员的质量目标管理。

二、项目质量计划

按照我国质量管理体系标准，质量计划是质量管理体系文件的组成内容。在合同环境下，质量计划是企业向顾客表明质量管理方针、目标及其具体实现的方法、手段和措施的文件，体现企业对质量责任的承诺和实施的具体步骤。

项目质量计划应在项目管理策划过程中编制。项目质量计划作为对外质量保证和对内质量控制的依据，体现项目全过程质量管理要求。

1．质量计划的形式

目前，我国除了已经建立质量管理体系的施工企业采用将施工质量计划作为一个独立文件的形式外，通常还采用在工程项目施工组织设计或施工项目管理实施规划中包含质量计划内容的形式。

施工组织设计或施工项目管理实施规划之所以能发挥施工质量计划的作用，这是因为根据建筑生产的技术经济特点，每个工程项目都需要进行施工生产过程的组织与计划，包括施工质量、进度、成本、安全等目标的设定，实现目标的步骤和技术措施的安排等。因此，施工质量计划所要求的内容，理所当然地被包含于施工组织设计或项目管理实施规划中，而且能够充分体现施工项目管理目标（质量、工期、成本、安全）的关联性、制约性和整体性，这也和全面质量管理的思想方法相一致。

2．质量计划的编制依据

（1）合同中有关产品质量要求；
（2）项目管理规划大纲；
（3）项目设计文件；
（4）相关法律法规和标准规范；
（5）质量管理其他要求。

3．质量计划的内容

（1）质量目标和质量要求；

(2) 质量管理体系和管理职责；
(3) 质量管理与协调的程序；
(4) 法律法规和标准规范；
(5) 质量控制点的设置与管理；
(6) 项目生产要素的质量控制；
(7) 实施质量目标和质量要求所采取的措施；
(8) 项目质量文件管理。

4. 项目质量计划的审批

项目质量计划编制完成后应报组织批准。项目质量计划需修改时，应按原批准程序报批。

技能准备

一、质量计划的编制程序

(1) 分析工程特点及施工条件（合同条件、法规条件和现场条件等）；
(2) 确定质量总目标，进行目标分解；
(3) 建立质量管理组织机构，明确职责，制定人员及资源配置计划；
(4) 确定施工工艺与操作方法的技术方案和施工组织方案；
(5) 制定施工材料、设备等物资的质量管理及控制措施；
(6) 确定施工质量检验、检测、试验工作的计划安排及其实施方法与检测标准；
(7) 设置施工质量控制点，明确跟踪控制的方式与要求；
(8) 明确质量记录的要求等。

二、施工质量控制点的设置与管理

施工质量控制点的设置是施工质量计划的重要组成内容。施工质量控制点是施工质量控制的重点对象。

1. 质量控制点的设置

质量控制点应选择技术要求高、施工难度大、对工程质量影响大或是发生质量问题时危害大的对象进行设置。一般选择下列部位或环节作为质量控制点：

(1) 对施工质量有重要影响的关键质量特性、关键部位或重要影响因素；
(2) 工艺上有严格要求，对下道工序的活动有重要影响的关键质量特性、部位；
(3) 严重影响项目质量的材料质量和性能；
(4) 影响下道工序质量的技术间歇时间；
(5) 与施工质量密切相关的技术参数；
(6) 容易出现质量通病的部位；
(7) 紧缺工程材料、构配件和工程设备或可能对生产安排有严重影响的关键项目；
(8) 隐蔽工程验收。

一般建筑工程质量控制点的设置见表6-1。

表 6-1 质量控制点的设置

分项工程	质量控制点
工程测量定位	标准轴线桩、水平桩、龙门板、定位轴线、标高
地基、基础（含设备基础）	基坑（槽）尺寸、标高、土质、地基承载力，基础垫层标高，基础位置、尺寸、标高，预埋件、预留洞孔的位置、标高、规格、数量，基础杯口弹线
砌体	砌体轴线，皮数杆，砂浆配合比，预留洞孔、预埋件的位置、数量，砌块排列
模板	位置、标高、尺寸、预留洞孔位置、尺寸、预埋件的位置，模板的承载力、刚度和稳定性，模板内部清理及隔离剂情况
钢筋混凝土	水泥品种、强度等级，砂石质量，混凝土配合比，外加剂掺量，混凝土振捣，钢筋品种、规格、尺寸、搭接长度，钢筋焊接、机械连接，预留洞、孔及预埋件规格、位置、尺寸、数量，预制构件吊装或出厂（脱模）强度，吊装位置、标高、支承长度、焊缝长度
吊装	吊装设备的起重能力、吊具、索具、地锚
钢结构	翻样图、放大样
焊接	焊接条件、焊接工艺
装修	视具体情况而定

2. 质量控制点的重点控制对象

设定了质量控制点，还要根据对重要质量特性进行重点控制的要求，选择质量控制点的重点部位、重点工序和重点的质量因素作为质量控制点的重点控制对象，进行重点预控和监控。质量控制点的重点控制对象主要包括以下几个方面：

（1）人的行为：某些操作或工序，应以人为重点控制对象，如高空、高温、水下、易燃易爆、重型构件吊装作业以及操作要求高的工序和技术难度大的工序等，都应从人的生理、心理、技术能力等方面进行控制。

（2）材料的质量与性能：这是直接影响工程质量的重要因素，在某些工程中应作为控制的重点。如钢结构工程中使用的高强度螺栓、某些特殊焊接使用的焊条，都应重点控制其材质与性能；又如水泥的质量是直接影响混凝土工程质量的关键因素，施工中就应对进场的水泥质量进行重点控制，必须检查核对其出厂合格证，并按要求进行强度、凝结时间和安定性的复验等。

（3）施工方法与关键操作：某些直接影响工程质量的关键操作应作为控制的重点，如预应力钢筋的张拉工艺操作过程及张拉力的控制，是可靠地建立预应力值和保证预应力构件质量的关键。同时，易对工程质量产生重大影响的施工方法，也应列为控制的重点，如大模板施工中模板的稳定和组装问题，液压滑模施工时支撑杆稳定问题、装配式混凝土结构构件吊运、吊装过程中吊具、吊点、吊索的选择与设置问题等。

（4）施工技术参数：如混凝土的水胶比和外加剂掺量，回填土的含水量，砌体的砂浆饱满度，防水混凝土的抗渗等级，建筑物沉降与基坑边坡稳定监测数据，大体积混凝土内外温差及混凝土冬期施工受冻临界强度，装配式混凝土预制构件出厂时的强度等技术参数都是应重点控制的质量参数与指标。

（5）技术间歇：有些工序之间必须留有必要的技术间歇时间，如砌筑与抹灰之间，应在墙体砌筑后留 6～10 d，让墙体充分沉陷、稳定、干燥，然后再抹灰，抹灰层干燥后，才能喷白、刷浆；混凝土浇筑与模板拆除之间，应保证混凝土有一定的硬化时间，达到规定拆模强度后方可拆除。

（6）施工顺序：某些工序之间必须严格控制先后的施工顺序，如对冷拉的钢筋应当先焊接后冷拉，否则会失去冷强；屋架的安装固定，应采取对角同时施焊方法，否则会由于焊接应力导致校正好的屋架发生倾斜。

（7）易发生或常见的质量通病：如混凝土工程的蜂窝、麻面、空洞，墙、地面、屋面工程渗水、漏水、空鼓、起砂、裂缝等，都与工序操作有关，均应事先研究对策，提出预防措施。

（8）新技术、新材料及新工艺的应用：由于缺乏经验，施工时应将其作为重点进行控制。

（9）产品质量不稳定和不合格率较高的工序应列为重点，认真分析，严格控制。

（10）特殊地基或特种结构：对于湿陷性黄土、膨胀土、红黏土等特殊土地基的处理，以及大跨度结构、高耸结构等技术难度较大的施工环节和重要部位，均应予以特别的重视。

3. 质量控制点的管理

对施工质量控制点的控制，首先要做好质量控制点的事前质量预控工作，包括：明确质量控制的目标与控制参数；编制作业指导书和质量控制措施；确定质量检查检验方式及抽样的数量与方法；明确检查结果的判断标准及质量记录与信息反馈要求等。其次，要向施工作业班组进行认真交底，使每一个控制点上的作业人员明白施工作业规程及质量检验评定标准，掌握施工操作要领；在施工过程中，相关技术管理和质量控制人员要在现场进行重点指导和检查验收。

同时，还要做好施工质量控制点的动态设置和动态跟踪管理。所谓动态设置，是指在工程开工前、设计交底和图纸会审时，可确定项目的一批质量控制点，随着工程的展开、施工条件的变化，随时或定期进行控制点的调整和更新。动态跟踪是应用动态控制原理，落实专人负责跟踪和记录控制点质量控制的状态和效果，并及时向项目管理组织的高层管理者反馈质量控制信息，保持施工质量控制点的受控状态。

对于危险性较大的分部分项工程或特殊施工过程，除按一般过程质量控制的规定执行外，还应由专业技术人员编制专项施工方案或作业指导书，经施工单位技术负责人、项目总监理工程师、建设单位项目负责人审阅签字后执行。超过一定规模的危险性较大的分部分项工程，还要组织专家对专项施工方案进行论证。作业前施工员、技术员做好交底和记录，使操作人员在明确工艺标准、质量要求的基础上进行作业。为保证质量控制点的目标实现，应严格按照三级检查制度进行检查控制。在施工中发现质量控制点有异常时，应立即停止施工，召开分析会，查找原因采取对策予以解决。

施工单位应积极主动地支持、配合监理工程师的工作，根据现场工程监理机构的要求，对施工作业质量控制点，按照不同的性质和管理要求，细分为"见证点"和"待检点"进行施工质量的监督和检查。凡属"见证点"的施工作业，如重要部位、特种作业、专门工艺等，施工方必须在该项作业开始前，书面通知现场监理机构到位旁站，见证施工作业过程；凡属"待检点"的施工作业，如隐蔽工程等，施工方必须在完成施工质量自检的基础上，提前通知项目监理机构进行检查验收，然后才能进行工程隐蔽或下道工序的施工。未经过项目监理机构检查验收合格的，不得进行工程隐蔽或下道工序的施工。

 **知识拓展**

项目质量创优

工程创优是指创建地、市级及以上的优质建设项目或单位工程，重点是国家级优质工程和省（部）级优质工程。工程创优工作是一个系统、全面的工作，是以提高工程质量、建筑精品工程为目的。全面开展工程创优工作，有利于提高工程质量，促进行业发展。

《建设工程项目管理规范》（GB/T 50326—2017）中对项目质量创优控制提出了下列规定：
（1）明确质量创优目标和创优计划；
（2）精心策划和系统管理；
（3）制定高于国家标准的控制准则；
（4）确保工程创优资料和相关证据的管理水平。

一、确定创优目标

由于工程类型和规模的不同、奖项的不同，对工程的要求也各不相同。首先，决定创优目标的第一个条件就是工程规模，工程规模要符合奖项的要求才能符合申报条件。其次，工程的设计也非常重要，就鲁班奖而言，设计必须节能环保、新颖大方，工程施工难度大、技术含量高。再次，工程施工过程中应用"四新"的数量也要满足建设部推广的"十项新技术"要求。

二、做好创优策划

项目质量创优策划一般由项目经理主持、项目总工全面组织，质保体系全程参与。创优策划必须确定项目施工的目标、措施和主要技术管理程序，同时制定施工分项分部工程的质量控制标准，为施工质量提供控制依据。一般包括：工程概况及工程特、重、难点分析；工程质量目标及创优目标分解；创优策划工作整体部署；分部分项工程质量策划；创优策划辅助措施。

三、创优基本要求

（1）工程必须安全、适用、美观；
（2）积极推进科技进步与创新；
（3）施工过程坚持"四节一环保"；
（4）工程管理科学规范；
（5）综合效益显著；
（6）注重对工程项目自身的研究；
（7）工程必须经过全面验收；
（8）工程质量实际情况符合申报要求。

6-3 项目施工质量控制

 **知识准备**

一、施工质量控制的特点

施工质量控制是在明确的质量方针指导下，通过对施工方案和资源配置

微课：全员质量控制

的计划、实施、检查和处置，为了实现施工质量目标而进行的事前控制、事中控制和事后控制的系统过程。施工质量控制的特点是由建设项目的工程特点和施工生产的特点决定的，施工质量控制必须考虑和适应这些特点，进行有针对性的管理。

1．需要控制的因素多

工程项目的施工质量受到多种因素的影响。这些因素包括地质、水文、气象和周边环境等自然条件因素，勘察、设计、材料、机械、施工工艺、操作方法、技术措施，以及管理制度、办法等人为的技术管理因素。要保证工程项目的施工质量，必须对所有这些影响因素进行有效控制。

2．控制的难度大

由于建筑产品的单件性和施工生产的流动性，不具有一般工业产品生产常有的固定的生产流水线、规范化的生产工艺、完善的检测技术、成套的生产设备和稳定的生产环境等条件，不能进行标准化施工，施工质量容易产生波动；而且施工场面大、人员多、工序多、关系复杂、作业环境差，都加大了质量控制的难度。

3．过程控制要求高

工程项目在施工过程中，工序衔接多、中间交接多、隐蔽工程多，施工质量具有一定的过程性和隐蔽性。上道工序的质量往往会影响下道工序的质量，下道工序的施工往往又掩盖了上道工序的质量。因此，在施工质量控制工作中，必须强调过程控制，加强对施工过程的质量检查，及时发现和整改存在的质量问题，并及时做好检查、签证记录，为证明施工质量提供必要的证据。

4．终检局限大

由于前面所述原因，工程项目建成以后不能像一般工业产品那样，可以依靠终检来判断和控制产品的质量；也不可能像工业产品那样将其拆卸或解体检查内在质量、更换不合格的零部件。工程项目的终检（竣工验收）只能从表面进行检查，难以发现在施工过程中产生、又被隐蔽了的质量隐患，存在较大的局限性。如果在终检时才发现严重质量问题，要整改也很难，如果不得不推倒重建，必然导致重大损失。

二、施工质量控制的依据

1．共同性依据

共同性依据是指适用于施工质量管理有关的、通用的、具有普遍指导意义和必须遵守的基本法规。主要包括：国家和政府有关部门颁布的与工程质量管理有关的法律法规性文件，如《中华人民共和国建筑法》《中华人民共和国招标投标法》《建设工程质量管理条例》等。

2．专业技术性依据

专业技术性依据是指针对不同的行业、不同质量控制对象制定的专业技术规范文件，包括规范、规程、标准、规定等，如：工程建设项目质量检验评定标准，有关建筑材料、半成品和构配件质量方面的专门技术法规性文件，有关材料验收、包装和标志等方面的技术标准和规定，施工工艺质量等方面的技术法规性文件，有关新工艺、新技术、新材料、新设备的质量规定和鉴定意见等。

3．项目专用性依据

项目专用性依据是指本项目的工程建设合同、勘察设计文件、设计交底及图纸会审记录、设计修改和技术变更通知，以及相关会议记录和工程联系单等。

三、施工质量控制的基本环节

施工质量控制应贯彻全面、全员、全过程质量管理的思想,运用动态控制原理,进行质量的事前控制、事中控制和事后控制。

1. 事前质量控制

事前质量控制是在正式施工前进行的事前主动质量控制,通过编制施工质量计划,明确质量目标,制定施工方案,设置质量管理点,落实质量责任,分析可能导致质量目标偏离的各种影响因素,针对这些影响因素制定有效的预防措施,防患于未然。

2. 事中质量控制

事中质量控制是在施工质量形成过程中,对影响施工质量的各种因素进行全面的动态控制。事中控制首先是对质量活动的行为约束,其次是对质量活动过程和结果的监督控制。事中控制的关键是坚持质量标准,控制的重点是对工序质量、工作质量和质量控制点的控制。

3. 事后质量控制

事后质量控制也称为事后质量把关,以使不合格的工序或最终产品(包括单位工程或整个工程项目)不流入下道工序、不进入市场。事后控制包括对质量活动结果的评价、认定和对质量偏差的纠正。控制的重点是发现施工质量方面的缺陷,并通过分析,提出施工质量改进的措施,保持质量处于受控状态。

以上三大环节不是互相孤立和截然分开的,它们共同构成有机的系统过程,实质上也就是质量管理 PDCA 循环的具体化,在每一次滚动循环中不断提高,达到质量管理和质量控制的持续改进。

四、施工质量控制的一般方法

1. 质量文件审核

审核有关技术文件、报告或报表,是对工程质量进行全面管理的重要手段。这些文件包括:施工单位的技术资质证明文件和质量保证体系文件;施工组织设计和施工方案及技术措施;有关材料和半成品及构配件的质量检验报告;有关应用新技术、新工艺、新材料的现场试验报告和鉴定报告;反映工序质量动态的统计资料或控制图表;设计变更和图纸修改文件;有关工程质量事故的处理方案;相关方面在现场签署的有关技术签证和文件等。

微课:现场质量检查

2. 现场质量检查

(1) 现场质量检查的内容包括以下工作:

1) 开工前的检查:主要检查是否具备开工条件,开工后是否能够保持连续正常施工,能否保证工程质量。

2) 工序交接检查:对于重要的工序或对工程质量有重大影响的工序,应严格执行"三检"制度,即自检、互检、专检。未经监理工程师(或建设单位技术负责人)检查认可,不得进行下道工序施工。

3) 隐蔽工程的检查:施工中凡是隐蔽工程必须检查认证后方可进行隐蔽掩盖。

4) 停工后复工的检查:因客观因素停工或处理质量事故等停工复工时,经检查认可后方能复工。

5) 分项、分部工程完工后的检查:分项、分部工程完工后应经检查认可,并签署验收记录后,才能进行下一工程项目的施工。

6）成品保护的检查：检查成品有无保护措施以及保护措施是否有效可靠。

（2）现场质量检查的方法主要有目测法、实测法和试验法等。目测法即凭借感官进行检查，也称观感质量检验；实测法就是通过实测，将实测数据与施工规范、质量标准的要求及允许偏差值进行对照，以此判断质量是否符合要求；试验法是指通过必要的试验手段对质量进行判断的检查方法。具体方法见表6-2。

表6-2 现场质量检查手段

检查方法	主要手段	应用举例
目测法	看	根据质量标准要求进行外观检查，如清水墙面是否洁净，喷涂的密实度和颜色是否良好、均匀，工人的操作是否正常，内墙抹灰的大面及口角是否平直，混凝土外观是否符合要求等
	摸	通过触摸手感进行检查、鉴别，如油漆的光滑度，浆活是否牢固、不掉粉等
	敲	运用敲击工具进行音感检查，如对地面工程、装饰工程中的水磨石、面砖、石材饰面等，均应进行敲击检查
	照	通过人工光源或反射光照射，检查难以看到或光线较暗的部位，如管道井、电梯井等内的管线、设备安装质量，装饰吊顶内连接及设备安装质量等
实测法	靠	用直尺、塞尺检查，如墙面、地面、路面等的平整度
	量	用测量工具和计量仪表等检查断面尺寸、轴线、标高、湿度、温度等的偏差，如大理石板拼缝尺寸与超差数量、摊铺沥青拌合料的温度、混凝土坍落度的检测等
	吊	利用托线板以及线锤吊线检查垂直度，如砌体、门窗安装的垂直度检查等
	套	以方尺套方，辅以塞尺检查，如对阴阳角的方正、踢脚线的垂直度、预制构件的方正、门窗口及构件的对角线检查等
试验法	理化试验	力学性能的检验，如各种力学指标的测定，包括抗拉强度、抗压强度、抗弯强度、抗折强度、冲击韧性、硬度、承载力等
		物理性能方面的测定，如密度、含水量、凝结时间、安定性及抗渗、耐磨、耐热性能等
		化学成分及其含量的测定，如钢筋中的磷、硫含量，混凝土中粗骨料中的活性氧化硅成分，以及耐酸、耐碱、抗腐蚀性等
		现场试验。如：对桩或地基的静载试验、下水管道的通水试验、压力管道的耐压试验、防水层的蓄水或淋水试验等
	无损检测	利用专门的仪器仪表从表面探测结构物、材料、设备的内部组织结构或损伤情况。常用的无损检测方法有超声波探伤、X射线探伤、γ射线探伤等

3．见证取样送检

为了保证建设工程质量，我国规定对工程所使用的主要材料、半成品、构配件以及施工过程留置的试块、试件等应实行现场见证取样送检。见证人员由建设单位及工程监理机构中有相关专业知识的人员担任；送检的试验室应具备经国家或地方工程检验检测主管部门核准的相关资质；见证取样送检必须严格按规定的程序进行：包括取样见证并记录、样本编号、填单、封箱、送试验室、核对、交接、试验检测、报告等。

检测机构应当建立档案管理制度。检测合同、委托单、原始记录、检测报告应当按年度统一编号，编号应当连续，不得随意抽撤、涂改。

五、施工生产要素的质量控制

施工生产要素是施工质量形成的物质基础，其质量的含义包括：作为劳动主体的施工人员，即直接参与施工的管理者、作业者的素质及其组织效果；作为劳动对象的建筑材料、构件、半成品、工程设备等的质量；作为劳动方法的施工工艺及技术措施的水平；作为劳动手段的施工机械、设备、工具、模具等的技术性能；以及施工环境现场水文、地质、气象等自然条件，通风、照明、安全等作业环境设置，以及协调配合的管理水平。

1．施工人员的质量控制

施工人员的质量包括参与工程施工各类人员的施工技能、文化素养、生理体能、心理行为等方面的个体素质，以及经过合理组织和激励发挥个体潜能综合形成的群体素质。因此，企业应通过择优录用、加强思想教育及技能方面的教育培训，合理组织、严格考核，并辅以必要的激励机制，使企业员工的潜在能力得到充分的发挥和最好的组合，使施工人员在质量控制系统中发挥自控主体作用。

施工企业必须坚持执业资格注册制度和作业人员持证上岗制度；对所选派的施工项目领导者、组织者进行教育和培训，使其质量意识和组织管理能力能满足施工质量控制的要求；对所属施工队伍进行全员培训，加强质量意识的教育和技术训练，提高每个作业者的质量活动能力和自控能力；对分包单位进行严格的资质考核和施工人员的资格考核，其资质、资格必须符合相关法规的规定，与其分包的工程相适应。

2．施工机械的质量控制

施工机械设备是所有施工方案和工法得以实施的重要物质基础，合理选择和正确使用施工机械设备是保证施工质量的重要措施。

（1）对施工所用的机械设备，应根据工程需要从设备选型、主要性能参数及使用操作要求等方面加以控制，符合安全、适用、经济、可靠和节能、环保等方面的要求。

（2）对施工中使用的模具、脚手架等施工设备，除可按适用的标准定型选用之外，一般需按设计及施工要求进行专项设计，对其设计方案及制作质量的控制及验收应作为重点进行控制。

（3）混凝土预制构件吊运应根据构件的形状、尺寸、重量和作业半径等要求选择吊具和起重设备，预制柱的吊点数量、位置应经计算确定，吊索水平夹角不宜小于60°，最小不应小于45°。

（4）按现行施工管理制度要求，工程所用的施工机械、模板、脚手架，特别是危险性较大的现场安装的起重机械设备，在安装前要编制专项安装方案并经过审批后实施，安装完毕后不仅必须经过自检和专业检测机构检测，而且还要经过相关管理部门验收合格后方可使用。同时，在使用过程中还需落实相应的管理制度，以确保其安全正常使用。

3．材料设备的质量控制

对原材料、半成品及工程设备进行质量控制的主要内容为：控制材料设备的性能、标准、技术参数与设计文件的相符性；控制材料、设备各项技术性能指标、检验测试指标与标准规范要求的相符性；控制材料、设备进场验收程序的正确性及质量文件资料的完备性；优先采用节能低碳的新型建筑材料和设备，禁止使用国家明令禁用或淘汰的建筑材料和设备等。

施工单位应按照现行的《建筑工程检测试验技术管理规范》（JGJ 190—2010），在施工过程中贯彻执行企业质量程序文件中关于材料和设备封样、采购、进场检验、抽样检测及质保资料提交等方面明确规定的一系列控制程序和标准。

装配式建筑的混凝土预制构件的原材料质量、钢筋加工和连接的力学性能、混凝土强度、构件结构性能、装饰材料、保温材料及拉结件的质量等均应根据国家现行有关标准进行检查和检验,并应具有生产操作规程和质量检验记录。企业应建立装配式建筑部品部件生产和施工安装全过程质量控制体系,对装配式建筑部品部件实行驻厂监造制度。混凝土预制构件出厂时的混凝土强度不宜低于设计混凝土强度等级值的75%。

4. 工艺技术方案的质量控制

对施工工艺技术方案的质量控制主要包括以下内容:

(1)深入正确地分析工程特征、技术关键及环境条件等资料,明确质量目标、验收标准、控制的重点和难点。

(2)制定合理有效的、有针对性的施工技术方案和组织方案,前者包括施工工艺、施工方法,后者包括施工区段划分、施工流向及劳动组织等。

(3)合理选用施工机械设备和设置施工临时设施,合理布置施工总平面图和各阶段施工平面图。

(4)根据施工工艺技术方案选用和设计保证质量和安全的模具、脚手架等施工设备;成批生产的混凝土预制构件模具应具有足够的强度、刚度和整体稳固性。

(5)编制工程所采用的新材料、新技术、新工艺的专项技术方案和质量管理方案。

(6)针对工程具体情况,分析气象、地质等环境因素对施工的影响,制订应对措施。

5. 施工环境因素的控制

环境因素对工程质量的影响,具有复杂多变和不确定性的特点,具有明显的风险特性。要减少其对施工质量的不利影响,主要是采取预测预防的风险控制方法。

(1)对施工现场自然环境因素的控制。对地质、水文等方面的影响因素,应根据设计要求,分析工程岩土地质资料,预测不利因素,并会同设计等方面制定相应的措施,采取如基坑降水、排水、加固围护等技术控制方案。对天气气象方面的影响因素,应在施工方案中制定专项紧急预案,明确在不利条件下的施工措施,落实人员、器材等方面的准备,加强施工过程中的预警与监控。

(2)对施工质量管理环境因素的控制。要根据工程承发包的合同结构,理顺管理关系,建立统一的现场施工组织系统和质量管理的综合运行机制,确保质量保证体系处于良好的状态,创造良好的质量管理环境和氛围,使施工顺利进行,保证施工质量。

(3)对施工作业环境因素的控制。要认真实施经过审批的施工组织设计和施工方案,落实相关管理制度,严格执行施工平面规划和施工纪律,保证各种施工条件良好,制定应对停水、停电、火灾、食物中毒等方面的应急预案。

技能准备

一、施工准备的质量控制

1. 技术准备工作的质量控制

施工技术准备是指在正式开展施工作业活动前进行的技术准备工作。这类工作内容繁多,主要在室内进行,例如:熟悉施工图纸,组织设计交底和图纸审查;进行工程项目检查验收的项目划分和编号;审核相关质量文件,细化施工技术方案和施工人员、机具的配置方案，编制施工作业技术指导书，绘制各种施工详图（如测量放线图、大样图及配筋、配板、配线图表等），进行必要的技术交底和技术培训。如果施工准备工作出错，必然影响施工进度和作业质量，甚至直接导致质量事故的发生。

技术准备工作的质量控制，包括对上述技术准备工作成果的复核审查，检查这些成果是否符合设计图纸和施工技术标准的要求；依据经过审批的质量计划审查、完善施工质量控制措施；针对质量控制点，明确质量控制的重点对象和控制方法；尽可能地提高上述工作成果对施工质量的保证程度等。

2. 现场准备工作的质量控制

（1）计量控制。计量控制是施工质量控制的一项重要基础工作。施工过程中的计量，包括施工生产时的投料计量、施工测量、监测计量以及对项目、产品或过程的测试、检验、分析计量等。开工前要建立和完善施工现场计量管理的规章制度；明确计量控制责任者和配置必要的计量人员；严格按规定对计量器具进行维修和校验；统一计量单位，组织量值传递，保证量值统一，从而保证施工过程中计量的准确。

（2）测量控制。工程测量放线是建设工程产品由设计转化为实物的第一步。施工测量质量的好坏，直接决定工程的定位和标高是否正确，并且制约施工过程有关工序的质量。因此，施工单位在开工前应编制测量控制方案，经项目技术负责人批准后实施。要对建设单位提供的原始坐标点、基准线和水准点等测量控制点、线进行复核，并将复测结果上报监理工程师审核，批准后施工单位才能建立施工测量控制网，进行工程定位和基准标高的控制。

（3）施工平面图控制。建设单位应按照合同约定并充分考虑施工的实际需要，事先划定并提供施工用地和现场临时设施用地的范围，协调平衡和审查批准各施工单位的施工平面设计。施工单位要严格按照批准的施工平面布置图，科学合理地使用施工场地，正确安装设置施工机械设备和其他临时设施，维护现场施工道路畅通无阻和通信设施完好，合理控制材料的进场与堆放，保持良好的防洪排水能力，保证充分的给水和供电。建设（监理）单位应会同施工单位制定严格的施工场地管理制度、施工纪律和相应的奖惩措施，严禁乱占场地和擅自断水、断电、断路，及时制止和处理各种违纪行为，并做好施工现场的质量检查记录。

二、施工过程的质量控制

施工过程的质量控制，是在工程项目质量实际形成过程中的事中质量控制，一般可称为过程控制。

建设工程项目施工是由一系列相互关联、相互制约的作业过程（工序）构成，因此施工质量控制，必须对全部作业过程，即各道工序的作业质量持续进行控制。从项目管理的立场看，工序作业质量的控制，首先是质量生产者即作业者的自控，在施工生产要素合格的条件下，作业者能力及其发挥的状况是决定作业质量的关键。其次，是来自作业者外部的各种作业质量检查、验收和对质量行为的监督，也是不可缺少的设防和把关的管理措施。

1. 工序施工质量控制

工序是人、机械、材料设备、施工方法和环境因素对工程质量综合起作用的过程，所以对施工过程的质量控制，必须以工序作业质量控制为基础和核心。因此，工序的质量控制是施工阶段质量控制的重点。只有严格控制工序质量，才能确保施工项目的实体质量。

工序施工质量控制主要包括工序施工条件质量控制和工序施工效果质量控制。

（1）工序施工条件质量控制。工序施工条件是指从事工序活动的各生产要素质量及生产环境条件。工序施工条件质量控制就是控制工序活动的各种投入要素质量和环境条件质量。

控制的手段主要有：检查、测试、试验、跟踪监督等。控制的依据主要是：设计质量标准、材料质量标准、机械设备技术性能标准、施工工艺标准以及操作规程等。

（2）工序施工效果质量控制。工序施工效果是工序产品的质量特征和特性指标的反映。对工序施工效果质量的控制就是控制工序产品的质量特征和特性指标能否达到设计质量标准以及施工质量验收标准的要求。工序施工效果质量控制属于事后质量控制，其控制的主要途径是：实测获取数据、统计分析所获取的数据、判断认定质量等级和纠正质量偏差。

2．施工作业质量的自控

《中华人民共和国建筑法》和《建设工程质量管理条例》规定：施工单位对建设工程的施工质量负责；施工单位必须按照工程设计要求、施工技术标准和合同的约定，对建筑材料、建筑构配件和设备进行检验，不合格的不得使用。

施工作业质量的自控过程是由施工作业组织的成员进行的，其基本的控制程序包括：作业技术交底、作业活动的实施和作业质量的检查（包括自检自查、互检互查以及专职管理人员的质量检查等）。

（1）施工作业技术交底。技术交底是施工组织设计和施工方案的具体化，施工作业技术交底的内容必须具有可行性和可操作性。

从项目的施工组织设计到分部、分项工程的作业计划，在实施之前都必须逐级进行交底，其目的是使管理者的计划和决策意图为实施人员所理解。施工作业交底是最基层的技术和管理交底活动，施工总承包方和工程监理机构都要对施工作业交底进行监督。作业交底的内容包括作业范围、施工依据、作业程序、技术标准和要领、质量目标以及其他与安全、进度、成本、环境等目标管理有关的要求和注意事项。

（2）施工作业活动的实施。施工作业活动由一系列工序所组成。为了保证工序质量受控，首先要对作业条件进行再确认，即按照作业计划检查作业准备状态是否落实到位，其中包括对施工程序和作业工艺顺序的检查确认，在此基础上，严格按作业计划的程序、步骤和质量要求展开工序作业活动。

（3）施工作业质量的检验。施工作业的质量检查，是贯穿整个施工过程的最基本的质量控制活动，包括施工单位内部的工序作业质量自检、互检、专检和交接检查，以及现场监理机构的旁站检查、平行检验等。施工作业质量检查是施工质量验收的基础，已完检验批及分部分项工程的施工质量，必须在施工单位完成质量自检并确认合格之后，才能报请现场监理机构进行检查验收。前道工序作业质量经验收合格后，才可进入下道工序施工。未经验收合格的工序，不得进入下道工序施工。

3．施工作业质量的监控

为了保证项目质量，建设单位、监理单位、设计单位及政府的工程质量监督部门，在施工阶段依据法律法规和工程施工承包合同，对施工单位的质量行为和项目实体质量实施监督控制。

设计单位应当就审查合格的施工设计文件向施工单位作出详细说明；应当参与建设工程质量事故分析，并对因设计造成的质量事故，提出相应的技术处理方案。

建设单位在领取施工许可证或者开工报告前，应当按照国家有关规定办理工程质量监督手续。

作为监控主体之一的项目监理机构，在施工作业实施过程中，根据其监理规划与实施细则，采取现场旁站、巡视、平行检验等形式，对施工作业质量进行监督检查，如发现工程施工中有不符合工程设计要求、施工技术标准和合同约定的地方，有权要求施工单位改正。

监理机构应进行检查，当没有检查或没有按规定进行检查的，给建设单位造成损失时应承担赔偿责任。

三、隐蔽工程验收与成品质保护

1．隐蔽工程验收

凡被后续施工所覆盖的施工内容，如地基基础工程、钢筋工程、预埋管线等均属隐蔽工程。在后续工序施工前必须进行质量验收。装配式混凝土建筑后浇混凝土浇筑前也应进行隐蔽工程验收。加强隐蔽工程质量验收，是施工质量控制的重要环节。其程序要求：施工方应首先完成自检并合格，然后填写专用的《隐蔽工程验收单》，验收单所列的验收内容应与已完的隐蔽工程实物相一致；提前通知监理机构及有关方面，按约定时间进行验收。验收合格的隐蔽工程由各方共同签署验收记录；验收不合格的隐蔽工程，应按验收整改意见进行整改后重新验收。严格隐蔽工程验收的程序和记录，对于预防工程质量隐患，提供可追溯质量记录具有重要作用。

2．施工成品质量保护

建设工程项目已完施工的成品保护，目的是避免已完施工成品受到来自后续施工以及其他方面的污染或损坏。已完施工的成品保护问题和相应措施，在工程施工组织设计与计划阶段就应该从施工顺序上进行考虑，防止施工顺序不当或交叉作业造成相互干扰、污染和损坏；成品形成后可采取防护、覆盖、封闭、包裹等相应措施进行保护。

装配式混凝土建筑施工过程中，应采取防止预制构件、部品及预制构件上的建筑附件、预埋件、预埋吊件等损伤或污染的保护措施。

施工质量自控制度

一、质量自控要求

工序作业质量直接形成工程质量的基础，为达到对工序作业质量控制的效果，在加强工序管理和质量目标控制方面应坚持以下要求。

1．预防为主

严格按照施工质量计划的要求，进行各分部分项施工作业的部署。同时，根据施工作业的内容、范围和特点，制定施工作业计划，明确作业质量目标和作业技术要领，认真进行作业技术交底，落实各项作业技术组织措施。

2．重点控制

在施工作业计划中，一方面要认真贯彻实施施工质量计划中的质量控制点的控制措施，同时，要根据作业活动的实际需要，进一步建立工序作业控制点，深化工序作业的重点控制。

3．坚持标准

工序作业人员对工序作业过程应严格进行质量自检，通过自检不断改善作业，并创造条件开展作业质量互检，通过互检加强技术与经验的交流。对已完工序作业产品，即检验批或分部、分项工程，应严格坚持质量标准。对质量不合格的施工作业，不得进行验收签证，必须按照规定的程序进行处理。

《建筑工程施工质量验收统一标准》（GB 50300—2013）及配套使用的专业质量验收规范，是施工作业质量自控的合格标准。有条件的施工企业或项目经理部应结合自身的条件编制高于国家标准的企业内控标准或工程项目内控标准,或采用施工承包合同明确规定的更高标准,列入质量计划中,努力提升工程质量水平。

4. 记录完整

施工图纸、质量计划、作业指导书、材料质保书、检验试验及检测报告、质量验收记录等,是形成可追溯性质量保证的依据,也是工程竣工验收所不可缺少的质量控制资料。

因此,对工序作业质量,应有计划、有步骤地按照施工管理规范的要求进行填写记载,做到及时、准确、完整、有效,并具有可追溯性。

二、质量自控制度

1. 质量三检制度

"三检制"即自检、互检、专检。"自检"就是操作者对自己施工过程(工序)或完成的工作进行自我检验,起到自我监督的作用。"互检"就是操作者之间对施工过程(工序)或完成的工作进行相互的检验,起到相互监督和纠正错误的作用。"专检"就是专职检查员对施工的过程(工序)质量进行的检验。

2. 质量例会制度

在施工过程中,项目部定期召集现场各相关部室负责人、现场技术员、质检员和施工队负责人等,主持召开项目部工程质量例会。质量例会可分为周例会、月例会和质量专题会等。其目的是为了强化质量意识,规范质量活动,加强质量管理,解决质量问题,防止质量问题在施工中潜入、蔓延。

3. 质量会诊制度

在项目内部分别组成钢筋、模板、混凝土、砌体、装修、安装等分项工程质量考评小组,对每个施工完毕的施工段进行质量会诊和总结,并填写入钢筋、模板、混凝土、砌体、装修、安装等质量会诊表中,质量会诊表中着重反映发生每种质量超差点的数量,并对发生的原因进行分析说明。

质量会诊小组成员在每周质量例会上对上一周质量会诊出来的主要问题进行有针对性的分析和总结,提出解决措施,预控下一周不再发生同样的问题。

同时,项目工程部对各层同一分项工程质量问题发生频率情况进行统计分析,做出统计分析图表,进一步发现问题变化趋势,以便更好地克服质量通病。

4. 质量样板制度

在开始大面积施工前作出示范样板,严格按照技术标准、施工图设计文件以及审批通过的专项方案进行样板施工。对于工程质量样板的制作过程,应当进行拍照,保留照片资料。关键部位、重点工序应分层解构,并附文字说明。

工程质量样板施工完毕,施工单位应邀请监理单位、建设单位进行工程质量样板验收。验收完毕,验收各方应出具工程质量样板验收的意见。

样板验收通过后,施工单位应进行施工技术交底和岗前培训,交底、培训过程应有相应的记录。

5. 质量挂牌制度

挂牌制体现在以下方面:

(1) 技术交底挂牌。在工序开始前针对施工中的重点和难点现场挂牌,将施工操作的具体要求,如钢筋规格、设计要求、规范要求等写在牌子上,既有利于管理人员对工人进行现场交底,又便于工人自觉阅读技术交底,达到了理论与实践的统一。

(2) 施工部位挂牌。在施工部位挂"施工部位牌",牌中注明施工部位、工序名称、施工要求、检查标准、检查人、操作者及处罚措施等，保证出质量问题时可以追查到底，并执行奖罚措施，从而提高相关人员的责任心和业务水平，达到不断提高施工质量的目的。

（3）操作管理制度挂牌。注明操作流程、工序要求及标准、责任人，管理制度标明相关的要求和注意事项等。

（4）成品、半成品挂牌制度。对施工现场使用的原材料、成品、半成品及零配件等进行挂牌标识，需注明施工部位、规格、型号、产地、进场时间及检验状态等，必要时注明存放要求。

6. 每月质量讲评制度

工程质量讲评制度具体做法为：工程施工过程中发生质量问题时，由工程部组织技术、质量、分包单位及班组人员到现场针对特定对象进行讲评，及时纠正问题，指导工程按标准化、规范化施工。

每月底由项目质量总监组织项目部工长、技术、质量及分包施工队管理人员进行实体质量检查，之后召开质量分析会把当月工程质量出现的问题及整改落实情况、实施效果进行总结。

6-4 项目质量验收

知识准备

一、项目质量验收的定义

建设工程项目的质量验收，主要是指工程施工质量的验收。建筑工程的施工质量验收应按照现行的《建筑工程施工质量验收统一标准》（GB 50300—2013）进行。该标准是建筑工程各专业工程施工质量验收规范编制的统一准则，各专业工程施工质量验收规范应与该标准配合使用。

所谓"验收"，是指建筑工程在施工单位自行质量检查评定的基础上，参与建设活动的有关单位共同对检验批、分项、分部、单位工程的质量进行抽样复验，根据相关标准以书面形式对工程质量达到合格与否作出确认。

微课：明确质量验收要求

二、项目质量验收的要求

根据《建筑工程施工质量验收统一标准》（GB 50300—2013），建筑工程施工质量应按下列要求进行验收：

（1）工程质量验收均应在施工单位自检合格的基础上进行；

（2）参加工程施工质量验收的各方人员应具备相应的资格；

（3）检验批的质量应按主控项目和一般项目验收；

（4）对涉及结构安全、节能、环境保护和主要使用功能的试块、试件及材料，应在进场时或施工中按规定进行见证检验；

（5）隐蔽工程在隐蔽前应由施工单位通知监理单位进行验收，并应形成验收文件，验收合格后方可继续施工；

（6）对涉及结构安全、节能、环境保护和使用功能的重要分部工程应在验收前按规定进行抽样检验；

（7）工程的观感质量应由验收人员现场检查，并应共同确认。

三、工程质量检查验收的项目划分

一个建设工程项目从施工准备开始到竣工交付使用，要经过若干工序、工种的配合。施工质量的优劣，取决于各个施工工序、工种的管理水平和操作质量。因此，为了便于控制、检查、评定和监督每个工序和工种的工作质量，就要把整个项目逐级划分为若干个子项目，并分级进行编号，在施工过程中据此来进行质量控制和检查验收。这是进行施工质量控制的一项重要准备工作，应在项目施工开始之前进行。项目划分越合理、明细，越有利于分清质量责任，便于施工人员进行质量自控和检查监督人员检查验收，也有利于质量记录等资料的填写、整理和归档。

根据《建筑工程施工质量验收统一标准》（GB 50300—2013）的规定，建筑工程施工质量验收应划分为单位工程、分部工程、分项工程和检验批。

1．单位工程的划分

（1）具备独立施工条件并能形成独立使用功能的建筑物及构筑物为一个单位工程；

（2）对于建筑规模较大的单位工程，可将其能形成独立使用功能的部分划分为一个子单位工程。

2．分部工程的划分

（1）可按专业性质、工程部位确定。例如，一般的建筑工程可划分为地基与基础、主体结构、建筑装饰装修、建筑屋面、建筑给水排水及供暖、建筑电气、智能建筑、通风与空调、建筑节能、电梯等分部工程。

（2）当分部工程较大或较复杂时，可按材料种类、施工特点、施工程序、专业系统及类别等划分为若干子分部工程。

（3）分项工程可按主要工种、材料、施工工艺、设备类别等进行划分。

（4）检验批是指按同一生产条件或按规定的方式汇总起来供检验用的，由一定数量样本组成的检验体，是工程验收的最小单位。可根据施工质量控制和专业验收需要，按工程量、楼层、施工段、变形缝等进行划分。

（5）建筑工程的分部、分项工程划分宜按《建筑工程施工质量验收统一标准》（GB 50300—2013）附录 B 采用。

（6）室外工程可根据专业类别和工程规模按《建筑工程施工质量验收统一标准》（GB 50300—2013）附录 C 的规定划分单位工程、分部工程。

四、项目过程质量验收

工程项目质量验收，应将项目划分为单位工程、分部工程、分项工程和检验批进行验收。施工过程质量验收主要是指检验批和分项、分部工程的质量验收。检验批和分项工程是质量验收的基本单元；分部工程是在所含全部分项工程验收的基础上进行验收的，在施工过程中随完工随验收，并留下完整的质量验收记录和资料；单位工程作为具有独立使用功能的完整的建筑产品，进行竣工质量验收（在后续"项目收尾管理"模块中作详细介绍）。

技能准备

一、检验批质量验收

1．验收组织

检验批应由专业监理工程师组织施工单位项目专业质量检查员、专业工长等进行验收。

2．合格条件

检验批质量验收合格应符合下列规定：

（1）主控项目的质量经抽样检验均应合格；

（2）一般项目的质量经抽样检验合格；

（3）具有完整的施工操作依据、质量验收记录。

微课：组织质量验收

主控项目是指建筑工程中的对安全、节能、环境保护和主要使用功能起决定性作用的检验项目。主控项目的验收必须从严要求，不允许有不符合要求的检验结果，主控项目的检查具有否决权。除主控项目以外的检验项目称为一般项目。

二、分项工程质量验收

1．验收组织

分项工程的质量验收在检验批验收的基础上进行。一般情况下，两者具有相同或相近的性质，只是批量的大小不同而已。分项工程可由一个或若干检验批组成。

分项工程应由专业监理工程师组织施工单位项目专业技术负责人等进行验收。

2．合格条件

分项工程质量验收合格应符合下列规定：

（1）所含检验批的质量均应验收合格；

（2）所含检验批的质量验收记录应完整。

三、分部工程质量验收

1．验收组织

分部工程的验收在其所含各分项工程验收的基础上进行。

分部工程应由总监理工程师组织施工单位项目负责人和项目技术负责人等进行验收；勘察、设计单位项目负责人和施工单位技术、质量部门负责人应参加地基与基础分部工程验收；设计单位项目负责人和施工单位技术、质量部门负责人应参加主体结构、节能分部工程验收。

2．合格条件

分部工程质量验收合格应符合下列规定：

（1）所含分项工程的质量均应验收合格；

（2）质量控制资料应完整；

（3）有关安全、节能、环境保护和主要使用功能的抽样检验结果应符合相应规定；

（4）观感质量应符合要求。

必须注意的是，由于分部工程所含的各分项工程性质不同，因此它并不是在所含分项验收基础上的简单相加，即所含分项验收合格且质量控制资料完整，只是分部工程质量验收的基本条件，还必须在此基础上对涉及安全、节能、环境保护和主要使用功能的地基基础、主体结构和设备安装分部工程进行见证取样试验或抽样检测；而且还需要对其观感质量进行验收，并综合给出质量评价，对于评价为"差"的检查点应通过返修处理等进行补救。

四、质量验收不合格的处理

（1）施工过程的质量验收是以检验批的施工质量为基本验收单元。检验批质量不合格可能是由于使用的材料不合格，或施工作业质量不合格，或质量控制资料不完整等原因所致，其处理方法如下：

1）在检验批验收时，发现存在严重缺陷的应返工重做，有一般的缺陷可通过返修或更换器具、设备消除缺陷，返工或返修后应重新进行验收。

2）个别检验批发现某些项目或指标（如试块强度等）不满足要求难以确定是否验收时，应请有资质的检测机构检测鉴定，当鉴定结果能够达到设计要求时，应予以验收。

3）当检测鉴定达不到设计要求，但经原设计单位核算认可能够满足结构安全和使用功能的检验批，可予以验收。

（2）严重质量缺陷或超过检验批范围的缺陷，经有资质的检测机构检测鉴定以后，认为不能满足最低限度的安全储备和使用功能，则必须进行加固处理，经返修或加固处理的分项、分部工程，满足安全及使用功能要求时，可按技术处理方案和协商文件的要求予以验收，责任方应承担经济责任。

（3）通过返修或加固处理后仍不能满足安全或重要使用要求的分部工程及单位工程，严禁验收。

知识拓展

建筑工程施工质量验收统一标准

施工质量验收统一标准，是为统一建筑工程施工质量验收而制定的国家标准。标准规定房屋建筑各专业工程施工质量验收规范编制的统一准则和质量验收中单位工程、分部工程、分项工程的划分，还规定验收的质量标准、内容、程序和组织。建筑工程各专业工程施工质量验收规范必须与该标准配合使用，目的是加强建筑工程质量管理和保证工程质量。

现行版本为2013年11月1日由住房和城乡建设部批准发布的《建筑工程施工质量验收统一标准》（GB 50300—2013）。

各专业工程施工质量验收常用规范如下：

（1）《建筑地基基础工程施工质量验收标准》（GB 50202—2018）；
（2）《砌体结构工程施工质量验收规范》（GB 50203—2011）；
（3）《混凝土结构工程施工质量验收规范》（GB 50204—2015）；
（4）《钢结构工程施工质量验收标准》（GB 50205—2020）；
（5）《木结构工程施工质量验收规范》（GB 50206—2012）；
（6）《屋面工程质量验收规范》（GB 50207—2012）；
（7）《地下防水工程质量验收规范》（GB 50208—2011）；
（8）《建筑地面工程施工质量验收规范》（GB 50209—2010）；
（9）《建筑装饰装修工程质量验收标准》（GB 50210—2018）；

（10）《建筑给水排水及采暖工程施工质量验收规范》（GB 50242—2002）；

（11）《通风与空调工程施工质量验收规范》（GB 50243—2016）；

（12）《建筑电气工程施工质量验收规范》（GB 50303—2015）；

（13）《电梯工程施工质量验收规范》（GB 50310—2002）；

（14）《智能建筑工程质量验收规范》（GB 50339—2013）；

（15）《建筑节能工程施工质量验收标准》（GB 50411—2019）。

6-5　质量问题与事故处理

 知识准备

一、工程质量不合格

1．质量不合格和质量缺陷

根据我国国家标准《质量管理体系 基础和术语》（GB/T 19000—2016）的定义，工程产品未满足质量要求的，即为质量不合格；而与预期或规定用途有关的质量不合格，称为质量缺陷。

2．质量问题和质量事故

凡是工程质量不合格，影响使用功能或工程结构安全，造成永久质量缺陷或存在重大质量隐患，甚至直接导致工程倒塌或人身伤亡的，必须进行返修、加固或报废处理，按照由此造成人员伤亡和直接经济损失的大小区分，在规定限额以下的为质量问题，在规定限额以上的为质量事故。

二、工程质量事故

工程质量事故是指由于建设、勘察、设计、施工、监理等单位违反工程质量有关法律法规和工程建设标准，使工程产生结构安全、重要使用功能等方面的质量缺陷，造成人身伤亡或者重大经济损失的事故。

1．分类

工程质量事故具有成因复杂、后果严重、种类繁多、往往与安全事故共生的特点，建设工程质量事故的分类有多种方法，不同专业工程类别对工程质量事故的等级划分也不尽相同（见表 6-3）。

微课：质量事故预防

表 6-3　工程质量事故的分类

依据	分类	具体标准
按事故造成损失的程度	特别重大事故	30人以上死亡，或者100人以上重伤，或者1亿元以上直接经济损失
	重大事故	10人以上30人以下死亡，或者50人以上100人以下重伤，或者5 000万元以上1亿元以下直接经济损失
	较大事故	3人以上10人以下死亡，或者10人以上50人以下重伤，或者1 000万元以上5 000万元以下直接经济损失
	一般事故	3人以下死亡，或者10人以下重伤，或者100万元以上1 000万元以下直接经济损失
按事故责任	指导责任事故	由于工程实施指导或领导失误而造成的质量事故。如由于工程负责人片面追求施工进度，放松或不按质量标准进行控制和检验、降低施工质量标准等
	操作责任事故	由于实施操作者不按规程和标准实施操作，而造成的质量事故。如浇筑混凝土时随意加水，或振捣疏漏造成混凝土质量事故等
	自然灾害事故	由于突发的严重自然灾害等不可抗力造成的质量事故。如地震、台风、暴雨、雷电、洪水等对工程造成破坏甚至倒塌

注：表中，"以上"包括本数，"以下"不包括本数。

2．原因

工程质量事故发生的原因大致可分为以下四类：

(1) 技术原因：是由于在项目勘察设计、施工中技术上的失误引发质量事故。例如，地质勘察过于粗略，对水文地质情况判断错误，致使地基基础设计采用不正确的方案；或结构设计方案不正确，计算失误，构造设计不符合规范要求；施工管理及实际操作人员的技术素质差，采用了不合适的施工方法或施工工艺等。这些技术上的失误是造成质量事故的常见原因。

(2) 管理原因：是由于管理上的不完善或失误指引发质量事故。例如，施工单位或监理单位的质量管理体系不完善，质量管理措施落实不力，施工管理混乱，不遵守相关规范，违章作业，检验制度不严密，质量控制不严格，检测仪器设备管理不善而失准，以及材料质量检验不严等原因引起质量事故。

(3) 社会、经济原因：是指由于经济因素及社会上存在的弊端和不正之风导致建设中的错误行为，而发生质量事故。例如，违反基本建设程序，无立项、无报建、无开工许可、无招投标、无资质、无监理、无验收的"七无"工程，边勘察、边设计、边施工的"三边"工程等；某些施工企业盲目追求利润而不顾工程质量，在投标报价中随意压低标价，中标后则依靠违法的手段或修改方案追加工程款，甚至偷工减料等，这些因素都会导致发生重大工程质量事故。

(4) 人为事故和自然灾害原因：是指由于人为的设备事故、安全事故造成质量事故，导致连带发生质量事故，以及严重的自然灾害等不可抗力造成的质量事故。

3．预防

(1) 严格依法进行施工组织管理。认真学习、严格遵守国家相关政策法规和建筑施工强制性条文，依法进行施工组织管理，是从源头上预防施工质量事故的根本措施。

(2) 严格按照基本建设程序办事。首先要做好项目可行性论证，不可未经深入地调查分析和严格论证就盲目拍板定案；要彻底清楚工程地质水文条件方可开工；杜绝无证设计、无图施工；禁止任意修改设计和不按图纸施工；工程竣工不进行试车运转、不经验收不得交付使用。

(3) 认真做好工程地质勘察。地质勘察时要适当布置钻孔位置和设定钻孔深度。钻孔间距过大，不能全面反映地基实际情况；钻孔深度不够，难以查清地下软土层、滑坡、墓穴、孔洞等有害地质构造。地质勘察报告必须详细、准确，防止因根据不符合实际情况的地质资料而采用错误的基础方案，导致地基不均匀沉降、失稳，使上部结构及墙体开裂、破坏、倒塌。

（4）科学地加固处理好地基。对软弱土、冲填土、杂填土、湿陷性黄土、膨胀土、岩层出露、溶洞、土洞等不均匀地基要进行科学的加固处理。要根据不同地基的工程特性，按照地基处理与上部结构相结合使其共同工作的原则，从地基处理与设计措施、结构措施、防水措施、施工措施等方面综合考虑治理。

（5）进行必要的设计审查复核。要请具有合格专业资质的审图机构对施工图进行审查复核，防止因设计考虑不周、结构构造不合理、设计计算错误、沉降缝及伸缩缝设置不当、悬挑结构未通过抗倾覆验算等原因，导致质量事故的发生。

（6）严格把好建筑材料及制品的质量关。要从采购订货、进场验收、质量复验、存储和使用等几个环节上，严格控制建筑材料及制品的质量，防止不合格或是变质、损坏的材料和制品用到工程上。

（7）对施工人员进行必要的技术培训。要通过技术培训使施工人员掌握基本的建筑结构和建筑材料知识，懂得遵守施工验收规范对保证工程质量的重要性，从而在施工中自觉遵守操作规程，不蛮干、不违章操作、不偷工减料。

（8）加强施工过程管理。施工人员首先要熟悉图纸，对工程的难点和关键工序、关键部位应编制专项施工方案并严格执行；施工作业必须按照图纸和施工验收规范、操作规程进行；施工技术措施要正确，施工顺序不可搞错；脚手架和楼面不可超载堆放构件和材料；要严格按照制度进行质量检查和验收。

（9）做好应对不利施工条件和各种灾害的预案。要根据当地气象资料的分析和预测，事先针对可能出现的风、雨雪、高温、严寒、雷电等不利施工条件，制定相应的施工技术措施；还要对不可预见的人为事故和严重自然灾害做好应急预案，并有相应的人力、物力储备。

（10）加强施工安全与环境管理。许多施工安全和环境事故都会连带发生质量事故，加强施工安全与环境管理，也是预防施工质量事故的重要措施之一。

技能准备

一、质量事故处理的依据

1. 质量事故的实况资料

质量事故的实况资料包括质量事故发生的时间、地点；质量事故状况的描述；质量事故发展变化的情况；有关质量事故的观测记录、事故现场状态的照片或录像；事故调查组调查研究所获得的第一手资料。

2. 有关合同及合同文件

微课：质量事故处理

有关合同及合同文件包括工程承包合同、设计委托合同、设备与器材购销合同、监理合同及分包合同等。

3. 有关的技术文件和档案

有关的技术文件和档案主要包括有关的设计文件（如施工图纸和技术说明）、与施工有关的技术文件、档案和资料如施工方案、施工计划、施工记录、施工日志、有关建筑材料的质量证明资料、现场制备材料的质量证明资料、质量事故发生后对事故状况的观测记录、试验记录或试验报告等。

4. 相关的建设法规

相关的建设法规主要有《中华人民共和国建筑法》《建设工程质量管理条例》和《关于做好房屋建筑和市政基础设施工程质量事故报告和调查处理工作的通知》(建质〔2010〕11号)等与工程质量及质量事故处理有关的法规，以及勘察、设计、施工、监理等单位资质管理和从业者资格管理方面的法规、建筑市场管理方面的法规，以及相关技术标准、规范、规程和管理办法等。

二、质量事故处理的程序

工程质量事故调查处理的一般程序如图 6-2 所示。

1. 事故报告

工程质量事故发生后，事故现场有关人员应当立即向工程建设单位负责人报告；工程建设单位负责人接到报告后，应在 1 h 内向事故发生地县级以上人民政府住房和城乡建设主管部门及有关部门报告；如果同时发生安全事故，施工单位应当立即启动生产安全事故应急救援预案，组织抢救遇险人员，采取必要措施，防止事故危害扩大和次生、衍生灾害发生。情况紧急时，事故现场有关人员可直接向事故发生地县级以上政府主管部门报告。

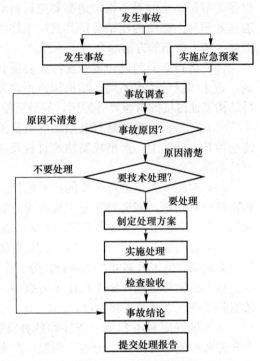

图 6-2 工程质量事故处理程序

事故报告应包括下列内容：

（1）事故发生的时间、地点、工程项目名称、工程各参建单位名称。

（2）事故发生的简要经过、伤亡人数和初步估计的直接经济损失。

（3）事故原因的初步判断。

（4）事故发生后采取的措施及事故控制情况。

（5）事故报告单位、联系人及联系方式。

（6）其他应当报告的情况。

2. 事故调查

事故调查要按规定区分事故的大小分别由相应级别的人民政府直接或授权委托有关部门组织事故调查组进行调查。未造成人员伤亡的一般事故，县级人民政府也可以委托事故发生单位组织事故调查组进行调查。事故调查应力求及时、客观、全面，以便为事故的分析与处理提供正确的依据。调查结果要整理撰写成事故调查报告，其主要内容如下：

（1）事故项目及各参建单位概况；

（2）事故发生经过和事故救援情况；

（3）事故造成的人员伤亡和直接经济损失；

（4）事故项目有关质量检测报告和技术分析报告；

（5）事故发生的原因和事故性质；

（6）事故责任的认定和对事故责任者的处理建议；
（7）事故防范和整改措施。

3．事故的原因分析

原因分析要建立在事故情况调查的基础上，避免情况不明就主观推断事故的原因。特别是对涉及勘察、设计、施工、材料和管理等方面的质量事故，事故的原因往往错综复杂，因此，必须对调查所得到的数据、资料进行仔细的分析，依据国家有关法律法规和工程建设标准，分析事故的直接原因和间接原因，必要时组织对事故项目进行检测鉴定和专家技术论证，去伪存真，找出造成事故的主要原因。

4．制定事故处理的技术方案

事故的处理要建立在原因分析的基础上，要广泛地听取专家及有关方面的意见，经科学论证，决定事故是否要进行技术处理和怎样处理。在制定事故处理的技术方案时，应做到安全可靠、技术可行、不留隐患、经济合理、具有可操作性、满足项目的安全和使用功能要求。

5．事故处理

事故处理的内容包括：事故的技术处理，按经过论证的技术方案进行处理，解决事故造成的质量缺陷问题；事故的责任处罚，依据有关人民政府对事故调查报告的批复和有关法律法规的规定，对事故相关责任者实施行政处罚，负有事故责任的人员涉嫌犯罪的，依法追究其刑事责任。

6．事故处理的鉴定验收

质量事故的技术处理是否达到预期的目的，是否依然存在隐患，应当通过检查鉴定和验收作出确认。事故处理的质量检查鉴定，应严格按施工验收规范和相关质量标准的规定进行，必要时还应通过实际量测、试验和仪器检测等方法获取必要的数据，以便准确地对事故处理的结果作出鉴定，形成鉴定结论。

7．提交事故处理报告

事故处理后，必须尽快提交完整的事故处理报告，其内容包括：事故调查的原始资料、测试的数据；事故原因分析和论证结果；事故处理的依据；事故处理的技术方案及措施；实施技术处理过程中有关的数据、记录、资料；检查验收记录；对事故相关责任者的处罚情况和事故处理的结论等。

三、质量事故处理的基本要求

（1）质量事故的处理应达到安全可靠、不留隐患、满足生产和使用要求、施工方便、经济合理的目的。

（2）消除造成事故的原因，注意综合治理，防止事故再次发生。

（3）正确确定技术处理的范围和正确选择处理的时间和方法。

（4）切实做好事故处理的检查验收工作，认真落实防范措施。

（5）确保事故处理期间的安全。

四、质量缺陷处理的基本方法

1．返修处理

当项目的某些部分的质量虽未达到规范、标准或设计规定的要求，存在一定的缺陷，但经过采取整修等措施后可以达到要求的质量标准，又不影响使用功能或外观的要求时，可采取返修处理的方法。例如，某些混凝土结构表面出现蜂窝、麻面，或者混凝土结构局部出现损伤，如结构受撞击、局部未振实、冻害、火灾、酸类腐蚀、碱骨料反应等，当这些缺陷或损伤仅仅出现在结构的表面或局部，不影响其使用和外观，可进行返修处理。又如对混凝土结构出现裂缝，经分析研究认为不影响结构的安全和使用功能时，也可采取返修处理。当裂缝宽度不大于 0.2 mm 时，可采用表面密封法；当裂缝宽度大于 0.3 mm 时，采用嵌缝密闭法；当裂缝较深时，则应采取灌浆修补的方法。

2．加固处理

加固处理主要是针对危及结构承载力的质量缺陷的处理。通过加固处理，使建筑结构恢复或提高承载力，重新满足结构安全性与可靠性的要求，使结构能继续使用或改作其他用途。对混凝土结构常用的加固方法主要有：增大截面加固法、外包角钢加固法、粘钢加固法、增设支点加固法、增设剪力墙加固法、预应力加固法等。

3．返工处理

当工程质量缺陷经过返修、加固处理后仍不能满足规定的质量标准要求，或不具备补救可能性，则必须采取重新制作、重新施工的返工处理措施。例如，某防洪堤坝填筑压实后，其压实土的干密度未达到规定值，经核算将影响土体的稳定且不满足抗渗能力的要求，须挖除不合格土，重新填筑，重新施工；某公路桥梁工程预应力按规定张拉系数为 1.3，而实际仅为 0.8，属严重的质量缺陷，也无法修补，只能重新制作。再比如某高层住宅施工中，有几层的混凝土结构误用了安定性不合格的水泥，无法采用其他补救办法，不得不爆破拆除重新浇筑。

4．限制使用

当工程质量缺陷按修补方法处理后无法达到规定的使用要求和安全要求，而又无法返工处理的情况下，不得已时可作出诸如结构卸荷或减荷以及限制使用的决定。

5．不作处理

某些工程质量问题虽然达不到规定的要求或标准，但其情况不严重，对结构安全或使用功能影响很小，经过分析、论证、法定检测单位鉴定和设计单位等认可后可不作专门处理。一般可不作专门处理的情况有以下几种：

（1）不影响结构安全和使用功能的。例如，有的工业建筑物出现放线定位的偏差，且严重超过规范标准规定，若要纠正会造成重大经济损失，但经过分析、论证其偏差不影响生产工艺和正常使用，在外观上也无明显影响的，可不作处理。又如，某些部位的混凝土表面的裂缝，经检查分析，属于表面养护不够的干缩微裂，不影响安全和外观的，也可不作处理。

（2）后道工序可以弥补的质量缺陷。例如，混凝土结构表面的轻微麻面，可通过后续的抹灰、刮涂、喷涂等弥补，也可不作处理。再比如，混凝土现浇楼面的平整度偏差达到 10 mm，但由于后续垫层和面层的施工可以弥补，所以也可不作处理。

（3）法定检测单位鉴定合格的。例如，某检验批混凝土试块强度值不满足规范要求，强度不足，但经法定检测单位对混凝土实体强度进行实际检测后，其实际强度达到规范允许和设计要求值时，可不作处理。经检测未达到要求值，但相差不多的，经分析论证，只要使用前经再次检测达到设计强度，也可不作处理，但应严格控制施工荷载。

（4）出现的质量缺陷，经检测鉴定达不到设计要求，但经原设计单位核算，仍能满足结构安全和使用功能的。例如，某一结构构件截面尺寸不足，或材料强度不足，影响结构承载力，但按实际情况进行复核验算后仍能满足设计要求的承载力时，可不进行专门处理。这种做法实际上是挖掘设计潜力或降低设计的安全系数，应谨慎处理。

6．报废处理

出现质量事故的项目，经过分析或检测，采取上述处理方法后仍不能满足规定的质量要求或标准的，则必须予以报废处理。

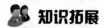 **知识拓展**

质量的数理统计

一、分层法

1．基本原理

由于工程质量形成的影响因素多，因此，对工程质量状况的调查和质量问题的分析，必须分门别类地进行，以便准确有效地找出问题及其原因，这就是分层法的基本思想。

应用分层法的关键是调查分析的类别和层次划分，根据管理需要和统计目的，通常可按照以下分层方法取得原始数据：

（1）按施工时间分，如月、日、上午、下午、白天、晚间、季节。
（2）按地区部位分，如区域、城市、乡村、楼层、外墙、内墙。
（3）按产品材料分，如产地、厂商、规格、品种。
（4）按检测方法分，如方法、仪器、测定人、取样方式。
（5）按作业组织分，如工法、班组、工长、工人、分包商。
（6）按工程类型分，如住宅、办公楼、道路、桥梁、隧道。
（7）按合同结构分，如总承包、专业分包、劳务分包。

2．实际应用

例如一个焊工班组有A、B、C三位工人实施焊接作业，共抽检60个焊接点，发现有18点不合格，占30%。究竟问题在哪里？根据分层调查的统计数据表6-4可知，主要是作业工人C的焊接质量影响了总体的质量水平。

表6-4 分层调查统计数据表

作业工人	抽检点数	不合格点数	个体不合格率/%	占不合格点总数百分率/%
A	20	2	10	11
B	20	4	20	22
C	20	12	60	67
合计	60	18		30

经过第一次分层调查和分析，找出主要问题的所在以后，还可以针对这个问题再次分层进行调查分析，一直到分析结果满足管理需要为止。层内类别划分越明确、越细致，就越能够准确有效地找出问题及其原因所在。

二、因果分析图法

1．基本原理

因果分析图法，也称为质量特性要因分析法，其基本原理是对每一个质量特性或问题，逐层深入排查可能原因，然后确定其中最主要原因，进行有的放矢的处置和管理。

使用因果分析图时，应特别注意的事项：
（1）一个质量特性或一个质量问题使用一张图分析；
（2）通常采用QC小组活动的方式进行，集思广益，共同分析；
（3）必要时可以邀请小组以外的有关人员参与，广泛听取意见；
（4）分析时要充分发表意见，层层深入，列出所有可能的原因；
（5）选择因果要素在充分分析的基础上，由各参与人员采用投票或其他方式，从中选择1～5项多数人达成共识的最主要原因，然后制定针对性处置方案。

2. 实际应用

如图6-3所示为预构件安装就位不合格的原因分析，其中，第一层面从人员、机械、材料、工作方法和工作环境进行分析；第二层面、第三层面，依此类推。

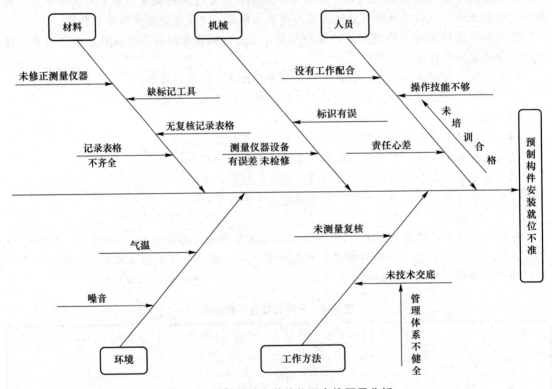

图6-3 预制构件安装就位不合格因果分析

三、排列图法

1. 基本原理

在质量管理过程中，通过抽样检查或检验试验所得到的质量问题、偏差、缺陷、不合格等统计数据，以及造成质量问题的原因分析统计数据，均可采用排列图法进行状况描述，它具有直观、主次分明的特点。

2. 实际应用

表6-5所示为对某项模板施工精度进行抽样检查，得到150个不合格点数的统计数据。然后按照质量特性不合格点数（频数）由大到小的顺序，重新整理为表6-6，并分别计算出累计频数和累计频率。

表 6-5　构件尺寸抽样检查统计表

序号	检查项目	不合格点数	序号	检查项目	不合格点数
1	轴线位置	1	5	平面水平度	15
2	垂直度	8	6	表面平整度	75
3	标高	4	7	预埋设施中心位置	1
4	截面尺寸	45	8	预留孔洞中心位置	1

表 6-6　构件尺寸不合格点顺序排列表

序号	项目	频数	频率/%	累计频率/%
1	表面平整度	75	50.0	50.0
2	截面尺寸	45	30.0	80.0
3	平面水平度	15	10.0	90.0
4	垂直度	8	5.3	95.3
5	标高	4	2.7	98.0
6	其他	3	2.0	100.0
合计		150	100	

根据表 6-6 的统计数据画排列图（图 6-4），并将其中累计频率 0～80% 定为 A 类问题，即主要问题，进行重点管理；将累计频率在 80%～90% 区间的问题定为 B 类问题，即次要问题，作为次重点管理；将其余累计频率在 90%～100% 区间的问题定为 C 类问题，即一般问题，按照常规适当加强管理。以上方法也称为 ABC 分类管理法。

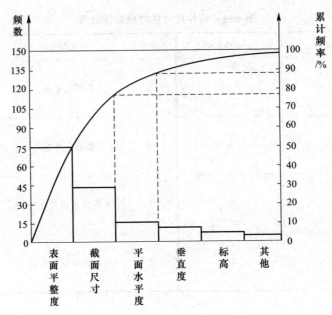

图 6-4　构件尺寸不合格点排列图

四、直方图法

1. 基本原理

在质量管理中，会收集到大量貌似无序的数据，如果把这些数据分门别类地用矩形图点出来，就能一目了然地反映出产品质量的分布情况，判断和预测质量及不合格率。直方图，又称质量分布图，是一种几何形图表，它是根据从生产过程中收集来的质量数据分布情况，画成以组矩为底边，以频数为高度的一系列连接起来的直方型矩形图，如图 6-5 所示。

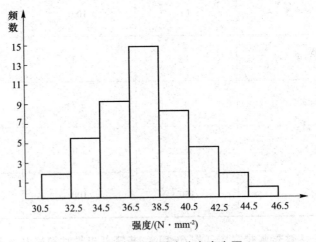

图 6-5　混凝土强度分布直方图

直方图的主要用途是：整理统计数据，了解统计数据的分布特征，即数据分布的集中或离散状况，从中掌握质量能力状态；观察分析生产过程中质量是否处于正常、稳定和受控状态以及质量水平是否保持在公差允许的范围内。

（1）通过分布形状观察分析。所谓形状观察分析是指将绘制好的直方图形状与正态分布图的形状进行比较分析，一看形状是否相似，二看分布区间的宽窄。正常直方图反应生产过程质量处于正常、稳定状态。数理统计研究证明，当随机抽样方案合理且样本数量足够大时，在生产能力处于正常、稳定状态，质量特性检测数据趋于正态分布。

（2）通过分布位置观察分析。所谓位置观察分析是指将直方图的分布位置与质量控制标准的上下限范围进行比较分析，判断质量状况。

2．实际应用

表 6-7 所示为某工程 10 组混凝土试块的抗压强度数据 150 个，但很难直接判断其质量状况是否正常、稳定和受控情况，如将其数据整理后绘制成直方图，就可以根据正态分布的特点进行分析判断，如图 6-5 所示。

表 6-7　混凝土强度施工质量分析数据整理表　　　　　　　　　　　　　　　N/mm^2

序号	抗压强度数据					最大值	最小值
1	39.8	37.7	33.8	31.5	36.1	39.8	31.5
2	37.2	38.0	33.1	39.0	36.0	39.0	33.1
3	35.8	35.2	31.8	37.1	34.0	37.1	31.8
4	39.9	34.3	33.2	40.4	41.2	41.2	33.2
5	39.2	35.4	34.4	38.1	40.3	40.3	34.4
6	42.3	37.5	35.5	39.3	37.3	42.3	35.5
7	35.9	42.4	41.8	36.3	36.2	42.4	35.9
8	46.2	37.6	38.3	39.7	38.0	46.2	37.6
9	36.4	38.3	43.4	38.2	38.0	43.4	36.4
10	44.4	42.0	37.9	38.4	39.5	44.4	37.9

模块小结

本模块主要介绍了项目质量管理的概念，工程质量的分类、影响因素，质量管理基本原理，质量控制体系的内容，施工质量计划的编制程序、内容，质量控制点的设置原则，项目质量控制的方法，质量检查的方法，质量验收的划分及合格条件，质量问题的数理统计方法，质量事故的等级划分及处理程序，质量事故的预防措施等内容。本模块的学习重点为项目质量管理的概念，施工质量计划的内容，质量控制点的设置原则，项目质量控制的方法，质量检查的方法、质量验收的划分及合格条件，质量事故的等级划分及处理程序。通过本模块学习使读者更全面、系统掌握建设工程项目质量管理能力的基础知识，具备建设工程项目质量管理能力。

自我评测

一、单项选择题

1. 下列关于质量管理的说法，正确的是（　　）。
   A. 质量管理中包含质量方针的确立　　B. 质量管理中包含环境保护
   C. 质量管理中不包含质量改进　　　　D. 质量管理中不包含质量控制

2. 项目质量控制的重点是（　　）。
   A. 设计质量控制　　B. 材料质量控制　　C. 施工质量控制　　D. 设备质量控制

3. 施工事后质量控制的重点是（　　）。
   A. 工序质量　　　　　　　　　　　　B. 工作质量
   C. 质量控制点的验收　　　　　　　　D. 发现质量缺陷并提出整改措施

4. 下列施工现场质量检查方法中，属于试验法中理化试验的是（　　）。
   A. 防水层的淋水试验　　　　　　　　B. 超声波探伤
   C. 门窗口的对角线检查　　　　　　　D. 混凝土外观检查

5. 分部工程的质量验收应由项目总监理工程师组织（　　）等进行验收。
   A. 项目技术负责人、项目质量负责人　　B. 项目负责人、项目技术负责人
   C. 企业技术负责人、项目负责人　　　　D. 企业技术负责人、项目技术负责人

6. 检验批验收时，发现部分混凝土试件强度值不满足要求，经（　　）对混凝土实体强度进行实际检测后，达到规范允许和设计要求值时，应予以验收。
   A. 监理单位　　B. 建设单位　　C. 法定检测单位　　D. 设计单位

7. 某工程脚手架搭设方案因荷载参数取值错误，造成模板坍塌，按照施工事故发生的原因划分属于（　　）。
   A. 人为原因　　B. 管理原因　　C. 技术原因　　D. 工艺原因

8. 某工程因测量仪器未及时年检，测量时因误差较大导致工程轴线偏差，造成质量事故，按照施工事故发生的原因划分属于（　　）。
   A. 人为原因　　B. 管理原因　　C. 技术原因　　D. 工艺原因

二、多项选择题

1. 下列影响建设工程项目质量的环境因素中，属于劳动作业环境因素的有（　　）。
   A. 地下水位　　B. 风力等级　　C. 照明方式　　D. 道路条件
   E. 围挡设施

2. PDCA循环中C（Check）是指对计划实施过程进行各种检查，包括了（　　）。
   A. 作业者的自检　　　　　　　　　　B. 作业者的互检
   C. 专职管理者的抽检　　　　　　　　D. 专职管理者的专检
   E. 质量监督部门的巡检

3. 在施工作业质量控制点中，属于"见证点"的施工作业有（　　）。
   A. 重要部位施工　　　　　　　　　　B. 压力容器特种作业
   C. 隐蔽工程　　　　　　　　　　　　D. 专项施工工艺
   E. 砌体施工

4. 为保证建设工程质量，国家规定对（　　）实行现场见证取样送检。
   A. 工程所使用的主要材料　　　　B. 施工过程留置的试件
   C. 现场测量仪器　　　　　　　　D. 混凝土试块
   E. 工程半成品

5. 下列属于隐蔽工程的施工内容有（　　）。
   A. 地基基础工程　　B. 钢筋工程　　C. 砌体工程　　D. 室外道路
   E. 预埋管线

6. 分部工程质量验收时，应对主要使用功能的（　　）进行见证取样试验或抽样检测。
   A. 地基基础分部工程　　　　　　B. 主体结构分部工程
   C. 设备安装分部工程　　　　　　D. 节能环保分部工程
   E. 建筑幕墙分部工程

7. 下列工程质量事故发生的原因，属于技术原因的有（　　）。
   A. 结构设计计算错误　　　　　　B. 检验制度不严密
   C. 检测设备配备不齐　　　　　　D. 地质情况估计错误
   E. 监理人员不到位

8. 下列工程质量事故发生的原因，属于社会、经济原因的有（　　）。
   A. 施工单位质量控制不严格
   B. "边勘察、边设计、边施工"的"三边"工程
   C. 施工单位低报价、中标后偷工碱料
   D. 施工单位材料质量检验不严
   E. "无立项、无报建、无开工许可、无招投标、无资质、无监理、无验收"的工程

三、直通执考

1. 国内实行建筑企业资质管理制度，属于控制建设工程项目质量影响因素的有（　　）。【2019年真题】
   A. 人的因素　　B. 管理因素　　C. 方法的因素　　D. 环境因素

2. 建设工程项目质量管理的PDCA循环中，质量处置A阶段的主要任务是（　　）。【2019年真题】
   A. 明确质量目并标制定实现目标的行动方案
   B. 将质量计划落实到工程项目的施工作业技术活动中
   C. 对质量问题进行原因分析，采取措施予以纠正
   D. 对计划实施过程进行科学管理

3. 建立项目质量控制体系的过程包括：①分析质量控制界面；②确立系统质量控制网络；③制定质量控制制度；④编制质量控制计划。其正确的工作步骤是（　　）。【2016年真题】
   A. ②③①④　　B. ①②③④　　C. ②①③④　　D. ①③②④

4. 下列关于建设工程项目施工质量验收的说法，正确的是（　　）。【2017年真题】
   A. 分项工程、分部工程应由专业监理工程师组织验收
   B. 分部工程的质量验收在分项工程验收的基础上进行
   C. 分项工程是工程验收的最小单元
   D. 分部工程所含全部分项工程质量验收合格，即可认为该分部工程验收合格

5. 工程施工质量事故处理的工作包括：①事故调查；②事故原因分析；③事故处理；④事故处理的鉴定验收；⑤制定事故处理技术方案，其正确的工作程序是（　　）。
   A. ①②③④⑤　　　　　　　　　B. ①②⑤③④
   C. ②①③④⑤　　　　　　　　　D. ③①⑤④②

6. 下列工程质量事故发生的原因中，属于技术原因的有（　　）。【2019年真题】
   A. 材料质量检验不严　　　　　B. 盲目抢工
   C. 施工工艺错误　　　　　　　D. 结构设计错误
   E. 台风天气

7. 根据《质量管理体系标准基础和术语》，质量管理原则包括（　　）。【2018年真题】
   A. 以顾客为关注焦点　　　　　B. 循证决策
   C. 全员积极参与　　　　　　　D. 关系管理
   E. 全要素控制

8. 根据建设工程全过程质量管理的要求，质量控制的主要过程包括（　　）。【2016年真题】
   A. 项目策划与决策过程　　　　B. 设备材料采购过程
   C. 施工组织与实施过程　　　　D. 项目运行与维修过程
   E. 工程质量的评定过程

9. 施工质量计划的基本内容包括（　　）。【2016年真题】
   A. 质量总目标及分解目标　　　B. 工序质量偏差的纠正
   C. 质量管理组织机构和职责　　D. 施工质量控制点及跟踪控制的方式
   E. 质量记录的要求

10. 工程质量验收时，设计单位项目负责人应参加验收的分部工程有（　　）。【2017年真题】
    A. 地基与基础　　B. 装饰装修　　C. 主体结构　　D. 环境保护
    E. 节能工程

模块 7　建设工程项目成本管理

模块导读

建设工程行业属于传统行业，随着市场竞争的激烈，建筑工程施工企业要想实现利润最大化和增强自身市场竞争力的总体目标，就必须正确认识成本控制的重要性，强化成本控制的理念，不能靠喊口号，或者靠降低工程质量来缩减成本，而必须科学、合理、高效地对工程成本进行控制。

本模块针对"建设工程项目成本管理能力"的培养，安排了以下学习内容：

情境动画

学习指导

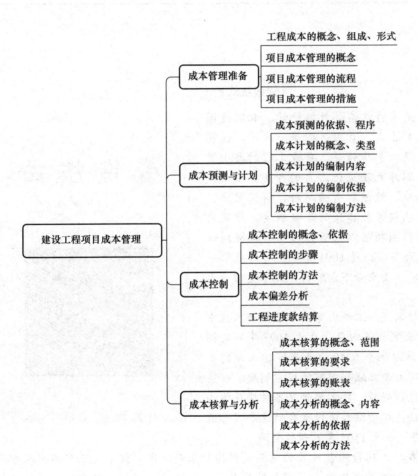

学习目标

知识目标	能力目标	素养目标
（1）熟知工程成本费用的组成； （2）掌握成本管理的内容和措施； （3）掌握项目成本预测的方法； （4）熟悉项目成本计划的内容； （5）掌握项目成本计划的编制方法； （6）掌握项目成本控制的方法； （7）掌握项目成本偏差分析的方法； （8）掌握项目进度款的结算要求； （9）了解项目成本核算的内容； （10）掌握项目成本分析的方法	（1）能够正确识读工程预算； （2）能编制资金使用计划； （3）能够编制单位工程成本计划； （4）能够准确检查和记录实际成本； （5）能够对成本偏差进行分析； （6）能计算工程进度款，并编制进度款支付申请； （7）能够对单位工程成本进行成本分析	（1）树立职业自豪感和使命感； （2）培养高效节约的经济意识； （3）培养精益求精的工匠精神； （4）提高计划、组织、协调能力； （5）养成标准意识、规则意识； （6）培养分析、集成、创新能力

案例导入

《营造法式》

《营造法式》是宋将作监奉敕编修的。北宋建国以后百余年间，大兴土木，宫殿、衙署、庙宇、园囿的建造此起彼伏，造型豪华精美，负责工程的大小官吏贪污成风，致使国库无法应付浩大的开支。因而，建筑的各种设计标准、规范和有关材料、施工定额、指标亟待制定，以明确房屋建筑的等级制度、建筑的艺术形式及严格的料例功限以杜防贪污盗窃被提到议事日程。哲宗元祐六年（公元1091年），将作监第一次编成《营造法式》，由皇帝下诏颁行，此书史曰《元祐法式》。

因该书缺乏用材制度，工料太宽，不能防止工程中的各种弊端，所以北宋绍圣四年（公元1097年）又诏李诚重新编修。李诚以他个人10余年来修建工程的丰富经验为基础，参阅大量文献和旧有的规章制度，收集工匠讲述的各工种操作规程、技术要领及各种建筑物构件的形制、加工方法，终于编成流传至今的这本《营造法式》，于崇宁二年（公元1103年）刊行全国。

《营造法式》在北宋刊行的最现实的意义是严格的工料限定。该书是王安石执政期间制订的各种财政、经济的有关条例之一，以杜绝腐败、贪污现象。因此，书中以大量篇幅叙述工限和料例。例如对计算劳动定额，首先按四季日的长短分中工（春、秋）、长工（夏）和短工（冬）。工值以中工为准，长短工各减和增10%，军工和雇工亦有不同定额。其次，对每一工种的构件，按照等级、大小和质量要求——如运输远近距离、水流的顺流或逆流、加工的木材的软硬等，都规定了工值的计算方法。料例部分对于各种材料的消耗都有详尽而具体的定额。这些规定为编造预算和施工组织定出严格的标准，既便于生产，又便于检查，有效地杜绝了土木工程中贪污盗窃之现象。

《营造法式》是我国古代建筑工程中的经典著作，也是当时世界上关于木构建筑的先进的典籍之一。

7-1　明确项目成本管理流程

 知识准备

一、工程成本的概念

工程项目成本是指工程项目从设计到完成期间所需要的全部费用的总和。工程项目成本对于不同的工程建设参与方来讲内涵是不同的。从业主角度来讲，工程项目成本是指建设项目的投资；从承包商角度来讲，工程项目成本指承包商在整个工程中所花费的所有生产资料转移价值和劳动者的必要劳动所创造的价值的货币形式。

微课：认识成本管理

工程项目成本主要包括决策成本、招标成本、勘察设计成本、施工成本等。其中，施工成本是项目总成本的主要组成部分，虽然决策质量、勘察设计结果都将直接影响施工成本，但在正确的决策和勘察设计条件下，在项目总成本中，施工成本一般占总成本的90%以上。

因此，工程项目成本管理在这种意义上讲，实际上是施工成本的管理，所以本单元内容着重从施工单位角度进行讲解。

二、工程成本费用组成

目前我国的建筑安装工程费由直接费、间接费、利润和税金组成，如图7-1所示。

三、工程成本的主要形式

为了明确认识和掌握工程项目成本的特性，搞好成本管理，根据管理的需要，可以从不同的角度进行考察，将成本划分为不同的成本形式，见表7-1。

表7-1　工程成本的主要形式

序号	分类依据	成本形式	成本内容
1	成本的发生时间	预算成本	预算成本是反映各地区建筑业的平均水平的成本，它根据施工图由全国统一的工程量计算规则计算出工程量，然后按照全国统一的建筑、安装工程基础定额和各地的劳动力、材料价格，进行计算
		计划成本	根据计划期的有关资料，在实际成本发生之前预先计算的成本
		实际成本	是指施工项目在报告期内实际发生的各项生产费用的总和

231

续表

序号	分类依据	成本形式	成本内容
2	成本控制要求	事前成本	工程成本的计算和管理活动与工程实施过程紧密联系，在实际成本发生和工程结算之前所计算和确定的成本都是事前成本，它带有预测性和计划性。常用的概念有预算成本（包括施工图预算、标书合同预算）和计划成本（包括责任目标成本——企业计划成本、施工预算——项目计划成本）之分
		事后成本	即实际成本，它是施工项目在报告期内实际发生的各项生产费用支出的总和。将实际成本与计划成本比较，可提示成本的节约或超支，考核企业施工技术水平及技术组织措施的贯彻执行情况和企业的经营效果。实际成本与预算成本比较，可以反映工程盈亏情况
3	生产费用计入成本的方法	直接成本	指施工过程中耗费的构成工程实体或有助于工程实体形成的各项费用支出，是可以直接计入工程对象的费用，包括人工费、材料费、施工机械使用费和施工措施费等
		间接成本	指为施工准备、组织和管理施工生产的全部费用的支出，是非直接用于也无法直接计入工程对象，但为进行工程施工所必须发生的费用，包括管理人员工资、办公费、差旅交通费等
4	生产费用与工程量的关系	固定成本	指在一定期间和一定的工程量范围内，其发生的成本额不受工程量增减变动的影响而相对固定的成本，如折旧费、大修理费、管理人员工资、办公费、照明费等
		可变成本	指发生总额随着工程量的增减变动而成比例变动的费用，如直接用于工程的材料费、实行计件工资制的人工费等

四、建设工程项目成本管理的概念

建设工程项目成本管理是在保证满足工程质量、工期等合同要求的前提下，对工程项目实施过程中所发生的费用，通过进行有效的计划、组织、控制和协调等活动实现预定的成本目标，并尽可能地降低成本费用、实现目标利润、创造良好经济效益的一种科学的管理活动。

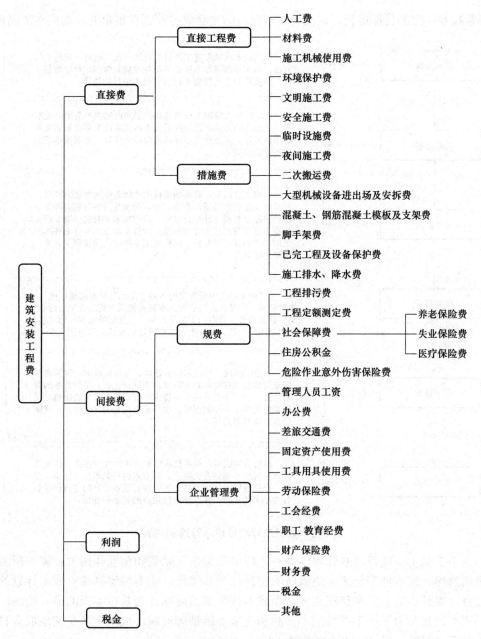

图 7-1 建筑安装工程费用项目组成

技能准备

一、建设工程项目成本管理的流程

建设工程项目成本管理的内容包括：成本预测、成本计划、成本控制、成本核算、成本分析和成本考核等，如图 7-2 所示。项目经理部在项目施工过程中对所发生的各种成本信息，通过有组织、有系统地进行预测、计划、控制、核算和分析等工作，使工程项目系统内各种要素按照一定的目标运行,从而将工程项目的实际成本控制在预定的计划成本范围内。

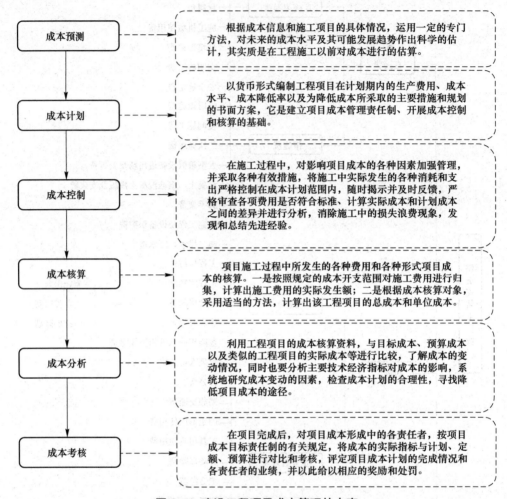

图 7-2 建设工程项目成本管理的内容

如图 7-2 所示,项目成本管理中每一个环节都是相互联系和相互作用的。成本预测是成本决策的前提,成本计划是成本决策所确定目标的具体化。成本控制则是对成本计划的实施进行监督,保证决策的成本目标实现,而成本核算又是成本计划是否实现的最后检验,它所提供的成本信息又为下一个项目成本预测和决策提供基础资料。成本考核是实现成本目标责任制的保证和实现决策目标的重要手段。

二、建设工程项目成本管理的措施

为了取得建设工程项目成本管理的理想成效,应当从多方面采取措施实施管理,通常可以将这些措施归纳为组织措施、技术措施、经济措施、合同措施,见表 7-2。

表 7-2 建设工程项目成本管理的措施

分类	内容
组织措施	（1）实行项目经理责任制； （2）落实施工成本管理的组织机构和人员，明确职能分工、权力和责任； （3）编制施工成本控制工作计划，确定合理详细的工作流程； （4）做好施工采购规划，对生产要素进行优化配置、合理使用、动态管理； （5）加强施工定额管理和施工任务单管理，控制活劳动和物化劳动的消耗； （6）加强施工调度，避免窝工损失、机械利用率降低、物料积压等现象
技术措施	（1）进行技术经济分析，确定最佳的施工方案； （2）结合施工方法，进行材料使用的比选，降低材料消耗； （3）确定最合适的施工机械、设备使用方案； （4）结合项目的施工组织设计及自然地理条件，降低材料的库存成本和运输成本； （5）先进的施工技术的应用，新材料的运用，新开发机械设备的使用等
经济措施	（1）编制资金使用计划，确定、分解施工成本管理目标； （2）对施工成本管理目标进行风险分析，并制定防范性对策； （3）对各种支出，应认真做好资金的使用计划，并在施工中严格控制各项开支； （4）及时准确地记录、收集、整理、核算实际发生的成本； （5）对各种变更，及时做好增减账，及时落实业主签证，及时结算工程款
合同措施	（1）选用合适的合同结构，对各种合同结构模式进行分析、比较； （2）在合同的条款中应仔细考虑一切影响成本和效益的因素，特别是潜在的风险因素； （3）合同执行期间，密切注视对方合同执行的情况，以寻求合同索赔的机会，同时也要密切关注自己履行合同的情况，以防止被对方索赔

知识拓展

建筑安装工程费

建筑安装工程费由直接费、间接费、利润和税金四部分组成。工程项目的投标报价除了要考虑这四部分费用内容外，还要考虑工程实施中的不可预见费。

一、直接费

直接费由直接工程费和措施费组成。

1. 直接工程费

直接工程费是指施工过程中耗费的构成工程实体的各项费用。直接工程费包括人工费、材料费和施工机械使用费。

（1）人工费。人工费是指直接从事建筑安装工程施工的生产工人开支的各项费用。人工费包括以下内容：

1）基本工资，是指发放生产工人的基本工资。

2）工资性补贴，是指按规定标准发放的物价补贴，煤、燃气补贴，交通费补贴，住房补贴，流动施工津贴，地区津贴等。

3）生产工人辅助工资，是指生产工人年有效施工天数以外非作业天数的工资，包括职工学习、培训期间的工资，调动工作、探亲、休假期间的工资，因气候影响的停工工资，女工哺乳期间的工资，病假在6个月以内的工资及产、婚、丧假期的工资。

4）职工福利费，是指按规定标准计提的职工福利费。

5）生产工人劳动保护费，是指按规定标准发放的劳动保护用品的购置费及修理费，徒工服装补贴，防暑降温费，在有碍身体健康环境中施工的保健费用等。

（2）材料费。材料费是指施工过程中耗费的构成工程实体的原材料、辅助材料、构配件、零件、半成品的费用。材料费包括材料原价（或供应价）；材料运杂费；运输损耗费；采购及保管费；检验试验费。

其中，检验试验费是指对建筑材料、构件和建筑安装物进行一般鉴定、检查所发生的费用，包括自设试验室进行试验所耗用的材料和化学药品等费用；不包括新结构、新材料的试验费和建设单位对具有出厂合格证明的材料进行检验、对构件做破坏性试验及其他特殊要求检验试验的费用。

（3）施工机械使用费。施工机械使用费是指施工机械作业所发生的机械使用费以及机械安拆费和场外运费。施工机械台班单价应由折旧费、大修费、经常修理费、安拆费及场外运费、燃料动力费、人工费、养路费、车船使用税及保险费七项费用组成。

2．措施费

措施费是指为完成工程项目施工，发生于该工程施工前和施工过程中非工程实体项目的费用。措施费包括环境保护费，文明施工费，安全施工费，临时设施费，夜间施工费，二次搬运费，大型机械设备进出场及安拆费，混凝土、钢筋混凝土模板及支架费，脚手架费，已完工程及设备保护费，施工排水、降水费。

二、间接费

间接费由规费、企业管理费组成。

1．规费

规费是指政府和有关部门规定必须缴纳的费用（简称规费）。规费包括工程排污费、工程定额测定费、社会保障费、住房公积金、危险作业意外伤害保险。

2．企业管理费

企业管理费包括管理人员工资、办公费、差旅交通费、固定资产使用费、工具用具使用费、劳动保险费、工会经费、职工教育经费、财产保险费、财务费、税金、其他。

三、利润、税金和不可预见费

1．利润

利润是指投标单位完成所承包的工程预期获得的盈利。

2．税金

税金是指国家税法规定的应计入建筑安装工程造价内的营业税、城市维护建设税及教育费附加等。

3．不可预见费

不可预见费（也可称为风险费），是指工程建设过程中，不可预测因素发生所需的费用。可由风险因素分析予以确定，是建筑安装工程投标报价费用项目的重要组成部分。

7-2 编制项目成本计划

知识准备

施工项目的成本预测与计划是施工项目成本的事前控制,它的任务是通过成本预测估计出施工项目的成本目标,并通过成本计划的编制做出成本控制的安排。因此,施工项目成本的预测与计划的目的是提出一个可行的成本管理实施纲领和作业设计。

微课:编制成本计划

一、施工项目成本预测的依据

(1)施工项目成本目标预测的首要依据是施工企业的利润目标对企业降低工程成本的要求。企业根据经营决策提出经营利润目标后,便对企业降低成本提出了总目标。每个施工项目的降低成本率水平应等于或高于企业的总降低成本率水平,以保证降低成本总目标的实现。在此基础上才能确定施工项目的降低成本目标和成本目标。

(2)施工项目的合同价格。施工项目的合同价格是其销售价格,是所能取得的收入总额。施工项目的成本目标就是合同价格与利润目标之差。这个利润目标是企业分配到该项目的降低成本要求。根据目标成本降低额,求出目标成本降低率,再与企业的目标成本降低率进行比较,如果前者等于或大于后者,则目标成本降低额可行,否则,应予调整。

(3)施工项目成本估算(概算或预算)。成本估算(概算或预算)是根据市场价格或定额价格(计划价格)对成本发生的社会水平做出估计,它既是合同价格的基础,又是成本决策的依据,是量入为出的标准。这是最主要的依据。

(4)施工企业同类施工项目的降低成本水平。这个水平,代表了企业的成本管理水平,是该施工项目可能达到的成本水平,可用以与成本管理目标进行比较,从而做出成本目标决策。

二、施工项目成本预测的程序

(1)第一步,进行施工项目成本估算,确定可以得到补偿的社会平均水平的成本。目前,主要是根据概算定额或工程量清单进行计算。

(2)第二步,根据合同承包价格计算施工项目的承包成本,并与估算成本进行比较。一般承包成本应低于估算成本。如高于估算成本,应对工程索赔和降低成本做出可行性分析。

(3)第三步,根据企业利润目标提出的施工项目降低成本要求,并根据企业同类工程的降低成本水平以及合同承包成本,做出降低成本决策;计算出降低成本率,对降低成本率水平进行评估,在评估的基础上做出决策。

(4)第四步,根据降低成本率决策计算出决策降低成本额和决策施工项目成本额,在此基础上定出项目经理部责任成本额。

三、建设工程项目成本计划的概念

成本计划,是在多种成本预测的基础上,经过分析、比较、论证、判断之后,以货币形式编制施工项目在计划期内的生产费用、成本水平、成本降低率以及为降低成本所采取的主要措施和规划的书面方案,它是建立施工项目成本管理责任制、开展成本控制和核算的基础,它是该项目降低成本的指导文件,是设立目标成本的依据。可以说,成本计划是目标成本的一种形式。

四、建设工程项目成本计划的类型

对于一个建设项目而言,其成本计划是一个不断深化的过程。在这一过程的不同阶段形成深度和作用不同的成本计划,按其作用可分为三类。

1. 竞争性成本计划

竞争性成本计划是工程项目投标及签订合同阶段的估算成本计划。这类成本计划是以招标文件中的合同条件、投标者须知、技术规程、设计图纸或工程量清单等为依据,以有关价格条件说明为基础,结合调研和现场考察获得的情况,根据本企业的工料消耗标准、技术和管理水平、价格资料和费用指标,对本企业完成招标工程所需要支出的全部费用的估算。在投标报价过程中,虽也着力考虑降低成本的途径和措施,但总体上较为粗略。

2. 指导性成本计划

指导性成本计划即选派项目经理阶段的预算成本计划,是项目经理的责任成本目标。它是以合同标书为依据,按照企业的预算定额标准制定的设计预算成本计划,且一般情况下只是确定责任总成本指标。

3. 实施性计划成本

实施性计划成本即项目施工准备阶段的施工预算成本计划,它以项目实施方案为依据,落实项目经理责任目标为出发点,采用企业的施工定额通过施工预算的编制而形成的实施性施工成本计划。

 技能准备

一、建设工程项目成本计划的编制内容

(1)编制说明。编制说明是指对工程的范围、投标竞争过程及合同条件、承包人对项目经理提出的责任成本目标、施工成本计划编制的指导思想和依据等的具体说明。

(2)施工成本计划的指标。施工成本计划的指标应经过科学的分析预测确定,可以采用对比法、因素分析法等方法来进行测定。具体指标见表 7-3。

表 7-3 建设工程项目成本计划的指标

一级指标	二级指标
成本计划 的数量指标	(1)按子项汇总的工程项目计划总成本指标; (2)按分部汇总的各单位工程(或子项目)计划成本指标; (3)按人工、材料、机械等各主要生产要素计划成本指标
成本计划 的质量指标	(1)设计预算成本计划降低率 = 设计预算总成本计划降低额 / 设计预算总成本; (2)责任目标成本计划降低率 = 责任目标总成本计划降低额 / 责任目标总成本
成本计划 的效益指标	(1)设计预算成本计划降低额 = 设计预算总成本 − 计划总成本; (2)责任目标成本计划降低额 = 责任目标总成本 − 计划总成本

（3）按工程量清单列出的单位工程计划成本汇总表，见表7-4。

表 7-4　单位工程计划成本汇总表

序号	清单项目编码	清单项目名称	合同价格	计划成本
1				
2				
……				

（4）按成本性质划分的单位工程成本汇总表，根据清单项目的造价分析，分别对人工费、材料费、机械费、措施费、企业管理费和税费进行汇总，形成单位工程成本计划表。

成本计划应在项目实施方案确定和不断优化的前提下进行编制，因为不同的实施方案将导致直接工程费、措施费和企业管理费的差异。成本计划的编制是施工成本预控的重要手段。因此，应在工程开工前编制完成，以便将计划成本目标分解落实，为各项成本的执行提供明确的目标、控制手段和管理措施。

二、建筑工程项目成本计划的编制依据

项目成本计划是施工项目成本控制的一个重要环节，是实现降低施工成本任务的指导性文件。如果针对施工项目所编制的成本计划达不到目标成本要求时，就必须组织施工项目管理班子的有关人员重新研究寻找降低成本的途径，重新进行编制。同时，编制成本计划的过程也是动员全体施工项目管理人员的过程，是挖掘降低成本潜力的过程，是检验施工技术质量管理、工期管理、物资消耗和劳动力消耗管理等是否有效落实的过程。

施工成本计划的编制依据包括：投标报价文件；企业定额、施工预算；施工组织设计或施工方案；人工、材料、机械台班的市场价；企业颁布的材料指导价、企业内部机械台班价格、劳动力内部挂牌价格；周转设备内部租赁价格、摊销损耗标准；已签订的工程合同、分包合同（或估价书）；结构件外加工计划和合同；有关财务成本核算制度和财务历史资料；施工成本预测资料；拟采取的降低施工成本的措施；其他相关资料。

三、建筑工程项目成本计划的编制方法

项目成本计划的编制以成本预测为基础，关键是确定目标成本。计划的制定，需结合施工组织设计的编制过程，通过不断地优化施工技术方案和合理配置生产要素，进行工、料、机消耗的分析，制定一系列节约成本和挖潜措施，确定施工成本计划。一般情况下，施工成本计划总额应控制在目标成本的范围内，并使成本计划建立在切实可行的基础上。

施工总成本目标确定之后，还需通过编制详细的实施性施工成本计划把目标成本层层分解，落实到施工过程的每个环节，有效地进行成本控制。

1．按施工成本组成编制施工成本计划

施工成本可以按成本构成分解为人工费、材料费、施工机械使用费、措施项目费和间接费等，编制按施工成本组成分解的施工成本计划，如图7-3所示。

图 7-3 按成本组成分解成本计划

2. 按施工项目组成编制施工成本计划

大中型工程项目通常是由若干单项工程构成的,而每个单项工程包括了多个单位工程,每个单位工程又由若干个分部、分项工程所构成。因此,首先要把项目总施工成本分解到单项工程和单位工程中,再进一步分解到分部工程和分项工程中,如图 7-4 所示。

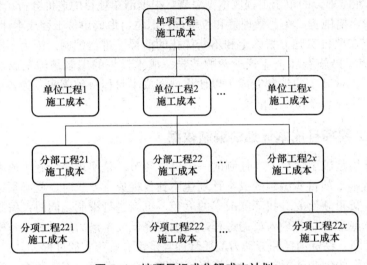

图 7-4 按项目组成分解成本计划

在完成施工项目成本目标分解之后,接下来就要具体地分配成本,编制分项工程的成本支出计划,从而得到详细的成本计划表,见表 7-5。

表 7-5 分项工程成本计划表

分项工程编码	工程内容	计量单位	工程数量	计划成本	本分项总计
(1)	(2)	(3)	(4)	(5)	(6)

3. 按施工进度编制施工成本计划

编制按施工进度的施工成本计划,通常可利用控制项目进度的网络图进一步扩充而得。即在建立网络图时,一方面确定完成各项工作所需花费的时间,另一方面同时确定完成这一工作的合适的施工成本支出计划。在实践中,将工程项目分解为既能方便地表示时间,又能方便地表示施工成本支出计划的工作是不容易的,通常如果项目分解程度对时间控制合适的话,则对施工成本支出计划可能分解过细,以至于不可能对每项工作确定其施工成本支出计划。反之亦然。因此在编制网络计划时，应在充分考虑进度控制对项目划分要求的同时，还要考虑确定施工成本支出计划对项目划分的要求，做到二者兼顾。

通过对施工成本目标按时间进行分解，在网络计划基础上，可获得项目进度计划的横道图。并在此基础上编制成本计划。其表示方式有两种：一种是在时标网络图上按月编制的成本计划，如图7-5所示；另一种是利用时间—成本累积曲线（S形曲线）表示，如图7-6所示。

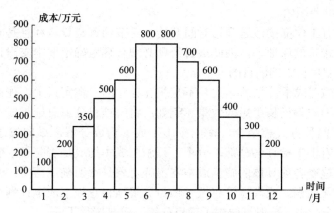

图 7-5 根据时标网络图按月编制的成本计划

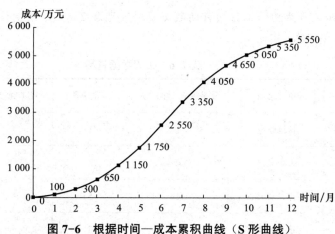

图 7-6 根据时间—成本累积曲线（S形曲线）

时间—成本累积曲线的绘制步骤如下：

（1）确定工程项目进度计划，编制进度计划的横道图。

（2）根据每单位时间内完成的实物工程量或投入的人力、物力和财力，计算单位时间（月或旬）的成本，在时标网络图上按时间编制成本支出计划，如图7-5所示。

（3）计算规定时间 t 计划累计支出的成本额，其计算方法为：各单位时间计划完成的成本额累加求和，可按下式计算：

$$Q_t = \sum_{n=1}^{t} q_n$$

式中 Q_t——某时间 t 内计划累计支出成本额；

q_n——单位时间 n 的计划支出成本额；

t——某规定计划时刻。

（4）按各规定时间的 Q_t 值，绘制 S 形曲线，如图 7-6 所示。

每一条 S 形曲线都对应某一特定的工程进度计划。因为在进度计划的非关键路线中存在许多有时差的工序或工作，因而 S 形曲线（成本计划值曲线）必然包络在由全部工作都按最早开始时间开始和全部工作都按最迟必须开始时间开始的曲线所组成的"香蕉图"内。项目经理可根据编制的成本支出计划来合理安排资金，同时项目经理也可以根据筹措的资金来调整 S 形曲线，即通过调整非关键路线上的工序项目的最早或最迟开工时间，力争将实际的成本支出控制在计划的范围内。

一般而言，所有工作都按最迟开始时间开始，对节约资金贷款利息是有利的，但同时，也降低了项目按期竣工的保证率，因此项目经理必须合理地确定成本支出计划，达到既节约成本支出，又能控制项目工期的目的。

以上 3 种编制施工成本计划的方式并不是相互独立的。在实践中，往往是将这几种方式结合起来使用，从而取得扬长避短的效果。例如：将按项目分解总施工成本与按施工成本构成分解总施工成本两种方式相结合，横向按施工成本构成分解，纵向按子项目分解，或相反。这种分解方式有助于检查各分部、分项工程施工成本构成是否完整，有无重复计算或漏算；同时还有助于检查各项具体的施工成本支出的对象是否明确或落实，并且可以从数字上校核分解的结果有无错误。或者还可将按子项目分解项目总施工成本计划与按时间分解项目总施工成本计划结合起来，一般纵向按子项目分解，横向按时间分解。

已知某市博物馆工程项目的数据资料（见表 7-6），绘制该项目的时间—成本累积曲线。

表 7-6　工程数据资料

编码	项目名称	最早开始时间/月	工期/月	成本强度/（万元/月）
01	场地平整	1	1	20
02	基础施工	2	3	15
03	主体工程施工	4	5	30
04	砌筑工程施工	8	3	20
05	屋面工程施工	10	2	30
06	楼地面施工	11	1	20
07	室内设施安装	11	1	30
08	室内装饰	12	1	20
09	室外装饰	12	1	10
10	其他工程		1	10

案例解析

（1）确定施工项目进度计划，编制进度计划的横道图，如图 7-7 所示。

编码	项目名称	时间/月	费用强度/(万元/月)	工程进度/月											
				1	2	3	4	5	6	7	8	9	10	11	12
01	场地平整	1	20	—											
02	基础施工	3	15		——										
03	主体工程施工	5	30				——	——	——	——					
04	砌筑工程施工	3	20								——	——			
05	屋面工程施工	2	30										——		
06	楼地面施工	2	20										——		
07	室内设施安装	1	30											—	
08	室内装饰	1	20												—
09	室外装饰	1	10												—
10	其他工程	1	10												...

图 7-7 进度计划横道图

（2）在横道图上按时间编制成本计划，如图 7-8 所示。

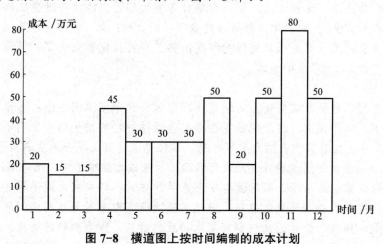

图 7-8 横道图上按时间编制的成本计划

（3）计算规定时间 t 计划累计支出的成本额。

根据公式 $Q_t=\sum_{n=1}^{t} q_n$，可得如下结果：

$Q_1=20$，$Q_2=35$，$Q_3=50$……$Q_{10}=305$，$Q_{11}=385$，$Q_{12}=435$

（4）绘制 S 形曲线，如图 7-9 所示。

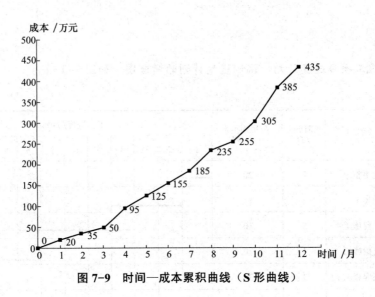

图 7-9 时间—成本累积曲线（S 形曲线）

 知识拓展

成本预测方法

1. 详细预测法

详细预测法，通常是对施工项目计划工期内影响其成本变化的各个因素进行分析，比照最近期已完工施工项目或将完工施工项目的成本（单位面积成本或单位体积成本），预测这些因素对工程成本中有关项目（成本项目）的影响程度。然后用比重法进行计算，预测出工程的单位成本或总成本。这种方法，第一步要计算最近期已完的或将近完工的类似施工项目（以下称为"参照工程"）的成本，包括备成本项目的数额；第二步要分析影响成本的因素，并分析预测备因素对成本有关项目的影响程度；第三步再按比重法计算，预测出目前施工项目（以下称为"对象工程"）的成本。

2. 德尔菲法

德尔菲法是为了克服专家会议法的缺点而产生的一种专家预测方法。在预测过程中，专家彼此互不相识、互不往来，这就克服了在专家会议法中经常发生的专家们不能充分发表意见、权威人物的意见左右其他人的意见等弊病。各位专家能真正充分地发表自己的预测意见。1946 年，兰德公司首次采用这种方法来进行预测，后来该方法被迅速广泛采用。

德尔菲法依据系统的程序，采用匿名发表意见的方式，即专家之间不得互相讨论，不发生横向联系，只能与调查人员发生关系，通过多轮次调查专家对问卷所提问题的看法，经过反复征询、归纳、修改，最后汇总成专家基本一致的看法，作为预测的结果。这种方法具有广泛的代表性，较为可靠。德尔菲法是预测活动中的一项重要工具，在实际应用中通常可以划分 3 个类型：经典型德尔菲法（classical）、策略型德尔菲法（policy）和决策型德尔菲法（decision Delph）。

3. 高低点法

高低点法是指在若干连续时期中，选择最高业务量和最低业务量两个时点的成本数据，通过计算总成本中的固定成本、变动成本和变动成本率来预测成本。

4．趋势预测法

趋势预测法又称趋势分析法，是指自变量为时间，因变量为时间的函数的模式。趋势预测法的主要优点是考虑时间序列发展趋势，使预测结果能更好地符合实际。根据对准确程度要求不同，可选择一次或二次移动平均值来进行预测。首先是分别移动计算相邻数期的平均值，其次确定变动趋势和趋势平均值，最后以最近期的平均值加趋势平均值与距离预测时间的期数的乘积，即得预测值。

5．主观概率法

主观概率法是市场趋势分析者对市场趋势分析事件发生的概率（即可能性大小）做出主观估计，或者说对事件变化动态的一种心理评价，然后计算它的平均值，以此作为市场趋势分析事件的结论的一种定性市场趋势分析方法。主观概率法一般与其他经验判断法结合运用。主观概率是指根据市场趋势分析者的主观判断而确定的事件的可能性的大小，反映个人对某件事的信念程度。所以主观概率是对经验结果所做主观判断的度量，即可能性大小的确定，也是个人信念的度量。主观概率也必须符合概率论的基本定理：

（1）所确定的概率必须大于或等于0，而小于或等于1；

（2）经验判断所需全部事件中各个事件概率之和必须等于1。

主观概率是一种心理评价，判断中具有明显的主观性。对同一事件，不同人对其发生的概率判断是不同的。主观概率的测定因人而异，受人的心理影响较大，谁的判断更接近实际，主要取决于市场趋势分析者的经验、知识水平和对市场趋势分析对象的把握程度。在实际中，主观概率与客观概率的区别是相对的，因为任何主观概率总带有客观性。市场趋势分析者的经验和其他活信息是市场客观情况的具体反映，因此不能把主观概率看成为纯主观的东西。另一方面，任何客观概率在测定过程中也难免带有主观因素。所以，在现实中，既无纯客观概率，又无纯主观概率。

7-3　项目成本控制

知识准备

一、建设工程项目成本控制的概念

项目成本控制是指在施工过程中，对影响施工成本的各种因素加强管理，并采取各种有效措施，将施工中实际发生的各种消耗和支出严格控制在成本计划范围内。通过随时揭示并及时反馈，严格审查各项费用是否符合标准，计算实际成本和计划成本之间的差异并进行分析，进而采取多种措施，消除施工中的损失、浪费现象。

建设工程项目成本控制应贯穿于项目从投标阶段开始直至竣工验收的全过程，它是企业全面成本管理的重要环节。施工成本控制可分为事先控制、事中控制（过程控制）和事后控制。

二、建设工程项目成本控制的依据

1．项目承包合同文件

项目成本控制要以工程承包合同为依据，围绕降低工程成本这个目标，从预算收入和实际成本两方面，努力挖掘增收节支潜力，以求获得最大的经济效益。

微课：项目成本控制

2．项目成本计划

项目成本计划是根据工程项目的具体情况制定的施工成本控制方案，既包括预定的具体成本控制目标，又包括实现控制目标的措施和规划，是项目成本控制的指导文件。

3．进度报告

进度报告提供了每一时刻工程实际完成量、工程施工成本实际支付情况等重要信息。施工成本控制工作正是通过实际情况与施工成本计划相比较，找出二者之间的差别，分析偏差产生的原因，从而采取措施改进以后的工作。此外，进度报告还有助于管理者及时发现工程实施中存在的隐患，并在事态还未造成重大损失之前采取有效措施，尽量避免损失。

4．工程变更与索赔资料

在项目的实施过程中，由于各方面的原因，工程变更是很难避免的。工程变更一般包括设计变更、进度计划变更、施工条件变更、技术规范与标准变更、施工次序变更、工程数量变更等。一旦出现变更，工程量、工期、成本都必将发生变化，从而使得施工成本控制工作变得更加复杂和困难。因此，施工成本管理人员应当通过对变更要求当中各类数据的计算、分析，随时掌握变更情况，包括已发生工程量、将要发生工程量、工期是否拖延、支付情况等重要信息，判断变更以及变更可能带来的索赔额度等。

除了上述几种项目成本控制工作的主要依据以外，有关施工组织设计、分包合同文本等也都是项目成本控制的依据。

三、建设工程项目成本控制的步骤

在确定了施工成本计划之后，必须定期地进行施工成本计划值与实际值的比较，当实际值偏离计划值时，分析产生偏差的原因，采取适当的纠偏措施，以确保施工成本控制目标的实现。其步骤如图7-10所示。

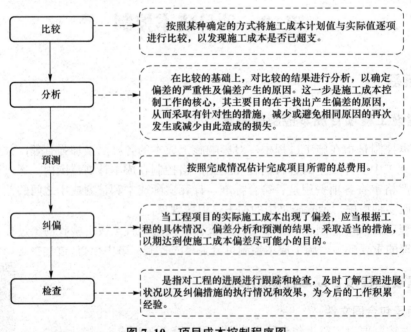

图7-10 项目成本控制程序图

技能准备

一、建设工程项目成本控制的方法

1. 过程控制法

施工阶段是控制建设工程项目成本发生的主要阶段，它通过确定成本目标并按计划成本进行施工、资源配置，对施工现场发生的各种成本费用进行有效控制，其具体的控制方法如下。

（1）人工费的控制。人工费的控制实行"量价分离"的方法，将作业用工及零星用工按定额工日的一定比例综合确定用工数量与单价，通过劳务合同进行控制。

1）人工费的影响因素。

①社会平均工资水平。建筑安装工人人工单价必须与社会平均工资水平趋同。社会平均工资水平取决于经济发展水平。由于我国改革开放以来经济迅速增长，社会平均工资也有大幅增长，从而导致人工单价的大幅提高。

②生产消费指数。生产消费指数的提高会导致人工单价的提高，以减少生活水平的下降，或维持原来的生活水平。生活消费指数的变动取决于物价的变动，尤其取决于生活消费品物价的变动。

③劳动力市场供需变化。劳动力市场如果供不应求，人工单价就会提高；供过于求，人工单价就会下降。

④政府推行的社会保障和福利政策也会影响人工单价的变动。

⑤经会审的施工图、施工定额、施工组织设计等决定人工的消耗量。

2）控制人工费的方法。加强劳动定额管理，提高劳动生产率，降低工程耗用人工工日，是控制人工费支出的主要手段。

①制定先进合理的企业内部劳动定额，严格执行劳动定额，并将安全生产、文明施工及零星用工下达到作业队进行控制。全面推行全额计件的劳动管理办法和单项工程集体承包的经济管理办法，以不突破施工图预算人工费指标为控制目标，对各班组实行工资包干制度。认真执行按劳分配的原则，使职工个人所得与劳动贡献相一致，充分调动广大职工的劳动积极性，从根本上杜绝出工不出力的现象。把工程项目的进度、安全、质量等指标与定额管理结合起来，提高劳动者的综合能力，实行奖励制度。

②提高生产工人的技术水平和作业队的组织管理水平，根据施工进度、技术要求，合理搭配各工种工人的数量，减少和避免无效劳动。不断地改善劳动组织，创造良好的工作环境，改善工人的劳动条件，提高劳动效率。合理调节各工序人数松紧情况，安排劳动力时，尽量做到技术工不做普通工的工作，高级工不做低级工的工作，避免技术上的浪费，既要加快工程进度，又要节约人工费用。

③加强职工的技术培训和多种施工作业技能的培训，不断提高职工的业务技术水平和熟练操作程度，培养一专多能的技术工人，提高作业工效。提倡技术革新和推广新技术，提高技术装备水平和工厂化生产水平，提高企业的劳动生产率。

④实行弹性需求的劳务管理制度，对施工生产各环节上的业务骨干和基本的施工力量，要保持相对稳定。对短期需要的施工力量，要做好预测、计划管理，通过企业内部的劳务市场及外部协作队伍进行调剂。严格做到项目部的定员随工程进度要求波动，进行弹性管理。要打破行业、工种界限，提倡一专多能，提高劳动力的利用效率。

（2）材料费的控制。材料费控制同样按照"量价分离"原则，控制材料用量和材料价格。

1）材料用量的控制。在保证符合设计要求和质量标准的前提下，合理使用材料，通过定额管理、计量管理等手段有效控制材料物资的消耗，具体方法如下：

①定额控制。对于有消耗定额的材料，以消耗定额为依据，实行限额发料制度。在规定限额内分期分批领用，超过限额领用的材料，必须先查明原因，经过一定审批手续方可领料。

②指标控制。对于没有消耗定额的材料，实行计划管理和按指标控制的办法。根据以往项目的实际耗用情况，结合具体施工项目的内容和要求，制定领用材料指标，以控制发料。超过指标的材料，必须经过一定的审批手续方可领用。

③计量控制。准确做好材料物资的收发计量检查和投料计量检查。

④包干控制。在材料使用过程中，对部分小型及零星材料（如钢钉、钢丝等）根据工程量计算出所需材料量，将其折算成费用，由作业者包干控制。

2）材料价格的控制。材料价格主要由材料采购部门控制。由于材料价格是由买价、运杂费、运输中的合理损耗等所组成，因此控制材料价格，主要是通过掌握市场信息，应用招标和询价等方式控制材料、设备的采购价格。

施工项目的材料物资，包括构成工程实体的主要材料和结构件，以及有助于工程实体形成的周转使用材料和低值易耗品。从价值角度看，材料物资的价值约占建筑安装工程造价的60%甚至70%以上，其重要程度自然不言而喻，由于材料物资的供应渠道和管理方式各不相同，所以控制的内容和所采取的控制方法也将有所不同。

（3）施工机械使用费的控制。合理选择施工机械设备，合理使用施工机械设备对成本控制具有十分重要的意义，尤其是高层建筑施工。据某些工程实例统计，高层建筑地面以上部分的总费用中，垂直运输机械费用占6%～10%。由于不同的起重运输机械各有不同的用途和特点，因此在选择起重运输机械时，首先应根据工程特点和施工条件确定采取何种不同起重运输机械的组合方式。在确定采用何种组合方式时，首先应满足施工需要，同时还要考虑到费用的高低和综合经济效益。

施工机械使用费主要由台班数量和台班单价两方面决定，为有效控制施工机械使用费支出，主要从以下几个方面进行控制：

1）控制台班数量。

①根据施工方案和现场实际，选择适合项目施工特点的施工机械，制定设备需求计划，合理安排施工生产，充分利用现有机械设备，加强内部调配提高机械设备的利用率。

②保证施工机械设备的作业时间，安排好生产工序的衔接，尽量避免停工窝工，尽量减少施工中所消耗的机械台班数量。

③核定设备台班定额产量，实行超产奖励办法，加快施工生产进度，提高机械设备单位时间的生产效率和利用率。

④加强设备租赁计划管理，减少不必要的设备闲置和浪费，充分利用社会闲置机械资源。

2）控制台班单价。

①加强现场设备的维修、保养工作，降低大修、经常性修理等各项费用的开支，提高机械设备的完好率，最大限度地提高机械设备的利用率。避免因不当使用造成机械设备的停滞。

②加强机械操作人员的培训工作，不断提高操作技能，提高施工机械台班的生产效率。

③加强配件的管理，建立健全配件领发料制度，严格按油料消耗定额控制油料消耗。达到修理有记录，消耗有定额，统计有报表，损耗有分析。通过经常分析总结，提高修理质量，降低配件消耗，减少修理费用的支出。

④降低材料成本,严把施工机械配件和工程材料采购关,尽量做到工程项目所进材料质优价廉。

⑤成立设备管理领导小组,负责设备调度、检查、维修、评估等具体事宜。对主要部件及其保养情况建立档案,分清责任,便于尽早发现问题,找到解决问题的办法。

(4)施工分包费用的控制。分包工程价格的高低,必然对项目经理部的施工项目成本产生一定的影响。因此,施工项目成本控制的重要工作之一是对分包价格的控制。项目经理部应在确定施工方案的初期就要确定需要分包的工程范围。决定分包范围的因素主要是施工项目的专业性和项目规模。对分包费用的控制,主要是要做好分包工程的询价、订立平等互利的分包合同、建立稳定的分包关系网络、加强施工验收和分包结算等工作。

2. 赢得值(挣值)法

赢得值法(Earned Value Management,EVM)作为一项先进的项目管理技术。到目前为止国际上先进的工程公司已普遍采用赢得值法进行工程项目的费用、进度综合分析控制。赢得值法也称挣值法,是通过分析项目实际完成情况与计划完成情况的差异,判断项目费用、进度是否存在偏差的一种方法。用赢得值法进行费用、进度综合分析控制,基本参数有3项,即已完工作预算费用、计划工作预算费用和已完工作实际费用。

(1)赢得值法的3个基本参数如下:

1)已完工作预算费用。已完工作预算费用(Budgeted Cost for Work Performed,BCWP),是指在某一时间已经完成的工作(或部分工作),以批准认可的预算为标准所需要的资金总额,由于业主正是根据这个值为承包人完成的工作量支付相应的费用,也就是承包人获得(挣得)的金额。故称赢得值或挣值。

$$已完工作预算费用(BCWP)=已完成工作量 \times 预算(计划)单价$$

2)计划工作预算费用。计划工作预算费用(Budgeted Cost for Work Scheduled,BCWS),即根据进度计划,在某一时间应当完成的工作(或部分工作),以预算为标准所需要的资金总额,一般来说,除非合同有变更,BCWS 在工程实施过程中应保持不变。

$$计划工作预算费用(BCWS)=计划工作量 \times 预算(计划)单价$$

3)已完工作实际费用。已完工作实际费用(Actual Cost for Work Performed,ACWP),即到某一时刻为止,已完成的工作(或部分工作)所实际花费的总金额。

$$已完工作实际费用(ACWP)=已完成工作量 \times 实际单价$$

(2)赢得值法的4个评价指标。在这3个基本参数的基础上,可以确定赢得值法的4个评价指标,它们也都是时间的函数。

1)费用偏差 CV(Cost Variance)。

$$费用偏差(CV)=已完工作预算费用(BCWP)-已完工作实际费用(ACWP)$$

当费用偏差 CV 值为负值时,即表示项目运行超出预算费用;当费用偏差 CV 值为正值时,表示项目运行节支,实际费用没有超出预算费用;当 CV 为零时,表示实际费用等于预算费用。

2)进度偏差 SV(Schedule Variance)。

$$进度偏差(SV)=已完工作预算费用(BCWP)-计划工作预算费用(BCWS)$$

当进度偏差 SV 为负值时,表示进度延误,即实际进度落后于计划进度;当进度偏差 SV 为正值时,表示进度提前,即实际进度快于计划进度;当 SV 为零时,表示实际进度与计划进度一致。

3)费用绩效指数(CPI)。

费用绩效指数（CPI）＝已完工作预算费用（BCWP）/已完工作实际费用（ACWP）
当费用绩效指数（CPI）＜1时，表示超支，即实际费用高于预算费用；
当费用绩效指数（CPI）＞1时，表示节支，即实际费用低于预算费用；
当费用绩效指数（CPI）＝1时，表示实际费用等于预算费用。

4）进度绩效指数（SPI）。

进度绩效指数（SPI）＝已完工作预算费用（BCWP）/计划工作预算费用（BCWS）
当进度绩效指数（SPI）＜1时，表示进度延误，即实际进度比计划进度拖后；
当进度绩效指数（SPI）＞1时，表示进度提前，即实际进度比计划进度快；
当进度绩效指数（SPI）＝1时，表示实际进度等于计划进度。

费用（进度）偏差反映的是绝对偏差，结果直观，有助于管理人员了解项目费用出现偏差的绝对数额，并依次采取一定措施，制定或调整费用支出计划和资金筹措计划。但是，绝对偏差有其不容忽视的局限性。如同样是10万元的费用偏差，对于总费用1 000万元的项目和总费用1亿元的项目而言，其严重性显然是不同的。因此，费用（进度）偏差仅适合于对同一项目作偏差分析。费用（进度）绩效指数反映的是相对偏差，它不受项目层次的限制，也不受项目实施时间的限制，因而在同一项目和不同项目比较中均可采用。

在项目的费用、进度综合控制中引入赢得值法，可以克服过去进度、费用分开控制的缺点，即当发现费用超支时，很难立即知道是由于费用超出预算，还是由于进度提前；相反，当发现费用低于预算时，也很难立即知道是由于费用节省，还是由于进度拖延。而引入赢得值法即可定量地判断进度、费用的执行效果，如图7-11所示。

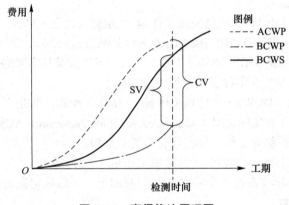

图7-11　赢得值法原理图

微课：成本偏差分析

二、建设工程项目成本偏差分析

1. 偏差分析的表达方法

偏差分析可以采用不同的表达方法，常用的有横道图法、表格法和曲线法。

（1）横道图法。用横道图法进行费用偏差分析，是用不同的横道标记已完工作预算费用（BCWP）、计划工作预算费用（BCWS）和已完工作实际费用（ACWP），横道的长度与其金额成正比例，如图7-12所示。

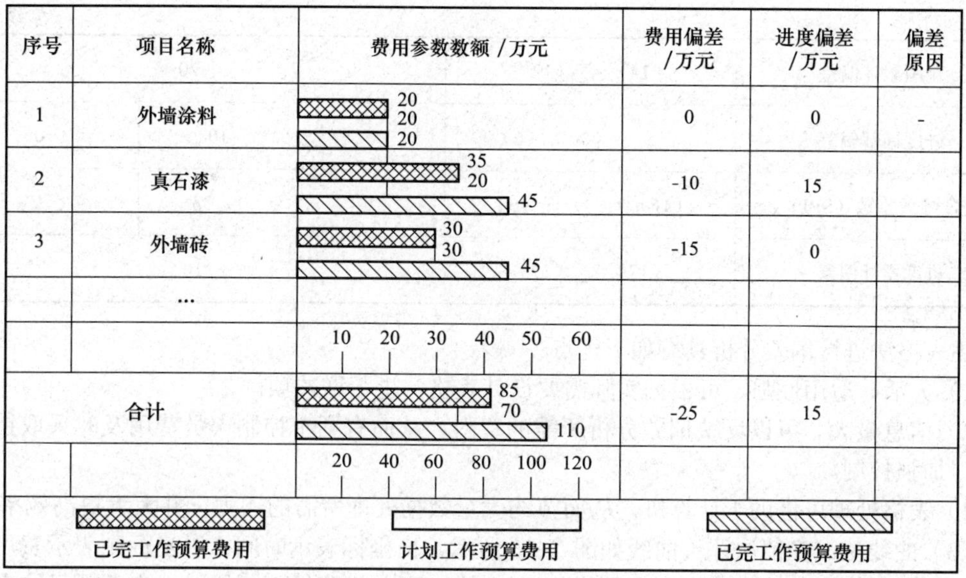
序号
项目名称
费用参数数额 /万元
费用偏差 /万元
进度偏差 /万元
偏差原因
1
外墙涂料
20
20
20
0
0
-
2
真石漆
35
20
45
-10
15
3
外墙砖
30
30
45
-15
0
…
10 20 30 40 50 60
合计
85
70
110
-25
15
20 40 60 80 100 120
已完工作预算费用
计划工作预算费用
已完工作预算费用

图 7-12 费用偏差分析的横道图法

横道图法具有形象、直观、一目了然等优点，它能够准确表达出费用的绝对偏差，而且能一眼感受到偏差的严重性。但这种方法反映的信息量少，一般在项目的较高管理层应用。

（2）表格法。表格法是进行偏差分析最常用的一种方法。它将项目编号、名称、各费用参数以及费用偏差数综合归纳入一张表格中，并且直接在表格中进行比较。由于各偏差参数都在表中列出，使得费用管理者能够综合地了解并处理这些数据（见表 7-7）。

表 7-7 表格法进行偏差分析

项目编码	（1）	041	042	043
项目名称	（2）	木门窗安装	钢门窗安装	铝合金门窗安装
单位	（3）			
预算（计划）单价	（4）			
计划工作量	（5）			
计划工作预算费用（BCWS）	（6）=（5）×（4）	30	30	40
已完成工作量	（7）			
已完工作预算费用（BCWP）	（8）=（7）×（4）	30	40	40
实际单价	（9）			
其他款项	（10）			
已完工作实际费用（ACWP）	（11）=（7）×（9）+（10）	30	50	50
费用局部偏差	（12）=（8）-（11）	0	-10	-10
费用绩效指数（CPI）	（13）=（8）÷（11）	1	0．8	0．8

续表

费用累计偏差	（14）= ∑（12）		−20	
进度局部偏差	（15）=（8）−（6）	0	10	0
进度绩效指数（SPI）	（16）=（8）÷（6）	1	1.33	1
进度累计偏差	（17）= ∑（15）		10	

用表格法进行偏差分析具有如下优点：

1）灵活、适用性强。可根据实际需要设计表格，进行增减项。

2）信息量大。可以反映偏差分析所需的资料，从而有利于控制人员费用及时采取针对性措施，加强控制。

3）表格处理可借助于计算机，从而节约大量数据处理所需的人力，并大大提高效率。

（3）曲线法。挣值法评价曲线如图 7-13 所示，横坐标表示时间，纵坐标则表示费用（以实物工程量、工时或金额表示）。图中 BCWS 按 S 形曲线路径不断增加，直至项目结束达到它的最大值。可见 BCWS 是一种 S 形曲线。ACWP 同样是进度的时间参数，随项目推进而不断增加的，也是 S 形曲线。

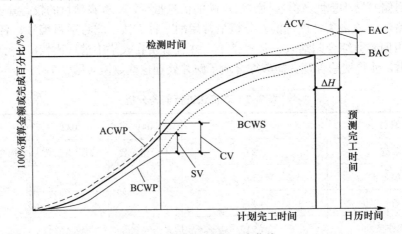

图 7-13　赢得值法评价曲线

图中的 CV=BCWP−ACWP，由于两项参数均以已完工作为计算基准，所以两项参数之差，反映项目进展的费用偏差；SV=BCWP−BCWS，由于两项参数均以预算值（计划值）作为计算基准，所以两者之差，反映项目进展的进度偏差。

采用赢得值法进行费用、进度综合控制，还可以根据当前的进度、费用偏差情况，通过原因分析，对趋势进行预测，预测项目结束时的进度、费用情况。图中的 BAC（Budget At Completion）为项目完工预算，指编计划时预计的项目完工费用；EAC（Estimate At Completion）为预测的项目完工估算，指计划执行过程中根据当前的进度、费用偏差情况预测的项目完工总费用；ACV（At Completion Variance）为预测项目完工时的费用偏差。其中，ACV=BAC−EAC。

某施工单位承接一项健身俱乐部室内装修改造工程,合同总价1 420万元,总工期6个月,前5个月各月完成费用情况见表7-8。

表7-8 某室内装修改造工程费用情况

月份	计划工作预算费用（BCWS）/万元	已完成工作量/%	已完工作实际费用（ACWP）/万元
1	100	96	105
2	140	100	125
3	160	110	170
4	220	105	230
5	200	102	195

应用案例

问题:
(1) 计算各月的已完工程预算费用（BCWP）及5个月的BCWP。
(2) 计算5个月的计划工作预算费用（BCWS）及已完工作实际费用（ACWP）。
(3) 计算5个月的费用偏差CV、进度偏差SV,并分析成本和进度状况。
(4) 计算5个月的费用绩效指数CPI及进度绩效指数SPI,并分析成本和进度状况。

案例解析
(1) 各月的BCWP计算结果见表7-9。

表7-9 某室内装修改造工程BCWP计算结果

月份	计划工作预算费用（BCWS）/万元①	已完成工作量/%②	已完工作实际费用（ACWP）/万元③	已完工作预算费用（BCWP）/万元 ④=①×②
1	100	96	105	96
2	140	100	125	140
3	160	110	170	176
4	220	105	230	231
5	200	102	195	204
合计	820	—	825	847

已完成工作预算费用（BCWP）=计划完成预算费用（BCWS）×已经完成工作量的百分比

5个月的已完工作预算费用（BCWP）合计为847万元。

（2）从表7-10中可见，5个月累计的计划完成预算费用（BCWS）为820万元，已完工作实际费用（ACWP）为825万元。

（3）5个月的费用偏差CV：

CV=BCWP-ACWP=847-825=22（万元），由于CV为正，说明费用节约。

5个月的进度偏差SV：

SV=BCWP-BCWS=847-820=27（万元），由于SV为正，说明进度提前。

（4）费用绩效指数CPI=BCWP/ACWP=847/825=1.0267，由于CPI大于1，说明费用节约。

进度绩效指数SPI=BCWP/BCWS=847/820=1.0329，由于SPI大于1，说明进度提前。

2．偏差原因分析

在实际执行过程中，最理想的状态是已完工作实际费用（ACWP）、计划工作预算费用（BCWS）、已完工作预算费用（BCWP）3条曲线靠得很近、平稳上升，表示项目按预定计划目标进行，如果3条曲线离散度不断增加，则预示可能发生关系到项目成败的重大问题。

偏差分析的一个重要目的就是要找出引起偏差的原因，从而有可能采取有针对性的措施，减少或避免相同问题的再次发生。在进行偏差原因分析时，首先应当将已经导致和可能导致偏差的各种原因逐一列举出来。导致不同工程项目产生费用偏差的原因具有一定共性，因而可以通过对已建项目的费用偏差原因进行归纳、总结，为该项目采用预防措施提供依据。

一般来说，产生费用偏差的原因有以下几种，见表7-10。

表7-10 费用偏差原因

费用偏差原因	具体表现
物价上涨	人工涨价、材料涨价、设备涨价、利率、汇率变化等
设计原因	设计错误、设计漏项、设计标准变化、设计保守、图纸提供不及时等
业主原因	增加工程内容、投资规划不当、组织不落实、建设手续不全、协调不佳、未及时提供场地等
施工原因	施工方案不当、材料代用、施工质量有问题、赶进度、工期拖延等
客观原因	自然因素、基础处理、社会原因、法规变化等

3．偏差纠正措施

通常要压缩已经超支的费用，而不损害其他目标是十分困难的，一般只有当给出的措施比原计划已选定的措施更为有利，或使工程范围减少，或生产效率提高，成本才能降低，例如：寻找新的、更好更省的、效率更高的设计方案；购买部分产品，而不是采用完全由自己生产的产品；重新选择供应商，但会产生供应风险，选择需要时间；改变实施过程；变更工程范围；索赔，如向业主、承（分）包商、供应商索赔以弥补费用超支。

当发现费用超支时，人们常常通过其他手段，在其他工作上节约开支，这常常是十分困难的。这往往会损害工程，包括工程质量和工期的目标，甚至有时贸然采取措施，主观上企图降低成本，而最终却导致更大的费用超支。表7-11所示为赢得值法参数分析与对应措施表。

表 7-11　赢得值法参数分析与对应措施表

序号	图型	三参数关系	分析	措施
1		ACWP＞BCWS＞BCWP，SV＜0，CV＜0	效率低；进度较慢；投入超前	用工作效率高的人员更换一批工作效率低的人员
2		BCWP＞BCWS＞ACWP，SV＞0，CV＞0	效率高；进度较快；投入延后	若偏离不大，维持现状
3		BCWP＞ACWP＞BCWS，SV＞0，CV＞0	效率较高；进度快；投入延后	抽出部分人员，放慢进度
4		ACWP＞BCWP＞BCWS，SV＞0，CV＜0	效率较低；进度较快；投入超前	抽出部分人员，增加少量骨干人员
5		BCWS＞ACWP＞BCWP，SV＜0，CV＜0	效率较低；进度慢；投入超前	增加高效人员投入
6		BCWS＞BCWP＞ACWP，SV＜0，CV＞0	效率较高；进度较慢；投入延后	迅速增加人员投入

三、建筑工程进度款的结算

1．工程进度款的主要结算方式

按现行规定，工程进度款结算可以根据不同情况采取多种方式。

（1）按月结算。即先预付工程备料款，在施工过程中按月结算工程进度款，竣工后进行竣工结算。

（2）竣工后一次结算。建设项目或单项工程全部建筑安装工程建设期在 12 个月以内，或者工程承包合同价值在 100 万元以下的，可以实行工程价款每月月中预支，竣工后一次结算。

（3）分段结算。即当年开工，当年不能竣工的单项工程或单位工程按照工程形象进度，划分不同阶段进行结算。

（4）结算双方约定的其他结算方式。

2．工程预付款

工程预付款又称材料备料款或材料预付款。它是发包人为了帮助承包人解决工程施工前期资金紧张的困难而提前给付的一笔款项。工程是否实行预付款，取决于工程性质、承包工程量的大小以及发包人在招标文件中的规定。

（1）工程预付款的拨付。工程实行预付款的，合同双方应根据合同通用条款及价款结算办法的有关规定，在合同专用条款中约定并履行。建设工程施工合同订立后由发包人按照合同约定，在约定的开工日期前 7 d 内预支给承包人。

工程预付款的额度，由合同双方商定，一般是根据施工工期、建安工作量、主要材料和构件费用占建安工作量的比例以及材料储备周期等因素经测算来确定。

1）在合同条件中约定。发包人根据工程的特点、工期长短、市场行情、供求规律等因素，招标时在合同条件中约定工程预付款的百分比。

2）公式计算法。

$$工程预付款 = 合同价款 \times 预付款额度$$

$$预付款数额 = 全年施工工作量 \times 主材所占比重 \div 年施工日历天 \times 材料储备天数$$

预付款的数额，要根据工程类型、合同工期、承包方式和供应方式等不同条件而定。一般建筑工程不应超过工作量（包括水、电、暖）的 30%；安装工程不应超过工作量的 10%。

（2）工程预付款的扣回。发包人支付给承包人的工程预付款其性质是预支。随着工程进度的推进，拨付的工程进度款数额不断增加，工程所需主要材料、构件的用量逐渐减少，原已支付的预付款应以抵扣的方式予以陆续扣回。扣款的方法如下：

1）由发包人和承包人通过合同予以约定，采用等比率或等额扣款的方式。也可针对工程实际情况具体处理，如有些工程工期较短、造价较低，就无须分期扣还；有些工期较长，如跨年度工程，其备料款的占用时间很长，根据需要可以少扣或不扣。

2）从未施工工程尚需的主要材料及构件的价值相当于工程预付款数额时扣起，从每次中间结算工程价款中，按材料及构件比重扣抵工程价款，至竣工之前全部扣清。因此确定起扣点是工程预付款起扣的关键。

确定工程预付款起扣点的依据是：未完施工工程所需主要材料和构件的费用，等于工程预付款的数额。工程预付款起扣点可按下式计算：

$$T = P - M/N$$

式中　T——起扣点，即预付备料款开始扣回的累计完成工作量金额；

　　　P——承包工程价款总额（或建安工作量价值）；

　　　M——预付备料款数额；

　　　N——主要材料，构件所占比重。

某高校运动场改造工程合同价 100 万元，预付备料款数额为 24 万元，主要材料、构件所占比重为 60%，问：起扣点为多少万元？

案例解析

按起扣点计算公式：

$$T = P - M/N = 100 - 24/60\% = 60（万元）$$

则：当工程量完成 60 万元时，本项工程预付款开始起扣。

3．工程进度款

（1）工程进度款的计算。《建设工程施工合同（示范文本）》关于工程款的支付也作出了相应的约定:"在确认计量结果后 14 天内,发包人应向承包人支付工程款(进度款)。"

工程款的计算,主要涉及两个方面:一是工程量的计量;二是单价的计算方法。

单价的计算方法,主要根据由发包人和承包人事先约定的工程价格的计价方法决定。

目前我国一般来讲,工程价格的计价方法可以分为工料单价和综合单价两种方法。二者在选择时,既可采取可调价格的方式,即工程价格在实施期间可随价格变化而调整,也可采取固定价格的方式,即工程价格在实施期间不因价格变化而调整,在工程价格中已考虑价格风险因素并在合同中明确了固定价格所包括的内容和范围。

(2)工程进度款的支付。工程进度款的支付,一般按当月实际完成工程量进行结算,工程竣工后办理竣工结算。在工程竣工前,承包人收取的工程预付款和进度款的总额一般不超过合同总额(包括工程合同签订后经发包人签证认可的增减工程款)的 95%,其余 5% 尾款,在工程竣工结算时除保修金外一并清算。

某业主与承包商签订了高档住宅楼建筑安装工程项目总包施工合同。承包范围包括土建工程和水、电、通风建设设备安装工程,合同总价为 4 800 万元。工期为 2 年,第一年已完成 2 600 万元,第 2 年应完成 2 200 万元。承包合同规定:

(1)业主应向承包商支付当年合同价 25% 的工程预付款。

(2)工程预付款应从未施工工程尚需的主要材料及构配件价值相当于工程预付款时起扣,每月以抵充工程款的方式陆续收回。主要材料及设备费按总价的 62.5% 考虑。

(3)工程质量保修金为承包合同总价的 5%,经双方协商,业主从每月承包商的工程款中按 5% 的比例扣留。在保修期满后,保修金及保修金利息扣除已指出费用后的剩余部分退还给承包商。

(4)当承包商每月实际完成的建安工作量少于计划完成建安工作量的 10% 以上(含 10%)时,业主可按 5% 的比例扣留工程款,在工程竣工结算时将扣留工程款退还给承包商。

(5)除设计变更和其他不可抗力因素外,合同总价不做调整。

(6)由业主直接提供的材料和设备应在发生当月的工程款中扣回其费用。

经业主的工程师代表签认的承包商在第 2 年各月计划和实际完成的建安工作量以及业主直接提供的材料、设备价值见表 7-12。

表 7-12 某工程数据表

计划完成建安工作量	1 100	200	200	200	190	190	120
实际完成建安工作量	1 100	180	210	205	195	180	120
业主直供材料设备的价值	90.56	35.5	24.4	10.5	21	10.5	5.5

问题:(1)工程预付款是多少?

(2)工程预付款从几月份开始起扣?

(3)1~12 月工程师代表应签证的工程款是多少?应签发付款凭证金额是多少?

(4)竣工结算时,工程师代表应签发付款凭证金额是多少?

案例解析

（1）工程预付款金额：2 200×25%=550（万元）。

（2）工程预付款的起扣点：2 200-550/62.5%=2 200-880=1 320（万元）。

开始起扣工程预付款的时间为8月份，因为8月份累计实际完成的建安工作量：1 100+180+210=1 500（万元）＞1 320万元。

（3）1～6月份：

1～6月份应签证的工程款：1 100×（1-5%）=1 045（万元）。

1～6月份应签发付款凭证金额：1 045-90.56=954.44（万元）。

7月份：

7月份建安工作量实际值与计划值比较，未达到计划值，相差（200-180）/200=10%。

7月份应签证的工程款项：180-180×（5%+5%）=180-18=162（万元）。

7月份应签发付款凭证金额：162-35.5=126.5（万元）。

8月份：

8月份应签证的工程款：210×（1-5%）=199.50（万元）。

8月份应扣工程预付款金额：（1 500-1 320）×62.5%=112.5（万元）。

8月份应签发付款凭证金额：199.50-112.5-24.4=62.6（万元）。

9月份：

9月份应签证的工程款：205×（1-5%）=194.75（万元）。

9月份应扣工程预付款金额：205×62.5%=128.125（万元）。

9月份应签发付款凭证金额：194.75-128.125-10.5=56.125（万元）。

10月份：

10月份应签证的工程款：195×（1-5%）=185.25（万元）。

10月份应扣工程预付款金额：195×62.5%=121.875（万元）。

10月份应签发付款凭证金额：185.25-121.875-21=42.375（万元）。

11月份：

11月份建安工作量实际值与计划值比较，未达到计划值，相差：（190-180）/190=5.26%＜10%，工程款不扣。

11月份应签证的工程款：180×（1-5%）=171（万元）。

11月份应扣工程预付款金额：180×62.5%=112.5（万元）。

11月份应签发付款凭证金额：171-112.5-10.5=48（万元）。

12月份：

12月份应签证的工程款：120×（1-5%）=114（万元）。

12月份应扣工程预付款金额：120×62.5%=75（万元）。

12月份应签发付款凭证金额：114-75-5.5=33.5（万元）。

（4）竣工结算时，工程师代表应签发付款凭证金额：180×5%=9（万元）。

知识拓展

竣工结算

工程竣工验收报告经发包人认可后28 d内，承包人向发包人递交竣工结算报告及完整的结算资料，双方按照协议书约定的合同价款及专用条款约定的合同价款调整内容，进行工程结算。专业监理工程师审核承包人报送的竣工结算报表；总监理工程师审定竣工结算报表；与发包人、承包人协商一致后，签发竣工结算文件和最终的工程款支付证书。

发包人收到承包人递交的竣工结算报告结算资料后28 d内进行核实，给予确认或者提出修改意见。发包人确认竣工结算报告后通知经办银行向承包人支付竣工结算价款。承包人收到竣工结算价款后14 d内将竣工工程交付发包人。

发包人收到竣工结算报告及结算资料后28 d内无正当理由不支付工程竣工结算价款的，从第29 d起应按承包人同期向银行贷款利率支付拖欠工程价款的利息，并承担违约责任。

发包人收到竣工结算报告及结算资料后28 d内无正当理由不支付工程竣工结算价款的，承包人可以催告发包人支付结算价款。发包人在收到竣工结算报告及结算资料后56 d内仍不支付的，承包人可以与发包人协议将该工程折价，也可以由承包人申请法院将该工程依法拍卖，承包人就该工程折价或者拍卖的价款优先受偿。

工程竣工验收报告经发包人认可后28 d内，承包人未能向发包人递交竣工结算报告及完整的结算资料，造成工程竣工结算不能正常进行或工程竣工结算价款不能及时支付，发包人要求交付工程的，承包人应当交付；发包人不要求交付工程的，承包人承担保管责任。

竣工结算要有严格的审查，一般从以下几个方面入手。

1. 核对合同条款

首先，应核对竣工工程内容是否符合合同条件要求，工程是否竣工验收合格，只有按合同要求完成全部工程并验收合格才能竣工结算；其次，应按合同规定的结算方法、计价定额、取费标准、主材价格和优惠条款等，对工程竣工结算进行审核，若发现合同开口或有漏洞，应请建设单位与施工单位认真研究，明确结算要求。

2. 检查隐蔽验收纪录

所有隐蔽工程均需进行验收，两人以上签证；实行工程监理的项目应经监理工程师签证确认。审核竣工结算时应核对隐蔽工程施工记录和验收签证，手续完整，工程量与竣工图一致方可列入结算。

3. 落实设计变更签证

设计修改变更应有原设计单位出具设计变更通知单和修改的设计图纸、校审人员签字并加盖公章，经建设单位和监理工程师审查同意、签证；重大设计变更应经原审批部门审批，否则不应列入结算。

4. 按图核实工程数量

竣工结算的工程量应依据竣工图、设计变更单和现场签证等进行核算，并按国家统一规定的计算规则计算工程量。

5. 执行定额单价

结算单价应按合同约定或招标规定的计价定额与计价原则执行。

6. 防止各种计算误差

工程竣工结算子目多、篇幅大，往往有计算误差，应认真核算，防止因计算误差多计或少算。

7-4 项目成本核算与分析

知识准备

一、建设工程项目成本核算的概念

工程项目成本核算就是定期地确认、记录施工过程中发生的费用支出，以反映工程项目发生的实际成本。建立项目成本核算制，明确项目成本核算的原则、范围、程序、方法、内容、责任及要求，可以反映、监督项目成本计划的完成情况，促进工程项目改善管理、降低成本、提高经济效益。

微课：成本核算与分析

二、建筑工程施工成本核算的范围

施工成本核算包括两个基本环节：一是按照规定的成本开支范围对施工费用进行归集和分配，计算出施工费用的实际发生额；二是根据成本核算对象，采用适当的方法，计算出该施工项目的总成本和单位成本。施工成本管理需要正确及时地核算施工过程中发生的各项费用，计算施工项目的实际成本。施工项目成本核算所提供的各种成本信息，是成本预测、成本计划、成本控制、成本分析和成本考核等各个环节的依据。

施工成本核算的基本内容包括：人工费核算；材料费核算；周转材料费核算；结构件费核算；机械使用费核算；措施费核算；分包工程成本核算；间接费核算；项目月度施工成本报告编制。

三、建筑工程施工成本核算的要求

（1）项目经理部应根据财务制度和会计制度的有关规定，建立项目成本核算制，明确项目成本核算的原则、范围、程序、方法、内容、责任及要求，并设置核算台账，记录原始数据。

（2）项目经理部应按照规定的时间间隔进行项目成本核算。

（3）项目成本核算应坚持"三同步"的原则。

项目经济核算的"三同步"是指统计核算、业务核算、会计核算三者同步进行。统计核算即产值统计；业务核算即人力资源和物质资源的消耗统计；会计核算即成本会计核算。根据项目形成的规律，这三者之间必然存在同步关系，即完成多少产值、消耗多少资源、发生多少成本，三者应该同步，否则项目成本就会出现盈亏异常情况。

（4）建立以单位工程为对象的项目生产成本核算体系，是因为单位工程是施工企业的最终产品（成品），可独立考核。

（5）项目经理部应编制定期成本报告。

四、建设工程项目成本会计的账表

项目经理部应根据会计制度的要求，设立核算必要的账户，进行规范的核算。首先应建立三类账本，再由三类账本编制施工项目成本的会计报表，即"四表"。

1. 三类账本

三类账本包括工程施工账、其他直接费账和施工间接费账。

（1）工程施工账。工程施工账用于核算工程项目进行建筑安装工程施工所发生的各项费用支出，是以组成工程项目成本的成本项目设专栏记载的。工程施工账按照成本核算对象核算的要求，又分为单位工程成本明细账和工程项目成本明细账。

（2）其他直接费账。其他直接费账先以其他直接费费用项目设专栏记载，月终再分配计入受益单位工程的成本。

（3）施工间接费账。施工间接费账用于核算项目经理部为组织和管理施工生产活动所发生的各项费用支出，以项目经理部为单位设账，按间接成本费用项目设专栏记载，月终再按一定的分配标准计入受益单位工程的成本。

2. 四类表格

四类表格包括在建工程成本明细表、竣工工程成本明细表、施工间接费表和工程项目成本表。

（1）在建工程成本明细表。要求分单位工程列示，以组成单位工程成本项目的三本账汇总形成报表，账表相符，按月填表。

（2）竣工工程成本明细表。要求在竣工点交后，以单位工程列示，实际成本账表相符，按月填表。

（3）施工间接费表。要求按核算对象的间接成本费用项目列示，账表相符，按月填表。

（4）工程项目成本表。该报表属于工程项目成本的综合汇总表，表中除按成本项目列示外，还增加了工程成本合计、工程结算成本合计、分建成本、工程结算其他收入和工程结算成本总计等项，综合了前3个报表，汇总反映项目成本。

五、建设工程项目成本分析的概念

项目成本分析是在施工成本核算的基础上，对成本的形成过程和影响成本升降的因素进行分析，以寻求进一步降低成本的途径，包括有利偏差的挖掘和不利偏差的纠正。

项目成本分析有助于恰当评价成本计划的执行结果；揭示成本节约和超支的原因，进一步提高企业管理水平；寻求进一步降低成本的途径和方法，不断提高企业的经济效益。

六、建设工程项目成本分析的内容

建设工程项目成本分析包括：人工费用水平的合理性；材料、能源利用效果；机械设备的利用效果；施工质量水平的高低；其他影响项目成本变动的因素。

七、建设工程项目成本分析的依据

施工成本分析，就是根据会计核算、业务核算和统计核算提供的资料，对施工成本的形成过程和影响成本升降的因素进行分析，以寻求进一步降低成本的途径；另一方面，通过成本分析，可从账簿、报表反映的成本现象中看清成本的实质，从而增强项目成本的透明度和可控性，为加强成本控制、实现项目成本目标创造条件。

1. 会计核算

会计核算主要是价值核算。会计是对一定单位的经济业务进行计量、记录、分析和检查，作出预测，参与决策，实行监督，旨在实现最优经济效益的一种管理活动。它通过设置账户、复式记账、填制和审核凭证、登记账簿、成本计算、财产清查和编制会计报表等一系列有组织、有系统的方法，来记录企业的一切生产经营活动，然后据此提出一些用货币来反映的有关各种综合性经济指标的数据。资产、负债、所有者权益、收入、费用和利润会计六要素指标，主要是通过会计来核算。由于会计记录具有连续性、系统性、综合性等特点，所以它是施工成本分析的重要依据。

2．业务核算

业务核算是各业务部门根据业务工作的需要而建立的核算制度，它包括原始记录和计算登记表，如单位工程及分部、分项工程进度登记，质量登记，工效、定额计算登记，物资消耗定额记录、测试记录等。业务核算的范围比会计、统计核算要广，会计和统计核算一般是对已经发生的经济活动进行核算，而业务核算，不仅可以对已经发生的，而还可以对尚未发生或正在发生的经济活动进行核算，看是否可以做，是否有经济效果。它的特点是对个别的经济业务进行单项核算。例如，各种技术措施、新工艺等项目，可以核算已经完成的项目是否达到原定的目的、取得预期的效果，也可以对准备采取措施的项目进行核算和审查，看是否有效果，值不值得采纳，随时都可以进行。业务核算的目的，在于迅速取得资料，在经济活动中及时采取措施进行调整。

3．统计核算

统计核算是利用会计核算资料和业务核算资料，把企业生产经营活动客观现状的大量数据，按统计方法加以系统整理，表明其规律性。它的计量尺度比会计宽，可以用货币计算，也可以用实物或劳动量计量。它通过全面调查和抽样调查等特有的方法，不仅能提供绝对数指标，还能提供相对数和平均数指标，可以计算当前的实际水平，确定变动速度，可以预测发展的趋势。

技能准备

施工成本分析的基本方法包括比较法、因素分析法、差额计算法、比率法等。

一、比较法

比较法又称"指标对比分析法"，是通过技术经济指标的对比，检查目标的完成情况，分析产生差异的原因，进而挖掘内部潜力的方法。这种方法，具有通俗易懂、简单易行、便于掌握的特点，因而得到了广泛的应用，但在应用时必须注意各技术经济指标的可比性。比较法的应用，通常有下列形式。

1．将实际指标与目标指标对比

以此检查目标完成情况，分析影响目标完成的积极因素和消极因素，以便及时采取措施，保证成本目标的实现。在进行实际指标与目标指标对比时，还应注意目标本身有无问题。如果目标本身出现问题，则应调整目标，重新正确评价实际工作的成绩。

2．本期实际指标与上期实际指标对比

通过本期实际指标与上期实际指标对比，可以看出各项技术经济指标的变动情况，反映施工管理水平的提高程度。

3．与本行业平均水平、先进水平对比

通过这种对比，可以反映本项目的技术管理和经济管理与行业的平均水平和先进水平的差距，进而采取措施提高本项目水平。

某新建游泳馆工程项目本期计划节约材料费 10 000 元，实际节约 12 000 元，上期节约 9 500 元，施工企业采用先进技术节约 13 000 元。针对材料费节约额，表 7-13 给出了上述 3 种情况的对比。

表 7-13　实际指标与上期指标、先进水平对比表

指标	本期计划数	上期实际数	企业先进水平	本期实际数	对比差异		
					与计划比	与上期比	与先进比
节约数额	10 000	9 500	13 000	12 000	+2 000	+2 500	-1 000

二、因素分析法

因素分析法又称连环置换法。这种方法可用来分析各种因素对成本的影响程度。在进行分析时，首先要假定众多因素中的一个因素发生了变化，而其他因素则不变，然后逐个替换，分别比较其计算结果，以确定各个因素的变化对成本的影响程度。

因素分析法的计算步骤如下：

（1）确定分析对象，并计算出实际与目标数的差异。

（2）确定该指标是由哪几个因素组成的，并按其相互关系进行排序（排序规则是：先实物量，后价值量；先绝对值，后相对值）。

（3）以目标数为基础，将各因素的目标数相乘，作为分析替代的基数。

（4）将各个因素的实际数按照上面的排列顺序进行替换计算，并将替换后的实际数保留下来。

（5）将每次替换计算所得的结果，与前一次的计算结果相比较，两者的差异即为该因素对成本的影响程度。

（6）各个因素的影响程度之和，应与分析对象的总差异相等。

商品混凝土目标成本为 748 800 元，实际成本为 804 636 元，比目标成本增加 55 836 元，资料见表 7-14，分析成本增加的原因。

表 7-14　商品混凝土目标成本与实际成本对比表

项目	单位	目标	实际	差额
产量	m³	900	930	+30
单价	元	800	840	+40
损耗率	%	4	3	-1
成本	元	748 800	804 636	+55 836

案例解析

（1）分析对象是商品混凝土的成本，实际成本与目标成本的差额为 55 836 元，该指标是由产量、单价、损耗率 3 个因素组成的。

（2）以目标数 748 800 元（900×800×1.04 元）为分析替代的基础。
第一次替代产量因素，以 930 替代 900：
$$930×800×1.04=773\ 760（元）$$
第二次替代单价因素，以 840 替代 800 并保留上次替代后的值：
$$930×840×1.04=812\ 448（元）$$
第三次替代损耗率因素，以 1.03 替代 1.04 并保留上两次替代后的值：
$$930×840×1.03=804\ 636（元）$$
（3）计算差额：
第一次替代与目标数的差额 =773 760-748 800=24 960（元）
第二次替代与第一次替代的差额 =812 448-773 760=38 688（元）
第三次替代与第二次替代的差额 =804 636-812 448= -7 812（元）
（4）产量增加使成本增加了 24 960 元，单价提高使成本增加了 38 688 元，而损耗率下降使成本减少了 7 812 元。
（5）各因素的影响程度之和 =24 960+38 688-7 812=55 836（元），与实际成本与目标成本的总差额相等。

为了使用方便，企业也可以通过运用因素分析表来求出各因素变动对实际成本的影响程度，其具体形式见表 7-15。

表 7-15　商品混凝土成本变动因素分析表

顺序	连环替代计算	差异/元	因素分析
目标数	900×800×1.04		
第一次替代	930×800×1.04	24 960	由于产量增加 30 m³，成本增加 24 960 元
第二次替代	930×840×1.04	38 688	由于单价提高 20 元，成本增加 38 688 元
第三次替代	930×840×1.03	-7 812	由于损耗率下降 1%，成本减少 7 812 元
合计	24 960+38 688-7 812=55 836	55 836	

三、差额计算法

差额计算法是因素分析法的一种简化形式，它利用各个因素的目标值与实际值的差额来计算其对成本的影响程度。

某展览馆室内装饰工程项目五月的实际成本比目标数提高了 20 万元，根据表 7-16 中资料，应用"差额计算法"分析预算成本和成本降低率对成本降低额的影响程度。

表 7-16　降低成本目标与实际对比表

项目	单位	目标	实际	差异
预算成本	万元	400	420	+20
成本降低率	%	5	5.5	+0.5
成本降低额	万元	20	23.1	+3.1

案例解析

分析成本增加的原因：

（1）预算成本增加对成本降低额的影响程度：

$$(420-400) \times 5\% 万元 = 1.00（万元）$$

（2）成本降低率提高对成本降低额的影响程度：

$$(5.5\%-5\%) \times 420 万元 = 2.10（万元）$$

以上两项合计：1.00+2.10=3.10（万元）。

四、比率法

比率法是指用两个以上的指标的比例进行分析的方法。它的基本特点是：先把对比分析的数值变成相对数，再观察其相互之间的关系。常用的比率法有以下几种。

1．相关比率法

由于项目经济活动的各个方面是相互联系、相互依存、又相互影响的，因而可以将两个性质不同而又相关的指标加以对比，求出比率，并以此来考察经营成果的好坏。例如：产值和工资是两个不同的概念，但它们的关系又是投入与产出的关系。在一般情况下，都希望以最少的工资支出完成最大的产值。因此，用产值工资率指标来考核人工费的支出水平，就很能说明问题。

2．构成比率法

构成比率法又称比重分析法或结构对比分析法。通过构成比率，可以考察成本总量的构成情况及各成本项目占成本总量的比重，同时也可看出量、本、利的比例关系（即预算成本、实际成本和降低成本的比例关系），从而为寻求降低成本的途径指明方向。

3．动态比率法

动态比率法，就是将同类指标不同时期的数值进行对比，求出比率，以分析该项指标的发展方向和发展速度。动态比率的计算，通常采用基期指数和环比指数两种方法，见表7-17。

表 7-17　指标动态比较表

指标	第一季度	第二季度	第三季度	第四季度
降低成本/万元	82.1	85.82	92.32	98.30
基期指数/% 一季度=100	—	104.53	112.45	119.73
环比指数/% 上一季度=100	—	104.53	107.57	106.48

五、综合成本分析和专项成本分析

1．综合成本的分析方法

综合成本，是指涉及多种生产要素，并受多种因素影响的成本费用，如分部、分项工程成本，月（季）度成本、年度成本等。由于这些成本都是随着项目施工的进展而逐步形成的，与生产经营有着密切的关系。因此，做好上述成本的分析工作，无疑将促进项目的生产经营管理，提高项目的经济效益。

（1）分部分项工程成本分析。分部、分项工程成本分析是施工项目成本分析的基础。分部分项工程成本分析的对象为已完成分部分项工程。分析的方法是：进行预算成本、目标成本和实际成本的"三算"对比，分别计算实际偏差和目标偏差，分析偏差产生的原因，为今后的分部分项工程成本寻求节约途径。

分部分项工程成本分析的资料来源是：预算成本来自投标报价成本，目标成本来自施工预算，实际成本来自施工任务单的实际工程量、实耗人工和限额领料单的实耗材料。

由于施工项目包括很多分部分项工程，不可能也没有必要对每一个分部分项工程进行成本分析。但是，对于那些主要分部分项工程必须进行成本分析，而且要做到从开工到竣工进行系统的成本分析。这是一项很有意义的工作，因为通过主要分部分项工程成本的系统分析，可以基本上了解项目成本形成的全过程，为竣工成本分析和今后的项目成本管理提供一份宝贵的参考资料。

分部分项工程成本分析表的格式见表7-18。

表7-18 分部分项工程成本分析

单位工程：＿＿＿＿＿＿＿
分部分项工程名称：＿＿＿＿＿＿ 工程量：＿＿＿＿＿ 施工班组：＿＿＿＿＿ 施工日期：＿＿＿＿＿

工料名称	规格	单位	单价	预算成本		目标成本		实际成本		实际与预算比较		实际与目标比较	
				数量	金额	数量	金额	数量	金额	数量	金额	数量	金额
合计													
实际与预算比较/% （预算=100）													
实际与计划比较/% （计划=100）													
节超原因说明													

编辑单位：＿＿＿＿＿＿＿ 成本员：＿＿＿＿＿＿ 填表日期：＿＿＿＿＿＿

（2）月（季）度成本分析。月（季）度成本分析，是施工项目定期的、经常性的中间成本分析。对于具有一次性特点的施工项目来说，有着特别重要的意义。因为通过月（季）度成本分析，可以及时发现问题，以便按照成本目标指定的方向进行监督和控制，保证项目成本目标的实现。

月（季）度成本分析的依据是当月（季）的成本报表。分析的方法通常有以下几种：

1）通过实际成本与预算成本的对比；

2）通过实际成本与目标成本的对比；

3）通过对各成本项目的成本分析，可以了解成本总量的构成比例和成本管理的薄弱环节；

4）通过主要技术经济指标的实际与目标对比，分析产量、工期、质量、"三材"节约率、机械利用率等对成本的影响；

5）通过对技术组织措施执行效果的分析，寻求更加有效的节约途径；

6）分析其他有利条件和不利条件对成本的影响。

（3）年度成本分析。企业成本要求一年结算一次，不得将本年成本转入下一年度。而项目成本则以项目的寿命周期为结算期，要求从开工、竣工到保修期结束连续计算，最后结算出成本总量及其盈亏。由于项目的施工周期一般较长，除进行月（季）度成本核算和分析外，还要进行年度成本的核算和分析。这不仅是为了满足企业汇编年度成本报表的需要，同时也是项目成本管理的需要。因为通过年度成本的综合分析，可以总结一年来成本管理的成绩和不足，为今后的成本管理提供经验和教训，从而对项目成本进行更有效的管理。

年度成本分析的依据是年度成本报表。年度成本分析的内容，除了月（季）度成本分析的 6 个方面以外，重点是针对下一年度的施工进展情况规划切实可行的成本管理措施，以保证施工项目成本目标的实现。

（4）竣工成本的综合分析。凡是有几个单位工程而且是单独进行成本核算（即成本核算对象）的施工项目，其竣工成本分析应以各单位工程竣工成本分析资料为基础，再加上项目经理部的经营效益（如资金调度、对外分包等所产生的效益）进行综合分析。如果施工项目只有一个成本核算对象（单位工程），就以该成本核算对象的竣工成本资料作为成本分析的依据。

单位工程竣工成本分析，应包括：竣工成本分析；主要资源节超对比分析；主要技术节约措施及经济效果分析。

通过以上分析，可以全面了解单位工程的成本构成和降低成本的来源，对今后同类工程的成本管理有一定的参考价值。

2. 项目专项成本的分析方法

（1）成本盈亏异常分析。检查成本盈亏异常的原因，应从经济核算的"三同步"入手。因为，项目经济核算的基本规律是：在完成多少产值、消耗多少资源、发生多少成本之间，有着必然的同步关系。如果违背这个规律，就会发生成本的盈亏异常。

（2）工期成本分析。工期成本分析，就是计划工期成本与实际工期成本的比较分析。

（3）资金成本分析。资金与成本的关系，就是工程收入与成本支出的关系。根据工程成本核算的特点，工程收入与成本支出有很强的配比性。在一般情况下，都希望工程收入越多越好，成本支出越少越好。

（4）技术组织措施执行效果分析。技术组织措施必须与工程项目的工程特点相结合，技术组织措施有很强的针对性和适应性（当然也有各工程项目通用的技术组织措施）。计算节约效果的方法一般按以下公式计算：

$$措施节约效果 = 措施前的成本 - 措施后的成本$$

对节约效果的分析，需要联系措施的内容和执行过程来进行。

> **知识拓展**

施工项目成本考核

　　施工成本考核是指在施工项目完成后，对施工项目成本形成中的各责任者，按施工项目成本目标责任制的有关规定，将成本的实际指标与计划、定额、预算进行对比和考核，评定施工项目成本计划的完成情况和各责任者的业绩，并以此给予相应的奖励和处罚。通过成本考核，做到有奖有惩、赏罚分明，才能有效地调动每一位员工在各自施工岗位上努力完成目标成本的积极性，为降低施工项目成本和增加企业的积累，作出自己的贡献。

　　施工成本考核是衡量成本降低的实际成果，也是对成本指标完成情况的总结和评价。成本考核制度包括考核的目的、时间、范围、对象、方式、依据、指标、组织领导、评价与奖惩原则等内容。

　　以施工成本降低额和施工成本降低率作为成本考核的主要指标，要加强组织管理层对项目管理部的指导，并充分依靠技术人员、管理人员和作业人员的经验和智慧，防止项目管理在企业内部异化为靠少数人承担风险的以包代管模式。成本考核也可分别考核组织管理层和项目经理部。

　　项目管理组织对项目经理部进行考核与奖惩时，既要防止虚盈实亏，也要避免实际成本归集差错等的影响，使施工成本考核真正做到公平、公正、公开，在此基础上兑现施工成本管理责任制的奖惩或激励措施。

　　施工成本管理的每一个环节都是相互联系和相互作用的。成本预测是成本决策的前提，成本计划是成本决策所确定目标的具体化。成本计划控制则是对成本计划的实施进行控制和监督，保证决策的成本目标的实现，而成本核算又是对成本计划是否实现的最后检验，它所提供的成本信息又对下一个施工项目成本预测和决策提供基础资料。成本考核是实现成本目标责任制的保证和实现决策目标的重要手段。

　　建筑工程项目成本考核的内容主要包括以下几个方面。

　　1. 企业对项目经理考核的内容

　　（1）项目成本目标和阶段成本目标的完成情况；

　　（2）建立以项目经理为核心的成本管理责任制的落实情况；

　　（3）成本计划的编制和落实情况；

　　（4）对各部门、各作业队和班组责任成本的检查和考核情况；

　　（5）在成本管理中贯彻责、权、利相结合原则的执行情况。

　　2. 项目经理对所属各部门、各作业队和班组考核的内容

　　（1）对各部门的考核内容：本部门、本岗位责任成本的完成情况，本部门、本岗位成本管理责任的执行情况。

　　（2）对各作业队的考核内容：对劳务合同规定的承包范围和承包内容的执行情况，劳务合同以外的补充收费情况，对班组施工任务单的管理情况以及班组完成施工任务后的考核情况。

　　（3）对生产班组的考核内容（平时由作业队考核）。以分部分项工程成本作为班组的责任成本。以施工任务单和限额领料单的结算资料为依据，与施工预算进行对比，考核班组责任成本的完成情况。

模块小结

本模块主要介绍了工程成本费用的组成，成本管理的内容和措施，项目成本预测的方法，项目成本计划的内容、编制方法，项目成本控制的方法，项目成本偏差分析的方法，项目进度款的结算要求，项目成本核算的内容，项目成本分析的方法等内容。本模块的学习重点为项目成本预测的方法，项目成本计划的编制方法，项目成本控制的方法，项目成本偏差分析的方法，项目进度款的结算要求，项目成本分析的方法。通过本模块学习使读者更全面、系统掌握建设工程项目成本管理的基础知识，具备建设工程项目成本管理的能力。

自我评测

一、单项选择题

1. 在施工过程中，对影响施工项目成本的各种因素加强管理，并采用各种有效措施加以纠正，这属于施工成本管理中的（　　）。
   A. 施工成本控制　　B. 施工成本计划　　C. 施工成本预测　　D. 施工成本核算
2. 对施工成本管理目标进行风险分析，并制订防范性对策，这属于（　　）。
   A. 合同措施　　B. 经济措施　　C. 组织措施　　D. 技术措施
3. 当费用偏差为负值时，表示（　　）。
   A. 项目运行超支　　B. 项目运行节支　　C. 进度延误　　D. 进度提前
4. 施工成本控制的正确步骤是（　　）。
   A. 预测、比较、分析、纠偏、检查　　B. 分析、预测、检查、比较、纠偏
   C. 比较、预测、分析、检查、纠偏　　D. 比较、分析、预测、纠偏、检查
5. 建设工程项目施工成本控制包括若干环节，其中最具实质性的是（　　）。
   A. 纠偏　　B. 分析　　C. 比较　　D. 检查
6. 建设工程项目施工成本偏差是指（　　）之差。
   A. 已完工程实际施工成本与拟完工程计划施工成本
   B. 已完工程计划施工成本与拟完工程计划施工成本
   C. 已完工程实际施工成本与已完工程计划施工成本
   D. 已完工程计划施工成本与拟完工程实际施工成本
7. 某土方工程某月计划工程量为 2 600 m³，计划成本为 15 元/m³，月底检查时承包商实际完成工程量为 2 400 m³，实际成本为 20 元/m³，则该工程的施工成本偏差为（　　）元。
   A. 9 000　　B. -9 000　　C. -12 000　　D. 12 000
8. 如果把进度偏差与成本偏差联系起来，则进度偏差可表示为（　　）与已完工程计划施工成本的差异。
   A. 拟完工程计划施工成本　　　　B. 已完工程实际施工成本
   C. 未完工程计划施工成本　　　　D. 拟完工程实际施工成本

9. 下列方法中，可用于分析建设工程项目施工成本偏差的方法是（　　）。
   A. 因素分析法和比较法　　　　　　B. 曲线法和表格法
   C. 连环置换法和比率法　　　　　　D. 连环置换法和曲线法
10. 在建设工程项目施工成本分析方法中，可用来分析各种因素对成本的影响程度的方法是（　　）。
    A. 相关比率法　　B. 比重分析法　　C. 连环置换法　　D. 动态比率法
11. 某施工企业根据产值工资率指标考核人工费的支出水平，这是用（　　）来进行成本分析。
    A. 相关比率法　　B. 构成比率法　　C. 动态比率法　　D. 静态比率法
12. 为了保证项目成本目标的实现，对于具有一次性特点的施工项目来说，进行（　　）具有特别重要的意义。
    A. 分部分项工程成本分析　　　　　B. 月（季）度成本分析
    C. 年度成本分析　　　　　　　　　D. 竣工成本综合分析
13. 通过（　　），可以全面了解单位工程的成本构成和降低成本的。
    A. 分部分项工程成本分析　　　　　B. 月（季）度成本分析
    C. 年度成本分析　　　　　　　　　D. 竣工成本分析
14. 施工成本核算要求的归集"三同步"是指（　　）的取值范围应当一致。
    A. 形象进度、产值统计、实际成本　B. 成本预测、成本计划、成本分析
    C. 目标成本、预算成本、实际成本　D. 人工成本、材料成本、机械成本

二、多项选择题

1. 某混凝土工程某月计划工程量为 110 m³，计划成本为 320 元/m³，月底检查时承包商实际完成工程量为 100 m³，实际成本为 300 元/m³，则下列关于该工程施工成本偏差和进度偏差（用成本表示）的表述，正确的是（　　）。
   A. 成本节约 2 000 元　　　　　　　B. 成本超支 2 000 元
   C. 成本节约 5 200 元　　　　　　　D. 工期提前 3 200 元
   E. 工期拖后 3 200 元
2. 常用的施工成本偏差分析方法有（　　）。
   A. 网络图法　　B. 表格法　　C. 排列图法　　D. 曲线法
   E. 横道图法
3. 一般情况下，只对已经发生的经济活动进行核算的是（　　）。
   A. 会计核算　　B. 业务核算　　C. 统计核算　　D. 单项核算
   E. 综合核算
4. 下列属于施工成本分析的基本方法的是（　　）。
   A. 比较法　　B. 因素分析法　　C. 比率法　　D. 差额计算法
   E. 年度成本分析法
5. 在施工成本分析中，常用的比率法有（　　）。
   A. 差额比率法　　B. 相关比率法　　C. 动态比率法　　D. 静态比率法
   E. 构成比率法
6. 单位工程竣工成本分析内容的包括（　　）。
   A. 竣工成本分析　　　　　　　　　B. 主要资源节超对比分析
   C. 差额计算分析　　　　　　　　　D. 主要技术节约措施及经济效果分析
   E. 年度成本分析

7. 施工成本计划的编制方式有（　　）。
   A. 按施工进度编制施工成本计划　　B. 按施工成本组成编制施工成本计划
   C. 按施工质量编制施工成本计划　　D. 按施工合同编制施工成本计划
   E. 按施工项目组成编制施工成本计划

三、案例分析

某市中型超市建设工程项目，业主与承包商签订了工程施工承包合同。合同中预算工程量为 5 000 m³，单价为 200 元 /m³。合同工期为 5 个月，有关付款条款如下：

（1）开工前业主应向承包商支付合同总价 15% 的工程预付款。

（2）业主自第一个月起，从承包商的工程款中，按 5% 的比例扣除保修金。

（3）当累计实际完成工作量超过（或低于）预算工程量的 10% 时，可进行调价，调价系数为 0.9（或 1.1）。

（4）每月签发付款最低金额为 20 万元。

（5）工程预付款从乙方累计获得工程款超过合同价的 30% 以后的下一个月起，至第 4 个月均匀扣除。

承包商每月实际完成并经签证确认的工作量见表 7-19。

表 7-19　承包商每月实际完成工作量

月份	1月	2月	3月	4月	5月
工程量 /m³	800	1 000	1 100	1 100	1 100

问题：

（1）预算合同总价为多少？

（2）工程预付款为多少？从哪个月开始抵扣？每月应扣除的预付款为多少？

（3）每月工程价款为多少？应签证的工程款为多少？应签发的付款凭证金额为多少？

四、直通执考

1. 某分项工程月计划完成工程量为 3 200 m²，计划单价为 15 元 /m²，月底承包商实际完成工程量为 2 800 m²，实际单价为 20 元 /m²，则该工程当月的计划工作预算费用（BCWS）为（　　）元。【2019 年真题】
   A. 42 000　　B. 48 000　　C. 5 600　　D. 6 400

2. 某分项工程采用赢得值法分析得到：已完工作预算费用（BCWP）＞计划工作预算费用（BCWS）＞已完工作实际费用（ACWP），则该工程（　　）。【2019 年真题】
   A. 费用节余　　B. 进度提前　　C. 费用超支　　D. 进度延误
   E. 费用绩效指数大于 1

3. 绘制时间-成本累积曲线的环节有：①计算单位时间成本；②确定工程项目进度计划；③计算计划累计支出的成本额；④绘制 S 形曲线。正确的绘制步骤是（　　）。【2017 年真题】
   A. ①②③④　　　　　　　　　　　　B. ②①③④
   C. ①③②④　　　　　　　　　　　　D. ②③④①

4. 下列建设工程项目施工费用中，属于直接费用的有（　　）。【2019 年真题】
   A. 人工费　　B. 材料费　　C. 管理人员工资　　D. 机械费
   E. 差旅交通费

5. 下列施工成本分析依据中，属于既可对已发生的，又可对尚未发生或正在发生的经济活动进行核算的是（　　）。【2016年真题】

　　A．会计核算　　　B．业务核算　　　C．统计核算　　　D．成本预测

6. 某施工单位为订立某工程项目建造合同共发生差旅费、投标费50万元。该项目工程完工时共发生人工费600万元，差旅费5万元，管理人员工资98万元，材料采购及保管费15万元，根据《企业会计准则第15号——建造合同》，间接费用是（　　）万元。【2016年真题】

　　A．50　　　　　B．103　　　　　C．55　　　　　D．70

7. 工程成本应当包括（　　）所发生的，与执行合同有关的直接费用和间接费用。【2018年真题】

　　A．从工程投标开始至工程验收为止　　B．从场地移交开始至项目移交为止
　　C．从合同签订开始至合同完成为止　　D．从项目设计开始至竣工投产为止

8. 对总额1 000万元的工程项目进行期中检查，截止检查时已完成工作预算费用410万元，计划工作预算费用为400万元，已完工作实际费用为430万元，则其费用绩效指数为（　　）。【2013年真题】

　　A．0.953　　　　B．0.430　　　　C．0.930　　　　D．1.075

9. 下列关于施工成本分析依据的说法，正确的是（　　）。【2017年真题】

　　A．统计核算可以用货币计算
　　B．业务核算主要是价值核算
　　C．统计核算的计量尺度比会计核算窄
　　D．会计核算可以对尚未发生的经济活动进核算

10. 施工成本的过程控制中，人工费的控制实行（　　）方法。【2014年真题】

　　A．量化管理　　　B．量价分离　　　C．弹性管理　　　D．指标包干

模块 8　建设工程项目安全生产管理

模块导读

随着社会经济的不断发展,建筑企业得到迅速的发展,建筑行业的安全管理工作至关重要,它是施工质量以及员工生命安全的重要保障,关系着整个行业和企业的发展。加强建筑施工安全管理是人本思想的要求与体现,要认真贯彻落实"安全第一、预防为主"的方针,把建筑工程项目安全管理放到第一位,采取有效措施控制不安全因素的发展与扩大,把可能发生的事故消灭在萌芽状态。

情境动画

由于建设工程规模大、周期长、参与人数多、环境复杂多变,导致安全生产的难度很大。建设工程应完善工程质量安全管理制度,落实工程质量安全主体责任,强化工程质量安全监管,提高工程项目质量安全管理水平。

学习指导

本模块针对"建设工程项目安全管理能力"的培养,安排了以下学习内容:

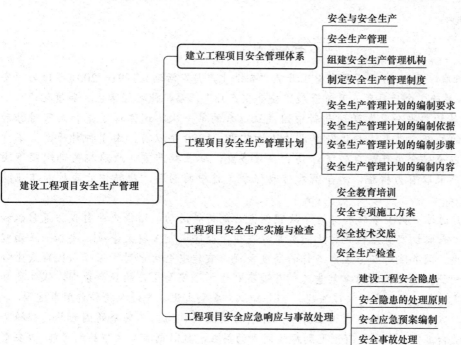

学习目标

知识目标	能力目标	素养目标
（1）理解安全、安全生产的含义，掌握安全生产管理的含义、流程及方针； （2）掌握安全生产管理机构的组建，了解安全管理制度； （3）掌握安全生产计划编制的内容； （4）熟悉安全专项施工方案的编制范围； （5）掌握安全教育培训的内容和形式； （6）掌握安全技术交底的内容； （7）熟悉安全应急预案的编制内容； （8）掌握安全事故的等级划分和安全事故的处理流程	（1）能够正确使用个人防护用品； （2）能够组建安全生产管理机构； （3）能够编制安全生产计划； （4）能够制定安全教育培训计划； （5）能够进行安全技术交底； （6）能够进行安全检查； （7）能够按规定完成安全事故的报告，并分析事故原因	（1）牢固树立安全意识； （2）培养遵章守纪的法律意识； （3）培养标准操作的职业态度； （4）培养计划、组织、协调能力； （5）具备团队协作能力； （6）培养分析、集成、创新能力

案例导入

安全生产月

经国务院批准，于1980年5月在全国开展"安全生产月"活动（1991—2001年改为"安全生产周"），并确定今后每年6月都开展"安全生产月"活动，使之经常化、制度化。

1980年开展的"安全月"活动是新中国成立以来的第一次。这体现了党和国家对劳动者的安全健康的关怀，也是"四化"建设的迫切需要。1980年以前，由于种种原因，不少企业单位长期以来安全生产情况较差，伤亡事故多发，职业病严重。政府相关部门痛下决心，花大力气，采取有力措施，力争解决劳动保护工作中的问题，扭转伤亡事故和职业病严重的状况。

启动安全月通过对典型事故和身边事故案例进行剖析等活动，增强企业自我防范意识和自主保安能力，采取切实有效措施防止同类事故发生，坚决遏制重特大事故。要加强正面宣传，宣传党中央、国务院对安全生产工作的高度重视，宣传安全生产对于保障人民群众生命财产安全和维护社会稳定和谐的重大意义，营造有利于加强安全生产的社会氛围。媒体要集中宣传安全发展理念、安全生产法律法规、安全知识、安全文化、先进人物和典型事迹等。

安全生产，宣教当先，只有意识上升了，才有行动上的作为。不安全的因素总是伴随着我们的日常生活和工作，只要没有预见到危险因素的存在，就时刻有发生事故的可能，"安全来源于长期警惕，事故来源于瞬间麻痹"，说的就是这个道理。

安全发展，国泰民安，我们要月月都安全，天天都安全，时时刻刻都安全。"高高兴兴上班去，平平安安回家来"是多少家庭对亲人的关切。所以我们要视安全生产月活动为日常安全生产活动的一部分。安全生产月应是我们日常安全生产的一个缩影。只有这样，安全生产概念才能灌输进每个人的心中，安全生产活动才能融入每个人的日常生活和工作中。

8-1　建立项目安全管理体系

知识准备

在施工过程中，防止工伤事故、保证人身安全是一个有公德的承包商最基本的职业守则，它不仅体现了承包商的管理水平，还严重影响着承包商的公众形象。根据一些国家的政府有关部门统计，建筑行业的工伤意外率和工伤死亡率在所有的制造行业中居于前列，建筑行业的安全管理具有重要的意义。

微课：认识安全管理

建筑工地的工伤意外事故，不仅对受害者及其家属造成痛苦的后果，往往也会使承包商付出沉重的经济代价，并影响经营管理形象。

安全的施工环境可以从心理上影响工人，使工人安心工作，提高工作效率；使工人感觉到管理者严格管理的决心，更加注重质量方面的控制。

安全管理必须得到足够的重视与投入，真正在行动上、效果上做到"安全至上"，而不是仅仅停留在口头、文字上。

一、安全与安全生产

1. 安全

安全，泛指没有危险、不出事故的状态。安全（Safety），顾名思义，"无危则安，无缺则全"，即安全意味着没有危险且尽善尽美。

人们对安全所下的各种定义：

（1）安全是指客观事物的危险程度能够为人们普通接受的状态；

（2）安全是指没有引起死亡、伤害、职业病或财产、设备的损坏或环境危害的条件；

（3）安全是指不因人、机、媒介的相互作用而导致系统损失、人员伤害、任务受影响或造成的损失。

安全与否视相对危险的接受程度来判定。

任何事物都存在不安全的因素，即都具有一定的危险性。对于一个组织，将不可接受的风险降低至可容许的程度，就认为是安全的。随着组织可容许风险标准的提高，安全的相对程度也在提高。

概括来讲，安全就是相对的没有危险的状态，包括：人的平安无恙、物的安稳可靠，以及环境的安定良好。

2. 安全生产

安全和生产具有相统一的关系，安全能够促进生产，组织生产必须保证安全。

安全生产，就是指在生产经营活动中，为避免造成人员伤害和财产损失的事故而采取相应的事故预防和控制措施，以保证从业人员的人身安全，保证生产经营活动得以顺利进行的相关活动。

在安全生产中，消除危害人身安全和健康的因素，保障员工安全、健康、舒适地工作，称之为人身安全；消除损坏设备、产品等的危险因素，保证生产正常进行，称之为设备安全。

安全生产就是使生产过程在符合安全要求的物质条件和工作秩序下进行，以防止人身伤亡和设备事故及各种危险的发生，从而保障劳动者的安全和健康，以促进劳动生产率的提高。

从业过程中保证安全，应做好最基本的个人防护，我们建筑业的"安全三宝"可以提供有效的安全防护，包括安全帽、安全带和安全网。

二、安全生产管理

安全生产管理是指运用人力、物力和财力等有效资源，利用计划、组织、指挥、协调、控制等措施，控制物的不安全因素和人的不安全行为，实现安全生产的活动。

安全生产管理的最终目的是为了减少和控制危害及事故，尽量避免生产过程中发生的人身伤害、财产损失、环境污染及其他损失，保证生产顺利进行。

1. 安全生产管理流程

安全生产管理的工作流程如图 8-1 所示。

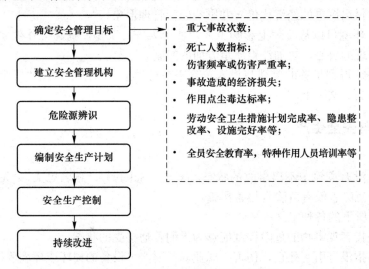

图 8-1 安全生产管理的工作流程

2. 安全生产管理方针

安全生产方针是对安全生产工作总的要求，是安全生产工作的方向。我国建设工程项目贯彻执行"安全第一、预防为主、综合治理"的安全生产管理方针。

"安全第一"要求从事生产经营活动必须把安全放在首位，不能以牺牲人的生命、健康为代价换取发展和效益，是安全生产方针的基础，肯定了安全在生产活动中的首要位置。

"预防为主"要求把安全生产工作的重心放在预防上，强化隐患排查治理，从源头上控制、预防和减少生产安全事故，是安全生产方针的核心，是实现安全生产的根本途径。

"综合治理"要求运用行政、经济、法治、科技等多种手段，充分发挥社会、职工、舆论监督各个方面的作用，抓好安全生产工作，是以施工企业和施工现场的综合评价为基本手段的一种新的安全管理模式。

3. 安全生产管理体制

我国的安全生产管理体制是"国家监察、行业管理、企业负责、群众监督、劳动者遵章守纪"。

国家监察是政府的安全和技术监督部门及其监督机构，按照国务院赋予的权利所进行的安全监察活动，其监察具有法定的权威性。

行业管理是行业管理部门与企业主管部门，在组织管理本行业、本部门的经济工作中，要加强对所属企业的安全管理。行业安全管理包含着监督检查的职能。

企业负责是企业要在发展生产的同时，不断改善劳动生产条件，消除、控制生产过程中的各种不安全因素，提高抗御事故的能力。

群众监督是广大职工通过工会或职工代表大会监督和协助企业各级领导贯彻落实安全生产方针、政策、法规，做好事故预防工作。

遵章守纪是劳动者必须遵守安全生产法规、标准、企业安全管理制度和劳动纪律。

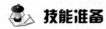 **技能准备**

一、组建安全生产管理机构

安全生产管理机构是指对安全生产工作进行管理和控制的部门，主要责任是确定安全生产责任制、安全生产管理规章制度、安全生产策划、安全生产培训教育、安全生产档案等。

《中华人民共和国安全生产法》第二十四条规定：

矿山、金属冶炼、建筑施工、运输单位和危险物品的生产、经营、储存、装卸单位，应当设置安全生产管理机构或者配备专职安全生产管理人员。

微课：建立安全管理体系

前款规定以外的其他生产经营单位，从业人员超过一百人的，应当设置安全生产管理机构或者配备专职安全生产管理人员；从业人员在一百人以下的，应当配备专职或者兼职的安全生产管理人员。

1．安全生产管理机构

建筑施工企业应当按有关规定设立安全生产管理机构，并根据企业规模大小、承包工程性质等情况决定配置的安全管理人员数量、专业。

建筑施工企业安全生产管理机构专职安全生产管理人员的配备应满足下列要求，并应根据企业经营规模、设备管理和生产需要予以增加。

（1）按照企业规模大小配置，见表8-1。

表8-1 建筑企业安全生产管理机构配档表

企业规模		配备人数
总承包资质	特级	≥6人
	一级	≥4人
	二级及以下	≥3人
专业承包资质	一级	≥3人
	二级及以下	≥2人
劳务分包资质		≥2人
分公司、区域公司		≥2人

（2）按照承包工程性质配置，见表8-2。

表8-2 工程项目安全生产管理机构配档表

	工程性质		配备人数
总承包	建筑工程、装修工程（建筑面积）	≤1万㎡	≥1人
		1万㎡～5万㎡	≥2人
		≥5万㎡	≥3人
	土木工程、线路管道、设备安装工程（合同价）	≤5 000万元	≥1人
		5 000万元～1亿元	≥2人
		≥1亿元	≥3人
分包	专业分包		≥1人
	劳务分包	≤50人	≥1人
		50～200人	≥2人
		≥200人	≥3人

2．安全生产管理人员

安全三类人员，是指对本企业安全生产工作负责的三类人员，包括建筑施工企业主要负责人、建筑施工企业项目负责人以及建筑施工企业专职安全生产管理人员。

（1）建筑施工企业主要负责人。建筑施工企业主要负责人是指对本企业日常生产经营活动和安全生产工作全面负责、有生产经营决策权的人员，包括企业法定代表人、经理、企业分管安全生产工作的副经理等。

（2）建筑施工企业项目负责人。建筑施工企业项目负责人是指由企业法定代表人授权，负责建设工程项目管理的负责人等。

（3）建筑施工企业专职安全生产管理人员。建筑施工企业专职安全生产管理人员是指在企业专职从事安全生产管理工作的人员，包括企业安全生产管理机构的负责人及其工作人员和施工现场专职安全生产管理人员。即企业专职安全员和施工现场专职安全员。

二、制定安全生产管理制度

现阶段我国正在执行的主要安全生产管理制度包括：安全生产责任制度，安全生产许可证制度，政府安全生产监督检查制度，安全生产教育培训制度，安全措施计划制度，特种作业人员持证上岗制度，专项施工方案专家论证制度，危及施工安全工艺、设备、材料淘汰制度，施工起重机械使用登记制度，安全检查制度，生产安全事故报告和调查处理制度，"三同时"制度，安全预评价制度，工伤和意外伤害保险制度等。

1．安全生产责任制度

安全生产责任制是最基本的安全管理制度，是所有安全生产管理制度的核心。安全生产责任制是按照安全生产管理方针和"管生产的同时必须管安全"的原则，将各级负责人员、各职能部门及其工作人员和各岗位生产工人在安全生产方面应做的事情及应负的责任加以明确规定的一种制度。具体来说，就是将安全生产责任分解到相关单位的主要负责人、项目负责人、班组长以及每个岗位的作业人员身上。

（1）安全生产责任制度主要包括企业主要负责人的安全责任，负责人或其他副职的安全责任，项目负责人（项目经理）的安全责任，生产、技术、材料等各职能管理负责人及其工作人员的安全责任，技术负责人（工程师）的安全责任，专职安全生产管理人员的安全责任，施工员的安全责任，班组长的安全责任和岗位人员的安全责任等。

（2）项目独立承包的工程在签订承包合同中必须有安全生产工作的具体指标和要求。工程由多单位施工时，总分包单位在签订分包合同的同时要签订安全生产合同（协议），签订合同前要检查分包单位的营业执照、企业资质证、安全资格证等。分包队伍的资质应与工程要求相符，在安全合同中应明确总分包单位各自的安全职责，原则上，实行总承包的由总承包单位负责，分包单位向总包单位负责，服从总包单位对施工现场的安全管理，分包单位在其分包范围内建立施工现场安全生产管理制度，并组织实施。

（3）项目的主要工种应有相应的安全技术操作规程，砌筑、抹灰、混凝土、木工、电工、钢筋、机械、起重司机、信号指挥、脚手架、水暖、油漆、塔吊、电梯、电气焊等工种，特殊作业应另行补充。应将安全技术操作规程列为日常安全活动和安全教育的主要内容，并应悬挂在操作岗位前。

（4）工程项目部专职安全人员的配备应按住房和城乡建设部的规定，1万 m^2 以下工程1人；1万 m^2 ～5万 m^2 的工程不少于2人；5万 m^2 以上的工程不少于3人，且按专业配备专职安全生产管理人员。

2. 安全生产许可证制度

《安全生产许可证条例》规定国家对建筑施工企业实施安全生产许可证制度。其目的是为了严格规范安全生产条件，进一步加强安全生产监督管理，防止和减少生产安全事故。

国务院建设主管部门负责中央管理的建筑施工企业安全生产许可证的颁发和管理，其他企业由省、自治区、直辖市人民政府建设主管部门进行颁发和管理，并接受国务院建设主管部门的指导和监督。

安全生产许可证的有效期为3年。安全生产许可证有效期满需要延期的，企业应当于期满前3个月向原安全生产许可证颁发管理机关办理延期手续。

企业在安全生产许可证有效期内，严格遵守有关安全生产的法律法规，未发生死亡事故的，安全生产许可证有效期届满时，经原安全生产许可证颁发管理机关同意，不再审查，安全生产许可证有效期延期3年。

企业不得转让、冒用安全生产许可证或者使用伪造的安全生产许可证。

3. 政府安全生产监督检查制度

政府安全监督检查制度是指国家法律、法规授权的行政部门，代表政府对企业的安全生产过程实施监督管理。

（1）国务院负责安全生产监督管理的部门依照《中华人民共和国安全生产法》的规定，对全国建设工程安全生产工作实施综合监督管理。

（2）县级以上地方人民政府负责安全生产监督管理的部门依照《中华人民共和国安全生产法》的规定，对本行政区域内建设工程安全生产工作实施综合监督管理。

（3）国务院建设行政主管部门对全国的建设工程安全生产实施监督管理。国务院铁路、交通、水利等有关部门按照国务院规定的职责分工，负责有关专业建设工程安全生产的监督管理。

（4）县级以上地方人民政府建设行政主管部门对本行政区域内的建设工程安全生产实施监督管理。县级以上地方人民政府交通、水利等有关部门在各自的职责范围内，负责本行政区域内的专业建设工程安全生产的监督管理。

（5）县级以上人民政府负有建设工程安全生产监督管理职责的部门在各自的职责范围内履行安全监督检查职责时，有权纠正施工中违反安全生产要求的行为，责令立即排除检查中发现的安全事故隐患，对重大隐患可以责令暂时停止施工。建设行政主管部门或者其他有关部门可以将施工现场安全监督检查委托给建设工程安全监督机构具体实施。

4. 安全措施计划制度

安全措施计划制度是指企业进行生产活动时，必须编制安全措施计划，它是企业有计划地改善劳动条件和安全卫生设施，防止工伤事故和职业病的重要措施之一，对企业加强劳动保护，改善劳动条件，保障职工的安全和健康，促进企业生产经营的发展都起着积极作用。

5. 特种作业人员持证上岗制度

《建设工程安全生产管理条例》第二十五条规定："垂直运输机械作业人员、安装拆卸工、爆破作业人员、起重信号工、登高架设作业人员等特种作业人员，必须按照国家有关规定经过专门的安全作业培训，并取得特种作业操作资格证书后，方可上岗作业。"

特种作业人员在独立上岗作业前，必须进行与本工种相适应的、专门的安全技术理论学习和实际操作训练。经培训考核合格，取得特种作业操作证后，才能上岗作业。特种作业操作证在全国范围内有效，离开特种作业岗位6个月以上的特种作业人员，应当重新进行实际操作考试，经确认合格后方可上岗作业。对于未经培训考核，即从事特种作业，造成重大安全事故，构成犯罪的，对直接责任人员，依照刑法的有关规定追究刑事责任。

6. 专项施工方案专家论证制度

施工单位应当在施工组织设计中编制安全技术措施和施工现场临时用电方案，对达到一定规模的危险性较大的分部、分项工程编制专项施工方案，并附具安全验算结果，经施工单位技术负责人、总监理工程师签字后实施，由专职安全生产管理人员进行现场监督，包括基坑支护与降水工程、土方开挖工程、模板工程、起重吊装工程、脚手架工程、拆除爆破工程、国务院建设行政主管部门或者其他有关部门规定的其他危险性较大的工程。

其中深基坑、地下暗挖工程、高大模板工程的专项施工方案，施工单位还应当组织专家进行论证、审查。

7. 危及施工安全工艺、设备、材料淘汰制度

严重危及施工安全的工艺、设备、材料是指不符合生产安全要求，极有可能导致生产安全事故，致使人民生命和财产遭受重大损失的工艺、设备和材料。

国家对严重危及施工安全的工艺、设备和材料实行淘汰制度。这一方面有利于保障安全生产，另一方面也体现了优胜劣汰的市场经济规律，有利于提高生产经营单位的工艺水平，促进设备更新。

8. 施工起重机械使用登记制度

施工单位应当自施工起重机械和整体提升脚手架、模板等自升式架设设施验收合格之日起30日内，向建设行政主管部门或者其他有关部门登记。登记标志应当置于或者附着于该设备的显著位置。

监管部门应当对登记的施工起重机械建立相关档案，及时更新，加强监管；减少生产安全事故的发生。

9．生产安全事故报告和调查处理制度

生产经营单位发生生产安全事故后，事故现场有关人员应当立即报告本单位负责人。单位负责人接到事故报告后，应当迅速采取有效措施，组织抢救，防止事故扩大，减少人员伤亡和财产损失，并按照国家有关规定立即如实报告当地负有安全生产监督管理职责的部门，不得隐瞒不报、谎报或者迟报，不得故意破坏事故现场、毁灭有关证据。

施工中发生事故时，建筑施工企业应当采取紧急措施，减少人员伤亡和事故损失，并按照国家有关规定及时向有关部门报告。

施工单位发生生产安全事故，应当按照国家有关伤亡事故报告和调查处理的规定，及时、如实地向负责安全生产监督管理的部门、建设行政主管部门或者其他有关部门报告；特种设备发生事故的，还应当同时向特种设备安全监督管理部门报告。接到报告的部门应当按照国家有关规定，如实上报。

10．"三同时"制度

"三同时"制度是指凡是我国境内新建、改建、扩建的基本建设项目（工程）、技术改建项目（工程）和引进的建设项目，其安全生产设施必须符合国家规定的标准，必须与主体工程同时设计、同时施工、同时投入生产和使用。安全生产设施主要是指安全技术方面的设施、职业卫生方面的设施和生产辅助性设施。

新建、改建、扩建工程的劳动安全卫生设施必须与主体工程同时设计、同时施工、同时投入生产和使用。

11．安全预评价制度

安全预评价是根据建设项目可行性研究报告内容，分析和预测该建设项目可能存在的危险、有害因素的种类和程度，提出合理可行的安全对策措施及建议。

开展安全预评价工作，是贯彻落实"安全第一，预防为主"方针的重要手段，是企业实施科学化、规范化安全管理的工作基础。科学、系统地开展安全评价工作，不仅直接起到了消除危险有害因素、减少事故发生的作用，有利于全面提高企业的安全管理水平，而且有利于系统地、有针对性地加强对不安全状况的治理、改造，最大限度地降低安全生产风险。

12．工伤和意外伤害保险制度

建筑施工企业应当依法为职工缴纳工伤保险费。鼓励企业为从事危险作业的职工办理意外伤害保险，支付保险费。建筑施工企业作为用人单位，为职工参加工伤保险并交纳工伤保险费是其应尽的法定义务，但为从事危险作业的职工投保意外伤害险并非强制性规定，是否投保意外伤害险由建筑施工企业自主决定。

知识拓展

安全生产管理预警体系

事故的发生和发展是由于人的不安全行为、物的不安全状态以及管理的缺陷等方面相互作用的结果，因此在事故预防管理上，可针对事故特点建立事故预警体系。各种类型事故预警的管理过程可能不同，但预警的模式具有一致性。在构建预警体系时，需遵循信息论、控制论、决策论以及系统论的思想和方法，科学建立标准化的预警体系，保证预警的上下统一和协调。

一个完整的预警体系应由外部环境预警系统、内部管理不良的预警系统、预警信息管理系统和事故预警系统四部分构成。

1. 外部环境预警系统

(1) 自然环境突变的预警。生产活动所处的自然环境突变诱发的事故主要是由于自然灾害以及人类活动造成的破坏。

(2) 政策法规变化的预警。国家对行业政策的调整、法规体系的修正和变更，对安全生产管理的影响非常大，应经常予以监测。

(3) 技术变化的预警。现代安全生产一个重要标志是对科学技术进步的依赖越来越大。因而预警体系也应当关注技术创新、技术标准变动。

2. 内部管理不良预警系统

(1) 质量管理预警。企业质量管理的目的是生产出合格的产品（工程），基本任务是确定企业的质量目标，制定企业规划和建立健全企业的质量保证体系。

(2) 设备管理预警。设备管理预警对象是生产过程的各种设备的维修、操作、保养等活动。

(3) 人的行为活动管理预警。事故发生诱因之一是由于人的不安全行为所引发的。人的行为活动预警对象主要是思想上的疏忽、知识和技能欠缺、性格上的缺陷、心理和生理弱点等。

3. 预警信息管理系统

预警信息管理系统以管理信息系统（MIS）为基础，专用于预警管理的信息管理，主要监测外部环境与内部管理的信息。预警信息的管理包括信息收集、处理、辨伪、存储、推断等过程。

4. 事故预警系统

事故预警系统是综合运用事故致因理论（如系统安全理论）、安全生产管理原理（如预防原理），以事故预防和控制为目的，通过对生产活动和安全管理过程中各种事故征兆的监测、识别、诊断与评价，以及对事故严重程度和发生可能性的判别给出安全风险预警级别，并根据预警分析的结果对事故征兆的不良趋势进行矫正、预防与控制。当事故难以控制时，及时做出警告，并提供对策、措施和建议。

8-2 编制项目安全生产管理计划

知识准备

项目管理机构应根据合同的有关要求，确定项目安全生产管理范围和对象，制定项目安全生产管理计划，在实施中根据实际情况进行补充和调整。

项目安全管理计划，体现了项目管理者对于安全管理的目标、总体思路和具体实施原则，是工地安全管理的指南。

项目安全生产管理计划应与施工组织设计结合编制，施工组织设计需包含具有全面的安全生产管理内容的章节，或对安全生产管理进行专项策划。

一、安全生产管理计划的要求

项目安全生产管理计划的关键之一是设计与施工的一体化管理。通过项目安全生产管理计划，协调勘察、设计、采购与施工接口界面，在前期的设计过程实现施工过程的事故预防，消灭设计中的施工危险源，已经成

微课：编制安全管理计划

为项目安全生产管理的基本需求。

(1) 针对项目危险源和不利环境因素进行辨识与评估的结果,确定对策和控制方案;
(2) 对危险性较大的分部、分项工程编制专项施工方案;
(3) 对分包人的项目安全生产管理、教育和培训提出要求;
(4) 对项目安全生产交底、有关分包人制定的项目安全生产方案进行控制;
(5) 应急准备与救援预案。

二、安全生产管理计划的编制依据

(1) 有关建筑工地的安全、健康管理的法规;
(2) 公司有关建筑工地安全、健康管理的政策、文件;
(3) 合同中有关工程安全、健康管理的有关内容;
(4) 工程本身的特点:环境、结构、施工方案等;
(5) 其他类似工地的安全、健康管理经验与资料;
(6) 项目管理者、安全计划编制者及其他有关人士(如业主工程师、有关政府部门的工作人员、安全专家)等的经验与意见。

技能准备

一、安全生产管理计划的编制步骤

编制安全技术措施计划的一般步骤:工作活动分类→危险源识别→风险确定→风险评价→制定安全技术措施计划→评价安全技术措施计划的充分性。

二、安全生产管理计划的内容

安全生产管理计划的内容见表8-3。

表8-3 安全生产管理计划的内容

序号	分项	内容
1	安全管理政策	项目的安全政策一般参照公司的安全管理体系的政策和工地的实际情况而制定,承诺提供符合标准的安全和健康的工作环境,确保公司员工、分包商工人、与工地有关的第三者的人身安全和健康,减少意外事故,杜绝违例检控和严重安全事故,将意外率控制在合理水平
2	安全健康管理的有关法律条文	罗列工地所在地必须要遵守的有关安全、健康管理的法律条文,便于遵守
3	安全管理的组织机构与职责分工	同项目的管理组织机构相对应,并分配相应的安全管理责任。特设"安全管理委员会",跟进、促进、监控安全管理计划的实施。安全委员会应包括项目主要领导、工程师、总管及分包商代表、工人代表,以便全面沟通
4	安全培训和演习	对员工和工人进行入职培训、工地座谈、专题培训、管理培训及演习,提高安全意识,学习安全健康的工作方法

续表

序号	分项	内容
5	工作许可证制度	凡是进行某些风险较大的工作（如爆破工作、在密闭空间进行的工作）时，分包商应向项目管理班子提供适当资料，提出申请，做好安全措施，并将批准的申请悬挂张贴在工作地点
6	安全巡查和审核	定期或不定期地进行安全巡查，及时消除工地存在的安全隐患；公司质检部或外部独立审核机构对项目的安全管理体系进行内审和外审，纠正管理体系中的不合格点
7	风险评估	预先对不同的工种、工作环境、工作设备机械、特殊施工方案进行分析，寻找可能造成人身伤害的因素，采取相应的安全防护措施和监控方式，确保施工在安全的情况下进行，降低意外风险发生率
8	个人防护用具	针对不同施工环境佩戴相应的个人防护用具，如安全帽、安全鞋、口罩、护目镜、耳塞、安全带等，减少施工工作对人的身体器官的损害
9	意外事故调查程序	对于已发生意外事故的调查程序，了解事故的发生原因，评价意外的严重程度，寻找减少或避免类似事故的措施
10	紧急应变程序	对于突发事件的紧急应变处理程序化，加快反应速度，预防或减少对工程、工人、社会的可能损失
11	安全推广	通过组织一系列活动，推广安全政策，激励员工和工人进行安全生产
12	健康保证程序	评估施工对员工和工人的身心健康的影响，并尽量将负面影响降低至最小
13	承包商的选择和控制	选择安全表现一向良好的分包商，并在施工过程中密切关注和控制
14	生产过程控制程序	针对不同工种、工作环境、施工机械的风险评估，制定相应的安全生产程序，保证生产顺利、安全地进行

知识拓展

风险分析

一、危险源识别

危险源是各种事故发生的根源，是指可能导致伤亡或经济损失、环境影响等的根源或状态。包括：

（1）人的不安全行为：心理、生理、能力、意识、行为……

（2）物的不安全状态：本身缺陷、防护失效、环境不良……

（3）管理上的缺陷：组织管理缺陷、安全制度不健全……

危险源可分为第一类危险源和第二类危险源。
(1) 第一类危险源指可能意外释放的能量或危险物质；
(2) 第二类危险源指导致能量或危险物质约束或限制措施破坏或失效的各种因素。
第一类危险源的存在是发生事故的前提，第二类危险源的出现是第一类危险源导致事故的必要条件。

二、风险评价

风险评价，是指在风险识别和估计的基础上，综合考虑风险发生的概率、损失幅度以及其他因素。得出系统发生风险的可能性及其程度，并与公认的安全标准进行比较，确定风险等级，由此决定是否需要采取控制措施，以及控制到什么程度。

三、风险应对

风险应对策略就是对已经识别的风险进行定性分析、定量分析和进行风险排序，制订相应的应对措施和整体策略。
(1) 风险规避：通过改变项目计划来消除特定风险事件的威胁。
(2) 风险转移：转移风险的后果给第三方，通过合同的约定，由保证策略或者供应商担保。
(3) 风险减轻：减少不利的风险事件的后果和可能性到一个可以接受的范围。
(4) 风险接受：准备应对风险事件，包括积极的开发应急计划，或者消极地接受风险的后果。对于不可预见的风险，例如不可抗力；或者在风险规避、风险转移或者风险减轻不可行，或者上述活动执行成本超过接受风险的情况下采用。

8-3　项目安全生产实施与检查

知识准备

建设工程项目管理机构需根据项目实际编制相应施工方案、技术交底或作业指导书，必须有相应的安全措施内容；施工现场需在施工人员作业前进行施工方案、施工技术、安全技术交底工作，并保留交底人、被交底人签字记录。

建设工程项目实施前和实施过程中需开展施工危险源辨识，对危险性较大分部分项工程编制专项施工安全方案，并按规定进行审批。

一、安全教育培训

安全教育是指项目管理人员和施工人员进入施工现场前需要进行安全教育和培训考核，教育内容需包括相应工种安全技术操作规程，并确保施工人员的班前教育活动。

企业安全生产教育培训一般包括对管理人员、特种作业人员和企业员工的安全教育。

微课：安全
教育培训

1. 管理人员的安全教育

管理人员安全教育内容见表8-4。

表 8-4 管理人员安全教育内容

序号	类别	内容
1	企业领导	（1）国家有关安全生产的方针、政策、法律、法规及有关规章制度。 （2）安全生产管理职责、企业安全生产管理知识及安全文化。 （3）有关事故案例及事故应急处理措施等
2	项目经理、技术负责人和技术干部	（1）安全生产方针、政策和法律、法规。 （2）项目经理部安全生产责任。 （3）典型事故案例剖析。 （4）本系统安全及其相应的安全技术知识
3	行政管理干部	（1）安全生产方针、政策和法律、法规。 （2）基本的安全技术知识。 （3）本职的安全生产责任
4	企业安全管理人员	（1）国家有关安全生产的方针、政策、法律、法规和安全生产标准。 （2）企业安全生产管理、安全技术、职业病知识、安全文件。 （3）员工伤亡事故和职业病统计报告及调查处理程序。 （4）有关事故案例及事故应急处理措施。
5	班组长和安全员	（1）安全生产法律、法规、安全技术及技能、职业病和安全文化的知识。 （2）本企业、本班组和工作岗位的危险因素、安全注意事项。 （3）本岗位安全生产职责。 （4）典型事故案例。 （5）事故抢救与应急处理措施

2．特种作业人员的安全教育

特种作业人员必须经专门的安全技术培训并考核合格，取得《中华人民共和国特种作业操作证》后，方可上岗作业。

特种作业人员应当接受与其所从事的特种作业相应的安全技术理论培训和实际操作培训。已经取得职业高中、技工学校及中专以上学历的毕业生从事与其所学专业相应的特种作业，持学历证明经考核发证机关同意，可以免予相关专业的培训。

跨省、自治区、直辖市从业的特种作业人员，可以在户籍所在地或者从业所在地参加培训。

3．企业员工的安全教育

企业员工的安全教育主要有新员工上岗前的三级安全教育、改变工艺和变换岗位安全教育、经常性安全教育 3 种形式。

（1）新员工上岗前的三级安全教育。三级安全教育通常是指进厂、进车间、进班组三级，对建设工程来说，具体指企业（公司）、项目（或工区、工程处、施工队）、班组三级（见表8-5）。

企业新员工上岗前必须进行三级安全教育，企业新员工须按规定通过三级安全教育和实际操作训练，并经考核合格后方可上岗。企业新上岗的从业人员，岗前培训时间不得少于 24 学时。

表 8-5　三级安全教育内容

序号	类别	内容
1	企业（公司）	工程项目的概况，安全生产状况和规章制度，主要危险因素及安全事项，预防工伤事故和职业病的主要措施，典型事故案例及事故应急处理措施等
2	项目（或工区、工程处、施工队）	工程项目的概况，安全生产状况和规章制度，主要危险因素及安全事项，预防工伤事故和职业病的主要措施，典型事故案例及事故应急处理措施等
3	班组	遵章守纪，岗位安全操作规程，岗位间工作衔接配合的安全生产事项，典型事故及发生事故后应采取的紧急措施，劳动防护用品（用具）的性能及正确使用方法等内容

（2）改变工艺和变换岗位时的安全教育。企业（或工程项目）在实施新工艺、新技术或使用新设备、新材料时，必须对有关人员进行相应级别的安全教育，要按新的安全操作规程教育和培训参加操作的岗位员工和有关人员，使其了解新工艺、新设备、新产品的安全性能及安全技术，以适应新的岗位作业的安全要求。

当组织内部员工发生从一个岗位调到另外一个岗位，或从某工种改变为另一工种，或因放长假离岗一年以上重新上岗的情况，企业必须进行相应的安全技术培训和教育，以使其掌握现岗位安全生产特点和要求。

（3）经常性安全教育。无论何种教育都不可能是一劳永逸的，安全教育同样如此，必须坚持不懈、经常不断地进行，这就是经常性安全教育。在经常性安全教育中，安全思想、安全态度教育最重要。进行安全思想、安全态度教育，要通过采取多种多样的安全教育活动，激发员工搞好安全生产的热情，促使员工重视和真正实现安全生产。经常性安全教育的形式有：每天的班前班后会上说明安全注意事项；安全活动日；安全生产会议；事故现场会；张贴安全生产招贴画、宣传标语及标志等。

二、安全专项方案

对于达到一定规模的危险性较大的分部分项工程，以及涉及新技术、新工艺、新设备、新材料的工程，因其复杂性和危险性，在施工过程中易发生人身伤亡事故，施工单位应当根据各分部分项工程的不同特点，有针对性地编制专项施工方案。

建筑施工企业专业工程技术人员编制的安全专项施工方案，由施工企业技术部门的专业技术人员及监理单位专业监理工程师进行审核，审核合格后，由施工企业技术负责人、监理单位总监理工程师签字。

1. 编制专项施工方案的范围

依据《建设工程安全生产管理条例》第二十六条下列工程需要编制专项施工方案：

（1）基坑支护与降水工程。基坑支护工程是指开挖深度超过 5 m（含 5 m）的基坑（槽）并采用支护结构施工的工程；或基坑虽未超过 5 m，但地质条件和周围环境复杂、地下水水位在坑底以上的工程。

（2）土方开挖工程。土方开挖工程是指开挖深度超过 5 m（含 5 m）的基坑、槽的土方开挖。

（3）模板工程。各类工具式模板工程，包括滑模、爬模、大模板等；水平混凝土构件模板支撑系统及特殊结构模板工程。

（4）起重吊装工程。

（5）脚手架工程。高度超过24 m的落地式钢管脚手架；附着式升降脚手架，包括整体提升与分片式提升；悬挑式脚手架；门型脚手架；挂脚手架；吊篮脚手架；卸料平台。

（6）拆除、爆破工程。采用人工、机械拆除或爆破拆除的工程。

（7）其他危险性较大的工程。建筑幕墙的安装施工；预应力结构张拉施工；隧道工程施工；桥梁工程施工（含架桥）；特种设备施工；网架和索膜结构施工；6 m以上的边坡施工；大江、大河的导流、截流施工；港口工程、航道工程；采用新技术、新工艺、新材料，可能影响建设工程质量安全，已经行政许可，尚无技术标准的施工。

2．需要专家论证的专项施工方案

下列工程建筑施工企业应当组织专家组进行论证审查：

（1）深基坑工程。开挖深度超过5 m（含5 m）或地下室三层以上（含三层），或深度虽未超过5 m（含5 m），但地质条件和周围环境及地下管线极其复杂的工程。

（2）地下暗挖工程。地下暗挖及遇有溶洞、暗河、瓦斯、岩爆、涌泥、断层等地质复杂的隧道工程。

（3）高大模板工程。水平混凝土构件模板支撑系统高度超过8 m，或跨度超过18 m，施工总荷载大于10 kN/m^2，或集中线荷载大于15 kN/m的模板支撑系统。

（4）30 m及以上高空作业的工程。

（5）大江、大河中深水作业的工程。

（6）城市房屋拆除爆破和其他土石大爆破工程。

技能准备

一、安全技术交底

《建设工程安全生产管理条例》第二十七条规定：

建设工程施工前，施工单位负责项目管理的技术人员应当对有关安全施工的技术要求向施工作业班组、作业人员作出详细说明，并由双方签字确认。

安全技术交底是一项技术性很强的工作，对于贯彻设计意图、严格实施技术方案、按图施工、循规操作、保证施工质量和施工安全至关重要。

微课：安全技术交底

1．安全技术交底的内容

（1）工程项目和分部分项工程的概况。

（2）本施工项目的施工作业特点和危险点。

（3）针对危险点的具体预防措施。

（4）作业中应遵守的安全操作规程以及应注意的安全事项。

（5）作业人员发现事故隐患应采取的措施。

（6）发生事故后应及时采取的避难和急救措施。

2．安全技术交底的要求

（1）项目经理部必须实行逐级安全技术交底制度，纵向延伸到班组全体作业人员。

（2）技术交底必须具体、明确，针对性强。

（3）技术交底的内容应针对分部分项工程施工中给作业人员带来的潜在危险因素和存在问题。

(4) 应优先采用新的安全技术措施。

(5) 对于涉及"四新"项目或技术含量高、技术难度大的单项技术设计,必须经过两阶段技术交底,即初步设计技术交底和实施性施工图技术设计交底。

(6) 应将工程概况、施工方法、施工程序、安全技术措施等向工长、班组长进行详细交底。

(7) 定期向由两个以上作业队和多工种进行交叉施工的作业队伍进行书面交底。

(8) 保持书面安全技术交底签字记录。

二、安全检查

工程项目安全检查的目的是为了清除隐患、防止事故、改善劳动条件及提高员工安全生产意识,是安全控制工作的一项重要内容。通过安全检查可以发现工程中的危险因素,以便有计划地采取措施,保证安全生产。施工项目的安全检查应由项目经理组织,定期进行。

安全检查是对施工项目贯彻安全生产法律法规的情况、安全生产状况、劳动条件、事故隐患等所进行的检查。

微课:安全检查

1. 安全检查类型

安全检查类型见表 8-6。

表 8-6 安全检查类型

分类	安全检查类型说明
全面安全检查	全面检查应包括职业健康安全管理方针、管理组织机构及其安全管理的职责、安全设施、操作环境、防护用品、卫生条件、运输管理、危险品管理、火灾预防、安全教育和安全检查制度等项内容。对全面检查的结果必须进行汇总分析,详细探讨所出现的问题及相应对策
经常性安全检查	工程项目和班组应开展经常性安全检查,及时排除事故隐患。工作人员必须在工作前,对所用的机械设备和工具进行仔细的检查,发现问题立即上报。下班前,还必须进行班后检查,做好设备的维修保养和清整场地等工作,保证交接安全
专业或专职安全管理人员的专业安全检查	专业或专职安全管理人员在进行安全检查时,必须不徇私情、按章检查,发现违章操作情况要立即纠正,发现隐患应及时指出并提出相应防护措施,并及时上报检查结果
季节性安全检查	要对防风防沙、防涝抗旱、防雷电、防暑防雨雪灾害等工作进行季节性的检查,根据各个季节自然灾害的发生规律,及时采取相应的防护措施
节假日检查	在节假日,坚持上班的人员较少,往往放松思想警惕,容易发生意外,而且,且发生意外事故,也难以进行有效的救援和控制。因此,节假日必须安排专业安全管理人员进行安全检查,对重点部位要进行巡视。同时配备一定数量的安全保卫人员,搞好安全保卫工作,绝不能麻痹大意
要害部门重点安全检查	对于企业要害部门和重要设备必须进行重点检查。由于其重要性和特殊性,一旦发生意外,会造成大的伤害,给企业的经济效益和社会效益带来不良的影响。为了确保安全,对设备的运转和零件的状况要定时进行检查,发现损伤立刻更换,决不能"带病"作业;一过有效年限即使没有故障,也应该予以更新,不能因小失大

2．安全检查主要内容

安全检查主要内容见表 8-7。

表 8-7　安全检查内容

检查分类	安全检查主要内容
查思想	检查企业领导和员工对安全生产方针的认识程度，对建立健全安全生产管理和安全生产规章制度的重视程度，对安全检查中发现的安全问题或安全隐患的处理态度等
查制度	为了实施安全生产管理制度，工程承包企业应结合本身的实际情况，建立健全一整套本企业的安全生产规章制度，并落实到具体的工程项目施工任务中。在安全检查时，应对企业的施工安全生产规章制度进行检查。施工安全生产规章制度一般应包括：安全生产责任制度；安全生产许可证制度；安全生产教育培训制度；安全措施计划制度；特种作业人员持证上岗制度；专项施工方案专家论证制度；危及施工安全工艺、设备、材料淘汰制度；施工起重机械使用登记制度；生产安全事故报告和调查处理制度；各种安全技术操作规程；危险作业管理审批制度；易燃、易爆、剧毒、放射性、腐蚀性等危险物品生产、储运、使用的安全管理制度；防护物品的发放和使用制度；安全用电制度；危险场所动火作业审批制度；防火、防爆、防雷、防静电制度；危险岗位巡回检查制度；安全标志管理制度
查管理	主要检查安全生产管理是否有效，安全生产管理和规章制度是否真正得到落实
查隐患	主要检查生产作业现场是否符合安全生产要求，检查人员应深入作业现场，检查工人的劳动条件、卫生设施、安全通道，零部件的存放，防护设施状况，电气设备、压力容器、化学用品的储存，粉尘及有毒有害作业部位点的达标情况，车间内的通风照明设施，个人劳动防护用品的使用是否符合规定等。要特别注意对一些要害部位和设备加强检查，如锅炉房、变电所、各种剧毒、易燃、易爆等场所
查整改	主要检查对过去提出的安全问题和发生安全生产事故及安全隐患后是否采取了安全技术措施和安全管理措施，进行整改的效果如何
查事故处理	检查对伤亡事故是否及时报告，对责任人是否已经作出严肃处理。在安全检查中必须成立一个适应安全检查工作需要的检查组，配备适当的人力物力。检查结束后应编写安全检查报告，说明已达标项目、未达标项目、存在问题、原因分析，给出纠正和预防措施的建议

知识拓展

一、施工现场的安全生产管理的要求

（1）应落实各项安全管理制度和操作规程，确定各级安全生产责任人；

（2）各级管理人员和施工人员应进行相应的安全教育，依法取得必要的岗位资格证书；

（3）各施工过程应配置齐全劳动防护设施和设备，确保施工场所安全；

（4）作业活动严禁使用国家及地方政府明令淘汰的技术、工艺、设备、设施和材料；

（5）作业场所应设置消防通道、消防水源，配备消防设施和灭火器材，并在现场入口处设置明显标志；

（6）作业现场场容、场貌、环境和生活设施应满足安全文明达标要求；
（7）食堂应取得卫生许可证，并应定期检查食品卫生，预防食物中毒；
（8）项目管理团队应确保各类人员的职业健康需求，防治可能产生的职业和心理疾病；
（9）应落实减轻劳动强度、改善作业条件的施工措施。

二、安全检查重点的"八看"

（1）一看现场"三光五净两畅通"，"三光"即工具机械要擦光，材料堆底要用光，运输道路要清光；"五净"即下脚边料要拣净，砖头灰浆要用净，脚手架下要干净，现场材料要用净，水泥纸带要倒净；"两畅通"即道路和排水畅通。
（2）二看电线及电器设备。
（3）三看机械设备。
（4）四看高空作业。
（5）五看脚手架。
（6）六看五口，楼梯口、电梯口、预留洞口、通道口和地坑口必须有防护设施，夜间设红灯示警。
（7）七看防火防爆。
（8）八看劳保用品。

三、安全检查的方法

（1）"看"：主要查看管理记录、持证上岗、现场标识、交接验收资料、"三宝"使用情况、"洞口""临边"防护情况、设备防护装置等。
（2）"量"：主要是用尺实测实量。
（3）"测"：用仪器、仪表实地进行测量。
（4）"现场操作"：由司机对各种限位装置进行实际动作，检验其灵敏程度。

8-4　项目安全应急响应与事故处理

知识准备

一、建设工程安全隐患

建设工程安全隐患包括3个部分的不安全因素：人的不安全因素、物的不安全状态和组织管理上的不安全因素。

1. 人的不安全因素

人的不安全因素主要有能够使系统发生故障或发生性能不良的事件的个人的不安全因素和违背安全要求的错误行为。

（1）个人的不安全因素：包括人员的心理、生理、能力中所具有不能适应工作、作业岗位要求的影响安全的因素。
（2）人的不安全行为：指能造成事故的人为错误，是人为地使系统发生故障或发生性能不良事件，是违背设计和操作规程的错误行为。

2．物的不安全状态

物的不安全状态是指能导致事故发生的物质条件，包括机械设备或环境所存在的不安全因素。

（1）物的不安全状态的表现。物本身存在的缺陷；防护保险方面的缺陷；物的放置方法的缺陷；作业环境场所的缺陷；外部的和自然界的不安全状态；作业方法导致的物的不安全状态；保护器具信号、标志和个体防护用品的缺陷。

（2）物的不安全状态的类型。防护等装置缺陷；设备、设施等缺陷；个人防护用品缺陷；生产场地环境的缺陷。

3．组织管理上的不安全因素

技术上的缺陷；教育上的缺陷；生理上的缺陷；心理上的缺陷；管理工作上的缺陷；学校教育和社会、历史上的原因造成的缺陷。

二、建设工程安全隐患的处理原则

在工程建设过程中，安全事故隐患是难以避免的，但要尽可能预防和消除安全事故隐患的发生。首先需要项目参与各方加强安全意识，做好事前控制，建立健全各项安全生产管理制度，落实安全生产责任制，注重安全生产教育培训，保证安全生产条件所需资金的投入，将安全隐患消除在萌芽之中；其次是根据工程的特点确保各项安全施工措施的落实，加强对工程安全生产的检查监督，及时发现安全事故隐患；最后是对发现的安全事故隐患及时进行处理，查找原因，防止事故隐患的进一步扩大。

1．冗余安全度治理原则

为确保安全，在治理事故隐患时应考虑设置多道防线。即使发生有一两道防线无效的情况，还有冗余的防线可以控制事故隐患。例如：道路上有一个坑，既要设防护栏及警示牌，又要设照明及夜间警示红灯。

2．单项隐患综合治理原则

人、机、料、法、环境五者任一环节产生安全事故隐患，都要从五者安全匹配的角度考虑，调整匹配的方法，提高匹配的可靠性。一件单项隐患问题的整改需综合（多角度）治理。人的隐患，既要治人也要治机具及生产环境等各环节。例如某工地发生触电事故，一方面要进行人的安全用电操作教育，同时现场也要设置漏电开关，对配电箱、用电线路进行防护改造，也要严禁非专业电工乱接、乱拉电线。

3．事故直接隐患与间接隐患并治原则

对人、机、环境系统进行安全治理的同时，还需治理安全管理措施。

4．预防与减灾并重治理原则

治理安全事故隐患时，需尽可能减少发生事故的可能性，如果不能安全控制事故的发生，也要设法将事故等级减低。但是无论预防措施如何完善，都不能保证事故绝对不会发生，还必须对事故减灾做好充分准备，研究应急技术操作规范。如应及时切断供料及切断能源的操作方法；应及时降压、降温、降速以及停止运行的方法；应及时排放毒物的方法；应及时疏散及抢救的方法；应及时请求救援的方法等。还应定期组织训练和演习，使该生产环境中每名干部及工人都真正掌握这些减灾技术。

5．重点治理原则

按对隐患的分析评价结果实行危险点分级治理，也可以用安全检查表打分，对隐患危险程度分级。

6．动态治理原则

对生产过程进行动态随机安全化治理，生产过程中发现问题及时治理，既可以及时消除隐患，又可以避免小的隐患发展成大的隐患。

技能准备

一、安全应急预案编制

应急预案是对特定的潜在事件和紧急情况发生时所采取措施的计划安排，是应急响应的行动指南。编制应急预案的目的，是防止一旦紧急情况发生时出现混乱，能够按照合理的响应流程采取适当的救援措施，预防和减少可能随之引发的职业健康安全和环境影响。

微课：编制安全应急预案

1．应急预案体系构成

应急预案应形成体系，针对各级各类可能发生的事故和所有危险源制订专项应急预案和现场应急处置方案，并明确事前、事发、事中、事后的各个过程中相关部门和有关人员的职责。生产规模小、危险因素少的生产经营单位，其综合应急预案和专项应急预案可以合并编写。

（1）综合应急预案。综合应急预案是从总体上阐述事故的应急方针、政策，应急组织结构及相关应急职责，应急行动、措施和保障等基本要求和程序，是应对各类事故的综合性文件。

（2）专项应急预案。专项应急预案是针对具体的事故类别（如基坑开挖、脚手架拆除等事故）、危险源和应急保障而制定的计划或方案，是综合应急预案的组成部分，应按照综合应急预案的程序和要求组织制定，并作为综合应急预案的附件。专项应急预案应制定明确的救援程序和具体的应急救援措施。

（3）现场处置方案。现场处置方案是针对具体的装置、场所或设施、岗位所制定的应急处置措施。现场处置方案应具体、简单、针对性强。现场处置方案应根据风险评估及危险性控制措施逐一编制，做到事故相关人员应知应会、熟练掌握，并通过应急演练，做到迅速反应、正确处置。

2．应急预案编制要求

（1）符合有关法律、法规、规章和标准的规定；
（2）结合本地区、本部门、本单位的安全生产实际情况；
（3）结合本地区、本部门、本单位的危险性分析情况；
（4）应急组织和人员的职责分工明确，并有具体的落实措施；
（5）有明确、具体的事故预防措施和应急程序，并与其应急能力相适应；
（6）有明确的应急保障措施，并能满足本地区、本部门、本单位的应急工作要求；
（7）预案基本要素齐全、完整，预案附件提供的信息准确；
（8）预案内容与相关应急预案相互衔接。

3．综合应急预案编制内容

综合应急预案编制内容见表 8-8。

表 8-8　综合应急预案编制内容

序号	内容	
1	总则	编制目的；编制依据；适用范围；应急预案体系；应急工作原则
2	施工单位的危险性分析	施工单位概况；危险源与风险分析
3	组织机构及职责	应急组织体系；指挥机构及职责
4	预防与预警	危险源监控；预警行动；信息报告与处置
5	应急响应	响应分级；响应程序；应急结束
6	信息发布	明确事故信息发布的部门，发布原则。事故信息应由事故现场指挥部及时准确地向新闻媒体通报
7	后期处置	污染物处理、事故后果影响消除、生产秩序恢复、善后赔偿、抢险过程和应急救援能力评估及应急预案的修订等内容
8	保障措施	通信与信息保障；应急队伍保障；应急物资装备保障；经费保障；其他保障
9	培训与演练	培训；演练
10	奖惩	明确事故应急救援工作中奖励和处罚的条件和内容
11	附则	术语和定义；应急预案备案；维护和更新；制定与解释；应急预案实施

4. 专项应急预案编制内容

专项应急预案编制内容见表 8-9。

表 8-9　专项应急预案编制内容

序号	内容	
1	事故类型和危害程度分析	在危险源评估的基础上，对其可能发生的事故类型和可能发生的季节及事故严重程度进行确定
2	应急处置基本原则	明确处置安全生产事故应当遵循的基本原则
3	组织机构及职责	应急组织体系；指挥机构及职责
4	预防与预警	危险源监控；预警行动
5	信息报告程序	确定报警系统及程序；确定现场报警方式，如电话、警报器等；确定 24 小时与相关部门的通信、联络方式；明确相互认可的通告、报警形式和内容；明确应急反应人员向外求援的方式
6	应急处置	响应分级；响应程序；处置措施

| 7 | 应急物资与装备保障 | 明确应急处置所需的物资与装备数量,以及相关管理维护和使用方法等 |

5. 现场处置方案主要内容

现场处置方案主要内容见表 8-10。

表 8-10　现场处置方案主要内容

序号		内容
1	事故特征	危险性分析,可能发生的事故类型;事故发生的区域、地点或装置的名称;事故可能发生的季节和造成的危害程度;事故前可能出现的征兆
2	应急组织与职责	基层单位应急自救组织形式及人员构成情况;应急自救组织机构、人员的具体职责,应同单位或车间、班组人员工作职责紧密结合,明确相关岗位和人员的应急工作职责
3	应急处置	事故应急处置程序;现场应急处置措施;报警电话及上级管理部门、相应救援单位的联络方式和联系人员,事故报告的基本要求和内容
4	注意事项	佩戴个人防护器具方面的注意事项;使用抢险救援器材方面的注意事项;采取救援对策或措施方面的注意事项;现场自救和互救注意事项;现场应急处置能力确认和人员安全防护等事项;应急救援结束后的注意事项;其他需要特别警示的事项

6. 应急预案的管理及评审

建设工程生产安全事故应急预案的管理包括应急预案的评审、备案、实施和奖惩。

应急管理部负责应急预案的综合协调管理工作。国务院其他负有安全生产监督管理职责的部门按照各自的职责负责本行业、本领域内应急预案的管理工作。

县级以上地方各级人民政府应急管理部门负责本行政区域内应急预案的综合协调管理工作。县级以上地方各级人民政府及其他负有安全生产监督管理职责的部门按照各自的职责负责辖区内本行业、本领域应急预案的管理工作。

地方各级人民政府应急管理部门应当组织有关专家对本部门编制的应急预案进行审定,必要时可以召开听证会,听取社会有关方面的意见。涉及相关部门职能或者需要有关部门配合的,应当征得有关部门同意。

参加应急预案评审的人员应当包括应急预案涉及的政府部门工作人员和有关安全生产及应急管理方面的专家。

评审人员与所评审预案的生产经营单位有利害关系的,应当回避。

应急预案的评审或者论证应当注重应急预案的实用性、基本要素的完整性、预防措施的针对性、组织体系的科学性、响应程序的操作性、应急保障措施的可行性、应急预案的衔接性等内容。

7. 应急预案的备案

地方各级人民政府应急管理部门的应急预案,应当报同级人民政府备案,同时抄送上级人民政府应急管理部门,并依法向社会公布。

地方各级人民政府其他负有安全生产监督管理职责的部门的应急预案,应当抄送同级人民政府应急管理部门。

中央企业其总部(上市公司)的应急预案,报国务院主管的负有安全生产监督管理职责的部门备案,并抄送应急管理部;其所属单位的应急预案报所在地省、自治区、直辖市或者设区的市级人民政府主管的负有安全生产监督管理职责的部门备案，并抄送同级人民政府应急管理部门。

不属于中央企业的非煤矿山、金属冶炼和危险化学品生产、经营、储存、运输企业，以及使用危险化学品达到国家规定数量的化工企业、烟花爆竹生产、批发经营企业的应急预案，按照隶属关系报所在地县级以上地方人民政府应急管理部门备案；前述单位以外的其他生产经营单位应急预案的备案，由省、自治区、直辖市人民政府负有安全生产监督管理职责的部门确定。

8．应急预案的实施

各级应急管理部门、生产经营单位应当采取多种形式开展应急预案的宣传教育，普及生产安全事故预防、避险、自救和互救知识，提高从业人员和社会公众的安全意识和应急处置技能。

施工单位应当组织开展本单位的应急预案、应急知识、自救互救和避险逃生技能的培训活动，使有关人员了解应急预案内容，熟悉应急职责、应急处置程序和措施。

生产经营单位应当制定本单位的应急预案演练计划，根据本单位的事故预防重点，每年至少组织一次综合应急预案演练或者专项应急预案演练，每半年至少组织一次现场处置方案演练。

二、安全事故处理

工程安全事故是工程建设活动中突然发生的，伤害人身安全和健康，或者损坏设备设施，或者造成经济损失的，导致原工程建设活动暂时中止或永远终止的意外事件。

工程安全事故亦是指建设单位、设计单位、施工单位、工程监理单位违反国家规定，降低工程质量标准，造成安全事故的行为。

微课：安全事故处理

1．职业伤害事故的种类

按照我国《企业职工伤亡事故分类》（GB 6441—1986）规定，职业伤害事故分为20类，其中与建筑业有关的有以下12类：物体打击、车辆伤害、机械伤害、起重伤害、触电、灼烫、火灾、高处坠落、坍塌、火药爆炸、中毒和窒息、其他伤害。

建筑业多发事故类别主要有：高处坠落、物体打击、机械伤害、触电、坍塌、中毒、火灾7类。

2．安全事故处理

事故发生后，事故现场有关人员应当立即向本单位负责人报告；单位负责人接到报告后，应当于1小时内向事故发生地县级以上人民政府应急管理部门和负有安全生产监督管理职责的有关部门报告，并有组织、有指挥地抢救伤员、排除险情；应当防止人为或自然因素的破坏，便于事故原因的调查。

情况紧急时，事故现场有关人员可以直接向事故发生地县级以上人民政府应急管理部门和负有安全生产监督管理职责的有关部门报告。

安全生产监督管理部门和负有安全生产监督管理职责的有关部门接到事故报告后，应当依照下列规定上报事故情况，并通知公安机关、劳动保障行政部门、工会和人民检察院。

（1）特别重大事故、重大事故逐级上报至国务院应急管理部门和负有安全生产监督管理职责的有关部门。

（2）较大事故逐级上报至省、自治区、直辖市人民政府应急管理部门和负有安全生产监督管理职责的有关部门。

（3）一般事故上报至地区的市级人民政府应急管理部门和负有安全生产监督管理职责的有关部门。

部门逐级上报事故情况，每级上报的时间不得超过 2 小时。事故报告后出现新情况的，应当及时补报。

3．事故报告的内容

（1）事故发生单位概况；

（2）事故发生的时间、地点以及事故现场情况；

（3）事故的简要经过；

（4）事故已经造成或者可能造成的伤亡人数（包括下落不明的人数）和初步估计的直接经济损失；

（5）已经采取的措施；

（6）其他应当报告的情况。

4．事故调查报告的内容

事故调查组应当自事故发生之日起 60 日内提交事故调查报告；特殊情况下，经负责事故调查的人民政府批准，提交事故调查报告的期限可以适当延长，但延长的期限最长不超过 60 日。事故调查报告应当包括以下内容：

（1）事故发生单位概况；

（2）事故发生经过和事故救援情况；

（3）事故造成的人员伤亡和直接经济损失；

（4）事故发生的原因和事故性质；

（5）事故责任的认定以及对事故责任者的处理建议；

（6）事故防范和整改措施。

重大事故、较大事故、一般事故，负责事故调查的人民政府应当自收到事故调查报告之日起 15 日内作出批复；特别重大的事故，30 日内作出批复，特殊情况下，批复时间可以适当延长，但延长的时间最长不超过 3 日。

知识拓展

一、人的不安全行为的类型

（1）操作失误、忽视安全、忽视警告；

（2）造成安全装置失效；

（3）使用不安全设备；

（4）手代替工具操作；

（5）物体存放不当；

（6）冒险进入危险场所；

（7）攀坐不安全位置；

（8）在起吊物下作业、停留；

（9）在机器运转时进行检查、维修、保养；

（10）有分散注意力的行为；

（11）未正确使用个人防护用品、用具；

（12）不安全装束；

（13）对易燃易爆等危险物品处理错误。

二、事故处理的原则（"四不放过"原则）

1. 事故原因未查清不放过

要求在调查处理伤亡事故时，首先要把事故原因分析清楚，找出导致事故发生的真正原因。未找到真正原因的绝不轻易放过。直到找到真正原因并搞清各因素之间的因果关系才算达到事故原因分析的目的。

2. 责任人员未处理不放过

这是安全事故责任追究制的具体体现，对事故责任者要严格按照安全事故责任追究的法律法规的规定进行严肃处理。不仅要追究事故直接责任人的责任，同时要追究有关负责人的领导责任。

3. 有关人员未受到教育不放过

让事故责任者和广大群众了解事故发生的原因及所造成的危害，并深刻认识到搞好安全生产的重要性，从事故中吸取教训，提高安全意识，改进安全管理工作。

4. 整改措施未落实不放过

针对事故发生的原因，提出防止相同或类似事故发生的切实可行的预防措施，并督促事故发生单位加以实施。

模块小结

本模块主要介绍了安全、安全生产的含义，安全生产管理的含义、流程及方针，安全生产管理机构的组建，安全管理制度，安全生产计划编制的内容，安全专项施工方案的编制范围，安全教育培训的内容和形式，安全技术交底的内容，安全应急预案的编制内容，安全事故的等级划分和安全事故的处理流程等内容。本模块的学习重点为安全生产管理的方针，安全生产计划编制的内容，安全教育培训的内容和形式，安全技术交底的内容，安全事故的等级划分和安全事故的处理流程。通过本模块学习使读者更全面、系统掌握建设工程项目安全管理的基础知识，具备建设工程项目安全管理的能力。

自我评测

一、单项选择题

1. 建设工程安全事故调查组应当提交事故调查报告的时间为（　　）。
    A. 自事故发生之日起 30 日内　　　B. 自调查组成立之日起 30 日内
    C. 自调查组成立之日起 60 日内　　　D. 自事故发生之日起 60 日内
2. 某县一建筑工地发生生产安全重大事故，则事故调查组应由（　　）负责组织。
    A. 事故发生地县级人民政府　　　B. 国务院安全生产监督管理部
    C. 事故发生单位　　　D. 事故发生地省级人民政府

3. 根据《生产安全事故报告和调查处理条例》，下列安全事故中，属于较大事故的是（　　）。
  A. 10人死亡，3 000万元直接经济损失　　B. 3人死亡，4 800万元直接经济损失
  C. 4人死亡，6 000万元直接经济损失　　D. 2人死亡，9 万元直接经济损失

4. 建设工程生产安全事故应急预案的管理包括应急预案的（　　）。
  A. 评审、备案、实施和奖惩　　B. 制订、评审、备案和实施
  C. 制订、备案、实施和奖惩　　D. 评审、备案、实施和落实

5. 发生建设工程重大安全事故时，负责事故调查的人民政府应当自收到事故调查报告起（　　）日内作出批复。
  A. 30　　B. 15　　C. 45　　D. 60

6. "施工现场在对人、机、环境进行安全治理的同时，还需治理安全管理措施"，这体现了安全事故隐患的（　　）原则。
  A. 冗余安全度治理　　B. 直接隐患与间接隐患并治
  C. 单项隐患综合治理　　D. 预防与减灾并重治理

7. 根据《安全生产许可证条例》，施工企业安全生产许可证（　　）。
  A. 有效期满时经同意可以不再审查
  B. 有效期为2年
  C. 要求企业获得职业健康安全管理体系认证
  D. 应在期满后3个月内办理延期手续

8. 根据《安全生产法》，对全国建设工程安全生产工作实施综合监督管理的部门是（　　）。
  A. 国务院　　B. 应急管理部
  C. 住房和城乡建设部　　D. 国务院授权的部门

9. 下列关于安全生产教育培训的说法，正确的是（　　）。
  A. 企业新员工按规定经过三级安全教育和实际操作训练后即可上岗
  B. 项目级安全教育由企业安全生产管理部门负责人组织实施、安全员协助
  C. 班组级安全教育由项目负责人组织实施、安全员协助
  D. 企业安全教育培训包括对管理人员、特种作业人员和企业员工的安全教育

10. 《中华人民共和国劳动法》规定：新建、改建、扩建工程的劳动安全卫生设施必须与主体工程（　　）。
  A. 同时设计、同时施工、同时投入生产和使用
  B. 同时设计、同时施工、同时验收
  C. 同时立项、同时施工、同时验收
  D. 同时立项、同时施工、同时投入生产和使用

二、多项选择题

1. 关于生产安全事故报告和调查处理原则的说法，正确的有（　　）。
  A. 事故未整改到位不放过　　B. 事故未及时报告不放过
  C. 事故原因未查清不放过　　D. 事故责任人和周围群众未受到教育不放过
  E. 事故责任人未受到处理不放过

2. 根据《生产安全事故报告和调查处理条例》(国务院令第493号),事故调查报告的内容主要有( )。
   A. 事故发生单位概况
   B. 事故发生经过和事故援救情况
   C. 事故造成的人员伤亡和直接经济损失
   D. 事故责任者的处理结果
   E. 事故发生的原因和事故性质

3. 根据《建设工程安全生产管理条例》,上岗前须取得特种作业操作资格证书的有( )。
   A. 起重信号工
   B. 垂直运输机械作业人员
   C. 挖掘机作业人员
   D. 起重机械作业人员
   E. 泵送混凝土工

4. 企业员工的安全教育的形式主要包括( )。
   A. 新员工上岗前的三级安全教育
   B. 改变工艺和变换岗位安全教育
   C. 经常性安全教育
   D. 事故现场安全教育
   E. 主管部门组织的安全作业培训

5. 安全事故隐患治理原则有( )。
   A. 单项隐患综合治理原则
   B. 预防和减灾并重治理原则
   C. 重点治理原则
   D. 静态治理原则
   E. 事故直接隐患与间接隐患并治原则

6. 建设工程安全隐患的不安全因素包括( )。
   A. 政策的不连续性
   B. 物的不安全状态
   C. 自然环境的变化
   D. 人的不安全行为
   E. 组织管理上的不安全因素

7. 应急管理部门和负有安全生产监督管理职责的有关部门接到事故报告后在按规定上报的同时,应当通知的相关部门有( )。
   A. 公安机关
   B. 劳动保障行政部门
   C. 人民检察院
   D. 武警消防部门
   E. 医院

8. 建设工程施工安全事故发生后,施工单位现场人员可以立即向( )报告。
   A. 建设单位负责人
   B. 施工单位负责人
   C. 建设行政主管部门
   D. 应急管理部门
   E. 监理单位负责人

9. 安全检查监督的类型包括( )。
   A. 全面安全检查
   B. 经常性安全检查
   C. 季节性检查
   D. 节假日检查
   E. 定期安全检查

10. 根据《企业职工伤亡事故分类》(GB 6441—1986),与建筑业有关的职业伤害事故有( )。
    A. 冒顶片帮
    B. 触电
    C. 机械伤害
    D. 火药爆炸
    E. 物体打击

三、直通执考

1. 根据《建设工程安全生产管理条例》对达到一定规模的危险性较大的分部（分项）工程编制专项施工方案，经施工单位技术负责人和（　　）签字后实施。【2019年真题】
   A. 项目经理　　　　　　　　　　B. 项目技术负责人
   C. 业主方项目负责人　　　　　　D. 总监理工程师

2. 根据《安全生产许可证条例》，安全生产许可证的有效期是（　　）年。【2018年真题】
   A. 6　　　　B. 5　　　　C. 4　　　　D. 3

3. 下列关于安全生产教育培训的说法，正确的是（　　）。【2018年真题】
   A. 企业新员工按规定经过三级安全教育和实际操作训练后即可上岗。
   B. 项目级安全教育由企业安全生产管理部门负责人组织实施，安全员协助。
   C. 班组级安全教育由项目负责人组织实施，安全员协助。
   D. 企业安全教育培训包括对管理人员、特种作业人员和企业员工的安全教育。

4. 下列关于安全技术交底内容及要求的说法，正确的有（　　）。【2018年真题】
   A. 内容中必须包括事故发生后的避难和急救措施
   B. 项目部必须实行逐级交底制度，纵向延伸到班组全体人员
   C. 内容中必须包括针对危险点的预防措施
   D. 定期向交叉作业的施工班组进行口头交底
   E. 涉及"四新"项目的单项技术设计必须经过两阶段技术交底

5. 为确保安全，对设备的运转和零件的状况定时进行检查，发现损伤立即更换，绝不能"带病"作业，此项工作属于（　　）。【2017年真题】
   A. 全面安全检查　　　　　　　　B. 要害部门重点安全检查
   C. 经常性安全检查　　　　　　　D. 专项安全检查

6. 根据《建设工程安全生产管理条例》，下列专项施工方案中，应当组织专家进行论证的有（　　）。【2017年真题】
   A. 脚手架工程　　B. 深基坑工程　　C. 地下暗挖工程　　D. 爆破工程
   E. 高大模板工程

7. 根据《建筑施工企业安全生产管理机构设置及专职安全生产管理人员配备办法》，某3万m^2的建筑工程项目部应配备专职安全管理人员的最少人数是（　　）名。【2016年真题】
   A. 1　　　　B. 3　　　　C. 4　　　　D. 2

8. 下列安全生产管理制度中，最基本、也是所有制度核心的是（　　）。【2015年真题】。
   A. 安全生产教育培训制度　　　　B. 安全生产责任制
   C. 安全检查制度　　　　　　　　D. 安全措施计划制度

9. 下列关于生产安全事故应急预案的说法，正确的有（　　）。【2015年真题】
   A. 应急预案的编制应结合本地区、本部门、本单位的危险性分析情况
   B. 应急组织和人员的职责分工明确，并有具体的落实措施
   C. 应急预案的管理不包括应急预案的奖惩
   D. 应急预案基本要素齐全、完整，预案附件提供的信息准确
   E. 生产经营单位应每年组织一次现场处置方案演练

10. 下列企业安全生产教育管理形式中，属于员工经常性教育的有（　　）。【2014年真题】
    A. 安全活动日　　　　　　　　　B. 事故现场会
    C. 安全技术理论培训　　　　　　D. 安全生产会议
    E. 改变工艺临时安全教育

11. 下列建设工程生产安全事故应急预案的具体内容中，属于现场处置方案的是（   ）。
【2013年真题】
    A. 信息发布   B. 应急演练   C. 事故征兆   D. 经费保障

12. 下列施工现场质量检查的内容中，属于"三检"制度范围的有（   ）。【2013年真题】
    A. 自检自查   B. 巡视检查   C. 互检互查   D. 平行检查
    E. 专职管理人员的质量检查

13. 下列关于按规定向有关部门报告建设工程安全事故情况的说法，正确的是（   ）。
【2019年真题】
    A. 事故发生后，事故现场有关人员应当于1小时内向本单位安全负责人报告（并向事故发生地县级以上人民政府安全生产监督管理部门和负有安全生产监督管理职责的有关部门报告）

    B. 专业工程施工中出现安全事故的，可以只向行业主管部门报告

    C. 事故现场人员可以直接向事故发生地县级以上人民政府安全生产监督管理部门报告

    D. 安全生产监督管理部门每级上报的时间不得超过4小时

14. 生产安全事故综合应急预案的主要内容包括（   ）。【2019年真题】
    A. 事故危害程度分析   B. 信息发布
    C. 应急响应   D. 培训与演练
    E. 施工单位的危险性分析

15. 地方各级安全生产监督管理部门制定的应急预案，应当报（   ）备案。【2016年真题】
    A. 上一级人民政府
    B. 同级人民政府
    C. 同级其他负有安全生产监督管理职责的部门
    D. 同级建设行政主管部门
    E. 上一级安全生产监督管理部门

模块 9　建设工程项目绿色文明建造与环境管理

模块导读

建筑行业是我国的支柱行业之一，建设工程项目绿色建造文明施工与环境管理是保证社会、经济、环境以及项目自身可持续发展的需要。建设工程项目对社会、对经济、对环境都具有重大影响。建设项目进行全生命期绿色建造文明施工与环境管理有助于促进经济发展模式从传统的"高开采、低利用、高排放"转换为"低开采、高利用、低排放"。切实履行可持续发展理念，通过科学管理和技术进步，最大限度地节约资源和保护环境，实现绿色施工要求、生产绿色建筑产品的工程活动，对建设工程项目实施阶段进行有效的环境保护监督管理，避免生态破坏，避免污染事故的发生，是进行绿色建造文明施工与环境管理的主要任务之一。

情境动画

学习指导

本模块针对"建设工程项目绿色文明建造与环境管理能力"的培养，安排了以下学习内容：

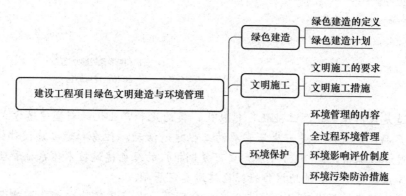

学习目标

知识目标	能力目标	素养目标
（1）熟悉绿色建造的定义； （2）掌握绿色建造计划的内容； （3）掌握文明施工的基本要求及措施； （4）掌握环境全过程管理的内容； （5）熟悉环境影响评价制度的内容； （6）掌握环境污染的防治措施	（1）能够编制绿色建造计划； （2）能够制定文明施工措施； （3）能够制定施工现场环境保护措施	（1）树立绿色节约的环保意识； （2）培养开拓创新的专业精神； （3）提高计划、组织、协调能力； （4）养成标准意识、规则意识； （5）培养分析、集成、创新能力

案例导入

绿色建造试点

2020年12月31日，住房和城乡建设部办公厅正式印发《关于开展绿色建造试点工作的函》，决定在湖南省、广东省深圳市、江苏省常州市开展绿色建造试点，促进建筑业转型升级和城乡建设绿色发展。

住房和城乡建设部办公厅关于开展
绿色建造试点工作的函

湖南、广东、江苏省住房和城乡建设厅：

为落实《国务院办公厅关于促进建筑业持续健康发展的意见》（国办发〔2017〕19号）、《国务院办公厅转发住房城乡建设部关于完善质量保障体系提升建筑工程品质指导意见的通知》（国办函〔2019〕92号）精神，推进绿色建造工作，促进建筑业转型升级和城乡建设绿色发展，经研究，决定在湖南省、广东省深圳市、江苏省常州市开展绿色建造试点工作。

请你们按照《绿色建造试点工作方案》要求，认真组织试点地区做好绿色建造试点工作，加强督促指导、跟踪评估，及时总结可复制可推广的经验，确保试点工作取得成效。

附件：绿色建造试点工作方案

住房和城乡建设部办公厅
2020年12月31日

绿色建造是采用绿色化、工业化、信息化、集约化和产业化的新型建造方式，提供优质生态的建筑产品，满足人民美好生活需要的工程建造活动。住房和城乡建设部提出，3个试点地区应通过积极探索，到2023年底形成可复制推广的绿色建造技术体系、管理体系、实施体系和评价体系，为全国其他地区推行绿色建造奠定基础。

根据部署，试点地区共有7项试点任务，分别是：在房屋建筑和市政基础设施工程中选取不少于10个项目开展绿色建造试点，可包含一定比例的城市更新和存量住房改造提升工程；开展项目绿色策划统筹，通过绿色设计、绿色建材选用、绿色生产、绿色施工、绿色交付的一体化绿色统筹，推进精益化建造；推进建筑垃圾减量化，提升建造绿色化水平；推动信息技术集成应用，以5G、物联网、区块链、人工智能等技术为支撑，推动智慧工地建设和建筑机器人等智能装备设备应用；推进住宅、公共建筑和工业建筑的模块化设计，提升建造工业化水平；采用工程总承包、全过程工程咨询等新型组织管理模式，健全配套的发包承包、施工许可、质量安全监管、造价管理、竣工验收等制度；引导建立建筑产业互联网平台，提高资源配置效率，整合形成绿色建造产业链。

9-1　绿色建造与文明施工

知识准备

一、绿色建造

绿色建造是着眼于建筑全生命周期，在保证质量和安全前提下，践行可持续发展理念，通过科学管理和技术进步，最大限度地节约资源和保护环境，实现绿色施工要求、生产绿色建筑产品的工程活动。

中国绿色建造发展方向分为精益化、信息化、机械化、专业化及装配化。

微课：绿色建造管理

（1）专业化是绿色建造发展的基本策略。工程建造实施专业化发展策略，有利于提高工程质量和工作质量，是推进绿色建造的重要保障及绿色建造发展的基本要求。

（2）精益化是绿色建造实现的必然趋势。随着物质文明水平的提高，公众对建筑产品质量技术性能有了更高要求，绿色建造必须坚持持续改进的方法，提供综合性能更优的工程产品。

（3）机械化是实现绿色建造的基本要求。随着生活水平的提高，人们对改善作业条件、降低劳动强度的要求越来越高，机械化是实现这一目标的基本方式，工程施工机械在工程建造中的应用将日益广泛。

（4）信息化建造历经若干发展阶段，其中智能建造是其发展的较高阶段，必须实现数字化设计、动态集成化平台驱动、机器人施工操作。智能化是绿色建造实现的较高要求，必须紧抓不放。

（5）装配化是绿色建造实现的重要途径。装配化是实现绿色建造的主要方式之一，也是绿色建造发展的重点方向。

项目管理过程应采用绿色设计，优先选用绿色技术、建材、机具和施工方法。

二、文明施工

文明施工是保持施工现场良好的作业环境、卫生环境和工作秩序的有效手段，它是指在工程建设实施阶段中，有序、规范、标准、整洁、科学的建设施工生产活动。

微课：文明施工管理

文明施工主要包括：规范施工现场的场容，保持作业环境的整洁卫生；科学组织施工，使生产有序进行；减少施工对周围居民和环境的影响；遵守施工现场文明施工的规定和要求，保证职工的安全和身体健康。

建设工程项目质量是指通过项目实施形成的工程实体的质量，是反映建筑工程满足法律、法规的强制性要求和合同约定的要求，包括在安全、使用功能以及在耐久性能、环境保护等方面满足要求的明显和隐含能力的特性总和。其质量特性主要体现在适用性、安全性、耐久性、可靠性、经济性及与环境的协调性6个方面。

三、文明施工的要求

依据我国相关标准，文明施工的要求主要包括现场围挡、封闭管理、施工场地、材料堆放、现场住宿、现场防火、治安综合治理、施工现场标牌、生活设施、保健急救、社区服务11项内容。总体上应符合以下要求：

（1）有整套的施工组织设计或施工方案，施工总平面布置紧凑，施工场地规划合理，符合环保、市容、卫生的要求；

（2）有健全的施工组织管理机构和指挥系统，岗位分工明确；工序交叉合理，交接责任明确；

（3）有严格的成品保护措施和制度，大小临时设施和各种材料构件、半成品按平面布置堆放整齐；

（4）施工场地平整，道路畅通，排水设施得当，水电线路整齐，机具设备状况良好，使用合理，施工作业符合消防和安全要求；

（5）搞好环境卫生管理，包括施工区、生活区环境卫生和食堂卫生管理；

（6）文明施工应贯穿施工结束后的清场。

实现文明施工，不仅要抓好现场的场容管理，而且还要做好现场材料、机械、安全、技术、保卫、消防和生活卫生等方面的工作。

技能准备

一、编制绿色建造计划

1．绿色建造计划的编制依据

项目管理机构应通过项目管理策划确定绿色建造计划并经批准后实施。编制绿色建造计划的依据应符合下列规定：

（1）项目环境条件和相关法律法规要求；

（2）项目管理范围和项目工作分解结构；

（3）项目管理策划的绿色建造要求。

2．绿色建造计划的编制内容

（1）绿色建造范围和管理职责分工；

（2）绿色建造目标和控制指标；

（3）重要环境因素控制计划及响应方案；

（4）节能减排及污染物控制的主要技术措施；

（5）绿色建造所需的资源和费用。

设计项目管理机构应根据组织确定的绿色建造目标进行绿色设计，应对施工图进行深化设计和优化，采用绿色施工技术，制定绿色施工措施，提高绿色施工效果。

3．绿色建造施工活动内容

施工项目管理机构应实施下列绿色施工活动：

（1）选用符合绿色建造要求的绿色技术、建材和机具，实施节能降耗措施；

（2）进行节约土地的施工平面布置；

（3）确定节约水资源的施工方法；

（4）确定降低材料消耗的施工措施；
（5）确定施工现场固体废弃物的回收利用和处置措施；
（6）确保施工产生的粉尘、污水、废气、噪声、光污染的控制效果。

建设单位项目管理机构应协调设计与施工单位，落实绿色设计或绿色施工的相关标准和规定，对绿色建造实施情况进行检查，进行绿色建造设计或绿色施工评价。

二、文明施工措施

1．加强现场文明施工的管理

（1）建立文明施工的管理组织。应确立项目经理为现场文明施工的第一责任人，以各专业工程师、施工质量、安全、材料、保卫、后勤等现场项目经理部人员为成员的施工现场文明管理组织，共同负责本工程现场文明施工工作。

（2）健全文明施工的管理制度。包括建立各级文明施工岗位责任制、将文明施工工作考核列入经济责任制，建立定期的检查制度，实行自检、互检、交接检制度，建立奖惩制度，开展文明施工立功竞赛，加强文明施工教育培训等。

2．落实现场文明施工的各项管理措施

针对现场文明施工的各项要求，落实相应的各项管理措施。

（1）施工平面设置。施工总平面图是现场管理、实现文明施工的依据。施工总平面图应对施工机械设备、材料和构配件的堆场、现场加工场地，以及现场临时运输道路、临时供水供电线路和其他临时设施进行合理布置，并随工程实施的不同阶段进行场地布置和调整。

（2）现场围挡、标牌。

1）施工现场必须实行封闭管理，设置进出口大门，制定门卫制度，严格执行外来人员进场登记制度。沿工地四周连续设置围挡，市区主要路段和其他涉及市容景观路段的工地，设置围挡的高度不低于 2.5 m，其他工地的围挡高度不低于 1.8 m，围挡材料要求坚固、稳定、统一、整洁、美观。

2）施工现场必须设有"五牌一图"，即工程概况牌、管理人员名单及监督电话牌、消防保卫（防火责任）牌、安全生产牌、文明施工牌和施工现场平面图。

3）施工现场应合理悬挂安全生产宣传和警示牌，标牌悬挂牢固可靠，特别是主要施工部位、作业点和危险区域以及主要通道口都必须有针对性地悬挂醒目的安全警示牌。

3．施工场地管理

（1）施工现场应积极推行硬地坪施工，作业区、生活区主干道地面必须用一定厚度的混凝土硬化，场内其他道路地面也应硬化处理。

（2）施工现场道路畅通、平坦、整洁，无散落物。

（3）施工现场设置排水系统。排水畅通，不积水。

（4）严禁泥浆、污水、废水外流或堵塞下水道和排水河道。

（5）施工现场适当地方设置吸烟处，作业区内禁止随意吸烟。

（6）积极美化施工现场环境，根据季节变化，适当进行绿化布置。

4．材料堆放、周转设备管理

（1）建筑材料、构配件、料具必须按施工现场总平面布置图堆放，布置合理。

（2）建筑材料、构配件及其他料具等必须做到安全、整齐堆放（存放），不得超高。堆料分门别类，悬挂标牌，标牌应统一制作，标明名称、品种、规格数量等。

（3）建立材料收发管理制度，仓库、工具间材料堆放整齐，易燃易爆物品分类堆放，专人负责，确保安全。

（4）施工现场建立清扫制度，落实到人，做到"工完料尽场地清"，车辆进出场应有防泥带出措施。建筑垃圾及时清运，临时存放现场的也应集中堆放整齐、悬挂标牌。不用的施工机具和设备应及时出场。

（5）施工设施、大模、砖夹等，集中堆放整齐，大模板成堆放稳，角度正确。钢模及零配件、脚手扣件分类分规格，集中存放。竹木杂料，分类堆放、规则成方，不散不乱，不作他用。

5．现场生活设施管理

（1）施工现场作业区与办公、生活区必须明显划分，确因场地狭窄不能划分的，要有可靠的隔离栏防护措施。

（2）宿舍内应确保主体结构安全，设施完好。宿舍周围环境应保持整洁、安全。

（3）宿舍内应有保暖、消暑、防煤气中毒、防蚊虫叮咬等措施。严禁使用煤气灶、煤油炉、电饭煲、热得快、电炒锅、电炉等器具。

（4）食堂应有良好的通风和洁卫措施，保持卫生整洁，炊事员持健康证上岗。

（5）建立现场卫生责任制，设卫生保洁员。

（6）施工现场应设固定的男、女简易淋浴室和厕所，并要保证结构稳定、牢固和防风雨。并实行专人管理、及时清扫，保持整洁，要有灭蚊蝇滋生措施。

6．现场消防、防火管理

（1）现场建立消防管理制度，建立消防领导小组，落实消防责任制和责任人员，做到思想重视、措施跟上、管理到位。

（2）定期对有关人员进行消防教育，落实消防措施。

（3）现场必须有消防平面布置图，临时设施按消防条例有关规定搭设，做到标准规范。

（4）易燃易爆物品堆放间、油漆间、木工间、总配电室等消防防火重点部位要按规定设置灭火机和消防沙箱，并有专人负责，对违反消防条例的有关人员进行严肃处理。

（5）施工现场用明火做到严格按动用明火规定执行，审批手续齐全。

7．保健急救管理

展开卫生防病教育，准备必要的医疗设施，配备经过培训的急救人员，有急救措施、急救器材和保健医药箱。在现场办公室的显著位置张贴急救车和有关医院的电话号码等。

8．社区服务管理

建立施工不扰民的措施。现场不得焚烧有毒、有害物质等。

9．治安综合管理

（1）建立现场治安保卫领导小组，有专人管理。

（2）新入场的人员做到及时登记，做到合法用工。

（3）按照治安管理条例和施工现场的治安管理规定搞好各项管理工作。

（4）建立门卫值班管理制度，严禁无证人员和其他闲杂人员进入施工现场。

知识拓展

施工现场"五牌一图"中的"五牌"

1．工程概况牌

工程概况牌内容见表9-1。

表 9-1　工程概况牌内容

工程名称		工程地点	
建设单位		设计单位	
监理单位		施工单位	
质检单位		安检单位	
建筑面积		结构层数	
建筑高度		工程造价	
开工时间		竣工日期	
项目经理		施工许可证	

2．安全生产牌

(1) 进入施工现场，必须遵守安全生产规章制度。

(2) 进入施工区，必须佩戴安全帽、扣好帽带，机械操作工必须佩戴防护帽。

(3) 在建工程中的"四口"和"五临边"必须有防护设施。

(4) 现场内不允许赤脚，不允许穿硬底鞋、高跟鞋、喇叭裤和酒后作业。

(5) 高空作业必须系好安全带，安全带高挂低用，高空作业严禁穿皮鞋或带钉的易滑鞋。

(6) 非操作人员不得进入施工危险区域内。

(7) 未经施工负责人批准，不得任意拆除架子设施及安全防护装置。

(8) 严禁从高空抛扔材料、工具、砖、石、建筑垃圾等一切物品。

(9) 架设电线必须符合《施工现场临时用电安全技术规范》（JGJ 46—2005）规定，电气设备必须有保护接零装置。

(10) 施工现场的危险区域应有警示标志，夜间有照明示警。

3．文明施工牌

(1) 施工现场各级管理人员必须遵守各项管理制度，做到场内整齐、卫生、安全、防火道路畅通。

(2) 按施工组织设计平面布置图布置材料和机具设备，设置建筑垃圾堆场，不得乱扔材料及杂物，及时清理零散物料及建筑垃圾。

(3) 临时占用道路必须到有关部门办理有关手续。

(4) 施工现场要做到道路平整、排水渠畅通，按施工组织设计平面布置图布置电路、给水排水线路，做到水管不漏水，电线不漏电。

(5) 现场应设有男、女厕所，排污、排便等设施。

(6) 严禁在工地内进行吸毒、嫖娼、赌博、斗殴、盗窃等"七害"活动，违者交公安机关处理。

(7) 夜间施工必须通过主管部门批准并公开告示，取得社会谅解方可施工。

(8) 施工现场应遵守国家有关环保法规，采取措施控制现场的各种灰尘、废气排放、固体废物处理以及产生噪声和振动时环境保护的措施。

4．消防保卫牌

(1) 建立项目保卫领导小组和业余消防队，健全各种消防保卫制度，按施工组织设计布置现场消防保卫工作。

（2）施工现场必须设置门卫，作业人员必须佩戴胸卡进出施工现场，严禁非操作人员及家属留宿施工现场。

（3）严格执行动火审批制度，未经批准，任何人不得在现场使用明火。

（4）严格执行易燃易爆物品的存放、保管和使用的规定，木工房等易燃场所必须"工完场地清"，严禁吸烟，并配备足数量的消防灭火器材。

（5）严格执行施工现场临时用电安全技术规范，非电工严禁使用电器具、拉设电线。

（6）每个宿舍必须设防火负责人，室内严禁卧床吸烟，烟头必须放烟灰缸或容器内。

（7）必须保证消防通道、楼梯、走道及通向消防栓、水源等道路的畅通。

（8）任何人不得随意移动和损坏现场设置的消防器材，发现火情、立即拨打119报警。

5．管理人员名单及监督电话牌

管理人员名单及监督电话牌内容见表9-2。

表9-2　管理人员名单及监督电话牌内容

项目经理：		项目副经理：
工程技术负责人：		施工员：
质检员：		安全员：
资料员：		材料员：
造价员：		木工：
泥工：		电工：
钢筋工：		石匠：
治安领导小组	组长： 副组长：	成员
消防领导小组	组长： 副组长：	成员
监督电话：		

9-2　项目环境管理

 **知识准备**

一、环境管理的概念

1．环境

环境是指"组织运行活动的外部存在，包括空气、水、土地、自然资源、植物、动物、人，以及它（他）们之间的相互关系"。这个定义是以组织运行活动为主体，其外部存在主要是指人类认识到的、直接或间接影响人类生存的各种自然因素及它（他）们之间的相互关系。

2. 建设工程项目环境管理

环境保护是我国的一项基本国策。对环境管理的目的是保护生态环境，使社会的经济发展与人类的生存环境相协调。对于建设工程项目，环境保护主要是指保护和改善施工现场的环境。企业应当遵照国家和地方的相关法律法规以及行业和企业自身的要求，采取措施控制施工现场的各种粉尘、废水、废气、固体废弃物以及噪声、振动对环境的污染和危害，并且要注意避免资源的浪费。

二、环境管理的内容

由于环境管理的内容涉及土壤、水、大气、生物等各种环境因素，环境管理的领域涉及经济、社会、政治、自然、科学技术等方面，环境管理的范围涉及国家的各个部门，所以环境管理具有高度的综合性。

微课：项目环境管理

1. 环境计划的管理

环境计划包括工业交通污染防治、城市污染控制计划、流域污染控制计划、自然环境保护计划，以及环境科学技术发展计划、宣传教育计划等；还包括在调查、评价特定区域的环境状况的基础区域环境规划。

2. 环境质量的管理

环境质量的管理主要组织制定各种质量标准、各类污染物排放标准和监督检查工作，组织调查、监测和评价环境质量状况和预测环境质量变化趋势。

3. 环境技术的管理

环境技术的管理主要包括确定环境污染和破坏的防治技术路线和技术政策；确定环境科学技术发展方向；组织环境保护的技术咨询和情报服务；组织国内和国际的环境科学技术合作交流等。

三、环境管理的特征

建设工程项目对环境的影响是巨大的，工程项目对环境的影响包括：消耗大量的能源和原材料，产生大量的废水、废气和建筑垃圾，产生噪声污染、光污染、振动、粉尘，占用土地，破坏景观等。建设工程项目的环境是一个复杂的系统，因此，建设工程项目的环境问题也是一个复杂的系统问题，它具有以下特征。

1. 建设工程项目环境问题的整体性

建设工程项目的环境问题是通过各种相关的环境问题如水污染、大气污染、噪声污染、能源消耗、原材料消耗、建筑垃圾等共同起作用的，其整体的危害远远大于各个环境问题简单相加的总和。

2. 建设工程项目环境问题的相关性

建设工程项目各个环境问题是相关的，如建筑垃圾进入水体，就必然引起水污染；生产建筑材料的同时造成能源消耗和原材料消耗，同时生产过程中煤炭等能源的燃烧引起大气污染，造成酸雨，酸雨沉降又会引起水体污染等。

3. 建设工程项目环境问题的优化性

建设工程项目的环境问题可以通过有效地管理得以改善，实现整体优化，如对建筑物拆除后的材料进行回收利用首先可以减少建筑垃圾，其次可以减少建筑原材料的消耗，减少建筑材料生产过程中废气的产生，从而又可以减少大气污染。

4. 建设工程项目环境问题的变动性

随着社会经济状况的改变、人们生活方式的改变以及能源结构的变化，建设工程项目规划、设计的理念会发生变化，对建筑材料的需求也会发生变化，导致建设工程项目环境问题也发生相应的变动。

建设工程项目的环境管理是在项目的全生命期内，使用各种环境管理方法，使建设项目的各个阶段和项目参与各方达到预期目标的一项综合性、系统性能活动。对建设工程项目进行全生命期的环境管理必须借助系统论的思想和方法，发挥项目所有相关者的作用，综合运用各种技术和措施，从而实现项目环境系统的整体优化。

四、全过程环境管理

一个建设工程项目的全过程包括很多的参与方、很多的企业，因此必须以集成的思想全面考虑和建设项目的全过程的环境管理。但是建设工程项目的环境管理离不开ISO14 000环境管理体系，它必须要以ISO14000环境管理体系为基础。建设工程项目的环境管理体系的建立可以从建设项目的全过程和建设项目的全部参与方来考虑。

建设项目全过程的各个阶段的集成是建筑行业提高效率的关键，同时，建设项目全生命期的集成环境管理也是提高环境管理效率的关键。建设项目环境管理需要通过项目所有相关者的共同努力，在项目全生命期内，采取各种管理措施及技术措施（包括环保设计技术、节能技术、新的施工技术、污染处理技术、建筑垃圾分类处理及回收利用技术等），实现建设项目环境管理的目标，即减少建设项目全生命期内的资源消耗，减少污染，减少对自然、生态环境的影响，最终实现建设项目的可持续发展。

建设工程项目全过程环境管理的内容见表9-3。

表9-3 建设工程项目全过程环境管理

项目阶段	环境管理内容
项目前期阶段	做好项目可行性研究工作；严格建设项目环境影响评价制度；做好项目选址工作
项目规划阶段	控制建筑密度，减轻热岛效应，改善光照、空气，减轻噪声；增加水面，若用地面积限制，安排喷泉等设施；增加绿化面积，改善生态系统，改善居住环境
项目的设计阶段	尽量使用可循环使用的材料；避免使用含有有害物质的材料；采用新的建筑设计技术使得拆除方便、回收利用方便
项目施工阶段	采取文明施工措施
项目验收试运行阶段	项目竣工后，向审批环境保护行政主管部门申请对环保设施进行竣工验收

五、环境影响评价制度

环境影响评价制度是指在进行建设活动之前，对建设项目的选址、设计和建成投产使用后可能对周围环境产生的不良影响进行调查、预测和评定，提出防治措施，并按照法定程序进行报批的法律制度。

国家根据建设项目对环境的影响程度，按照下列规定对建设项目的环境保护实行分类管理：

（1）建设项目对环境可能造成重大影响的，应当编制环境影响报告书，对建设项目产生的污染和对环境的影响进行全面、详细的评价；

（2）建设项目对环境可能造成轻度影响的，应当编制环境影响报告表，对建设项目产生的污染和对环境的影响进行分析或者专项评价；

（3）建设项目对环境影响很小，不需要进行环境影响评价的，应当填写环境影响登记表。

建设项目竣工后，建设单位应当审批该建设项目环境影响报告书、环境影响报告表或者环境影响登记表的环境保护行政主管部门，申请该建设项目需要配套建设的环境保护设施竣工验收。

环境保护设施竣工验收，应当与主体工程验收同时进行。需要进行试生产的建设项目，建设单位应当自建设项目投入生产之日起3个月内，向审批该建设项目环境影响报告书、环境影响报告表或者环境影响登记表的环境保护行政主管部门，申请该建设项目需要配套建设的环境保护设施竣工验收。

技能准备

工程建设过程中的污染主要包括对施工场界内的污染和对周围环境的污染。对施工场界内的污染防治属于职业健康安全问题，而对周围环境的污染防治是环境保护的问题。

建设工程环境保护措施主要包括大气污染的防治、水污染的防治、固体废弃物的处理、噪声污染的防治、辐射污染的防治以及光污染的防治等。

一、大气污染的防治

大气污染物的种类有数千种，已发现有危害作用的有100多种，其中大部分是有机物。大气污染物通常以气体状态和粒子状态存在于空气中。

施工现场空气污染的防治措施如下：

（1）施工现场垃圾渣土要及时清理出现场。

（2）高大建筑物清理施工垃圾时，要使用封闭式的容器或者采取其他措施处理高空废弃物，严禁凌空随意抛撒。

（3）施工现场道路应指定专人定期洒水清扫，形成制度，防止道路扬尘。

（4）对于细颗粒散体材料（如水泥、粉煤灰、白灰等）的运输、储存要注意遮盖、密封，防止和减少飞扬。

（5）车辆开出工地要做到不带泥沙，基本做到不撒土、不扬尘，减少对周围环境污染。

（6）除设有符合规定的装置外，禁止在施工现场焚烧油毡、橡胶、塑料、皮革、树叶、枯草、各种包装物等废弃物品以及其他会产生有毒、有害烟尘和恶臭气体的物质。

（7）机动车要安装减少尾气排放的装置，确保符合国家标准。

（8）工地茶炉应尽量采用电热水器。若只能使用烧煤茶炉和锅炉时，应选用消烟除尘型茶炉和锅炉，大灶应选用消烟节能回风灶，使烟尘降至允许排放范围内。

（9）大城市市区的建设工程已不允许搅拌混凝土。在允许设置搅拌站的工地，应将搅拌站封闭严密，并在进料仓上方安装除尘装置，采用可靠措施控制工地粉尘污染。

（10）拆除旧建筑物时，应适当洒水，防止扬尘。

二、水污染的防治

1. 水污染物主要来源

（1）工业污染源：指各种工业废水向自然水体的排放。

（2）生活污染源：主要有食物废渣、食油、粪便、合成洗涤剂、杀虫剂、病原微生物等。

（3）农业污染源：主要有化肥、农药等。

施工现场废水和固体废弃物随水流流入水体部分，包括泥浆、水泥、油漆、各种油类、混凝土添加剂、重金属、酸碱盐、非金属无机毒物等。

2. 施工过程水污染的防治措施

（1）禁止将有毒有害废弃物作土方回填。

（2）施工现场搅拌站废水，现制水磨石的污水，电石（碳化钙）的污水必须经沉淀池沉淀合格后再排放，最好将沉淀水用于工地洒水降尘或采取措施回收利用。

（3）现场存放油料，必须对库房地面进行防渗处理，如采用防渗混凝土地面、铺油毡等措施。使用时，要采取防止油料跑、冒、滴、漏的措施，以免污染水体。

（4）施工现场100人以上的临时食堂，污水排放时可设置简易有效的隔油池，定期清理，防止污染。

（5）工地临时厕所、化粪池应采取防渗漏措施。中心城市施工现场的临时厕所可采用水冲式厕所，并有防蝇灭蛆措施，防止污染水体和环境。

（6）化学用品、外加剂等要妥善保管，库内存放，防止污染环境。

三、固体废弃物污染的防治

1. 建设工程施工工地上常见的固体废弃物

（1）建筑渣土：包括砖瓦、碎石、渣土、混凝土碎块、废钢铁、碎玻璃、废屑、废弃装饰材料等。

（2）废弃的散装大宗建筑材料：包括水泥、石灰等。

（3）生活垃圾：包括炊厨废弃物、丢弃食品、废纸、生活用具、玻璃、陶瓷碎片、废电池、废日用品、废塑料制品、煤灰渣、废交通工具等。

（4）设备、材料等的包装材料。

（5）粪便。

2. 固体废弃物的处理和处置

固体废弃物处理的基本思想是：采取资源化、减量化和无害化的处理，对固体废弃物产生的全过程进行控制。固体废弃物的主要处理方法如下：

（1）回收利用。回收利用是对固体废弃物进行资源化、减量化的重要手段之一。粉煤灰在建设工程领域的广泛应用就是对固体废弃物进行资源化利用的典型范例。发达国家炼钢原料中有70%是利用回收的废钢铁，所以，钢材可以看成是可再生利用的建筑材料。

（2）减量化处理。减量化是对已经产生的固体废弃物进行分选、破碎、压实浓缩、脱水等减少其最终处置量的方法，减低处理成本，减少对环境的污染。在减量化处理的过程中，也包括和其他处理技术相关的工艺方法，如焚烧、热解、堆肥等。

（3）焚烧。焚烧用于不适合再利用且不宜直接予以填埋处置的废弃物，除有符合规定的装置外，不得在施工现场熔化沥青和焚烧油毡、油漆，也不得焚烧其他可产生有毒有害和恶臭气体的废弃物。垃圾焚烧处理应使用符合环境要求的处理装置，避免对大气的二次污染。

（4）稳定和固化。利用水泥、沥青等胶结材料，将松散的废弃物胶结包裹起来，减少有害物质从废弃物中向外迁移、扩散，使得废弃物对环境的污染减少。

（5）填埋。填埋是将固体废弃物经过无害化、减量化处理的废弃物残渣集中到填埋场进行处置。禁止将有毒有害废弃物现场填埋，填埋场应利用天然或人工屏障。尽量使需处置的废弃物与环境隔离，并注意废弃物的稳定性和长期安全性。

四、噪声污染的防治

1. 噪声的分类与危害

按噪声来源可分为交通噪声（如汽车、火车、飞机等）、工业噪声（如鼓风机、汽轮机、冲压设备等）、建筑施工的噪声（如打桩机、推土机、混凝土搅拌机等发出的声音）、社会生活噪声（如高音喇叭、收音机等）。为防止噪声扰民，应控制人为强噪声。

根据国家标准《建筑施工场界环境噪声排放标准》（GB 12523—2011）的要求，建筑施工过程中场界环境噪声不得超过表9-4规定的排放限值。其中，夜间噪声最大声级超过限值的幅度不得高于15 dB（A）。

表9-4 建筑施工场界环境噪声排放限值　　　　　　　　　　　　　dB（A）

昼间	夜间
70	55

2. 施工现场噪声的控制措施

噪声控制技术可从声源、传播途径、接收者防护等方面来考虑，见表9-5。

表9-5 噪声污染防治措施

措施分类	具体措施
声源控制	（1）声源上降低噪声，这是防止噪声污染的最根本的措施。 （2）尽量采用低噪声设备和加工工艺代替高噪声设备与加工工艺，如低噪声振捣器、风机、电动空压机、电锯等。 （3）在声源处安装消声器消声，即在通风机、鼓风机、压缩机、燃气机、内燃机及各类排气放空装置等进出风管的适当位置设置消声器
传播途径的控制	（1）吸声：利用吸声材料（大多由多孔材料制成）或由吸声结构形成的共振结构（金属或木质薄板钻孔制成的空腔体）吸收声能，降低噪声。 （2）隔声：应用隔声结构，阻碍噪声向空间传播，将接收者与噪声声源分隔。隔声结构包括隔声室、隔声罩、隔声屏障、隔声墙等。 （3）消声：利用消声器阻止传播。允许气流通过的消声降噪是防治空气动力性噪声的主要装置。如对空气压缩机、内燃机产生的噪声等。 （4）减振降噪：对来自振动引起的噪声，通过降低机械振动减小噪声，如将阻尼材料涂在振动源上，或改变振动源与其他刚性结构的连接方式等
接收者的防护	让处于噪声环境下的人员使用耳塞、耳罩等防护用品，减少相关人员在噪声环境中的暴露时间，以减轻噪声对人体的危害

续表

措施分类	具体措施
严格控制人为噪声	（1）进入施工现场不得高声喊叫、无故甩打模板、乱吹哨，限制高音喇叭的使用，最大限度地减少噪声扰民。 （2）凡在人口稠密区进行强噪声作业时，须严格控制作业时间，一般晚10点到次日早6点之间停止强噪声作业。确系特殊情况必须昼夜施工时，尽量采取降低噪声措施，并会同建设单位找当地居委会、村委会或当地居民协调，出安民告示，求得群众谅解

五、辐射污染的防治

1. 辐射的分类

辐射有电磁辐射和放射性辐射两种。其中，电磁辐射是指能量以波的形式发射出去，放射性辐射是指能量以波的形式和粒子一起发射出去。

（1）电磁辐射污染。所谓的电磁辐射就是能量以电磁波形式从辐射源发射到空间的现象。对我们生活环境有影响的电磁辐射分为天然电磁辐射和人为电磁辐射两种（见表9-6）。

表9-6 电磁辐射的分类

来源分类	具体表现
天然电磁辐射	主要来自地球大气层中的雷电、宇宙射线、天体放电、地球磁场辐射和地球热辐射等
人为电磁辐射	主要来自发射台、高压线、雷达站、微波用具、电视机、无线电等工业和生活中所用的电子设备

（2）放射性辐射污染。放射性辐射污染通常简称放射性污染，指排放出的放射性污染物造成的环境污染和人体危害。放射性辐射污染的主要来源有：宇宙线；地球上的天然放射性源；人类活动增加的辐射；核燃料的"三废"排放；医疗照射引起的放射性。

2. 辐射污染的防治措施

（1）屏蔽防护技术。屏蔽防护技术的目的是采用一定的技术手段，将辐射的作用和影响限制在指定的空间之内，屏蔽防护技术是目前使用最为广泛的电磁辐射防护技术。

（2）吸收防护技术。吸收防护技术是将根据匹配原理与谐振原理制造的吸收材料，置于磁场中，用以吸收辐射能量并转化为热能或者其他能量，从而达到防护目的的技术。

（3）接地防护技术。接地防护技术的作用就是将在屏蔽体（或屏蔽部件）内由于应生成的射频电流迅速导入大地，使屏蔽体（或屏蔽部件）本身不致再成为射频的二次辐射源，从而保证屏蔽作用的高效率。

（4）距离防护技术。适当地加大辐射源与被照体之间的距离可较大幅度地衰减辐射强度，减少被照体受辐射的影响。在某些实际条件允许的情况下，这是一项简单可行的防护方法。应用时，可简单地加大辐射体与被照体之间的距离，也可采用机械化或自动化作业，减少作业人员直接进入强辐射区的次数或工作时间。

六、光污染的防治

光污染泛指影响自然环境，对人类正常生活、工作、休息和娱乐带来不利影响，损害人们观察物体的能力，引起人体不舒适感和损害人体健康的各种光。光污染可分为可见光污染和不可见光污染。

可见光污染有灯光污染、眩光污染、视觉污染及其他可见光污染；不可见光污染又可分为红外光污染和紫外光污染。

光污染的防治主要有以下几点：

（1）加强城市规划和管理，改善工厂照明条件等，以减少光污染的来源。

（2）对有红外线和紫外线污染的场所采取必要的安全防护措施。

（3）采用个人防护措施，主要是戴防护眼镜和防护面罩。光污染的防护镜有反射型防护镜、吸收型防护镜、反射—吸收型防护镜、爆炸型防护镜、光化学反应型防护镜、光电型防护镜、变色微晶玻璃型防护镜等类型。

知识拓展

《建设工程施工现场环境与卫生标准》（JGJ 146—2013）

为节约能源资源，保护环境，创建整洁文明的施工现场，保障施工人员的身体健康和生命安全，改善建设工程施工现场的工作环境与生活条件，国家住房和城乡建设部主持制定了行业标准《建设工程施工现场环境与卫生标准》（JGJ 146—2013）。

本标准的主要技术内容包括总则、术语、基本规定、绿色施工、环境卫生五部分。标准中的基本规定包括以下内容：

（1）建设工程总承包单位应对施工现场的环境与卫生负总责，分包单位应服从总承包单位的管理。参建单位及现场人员应有维护施工现场环境与卫生的责任和义务。

（2）建设工程的环境与卫生管理应纳入施工组织设计或编制专项方案，应明确环境与卫生管理的目标和措施。

（3）施工现场应建立环境与卫生制度，落实管理责任制，应定期检查并记录。

（4）建设工程的参与建设单位应根据法律的规定，针对可能发生的环境、卫生等突发事件建立应急管理体系，制定相应的应急预案并组织演练。

（5）当施工现场发生有关环境、卫生等突发事件时，应按相关规定及时向施工现场所在地建设行政主管部门和相关部门报告，并应配合调查处置。

（6）施工人员的教育培训、考核应包括环境与卫生等有关内容。

（7）施工现场临时设施、临时道路的设置应科学合理，并应符合安全、消防、节能、环保等有关规定。施工区、材料加工及存放区应与办公区、生活区划分清楚，并应采取相应的隔离措施。

（8）施工现场应实行封闭管理，并应采用硬质围挡。市区主要路段的施工现场围挡高度不应低于 2.5 m，一般路段围挡高度不应低于 1.8 m，围挡应牢固、稳定、整洁。距离交通路口 20 m 范围内占据道路施工设置的围挡，其 0.8 m 以上部分应采用通透性围挡，并应采取交通疏导和警示措施。

（9）施工现场出入口应标有企业名称或企业标识。主要出入口明显处应设置工程概况牌，施工现场大门内应有施工现场总平面图和安全管理、环境保护与绿色施工、消防保卫等制度牌和宣传栏。

（10）施工单位应采取有效的安全防护措施。参建单位必须为施工人员提供必备的劳动防护用品，施工人员应正确使用劳动防护用品。劳动防护用品应符合现行行业标准《建筑施工作业劳动防护用品配备及使用标准》(JGJ 184—2009)的规定。

(11) 有毒有害作业场所应在醒目位置设置安全警示标识,并应符合现行国家标准《工作场所职业病危害警示标识》(GBZ 158—2003)的规定,施工单位应依据有关规定对从事有职业病危害作业的人员定期进行体检和培训。

(12) 施工单位应根据季节气候特点,做好施工人员的饮食卫生和防暑降温、防寒保暖、防中毒、卫生防疫等工作。

模块小结

本模块主要介绍了绿色建造的定义,文明施工的内容、基本要求及措施,绿色建造计划的内容,环境全过程管理的内容,环境影响评价制度的内容,环境污染的防治措施等内容。本模块的学习重点为绿色建造计划的内容,文明施工的基本要求及措施,环境全过程管理的内容,环境污染的防治措施。通过本模块学习使读者更全面、系统掌握建设工程项目绿色文明建造与环境管理的基础知识,具备建设工程项目绿色文明建造与环境管理的能力。

自我评测

一、单项选择题

1. 包含防治污染设施的建设工程项目,其防治污染的设施必须经(　　)验收合格后,该项目方可投入生产或使用。
　　A. 建设单位的上级主管部门　　B. 工程质量监督机构
　　C. 环境保护行政主管部门　　D. 安全生产行政管理部门

2. 改变振动源与其他刚性结构的连接方式以减噪降噪的做法属于声控制技术中的(　　)。
　　A. 人为噪声控制　　B. 接受者防护　　C. 传播途径控制　　D. 声源控制

3. 根据施工现场环境保护的要求,凡在人口稠密区进行噪声作业时,须严格控制作业时间,一般情况下,停止强噪声作业的时间是(　　)。
　　A. 晚11点到次日早4点之间　　B. 晚9点到次日早4点之间
　　C. 晚10点到次日早5点之间　　D. 晚10点到次日早6点之间

4. 建设工程施工工地上,对于不适合再利用且不宜直接予以填埋处置的废物,可采取(　　)的处理方式。
　　A. 减量化处置　　B. 焚烧　　C. 稳定固化　　D. 消纳分解

5. 清理高层建筑施工垃圾的正确做法是(　　)。
　　A. 将施工垃圾洒水后沿临边窗口倾倒至地面后集中处理
　　B. 将各楼层施工垃圾焚烧后装入密封容器吊走
　　C. 将各楼层施工垃圾装入密封容器吊走
　　D. 将施工垃圾从电梯井倾倒至地面后集中处理

6. 下列施工现场噪声控制的措施中，属于声源控制的是（   ）。
   A．利用消声器阻止传播　　　　　　B．利用吸声材料吸收声能
   C．采用低噪声设备和加工工艺　　　D．应用隔声屏障阻碍噪声传播
7. 下列施工现场环境保护措施中，属于大气污染防治措施的是（   ）。
   A．禁止将有毒有害废弃物作土方回填
   B．工地临时厕所化粪池应采取防渗漏措施
   C．选用低噪声设备和加工工艺
   D．禁止在施工现场焚烧各种包装物
8. 根据《建筑施工场界环境噪声排放标准》(GB 12523—2011)，打桩机在昼间施工噪声排放限值是（   ）dB（A）。
   A．55　　　　　B．60　　　　　C．65　　　　　D．70
9. 工程建设过程中，对施工场界范围内的污染防治属于（   ）。
   A．现场文明施工　　　　　　B．环境保护问题
   C．职业健康安全问题　　　　D．安全生产问题
10. 工程固体废物的处理方法中，进行资源化处理的重要手段是（   ）。
    A．减量化处理　　B．回收利用　　C．填埋处置　　D．稳定固化

二、多项选择题

1. 下列关于施工过程水污染预防措施的说法，正确的是（   ）。
   A．禁止将有毒有害废弃物作土方回填
   B．施工现场搅拌站废水经沉淀池合格后也不能用于工地洒水降尘
   C．现制水磨石的污水必须经沉淀池沉淀合格后再排放
   D．现场存放油料，必须对库房地面进行防渗处理
   E．化学用品、外加剂等要妥善保管，库内存放
2. 下列施工现场环境保护措施中，属于空气污染防治措施的是（   ）。
   A．施工现场不得甩打模板　　　　　B．指定专人定期清扫施工现场道路
   C．工地茶炉采用电热水器　　　　　D．使用封闭式容器处理高空废弃物
   E．化学药品应在库内存放
3. 下列关于施工现场文明施工管理措施的说法，正确的是（   ）。
   A．施工现场实行封闭管理，外来人员进场实行登记制度
   B．施工现场作业区、生活区主干道地面必须硬化
   C．市区主要路段的工地围挡高度不低于2 m
   D．施工现场作业区内禁止随意吸烟
   E．施工现场消防重点部位设置灭火器和消防沙箱
4. 下列关于建设工程现场文明施工管理措施的说法，正确的是（   ）。
   A．项目安全负责人是施工现场文明施工的第一负责人
   B．沿工地四周连续设置围挡，市区主要路段的围挡高度不低于1.8 m
   C．施工现场设置排水系统、泥浆、污水、废水有组织地排入下水道
   D．施工现场必须实行封闭管理，严格执行外来人员进场登记制度
   E．现场必须有消防平面布置图，临时设施按消防条例有关规定布置

5. 绿色建造计划应包括（　　）。
   A. 绿色建造范围和管理职责分工　　B. 绿色建造目标和控制指标
   C. 重要环境因素控制计划及响应方案　D. 节能减排及污染物控制的主要技术措施
   E. 绿色建造所需的资源和费用

三、直通执考

1. 下列关于建设工程现场宿舍管理的说法，正确的是（　　）。【2017年真题】
   A. 每间宿舍居住人员不得超过 16 人　B. 室内净高不得小于 2.2 m
   C. 通道宽度不得小于 0.8 m　　　　　D. 不宜使用通铺

2. 下列施工现场防止噪声污染的措施中，最根本的措施是（　　）。【2016年真题】
   A. 接收者防护　　　　　　　　　　B. 传播途径控制
   C. 严格控制作业时间　　　　　　　D. 声源上降低噪声

3. 下列关于施工现场职业健康安全卫生要求的说法，错误的是（　　）。【2016年真题】
   A. 施工现场宿舍严禁使用通铺　　　B. 施工现场水冲式厕所地面必须硬化
   C. 生活区可以设置敞开式垃圾容器　D. 现场食堂必须设置独立制作间

4. 施工现场文明施工管理组织的第一责任人（　　）。【2015年真题】
   A. 项目经理　　B. 总监理工程师　　C. 业主代表　　D. 项目总工程师

5. 根据施工现场文明施工的要求，施工现场文明施工制度包括（　　）。【2013年真题】
   A. 门卫值班管理制度　　　　　　　B. 岗位聘任制度
   C. 宣传教育制度　　　　　　　　　D. 消防管理制度
   E. 检查考核制度

6. 施工现场（　　）人以上的临时食堂，污水排放时可设置简易有效的隔油池，定期清理，防止污染。【2013年真题】
   A. 20　　　　B. 50　　　　C. 100　　　　D. 80

7. 下列关于施工现场食堂职业健康安全卫生管理的说法，正确的是（　　）。【2018年真题】
   A. 食堂制作间灶台及周边贴 1.8 m 高瓷砖
   B. 食堂不须办理卫生许可证，但炊事人员须有健康证明
   C. 除炊事人员和现场管理人员外，不得随意进入制作间
   D. 食堂外敞开式泔水桶，需定期进行清理

8. 下列关于建设工程现场职业健康安全卫生措施的说法，正确的是（　　）。【2018年真题】
   A. 每间宿舍居住人员不得超过 16 人
   B. 施工现场宿舍必须设置可开启式窗户
   C. 现场食堂炊事人员必须持身体健康证上岗
   D. 厕所应设专人负责清扫、清毒
   E. 施工区必须配备开水炉

模块 10　建设工程项目收尾管理

模块导读

建设工程项目收尾管理是指对项目的收尾、试运行、竣工验收、竣工结算、竣工决算、考核评价、回访保修等进行的计划、组织、协调、控制等活动。它是建设工程项目管理全过程的最后阶段，也是整个项目管理周期中的一个重要环节。没有这个阶段，建设工程项目就不能顺利交工，不能生产出设计规定的合格产品，不能投入使用，也就不能最终发挥投资效益。而实际项目管理中通常没有给予足够重视，出现该阶段人员组织混乱、资料管理松散、剩余资源利用不合理等问题。

本模块针对"建设工程项目收尾管理能力"的培养，安排了以下学习内容：

情境动画

学习指导

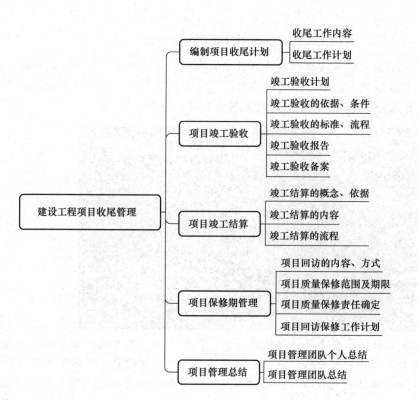

学习目标

知识目标	能力目标	素养目标
（1）掌握项目收尾工作的内容； （2）掌握竣工验收的依据、条件、标准及程序； （3）熟悉竣工验收报告的内容及竣工验收备案的相关规定； （4）熟悉竣工结算的内容、依据及流程； （5）熟悉项目回访的内容及方式，掌握项目质量保修范围及期限； （6）掌握项目管理总结的依据及内容	（1）能够编制项目收尾工作计划； （2）能够协助制定竣工验收计划，组织竣工验收； （3）能够协助进行竣工结算； （4）能够编制项目回访保修工作计划； （5）能够进行项目管理的个人总结，并协助进行项目管理团队总结	（1）提高集成创新的专业能力； （2）树立用户至上的服务意识； （3）培养精益求精的工匠精神； （4）提高计划、组织、协调能力； （5）培养严谨科学的辩证思维

案例导入

全国建设工程优秀项目管理成果评价

2006年，为表彰和奖励在我国工程建设项目中做出突出贡献的集体和个人，推动全国工程建设企业提高项目管理质量和水平，更好地为国家经济建设服务，中国建筑业协会工程项目管理委员会组织开展全国建设工程项目管理成果的发布和评价活动。

全国建设工程优秀项目管理成果评价是指企业、科研院所、高等院校在承担工程建设任务或相关课题研究中，项目管理团队以某一工程项目管理过程为对象，运用现代项目管理的方法，坚持以项目经理责任制为核心，严格执行《建设工程项目管理规范》（GB/T 50326—2017），以提高经济效益、环境效益、社会效益和企业信誉为管理目标，以项目文化建设为形象展示所进行的勘察、设计、采购、施工直至竣工试运行等全过程或若干阶段的项目管理成果的评价活动。

全国建设工程优秀项目管理成果是全国工程建设领域内项目管理的最高成果，是工程项目满足全方位量化评价体系的重要标志，共分为3个等级。该项活动每年发布和评价一次。

历年的成果发布会,涌现了大量优秀的项目管理成果,这些项目成果范围覆盖面比较广,项目课题紧紧围绕项目管理的核心展开,项目成果管理方法现代,应用技术先进,社会效益显著,行业反映强烈。获得优秀称号的项目管理成果集中地展现了一个核心思想:项目管理是一项集成化的应用科学,集成的管理理念是项目成果必须体现的基本理念。集成需要运用兼顾项目各方利益的平衡方式实施管理意图。具体特点如下:

(1) 项目管理理念的创新集成。项目理念决定了项目管理的方向和基点。项目管理应该反映社会责任、人文关怀、节能环保、管理集成、团队建设和可持续发展等当今先进的项目管理理念,特别是将科技进步有机地结合融入工程项目管理的全过程,完善和提升项目管理的理论应用体系。奥运工程项目提出的"人文奥运,科技奥运,绿色奥运"理念就是这种创新集成的最好诠释。

(2) 项目策划过程管理的集成。随着工程项目的功能、结构和造型水平的不断提升,工程项目设计、施工一体化的实施、BOT/BT项目的日益增多,对项目管理提出了更高的要求。这些优秀的项目管理成果表明施工生产方式变革的集成,已经成为高层次项目管理的重要标志。

(3) 项目实施内容的集成。内容多样、结构复杂决定了工程项目实施的风险性,许多优秀项目成果为了规避这种风险项目,在实施过程中采用了大量的集成各种现代化的手段,包括信息技术、整合方法、文化建设等,这是现代项目管理成功的基础特征。

(4) 项目管理方法的应用集成。科学运用项目管理方法是实现目标的基本因素。历次发布成果的共同特点是在项目管理方法的应用方面较好地做到了系统集成,使方法的应用达到了1+1>2的效果,准确确定了项目管理的实施方向和内容。

(5) 项目技术支撑的推进集成。技术支撑是项目管理集成重要的基础对象,也是项目管理成功的重要标志。许多成果不仅大量采用了国际先进的施工技术,并把先进建设与管理科学集成在应该实施系统的循环过程,提升和开发了大量的新专利、新标准和工法,实现了中国工程建设项目技术创新的新跨越。

(6) 项目管理的价值集成。项目管理活动是一种价值提升的过程,每一种方法和实施的结果反映了过程增值的程度。同时,这种价值形成的过程需要有机地集成融合,才能提升最终的价值成果。

10-1 编制项目收尾计划

知识准备

一、项目收尾工作内容

施工收尾应是施工管理的最后阶段,包括项目收尾计划、竣工验收、工程价款结算、工程移交、缺陷责任期与工程保修、项目管理总结和项目管理绩效评价。主要内容如下:

(1) 企业应建立项目收尾管理制度,构建项目收尾管理保证体系,明确项目收尾管理的职责和工作程序。

（2）项目进入收尾阶段后，项目经理部应向企业提交项目收尾情况报告，说明项目实施情况、目前状态、剩余工程量及其他工作。

（3）企业应组织评审项目收尾情况报告，对进入收尾阶段的项目宜下发项目收尾通知书及收尾工作人员名单。

（4）企业应对项目收尾相关业务进行指导和管理，并组织对施工管理进行绩效评价。

（5）企业应根据项目管理制度及合同约定，在规定时间内完成项目解体工作。

（6）项目经理部可根据需求成立收尾工作小组，成员宜包括项目经理、生产副经理、技术负责人、施工、质检、合同管理员和其他相关人员。

二、项目收尾工作流程

编制项目收尾计划→实施项目竣工验收→进行项目竣工结算→关闭项目合同→完成项目管理总结→其他。

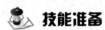

编制收尾计划

项目经理应组织编制项目收尾计划。必要时，项目收尾计划应征得建设单位、发包方或监理单位批准后实施。

项目收尾计划应包括：剩余工程完成责任人和时限；竣工资料完成责任人和时限；竣工结算资料完成责任人和时限；项目收尾费用计划；工程竣工验收计划；债权债务处理安排；项目人员安置；物资设备处置；施工遗留问题及纠纷处理；组织项目管理总结；其他。

某公司项目收尾管理制度见表10-1。

表10-1 某公司项目收尾管理制度

序号	操作规范	具体内容
1	交工前的成品保护	工程竣工验收后，在未正式交付业主前，现场留驻足够保安人员，负责已完工程、设备及现场安全，任何人不准在工程内使用房间、设备及其他一切设施
2	竣工验收协助	自工程竣工验收合格之日起15日内，协助、督促建设单位依照有关规定，到市城建档案馆办理备案手续，其程序可分为申报备案、验证签署两个环节
3	竣工培训	（1）在工程完工及移交工程前，组织及督促相关约定分包和平行分包对业主的员工及其物业管理人员进行机电设备、设施及系统等的操作和维护的培训，以确保业主的工作人员和物业管理人员在工程投入使用后能独立进行必要的设备与系统操作、维护和故障排除。 （2）公司协调、督促项目部组织相关约定分包和平行分包单位对所提供设施、项目编写维修手册与操作说明，并根据工程特点编制详细的培训计划

续表

序号	操作规范	具体内容
4	编制用户使用及维修手册	编制《用户使用及维修手册》，供业主工作人员和物业管理人员能预先对有关装置有所了解，系统调试时请他们一起参与，使其以最短的时间熟悉各个系统。工程交工前一周，将编制整理好的《用户使用及维修手册》呈交业主。手册包含系统的说明、技术说明和维修保养内容
5	回访	（1）工程管理部是产品质量跟踪服务的归口管理部门，负责协调安排所有项目竣工后的产品质量跟踪服务； （2）工程部门将针对该竣工项目建立产品质量跟踪服务信息卡，对跟踪服务进行策划和记录。针对本工程的特殊性和重要性，实行产品全生命周期管理，通过"产品质量跟踪服务联系单"与业主联系，以便及时获得有关产品使用状况的信息
6	工程保修服务	（1）坚持"用户至上，服务第一"的原则，搞好工程保修工作； （2）对业主指定分包单位的维修工作，实施统一管理，若指定分包单位不及时维修，我公司先行修复； （3）自接到建设工程质量维修通知书之日起，最长在1小时之内与业主取得联系，双方明确维修期限，并在2小时内到达现场进行维修，24小时内完成维修，经业主验收合格。若24小时内确实不能完成修复的，向业主作出书面解释及承诺

10-2　项目竣工验收

知识准备

项目竣工验收是施工质量控制的最后一个环节，是对施工过程质量控制成果的全面检验，是从终端把关方面进行质量控制。未经验收或验收不合格的工程，不得交付使用。

微课：工程竣工收尾

一、竣工验收计划

竣工验收准备阶段，项目经理部应编制竣工验收计划。竣工验收计划应包括：工作内容；工作顺序与时间安排；工作原则和要求；工作职责分工；其他。

二、竣工验收的依据

（1）国家相关法律法规和建设主管部门颁布的管理条例和办法。
（2）建筑工程施工质量验收统一标准。
（3）专业工程施工质量验收规范。
（4）经批准的设计文件、施工图纸及说明书。
（5）工程施工承包合同。
（6）其他相关文件。

三、竣工验收的条件

（1）完成工程设计和合同约定的各项内容。

(2) 施工单位在工程完工后对工程质量进行了检查，确认工程质量符合有关法律、法规和工程建设强制性标准，符合设计文件及合同要求，并提出工程竣工报告。工程竣工报告应经项目经理和施工单位有关负责人审核签字。

(3) 对于委托监理的工程项目，监理单位对工程进行了质量评估，具有完整的监理资料并提出工程质量评估报告。工程质量评估报告应经总监理工程师和监理单位有关负责人审核签字。

(4) 勘察、设计单位对勘察、设计文件及施工过程中由设计单位签署的设计变更通知书进行了检查，并提出质量检查报告。质量检查报告应经该项目勘察、设计单位有关负责人审核签字。

(5) 有完整的技术档案和施工管理资料。

(6) 有工程使用的主要建筑材料、建筑构配件和设备的进场试验报告，以及工程质量检测和功能性试验资料。

(7) 建设单位已按合同约定支付工程款。

(8) 有施工单位签署的工程质量保修书。

(9) 对于住宅工程，进行分户验收并验收合格，建设单位按户出具《住宅工程质量分户验收表》。

(10) 建设主管部门及工程质量监督机构责令整改的问题全部整改完毕。

(11) 法律、法规规定的其他条件。

四、竣工验收的标准

单位工程是工程项目竣工质量验收的基本对象。单位工程质量验收合格应符合下列规定：

(1) 所含分部工程的质量均应验收合格。

(2) 质量控制资料应完整。

(3) 所含分部工程有关安全、节能、环境保护和主要使用功能的检验资料应完整。

(4) 主要使用功能的抽查结果应符合相关专业质量验收规范的规定。

(5) 观感质量应符合要求。

技能准备

一、组织竣工验收

单位工程中的分包工程完工后，分包单位应对所承包的工程项目进行自检，并应按规定的程序进行验收。验收时，总包单位应派人参加。

单位工程完工后，施工单位应组织有关人员进行自检。总监理工程师应组织各专业监理工程师对工程质量进行竣工预验收。存在施工质量问题时，应由施工单位及时整改。

工程竣工质量验收由建设单位负责组织实施。

建设单位组织单位工程质量验收时，分包单位负责人应参加验收。

竣工质量验收应当按以下程序进行：

(1) 工程完工并对存在的质量问题整改完毕后，施工单位向建设单位提交工程竣工报告，申请工程竣工验收。实行监理的工程，工程竣工报告须经总监理工程师签署意见。

（2）建设单位收到工程竣工报告后，对符合竣工验收要求的工程，组织勘察、设计、施工、监理等单位组成验收组，制定验收方案。对于重大工程和技术复杂工程，根据需要可邀请有关专家参加验收组。

（3）建设单位应当在工程竣工验收 7 个工作日前将验收的时间、地点及验收组名单书面通知负责监督该工程的工程质量监督机构。

（4）建设单位组织工程竣工验收。

1）建设、勘察、设计、施工、监理单位分别汇报工程合同履约情况和在工程建设各个环节执行法律、法规和工程建设强制性标准的情况。

2）审阅建设、勘察、设计、施工、监理单位的工程档案资料。

3）实地查验工程质量。

4）对工程勘察、设计、施工、设备安装质量和各管理环节等方面作出全面评价，形成经验收组人员签署的工程竣工验收意见。参与工程竣工验收的建设、勘察、设计、施工、监理等各方不能形成一致意见时，应当协商提出解决的方法，待意见一致后重新组织工程竣工验收。

二、签署竣工验收报告

工程竣工验收合格后，建设单位应当及时提出工程竣工验收报告。工程竣工验收报告主要包括工程概况、建设单位执行基本建设程序情况、对工程勘察、设计、施工、监理等方面的评价，工程竣工验收时间、程序、内容和组织形式，工程竣工验收意见等内容。

工程竣工验收报告还应附有：施工许可证；施工图设计文件审查意见；上述竣工质量验收的条件中（2）、（3）、（4）、（8）项规定的文件；验收组人员签署的工程竣工验收意见；法规、规章规定的其他有关文件。

三、竣工验收备案

建设单位应当自建设工程竣工验收合格之日起 15 日内，向工程所在地的县级以上地方人民政府建设主管部门备案。

建设单位办理工程竣工验收备案应当提交下列文件：

（1）工程竣工验收备案表；

（2）工程竣工验收报告；

（3）法律、行政法规规定应当由规划、环保等部门出具的认可文件或者准许使用文件；

（4）法律规定应当由公安消防部门出具的对大型的人员密集场所和其他特殊建设工程验收合格的证明文件；

（5）施工单位签署的工程质量保修书；

（6）法规、规章规定必须提供的其他文件。

知识拓展

住宅工程分户验收

分户验收，即"一户一验"，是指住宅工程在按照国家有关标准、规范要求进行工程竣工验收时，对每一户住宅及单位工程公共部位进行专门验收，并在分户验收合格后出具工程质量竣工验收记录。这项措施的出台，等于给每个购买住房的老百姓都把住了质量关，避免了整体验收和抽检所造成的遗漏，也就避免了交付使用后的"扯皮"现象。

分户验收是在住宅工程各检验批、分项分部工程验收合格的基础上，在住宅工程竣工验收前，建设单位应组织施工、监理等单位，依据国家有关工程质量验收标准，对每户住宅及相关公共部位的观感质量和使用功能等进行检查验收。

住宅工程质量分户验收主要包括以下内容：
(1) 地面、墙面和顶棚质量；
(2) 门窗质量；
(3) 栏杆、护栏质量；
(4) 防水工程质量；
(5) 室内主要空间尺寸；
(6) 给水排水系统安装质量；
(7) 室内电气工程安装质量；
(8) 建筑节能和供暖工程质量；
(9) 有关合同中规定的其他内容。

每户住宅和规定的公共部位验收完毕，应填写《住宅工程质量分户验收表》，建设单位和施工单位项目负责人、监理单位项目总监理工程师要分别签字。

分户验收不合格，不能进行住宅工程整体竣工验收。

10-3　项目竣工结算

知识准备

竣工结算是指施工企业按照合同规定的内容全部完成所承包的工程，经验收质量合格，并符合合同要求之后，向发包单位进行的最终工程款结算。

竣工结算应按照合同有关条款和《建设工程价款结算暂行办法》[财建〔2004〕369号]的有关规定进行，合同通用条款中有关条款的内容与价款结算办法的有关规定有出入的，以价款结算办法的规定为准。

一、竣工结算的内容

企业应根据需求制定项目结算管理制度和结算管理绩效评价制度，明确负责项目工程价款结算管理工作的主管部门。实施施工总承包项目和分包项目的价款结算活动，对工程项目全过程造价进行监督与管控，并负责下列结算管理相关事宜的协调与处理：

(1) 企业应识别施工过程中工程实体与设计图纸的差异，分析各类建筑材料、人工的价格变化和政府对工程结算的政策调整，确定发包方、造价咨询机构、政府行政审计部门和其他相关部门对工程预付款、进度款、签证、索赔和结算文件的审核进展情况。

(2) 企业应配备符合要求的项目结算管理专业人员，实施工程价款约定、调整和结算管理工作，规范项目结算管理的实施程序和控制要求，确保项目结算管理的合法性和合规性。

（3）企业应规范分包工程结算管理，在分包合同中明确约定分包方应负有配合完成总承包工程项目过程结算、竣工结算的义务。

（4）企业应按照合同约定的方式，进行索赔、签证、变更管理工作，获取相关证据资料，并在规定时间内办理相应手续，确保索赔、签证、变更结果满足工程结算的合规性要求。

（5）企业宜推行全过程造价管理和施工过程结算，适时控制工程造价，动态实施工程价款结算管理。

二、竣工结算的依据

工程价款结算应按工程承包合同约定办理，合同未作约定或约定不明的，承包方与发包方应按照下列规定与文件协商处理，竣工结算依据如下：

（1）工程承包合同；

（2）有关法律法规；

（3）国务院建设行政主管部门、省、自治区、直辖市或有关部门发布的工程造价计价标准、计价规范和其他规定；

（4）招标公告、投标书、中标通知书和其他文件；

（5）施工设计文件；

（6）发承包双方已确认的补充协议、现场签证及其他有效文件；

（7）其他。

三、竣工结算价款的确定

承包方与发包方应在签订合同时约定合同价款，实行招标的工程合同价款由合同双方依据中标通知书的中标价款在合同协议书中约定，不实行招标的工程合同价款由合同双方依据施工图预算的总造价在合同协议书中约定。

工程价款的调整应由企业与发包方协商在施工合同中明确约定合同价款的调整内容、调整方法及调整程序。经发承包双方确认调整的合同价款，作为追加（减）合同价款，应与工程进度款或结算款同期支付。

企业应按照合同约定，与发包方沟通下列工程款项的支付、使用与结算工作：

（1）根据确定的工程计量结果，承包方向发包方提出支付工程进度款申请，发包方应按合同约定的金额与方式向承包方支付工程进度款。

（2）预付款应当由发包方和承包方在合同中明确约定抵扣方式，并从进入抵扣期的工程进度款中按一定比例扣回，直到扣回金额达到合同约定的预付款金额为止。

（3）承包方的预付款担保金额应由发包方根据预付款扣回的数额相应扣减，但在预付款全部扣回之前一直保持有效。发包方应在预付款扣完后的规定时间内，将预付款保函退还给承包方。

（4）缺陷责任期内，承包方应履行合同约定的责任；缺陷责任期到期后，承包方可向发包方申请返还质量保证金。

（5）承包方已按合同规定完成全部剩余工作且质量合格后，发包方与承包方应按照下列要求结清全部剩余款项：

1）最终结清申请。缺陷责任期终止后，承包方已按合同规定完成全部剩余工作且质量合格的，发包方应签发缺陷责任期终止证书。发包方对最终结清申请单有异议的，有权要求承包方进行修正和提供补充资料,由承包方向发包方提交修正后的最终结清申请单。

2)最终结清审核。承包方提交最终结清申请单后,应在规定时间内配合发包方予以核实,并获得发包方向承包方签发的最终支付证书。发包方未在约定时间内核实,又未提出具体意见的,应视为承包方提交的最终结清申请单已被发包方认可。

3)最终结清支付。承包方应协助发包方在签发最终结清支付证书后的规定时间内,按照最终结清支付证书列明的金额向承包方支付最终结清款。发包方未按期支付的,承包方可催告发包方在合理期限内支付,并有权获得延迟支付利息。承包方对发包方支付的最终结清款有异议的,可按照合同约定的争议解决方式处理。

四、分包工程结算

分包工程结算管理应包括下列内容:

(1)分包工程预付款结算应确保及时到位,并包括下列管理内容:

1)预付款的支付。分包方应在签订分包合同或向总承包方提供预付款担保后提交预付款支付申请,总承包方应在收到支付申请的规定时间内进行核实,向分包方发出预付款支付证书,并在签发支付证书后的规定时间内向分包方支付预付款。

2)预付款的扣回。预付款应当由总承包方和分包方在分包合同中明确约定抵扣方式和抵扣时间,从每一个支付期的工程进度款中按一定比例扣回,直到扣回金额达到合同约定的预付款金额为止。

3)预付款担保。企业应采用适宜的预付款担保形式规避风险,并应在预付款扣完后的规定时间内将预付款保函退还给分包方。

(2)分包工程进度款结算应确保合规合据,并包括:分包工程进度款的计算和申请;分包工程进度款的支付审核;分包工程进度款的支付。

(3)分包工程竣工结算应确保精准可靠,并包括:分包工程竣工结算书的编制;分包工程竣工结算审核;分包工程竣工价款结算支付。

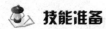

竣工结算的流程

(1)承包人应在合同约定时间内编制完成竣工结算书,并在提交竣工验收报告的同时递交给发包人。承包人未在合同约定时间内递交竣工结算书,经发包人催促后仍未提供或没有明确答复的,发包人可以根据已有资料办理结算。对于承包人无正当理由在约定时间内未递交竣工结算书,造成工程结算价款延期支付的,其责任由承包人承担。

(2)发包人在收到承包人递交的竣工结算书后,应按合同约定时间核对。竣工结算的核对是工程造价计价中发、承包双方应共同完成的重要工作。按照交易的一般原则,任何交易结束,都应做到钱、货两清,工程建设也不例外。工程施工的发、承包活动作为期货交易行为,当工程竣工验收合格后,承包人将工程移交给发包人时,发、承包双方应将工程价款结算清楚,即竣工结算办理完毕。

(3)发包人或受其委托的工程造价咨询人收到承包人递交的竣工结算书后,在合同约定时间内,不核对竣工结算或未提出核对意见的,视为承包人递交的竣工结算书已经认可,发包人应向承包人支付工程结算价款。承包人在接到发包人提出的核对意见后,在合同约定时间内,不确认也未提出异议的,视为发包人提出的核对意见已经认可,竣工结算办理完毕。发包人按核对意见中的竣工结算金额向承包人支付结算价款。

承包人如未在规定时间内提供完整的工程竣工结算资料,经发包人催促后 14 d 内仍未提供或没有明确答复,发包人有权根据已有资料进行审查,责任由承包人自负。

(4)发包人应对承包人递交的竣工结算书签收;拒不签收的,承包人可以不交付竣工工程。

承包人未在合同约定时间内递交竣工结算书的,发包人要求交付竣工工程,承包人应当交付。

(5)竣工结算书是反映工程造价计价规定执行情况的最终文件。工程竣工结算办理完毕,发包人应将竣工结算书报送工程所在地工程造价管理机构备案。竣工结算书作为工程竣工验收备案、交付使用的必备文件。

(6)竣工结算办理完毕,发包人应根据确认的竣工结算书在合同约定时间内向承包人支付工程竣工结算价款。

(7)工程竣工结算办理完毕后,发包人应按合同约定向承包人支付工程价款。

知识拓展

工程移交

收到工程竣工结算价款后,承包方应向发包方办理工程实体和工程档案资料移交。

1. 工程实体移交

(1)承包方在组织工程移交时,应办理书面交接手续,并明确发包方和承包方的责任界限。

(2)承包方在组织工程移交时,应签署工程移交证书,出具工程使用说明书。

(3)与工程有关的备品、备件和相关资源应在工程移交时一并移交。

2. 工程资料移交

(1)承包商的工程资料应按规定时间移交给发包方,并应符合移交规定。工程资料移交时,双方应在资料移交清单上签字盖章,工程资料应与清单目录一致。

(2)工程承包合同及补充协议、竣工资料、工程质量保修书、工程技术总结、会议纪要及有关技术资料应列出清单,向企业档案管理部门移交并办理签字手续。

(3)项目经理部宜根据企业项目管理信息系统要求,将工程建设过程中的重要文件资料录入竣工管理模块中,并在竣工后报送企业存档。

10-4 项目保修期管理

 知识准备

一、项目质量回访

承包人在施工项目竣工验收后对使用状况和质量问题向用户访问了解,并按照有关规定

及"工程质量保修书"的约定,在保修期内对发生的质量问题进行修理并承担相应经济责任的过程。

回访保修的责任应由承包人承担,承包人应建立施工项目交工后的回访与保修制度,听取用户意见,提高服务质量,改进服务方式。

微课:工程
回访保修

1. 项目回访的意义

(1) 有利于项目经理重视项目管理,提高工程质量,减少修理任务。

(2) 有利于承包人听取用户意见,履行回访保修承诺,改进工程质量。

(3) 有利于改进服务方式,增强用户对承包人的信任感。承包人编写用户服务卡、使用说明书、维修服务事项等资料赠给用户,既方便了用户使用和维护,又树立了为用户服务的良好企业形象。

2. 项目回访的方式

(1) 例行性回访。一般以电话询问、开座谈会等形式,每半年或一年一次,了解日常使用情况和用户意见;保修期满之前回访,对该项目进行保修总结,向用户交代维护和使用事项。

(2) 季节性回访。雨季回访屋面及排水工程、制冷工程、通风工程;冬季回访锅炉房及采暖工程,及时解决发生的质量缺陷。

(3) 技术性回访。主要了解在施工过程中采用了新材料、新技术、新工艺、新设备的工程,回访其使用效果和技术性能、状态,以便及时解决存在的问题;同时,还要总结经验,提出改进完善和推广的依据及措施。

二、项目质量保修

房屋建筑工程质量保修,是指对房屋建筑工程竣工验收后在保修期限内出现的质量缺陷,予以修复。

建设单位和施工单位应当在工程质量保修书中约定保修范围、保修期限和保修责任等,双方约定的保修范围、保修期限必须符合国家有关规定。

1. 保修范围及期限

在正常使用下,房屋建筑工程的最低保修期限如下:

(1) 地基基础和主体结构工程,为设计文件规定的该工程的合理使用年限;

(2) 屋面防水工程、有防水要求的卫生间、房间和外墙面的防渗漏,为 5 年;

(3) 供热与供冷系统,为 2 个采暖期、供冷期;

(4) 电气系统、给水排水管道、设备安装,为 2 年;

(5) 装修工程,为 2 年。

其他项目的保修期限由建设单位和施工单位约定。

房屋建筑工程保修期从工程竣工验收合格之日起计算。

2. 保修责任划分

在保修期内,因房屋建筑工程质量缺陷造成房屋所有人、使用人或者第三方人身、财产损害的,房屋所有人、使用人或者第三方可以向建设单位提出赔偿要求。建设单位向造成房屋建筑工程质量缺陷的责任方追偿。

因保修不及时造成新的人身、财产损害,由造成拖延的责任方承担赔偿责任。

施工单位不按工程质量保修书约定保修的,建设单位可以另行委托其他单位保修,由原施工单位承担相应责任。保修费用由质量缺陷的责任方承担。

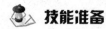 **技能准备**

一、编制保修工作计划

承包人应根据保修合同文件、保修责任期、质量要求、回访安排和有关规定编制保修工作计划,保修工作计划应包括:主管保修的部门;执行保修工作的责任者;保修与回访时间;保修工作内容。

二、房屋保修流程

房屋建筑工程在保修期限内出现质量缺陷,建设单位或者房屋建筑所有人应当向施工单位发出保修通知。

施工单位接到保修通知后,应当到现场核查情况,在保修书约定的时间内予以保修。发生涉及结构安全或者严重影响使用功能的紧急抢修事故,施工单位接到保修通知后,应当立即到达现场抢修。

发生涉及结构安全的质量缺陷,建设单位或者房屋建筑所有人应当立即向当地建设行政主管部门报告,由原设计单位或者具有相应资质等级的设计单位提出保修方案,施工单位实施保修,原工程质量监督机构负责监督。

保修完成后,由建设单位或者房屋建筑所有人组织验收。涉及结构安全的,应当报当地建设行政主管部门备案。

 **知识拓展**

房屋建筑工程质量保修办法

《房屋建筑工程质量保修办法》是为保护建设单位、施工单位、房屋建筑所有人和使用人的合法权益制订的办法。于 2000 年 6 月 26 日发布施行。

网址:http://www.gov.cn/gongbao/content/2001/content_60677.htm

10-5 项目管理总结

知识准备

在项目管理收尾阶段,项目管理机构应进行项目管理总结,编写项目管理总结报告,纳入项目管理档案。

一、项目管理总结依据

项目管理总结依据应包括:项目可行性研究报告;项目管理策划;项目管理目标;项目合同文件;项目管理规划;项目设计文件;项目合同收尾资料;项目工程收尾资料;项目的

有关管理标准。

二、项目管理总结报告

项目管理总结报告应包括：项目可行性研究报告的执行总结；项目管理策划总结；项目合同管理总结；项目管理规划总结；项目设计管理总结；项目施工管理总结；项目管理目标执行情况；项目管理经验与教训；项目管理绩效与创新评价。

项目管理总结完成后，企业应在适当的范围内发布项目总结报告，兑现在项目管理目标责任书中对项目管理机构的承诺，根据岗位责任制和部门责任制对职能部门进行奖罚。

技能准备

项目管理总结宜包括项目管理团队成员个人总结和项目管理团队总结。

一、项目管理团队成员个人总结

项目管理团队成员应进行个人总结，对照个人岗位职责总结其工作任务完成情况及经验教训。项目管理团队成员个人总结应包括：个人岗位及职责；岗位职责完成情况；发现的重要问题及其处置情况及以后遇到类似问题时更好的处置建议；有关说明和对未来工作的建议。

二、项目管理团队总结

项目经理宜组织项目团队成员召开项目管理总结交流会，使项目管理团队成员之间进行经验交流，并对项目管理团队总结提出建议。

项目经理应组织项目管理团队相关成员编写项目管理团队总结，并报送企业相关部门。项目管理团队总结应作为企业重要档案资料按规定进行保存。

项目管理团队总结应包括：工程概况；项目管理机构；合同履行情况；项目管理工作成效；项目管理工作中发现的问题及其处理情况；有关说明和对未来工作的建议；其他。

知识拓展

项目管理绩效评价

企业应建立项目管理绩效评价标准，按规定程序和方式对项目经理部实施绩效评价。

1. 项目管理绩效评价的范围
（1）项目实施的基本情况；
（2）项目管理分析与策划；
（3）项目管理方法与创新；
（4）项目管理效果验证。

2. 项目管理绩效评价的内容
（1）项目管理特点；
（2）项目管理理念、模式；
（3）主要管理对策、调整和改进；
（4）合同履行与相关方满意度；

（5）项目管理过程检查、考核、评价；
（6）项目管理实施成果。

3. 项目管理绩效评价的指标

（1）项目质量、安全、环保、工期、成本目标完成情况；
（2）供方（供应商、分包商）管理的有效程度；
（3）合同履约率、相关方满意度；
（4）风险预防和持续改进能力；
（5）项目综合效益。

企业应遵循客观公正、科学合理、公开透明原则，采用定性与定量相结合的方法进行项目管理绩效评价。必要时，可聘请外部专业机构进行评价。企业应在规定时间内形成项目管理绩效评价结果，根据需要征求企业内部及外部相关方意见。

项目管理绩效评价结果可作为企业奖惩项目经理及项目经理部的依据。

模块小结

本模块主要介绍了项目收尾工作的内容，竣工验收的依据、条件、标准及程序，竣工验收报告的内容及竣工验收备案的相关规定，竣工结算的内容、依据及流程，项目回访的内容及方式，掌握项目质量保修范围及期限，项目管理总结的依据及内容等内容。本模块的学习重点为项目收尾工作的内容，竣工验收的依据、条件、标准及程序，项目管理总结的依据及内容。通过本模块学习使读者更全面、系统地掌握建设工程项目收尾管理的基础知识，具备建设工程项目收尾管理的能力。

自我评测

一、单项选择题

1. 政府建设工程质量监督机构参与建设工程项目竣工验收会议的主要目的是（　　）。
    A. 对建设过程质量情况进行总结，签发竣工验收意见书
    B. 对验收的程序形式、程序是否符合有关规定等进行监督
    C. 对影响结构安全的工程实体质量进行抽样检测
    D. 对影响使用功能的相关分部工程进行功能检测

2. 根据《建设工程施工合同（示范文本）》（GF—2017—0201），工程未经竣工验收，发包人擅自使用的，以（　　）为实际竣工日期。
    A. 承包人提交竣工验收申请报告之日　　B. 转移占有工程之日
    C. 监理人组织竣工初验之日　　D. 发包人签发工程接收证书之日

3. 根据《建设工程施工合同（示范文本）》（GF—2017—0201），工程缺陷责任期从（　　）起计算。
    A. 合同签订日期　　B. 实际竣工日期
    C. 工程通过竣工验收之日　　D. 颁发工程接收证书之日

4. 根据《建设工程施工合同（示范文本）》（GF—2017—0201），保修期的开始计算时间是指（   ）。
   A. 合同基准日期   B. 实际竣工日期   C. 竣工验收合格日   D. 保证金扣留日

5. 某施工承包工程，承包人于2004年5月10日送交验收报告，发包人组织验收后提出修改意见，承包人按发包人要求修改后于2004年7月10日再次送交工程验收报告，发包人于2004年7月20日组织验收，2004年7月30日给予认可。则该工程实际竣工日期为（   ）。
   A. 2004年5月10日   B. 2004年7月10日
   C. 2004年7月20日   D. 2004年7月30日

6. 下列关于竣工验收的说法，错误的是（   ）。
   A. 当工程按合同要求全部完成后，承包人向发包人提供完整的竣工资料和竣工验收报告
   B. 发包人收到竣工报告后28 d内组织验收，并在验收后14 d内给予认可或提出修改意见
   C. 发包人收到承包人的竣工验收报告后14 d内不组织验收，将视为验收报告已被认可
   D. 发包人在收到承包人竣工验收报告后28 d内不组织验收，将承担工程保险责任

7. 施工单位应当自工程竣工验收合格之日起（   ）日内，协助、督促建设单位依照有关规定，到市城建档案馆办理备案手续，其程序可分为申报备案、验证签署两个环节。
   A. 10   B. 15   C. 20   D. 25

8. 《建设工程质量管理条例》中要求，施工单位向建设单位提交《工程质量保修书》的时间是（   ）。
   A. 工程竣工验收合格后   B. 工程竣工同时
   C. 提交工程竣工验收报告时   D. 工程竣工结算后

9. 建设工程质量保修书应由（   ）出具。
   A. 建设单位向建设行政主管部门   B. 建设单位向用户
   C. 承包单位向建设单位   D. 承包单位向监理单位

10. 建设单位和施工企业经过平等协商确定某屋面防水工程的保修期限为3年，工程竣工验收合格移交使用后的第4年屋面出现渗漏，则承担该工程维修责任的是（   ）。
    A. 施工企业   B. 建设单位
    C. 使用单位   D. 建设单位和施工企业协商确定

二、多项选择题

1. 建设单位应当自建设工程竣工验收合格之日起15日内，将建设工程竣工验收报告和（   ）部门出具的认可文件或准许使用文件报建设行政主管部门备案。
   A. 设计   B. 规划   C. 消防   D. 环保
   E. 安全

2. 竣工阶段政府建设工程质量监督的主要内容为（   ）
   A. 竣工验收前的质量问题整改情况复查
   B. 组织竣工验收会议
   C. 编制竣工报告
   D. 编制单位工程质量监督报告
   E. 建立建设工程质量监督档案

3. 某住宅楼工程设计合理使用年限为50年。以下是该工程施工单位和建设单位签订的《工程质量保修书》关于工程保修期的条款，其中符合《建设工程质量管理条例》规定合法有效的是（　　）。

  A．地基基础和主体结构为50年 B．屋面防水工程、卫生间防水工程为5年
  C．电气管线、给水排水管道为2年 D．供热与供冷系统为1年
  E．装饰装修工程为1年

4. 根据建设工程竣工验收备案制度，备案文件资料包括（　　）。
  A．规划部门出具的认可文件 B．环保部门出具的准许使用文件
  C．工程竣工与验收申请报告 D．工程竣工验收报告
  E．公安消防部门出具的准许使用文件

5. 建设单位收到施工承包单位的单位工程验收申请后，应组织（　　）等方面人员进行验收，并形成验收报告。
  A．施工单位 B．监督机构 C．设计单位 D．监理单位
  E．检测单位

三、直通执考

1. 住宅工程质量分户验收的内容有（　　）。【2019年真题】
  A．地面工程质量 B．门窗工程质量 C．供暖工程质量 D．防水工程质量
  E．电梯工程质量

2. 下列关于单位工程竣工验收的说法，错误的是（　　）。【2018年真题】
  A．工程竣工验收合格后，施工单位应当及时提出工程竣工验收报告
  B．工程完工后，总监理工程师应组织监理工程师进行竣工预验收
  C．对存在的质量问题整改完毕后，施工单位应提交工程竣工报告，申请验收
  D．竣工验收应由建设单位组织，并书面通知政府质量监管机构

3. 建设单位应组织设计单位进行设计交底，使施工单位（　　）。【2018年真题】
  A．充分理解设计意图 B．了解设计内容和技术要求
  C．解决各专业设计之间可能存在的矛盾 D．消除施工图差错
  E．明确质量控制的重点与难点

4. 下列关于住宅工程分户验收的说法，正确的是（　　）。【2017年真题】
  A．分户验收应在住宅工程竣工验收合格后进行
  B．《住宅工程质量分户验收表》要作为《住宅质量保证书》的附件一同交给住户
  C．《住宅工程质量分户验收表》需要建设单位和设计单位项目负责人分别签字
  D．分户验收的内容不包括建筑节能工程质量的验收

5. 工程质量验收时，设计单位项目负责人应参加验收的分部工程有（　　）。【2017年真题】
  A．地基与基础 B．装饰装修 C．主体结构 D．环境保护
  E．节能工程

6. 下列关于建设工程竣工验收备案的说法，正确的是（　　）。【2016年真题】
  A．建设单位应在建设工程竣工验收合格之日起30日内，向工程所在地的县级以上地方人民政府建设主管单位备案
  B．建设单位办理竣工验收备案时，应提交由监理单位编制的工程竣工验收报告
  C．建设单位办理竣工验收备案时，应提交由施工单位签署的工程质量保修书
  D．建设单位办理竣工验收备案时，对住宅工程应提交《住宅工程质量分户验收表》

7. 下列关于竣工质量验收程序和组织的说法，正确的是（   ）。【2016年真题】
   A. 单位工程的分包工程完工后，总包单位应组织进行自检，并按规定的程序进行验收
   B. 工程竣工质量验收由建设单位委托监理单位负责组织实施
   C. 单位工程完工后，总监理工程师应组织各专业监理工程师对工程质量进行竣工预验收
   D. 工程竣工报告应由监理单位提交并须经总监理工程师签署意见

8. 根据《建设工程施工质量验收统一标准》(GB 50300—2013)，分项工程的质量验收由（   ）主持进行。【2014年真题】
   A. 监理工程师   B. 总监理工程师
   C. 项目经理   D. 建设单位项目负责人

9. 施工单位向建设单位提交工程竣工验收报告时，应具备的条件包括（   ）。【2013年真题】
   A. 完成建设工程设计和合同约定的各项内容
   B. 有完整的技术档案和施工管理资料
   C. 有工程使用的主要建筑材料、构配件和设备的进场试验报告
   D. 有设计、施工、监理单位分别签署的竣工决算书
   E. 有施工单位签署的工程保修书

10. 建设单位应在工程竣工验收（   ）个工作日前，将验收时间、地点、验收组名单书面通知该工程的质量监督机构。【2013年真题】
    A. 7   B. 14   C. 3   D. 15

11. 下列关于建设工程竣工验收备案的说法，正确的是（   ）。【2009年真题】
    A. 建设单位应在建设工程竣工验收合格之日起30日内，向工程所在地的县级以上地方人民政府建设主管单位备案
    B. 建设单位办理竣工验收备案时，应提交由监理单位编制的工程竣工验收报告
    C. 建设单位办理竣工验收备案时，应提交由施工单位签署的工程质量保修书
    D. 建设单位办理竣工验收备案时，对住宅工程应提交《住宅工程质量分户验收表》

模块 11　BIM 技术与工程项目管理

模块导读

随着 BIM 技术的引入，传统的建筑工程项目管理模式将被 BIM 所取代，由于 BIM 的可视化平台可以使整个工程项目在设计、施工和运营维护等阶段都能有效地实现制订资源计划、控制资金风险、节省能源、节约成本、降低污染、缩短工期等方面得到高性能的项目结果。BIM 技术可以使众多参与单位在同一个平台上实现数据共享，从而使得建筑工程项目管理更为便捷、有效。应用 BIM 技术，改变了传统的项目管理理念，引领建筑信息技术走向更高层次，从而提高建筑管理的集成化程度。

本模块针对"建设工程项目 BIM 技术管理的能力"的培养，安排了以下学习内容：

情境动画

学习指导

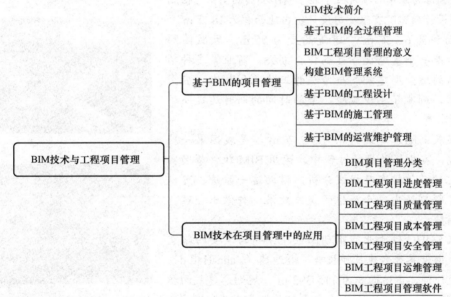

学习目标

知识目标	能力目标	素养目标
（1）理解 BIM 技术的含义； （2）熟悉基于 BIM 的全过程管理； （3）熟悉 BIM 管理系统结构组成； （4）掌握 BIM 技术在项目管理中的应用； （5）了解常用的 BIM 项目管理软件	（1）能够操作常见的 BIM 项目管理软件； （2）能够利用 BIM 软件进对项目全过程进行管理； （3）具备考取 BIM 中级（建设工程管理）职业技能等级证书的能力	（1）培养守正创新的工匠精神； （2）具备团队协作和沟通协调能力； （3）培养实践动手能力； （4）遵章守纪，有职业操守，有责任感，敬业、务实

案例导入

BIM 技术应用案例

中国尊，位于北京商务中心区核心区 Z15 地块，东至金和东路，南邻规划中的绿地，西至金和路，北至光华路，总建筑面积为 43.7 万 m^2。其中，地上为 35 万 m^2，地下为 8.7 万 m^2，建筑总高为 528 m，建筑层数地上 108 层、地下 7 层（不含夹层），可容纳 1.2 万人办公，每日可接待约 1 万人次观光，是北京市最高的地标建筑。项目全专业深化设计 BIM 模型共 652 个，过程模型总容量超 700 GB，最新版大楼整体综合模型达 35.4 GB。目前，项目 Revit 专业族库拥有为本项目专门建立的构件族 300 余个，覆盖机电、精装修、幕墙、电梯、擦窗机等各个专业。项目已经共开展分区模型综合协调 19 轮，发现解决模型问题达 5 600 余处，其中协调专业间矛盾超过 900 处，有效提升深化设计图纸质量。

凤凰国际传媒中心项目位于北京朝阳公园西南角，由北京市建筑设计研究院有限公司设计，占地面积为 18 万 m^2，总建筑面积为 6.5 万 m^2，建筑高度为 55 m。凤凰国际传媒中心是一个集电视节目制作、办公、商业等多种功能为一体的综合型建筑。与传统的工作流程相比，应用 BIM 技术，削减了不少风险，节约时间的同时还提高了工程质量。

珠海歌剧院总建筑面积为 5.9 万 m^2，是我国第一座海岛剧院，在剧场的设计过程中，运用 BIM 软件帮助实现参数化的座位排布及视线分析，借助这一系统，可以切实地了解剧场内每个座位的视线效果，并做出合理、迅速的调整。

望京 SOHO 位于北京市朝阳区望京街与阜安西路交叉路口，由世界著名建筑师扎哈·哈迪德（Zaha Hadid）担纲总设计师，占地面积为 115 392 m^2，规划总建筑面积为 521 265 m^2，望京 SOHO 办公面积总计为 364 169 m^2。项目由 3 栋集办公和商业一体的高层建筑和 3 栋低层独栋商业楼组成，最高一栋楼高度达 200 m。BIM 技术在本工程施工阶段的应用主要体现在可视化控制，便于各方协调，尤其在重点、复杂空间机电深化、钢结构和幕墙设计、加工、安装上发挥了重要作用，为施工顺利进行创造了有利条件。

武汉王家墩中央商务区的武汉中心大厦，高度为 438 m，地下 4 层，地上 88 层，总建筑面积为 36 万 m^2，是一幢集智能办公、全球会议中心、白金五星级酒店、高端国际商业、

360°高空观景台等多功能为一体的地标性国际5A级商务综合体。BIM技术在本工程施工阶段的应用主要体现在三维建模，配合深化设计进行管网综合，指导现场施工，减少施工中不必要的碰撞和整改。

11-1 基于BIM的项目管理

 知识准备

一、BIM技术简介

BIM的概念起源于美国，它的英文全称是Building Information Modeling，是由美国佐治亚理工学院建筑与计算机学院查克·伊士曼博士提出来的，国内较为一致的中文翻译为：建筑信息模型。查克·伊士曼博士当时的定义是这样的：建筑信息模型是一个单一模型，这个模型适用范围是建设项目的全生命周期且模型包括整个项目的基础数据信息，如几何模型信息、功能要求及构建性信息，还包括实施项目过程中的扩展信息及控制信息，如施工进度信息。

微课：BIM项目全过程管理

随着BM技术的广泛应用，美国随之制订了BIM标准，在标准NBIMS中是这样定义的：BIM是一个数字化模型，包括建设项目的物理特性和功能特性；BIM是一个共享性模型，建设项目全生命周期的数据信息都可以共享，且在实施项目的不同阶段及项目不同阶段的不同参与方随时可以提取、更新、修改模型中的信息，所以BIM是一个共享性的数字化模型，是一种全新的设计模式。

随着BIM的不断发展，BIM的概念也有了一定的拓展，包含了更多工程项目的内容，但信息的集成、管理、共享依旧是核心，国家"十二五规划"中提出"全面提高行业信息化水平，重点推进建筑企业管理与核心业务信息化建设和专项信息技术的应用"，可见BIM技术与项目管理的结合不仅符合政策的导向，也是发展的必然趋势。

建筑信息模型（BIM）是指在建设工程及设施的规划、设计、施工以及运营维护阶段全寿命周期创建和管理建筑信息的过程，全过程应用三维、实时、动态的模型涵盖了几何信息、空间信息、地理信息、各种建筑组件的性质信息及工料信息。它具有可视化、协调性、模拟性、优化性和可出图性五大特点。建立以BIM应用为载体的项目管理信息化，提升项目生产效率、提高建筑质量、缩短工期、降低建造成本，其优点如下。

1. 三维渲染，宣传展示

三维渲染动画，给人以真实感和直接的视觉冲击。建好的BIM模型可以作为二次渲染开发的模型基础，大大提高了三维渲染效果的精度与效率，给业主更为直观的宣传介绍，提升中标概率。

2. 快速算量，精度提升

BIM数据库的创建，通过建立5D关联数据库，可以准确快速计算工程量，提升施工预算的精度与效率。由于BIM数据库的数据粒度达到构件级，可以快速提供支撑项目各条线管理所需的数据信息，有效提升施工管理效率。

3．精确计划，减少浪费

施工企业精细化管理很难实现的根本原因在于海量的工程数据，无法快速、准确获取以支持资源计划，致使经验主义盛行。而 BIM 的出现可以让相关管理条线快速准确地获得工程基础数据，为施工企业制定精确人才计划提供有效支撑，大大减少了资源、物流和仓储环节的浪费，为实现限额领料、消耗控制提供技术支撑。

4．多算对比，有效管控

管理的支撑是数据，项目管理的基础就是工程基础数据的管理，及时、准确地获取相关工程数据就是项目管理的核心竞争力。BIM 数据库可以实现任一时点上工程基础信息的快速获取，通过合同、计划与实际施工的消耗量、分项单价、分项合价等数据的多算对比，可以有效了解项目运营盈亏情况、消耗量有无超标、进货分包单价有无失控等问题，实现对项目成本风险的有效管控。

5．虚拟施工，有效协同

三维可视化功能再加上时间维度，可以进行虚拟施工。随时随地直观、快速地将施工计划与实际进展进行对比，同时进行有效协同，施工方、监理方、甚至非工程行业出身的业主领导都对工程项目的各种问题和情况了如指掌。这样，通过 BIM 技术结合施工方案、施工模拟和现场视频监测，大大减少建筑质量问题、安全问题，减少返工和整改。

6．碰撞检查，减少返工

BIM 最直观的特点在于三维可视化，利用 BIM 的三维技术在前期可以进行碰撞检查，优化工程设计，减少在建筑施工阶段可能存在的错误损失和返工的可能性，而且优化净空、优化管线排布方案。最后，施工人员可以利用碰撞优化后的三维管线方案，进行施工交底、施工模拟，提高施工质量，同时也提高了与业主沟通的能力。

7．冲突调用，决策支持

BIM 数据库中的数据具有可计量的特点，大量工程相关的信息可以为工程提供数据后台的巨大支撑。BIM 中的项目基础数据可以在各管理部门进行协同和共享，工程量信息可以根据时空维度、构件类型等进行汇总、拆分、对比分析等，保证工程基础数据及时、准确地提供，为决策者制订工程造价项目管理、进度款管理等方面的决策提供依据。

二、基于 BIM 的全过程管理

BIM 的意义在于完善了整个建筑行业从上游到下游的各个管理系统和工作流程间的纵、横向沟通和多维性交流，实现了项目全生命周期的信息化管理。BIM 核心是一个由计算机三维模型所形成的数据库，包含了贯穿于设计、施工和运营管理等整个项目全生命周期的各个阶段，并且各种信息始终是建立在一个三维模型数据库中。BIM 能够使建筑师、工程师、施工人员以及业主清楚、全面地了解项目，建筑设计专业可以直接生成三维实体模型。结构专业则可取其中墙材料强度及墙上孔洞大小进行计算；设备专业可以进行建筑能量分析、声学分析、光学分析等；施工单位则可根据混凝土类型、配筋等信息进行水泥等材料的备料及下料；开发商则可取其中的造价、门窗类型、工程量等信息进行工程造价总预算、产品订货等。

BIM 在促进建筑专业人员整合、改善设计成效方面发挥的作用与日俱增，它将人员、系统和实践全部集成到一个流程中，使所有参与者充分发挥自己的智慧和才华，可在设计、制造和施工等所有阶段优化项目成效、为业主增加价值，减少浪费并最大限度地提高效率。

三、BIM 工程项目管理的意义

BIM 技术自出现以来就迅速覆盖建筑的各个领域,针对我国目前存在的不足,需要信息化技术弥补,而 BIM 技术可以轻松地实现集成化管理(图 11-1)。可见,BIM 技术与项目管理的结合不仅符合政策导向,也是发展的必然趋势。

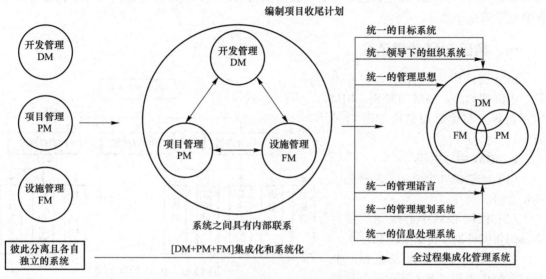

图 11-1　基于 BIM 的集成化管理

引入 BIM 技术后,将从建设工程项目的组织、管理和手段等多个方面进行系统的变革,实现理想的建设工程信息积累,从根本上消除信息的流失和信息交流的障碍。

BIM 中含有大量的工程相关的信息,可为工程提供数据后台的巨大支撑,可以使业主、设计院、顾问公司、施工总承包、专业分包、材料供应商等众多单位在同一个平台上实现数据共享,使沟通更为便捷、协作更为紧密、管理更为有效,从而弥补传统的项目管理模式的不足。BIM 引入后的工作模式转变如图 11-2 所示。

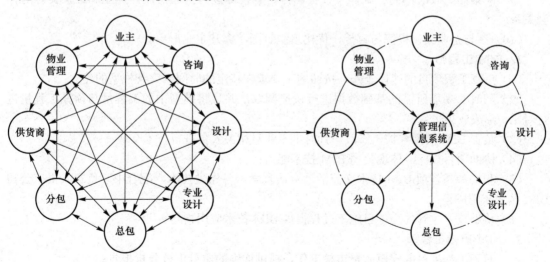

图 11-2　BIM 工作模式

技能准备

BIM 应用于项目管理的主要任务就是通过借助 BIM 理念及其相关技术搭建统一的数字化工程信息平台，实现工程建设过程中各阶段数据信息的整合及应用，进而更好地创造价值，提高建设效率和质量。

一、构建 BIM 管理系统

BIM 团队中应包含 BIM 中心主任、BIM 建模组、BIM 审核组、BIM 应用组等。具体组织结构如图 11-3 所示。

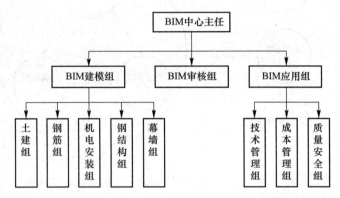

图 11-3　BIM 团队构成

1．BIM 中心主任

（1）制定 BIM 中心中长期规划，并负责组织执行；

（2）依据 BIM 中心规划，制定本部门年度计划，付诸实施和检查；

（3）优化部门制度及流程，监督日常操作规程以及各项规章制度的落实；

（4）落实本部门团队人才梯队建设、主导员工技术培训工作，确保实现梯队人才目标；

（5）积极参与行业内 BIM 技术交流活动，推广公司 BIM 技术应用成果；

（6）为各个项目提供 BIM 技术支持服务，配合营销部门招标答疑；

（7）为项目施工过程提供 BIM 技术应用指导；

（8）实施对施工准备环节进行图纸会审及外部质安交底；

（9）同集团、政府部门、媒体、社会团体、客户等进行沟通协调，建立和维护良好的社会关系；

（10）参与企业文化提炼与宣传，优化组织氛围，提升企业形象。

2．BIM 工程师

（1）负责工程项目的建模工作，按照施工要求在特定的时间内完善模型的建立；

（2）随时对现场所需的基础数据进行快速调取，并且将模型中的工程量与预算工程量进行对比，形成成果报告；

（3）负责 BIM 模型维护、修改，针对本专业对相关人员进行技术交底；

（4）协助项目投标，体现公司 BIM 技术能力；

（5）积极参与各项 BIM 技术交流活动，认真学习各先进技术，配合中心负责人推广公司 BIM 技术应用成果；

（6）协助技术主管，为项目施工过程提供 BIM 技术应用指导。

3．BIM 审核工程师

（1）负责工程项目的建模质量审核工作，提供详细的质量审核分析报告；

（2）必要时，参与 BIM 模型创建工作；

（3）BIM 技术交流、技术支持；

（4）积极参与各项 BIM 技术交流活动，认真学习各先进技术；配合中心负责人推广公司 BIM 技术应用成果；

（5）协助技术主管，为项目施工过程提供 BIM 技术应用指导。

BIM 工程师分类及职责见表 11-1。

表 11-1　BIM 工程师分类及职责

序号	分类	职责
1	土建 BIM 工程师	（1）土建 BIM 模型创建、审核和维护； （2）现场 BIM 应用指导； （3）现场人员使用培训指导； （4）协调参建各方 BIM 应用； （5）BIM 系统和客户端操作
2	钢筋 BIM 工程师	（1）钢筋 BIM 模型创建和维护； （2）钢筋下料审核和优化； （3）现场钢筋材料、加工和绑扎指导； （4）现场钢筋 BIM 应用指导和培训； （5）BIM 系统和客户端操作
3	安装 BIM 工程师	（1）机电安装各专业 BIM 模型创建； （2）机电各专业间以及与结构的碰撞检查； （3）机电管线综合优化调整； （4）机电施工现场指导； （5）机电 BIM 应用指导和培训； （6）机电材料计划、领用审核； （7）配合机电结算； （8）机电运维资料整理

4. BIM 综合应用工程师

（1）负责 BIM 技术在进度、成本、技术、质量和安全方面的培训；

（2）负责 BIM 模型为满足现场应用所需要的调整以及因设计变更引起的模型维护等；

（3）负责现场各岗位应用指导和检查；

（4）根据项目提供驻场服务和指导；

（5）配合项目需要为甲方或主管部门提供讲解和服务；

（6）积极参与各项 BIM 技术交流活动，认真学习各先进技术，配合中心负责人推广公司 BIM 技术应用成果；

（7）与 BIM 建模组建立模型交底和接受；

（8）对外展示 BIM 应用成果。

二、基于 BIM 的工程设计

由于 BIM 模型其真实的三维特性，它的可视化纠错能力直观、实际，对设计师很有帮助，这使施工过程中可能发生的问题提前到设计阶段来处理，减少了施工阶段的反复，不仅节约了成本，更节省了建设周期。BIM 模型的建立有助于设计对防火、疏散、声音、温度等相关的分析研究。

BIM 模型便于设计人员跟业主进行沟通。二维和一些效果图软件只能制作效果夸张的表面模型，缺乏直观、逼真的效果；而三维模型可以提供一个内部可视化的虚拟建筑物，并且是实际尺寸比例，业主可以通过电脑里的虚拟建筑物，查看任意一个房间、走廊、门厅，了解其高度构造、梁柱布局，通过直观视觉的感受，确定建筑业态、高度是否满意，窗户是否合理，在前期方案设计阶段通过沟通提前解决很多现实当中的问题。

三、基于 BIM 的施工管理

将建筑物及施工现场的 3D 模型与进度和成本两个维度相连接，把信息集成一体，建立 5D 施工信息模型。实现建设项目施工阶段工程进度、人力、材料、设备、成本和场地布置的动态集成管理及施工过程的可视化模拟，以提供合理的施工方案及人员、材料使用的合理配置，从而在最大范围内实现资源的合理运用。在计算机上执行建造过程，虚拟模型可在实际建造之前对工程项目的功能及可建造性等潜在问题进行预测，包括施工方法实验、施工过程模拟及施工方案优化等。

四、基于 BIM 的运营维护管理

综合应用地理信息系统技术，将 BIM 与维护管理计划相连接，实现建筑物业管理与楼宇设备的实时监控相集成的智能化和可视化管理，及时定位问题来源。结合运营阶段的环境影响和灾害破坏，针对结构损伤、材料劣化及灾害破坏，进行建筑结构安全性、耐久性分析与预测。

知识拓展

建筑信息模型（BIM）职业技能等级证书

2019 年开始，人力资源和社会保障部、教育部重点围绕服务国家需要、市场需求、学生就业能力提升，从 10 个领域做起，启动 1+X 证书制度试点工作。建筑信息模型（BIM）职业技能等级证书被列入首批试点证书范围。

建筑信息模型（BIM）职业技能包含技术与管理层面，二者应相互融合，以促进建设工程全寿命周期各相关方的协同工作与信息共享。

1. 职业技能等级与专业类别

BIM 职业技能等级与专业类别见表 11-2。

表 11-2　BIM 职业技能等级与专业类别

级别	适用工作领域	专业类别	证书名称
初级	BIM 建模	土木类专业	建筑信息模型（BIM）职业技能初级
中级	BIM 专业应用	土木类专业	建筑信息模型（BIM）职业技能中级
高级	BIM 综合应用与管理	土木类专业	建筑信息模型（BIM）职业技能高级

2．申报条件

（1）初级（凡遵纪守法并符合以下条件之一者可申报本级别）：中等专业学校及以上在校学生、在校经过培训的行业从业人员。

（2）中级（凡遵纪守法并符合以下条件之一者可申报本级别）：已取得建筑信息模型（BIM）职业技能初级证书在校学生、在校经过培训且具有 BIM 相关工作经验 1 年以上的行业从业人员。

（3）高级（凡遵纪守法并符合以下条件之一者可申报本级别）：已取得建筑信息模型（BIM）职业技能中级证书，本科且具有建筑信息管理类知识 160 课时或硕士以上在校学生；在校经过培训且具有 BIM 相关工作经验 3 年以上的行业从业人员。

3．职业技能等级要求

（1）BIM 职业技能初级：BIM 建模，见表 11-3。

表 11-3　BIM 职业技能初级要求表

职业技能	技能要求
1．工程图纸识读与绘制	（1）掌握建筑类专业制图标准，如图幅、比例、字体、线型样式、线型图案、图形样式表达、尺寸标注等； （2）掌握正投影、轴测投影、透视投影的识读与绘制方法； （3）掌握形体平面视图、立面视图、剖视图、断面图、局部放大图的识读与绘制方法； （4）掌握建筑平面图的绘制； （5）掌握建筑立面图的绘制； （6）掌握建筑剖面图的绘制； （7）掌握建筑详图的绘制
2．BIM 建模软件及建模环境	（1）掌握 BIM 建模的软件、硬件环境设置； （2）熟悉参数化设计的概念与方法； （3）熟悉建模流程； （4）熟悉相关软件功能
3．BIM 建模方法	（1）掌握实体创建方法，如墙体、柱、梁、门、窗、楼地板、屋顶与天花板、楼梯、管道、管件、机械设备等； （2）掌握实体编辑方法，如移动、复制、旋转、偏移、阵列、镜像、删除、创建组、草图编辑等； （3）掌握在 BIM 模型生成平、立、剖、三维视图的方法； （4）掌握实体属性定义与参数设置方法； （5）掌握 BIM 模型的浏览和漫游方法； （6）了解不同专业的 BIM 建模方法
4．BIM 属性定义与编辑	（1）掌握标记创建与编辑方法； （2）掌握标注类型及其标注样式的设定方法； （3）掌握注释类型及其注释样式的设定方法
5．BIM 成果输出	（1）掌握明细表创建方法； （2）掌握图纸创建方法，包括图框、基于模型创建的平、立、剖、三维视图、表单等； （3）掌握视图渲染与创建漫游动画的基本方法； （4）掌握模型文件管理与数据转换方法

（2）BIM 职业技能中级：BIM 专业应用，见表 11-4。

表 11-4　BIM 职业技能中级要求表

职业技能	技能要求
1. BIM 模型构建	（1）掌握 BIM 建模工作环境设置； （2）掌握建模规则、设置建模样板的方法； （3）熟悉建模流程； （4）了解项目各专业工作特点； （5）掌握专业构件的建模及相关参数设定的方法； （6）掌握专业构件几何信息及非几何信息的增加、删除、修改操作的方法等
2. 专业协调	（1）掌握专业协调中模型链接方式、共享坐标系、项目样板、统一模型细度、出图标准等协同工作的方法； （2）掌握构件之间碰撞检查和问题标记管理的方法； （3）掌握项目各专业间专业协调的数据交换需求、协调流程和调整原则等
3. BIM 数据及文档的导入导出	（1）掌握相关 BIM 模型数据的导入方法； （2）掌握导出相关应用所需 DIM 模型数据的方法； （3）了解 BIM 数据标准、BIM 数据格式以及 BIM 数据相关标准，熟悉相关软件功能； （4）掌握视图设置及图纸布置方法，使之满足专业图纸规范； （5）掌握在图档中加入标注与注释的方法； （6）掌握图档输出设置方法； （7）熟悉相关软件功能、本专业的相关技术要求及规范等
4. 专业应用	（1）城乡规划与建筑设计类专业。应掌握通过应用 BIM 软件进行建筑方案推敲及方案展示的方法；掌握建筑光环境（自然采光）模拟分析的 BIM 应用方法；熟悉建筑能耗等绿色建筑模拟分析的 BIM 应用方法；了解建筑声环境、建筑室外风环境、建筑室内空气质量（空气龄）等绿色建筑模拟分析的 BIM 应用方法；了解总图设计中场地、视线及水力分析的 BIM 应用方法；了解 BIM 与 GIS 在规划分析中集成应用的方法等。 （2）结构工程类专业。应掌握通过应用 BIM 软件进行施工方案模拟和施工工艺展示的方法；掌握通过获取构件工程量、材质等明细，为工程项目预算提供基础数据的方法；掌握结构体系的加载方法；掌握框架结构、剪力墙结构、框架-剪力墙结构等常见结构的计算分析方法；掌握结构内力配筋设计计算方法及结构计算书的生成方法；了解土方计算等 BIM 应用方法。 （3）建筑设备类专业。应掌握通过应用 BIM 软件进行施工方案模拟和施工工艺展示的方法；掌握利用 BIM 模型完成所涵盖的各专业系统分析与校核计算的方法；掌握利用 BIM 模型进行管道系统运行工况参数信息录入方法；掌握本专业内管道及设备之间的软、硬碰撞检查方法；掌握利用 BIM 技术与其他专业间问题进行深化设计与优化的方法；掌握利用 BIM 模型进行管道系统安装与设备管理的方法。 （4）建设工程管理类专业。应掌握施工场地模型建立的方法，可进行合理性分析，适时调整方案；掌握施工方案、施工工序、施工工艺三维可视化模拟方法，能制作施工动画，可指导施工并进行合理性分析，适时调整方案；掌握运用模型进行施工动态管理的方法，将模型与安全、质量、进度、成本等因素进行关联；掌握基于 BIM 的算量和计价等操作方法，对工程造价进行动态管理；掌握项目各参与方运用 BIM 模型进行协同管理的方法；掌握运用 BIM 竣工模型进行竣工验收的方法；熟悉施工现场布置要求与规范及相关软件功能

（3）BIM 职业技能高级：BIM 综合应用与管理，见表 11-5。

表 11-5　BIM 职业技能高级要求表

职业技能	技能要求
1. BIM 实施规划及控制管理与控制	（1）掌握项目级 BIM 应用规划的编制内容与组织方法； （2）熟悉企业级 BIM 实施规划的编制内容和方法； （3）熟悉 BIM 实施标准的制定方法； （4）熟悉 BIM 技术应用的流程设计方法； （5）掌握建立 BIM 资源管理的方法； （6）掌握建设项目各阶段 BIM 交付标准； （7）熟悉 BIM 模型的创建、管理和共享的原理和方法； （8）熟悉 BIM 应用的软硬件系统方案的选择原则和方法； （9）掌握 BIM 应用各参与方任务分工与职责划分的原则和方法； （10）掌握 BIM 实施规划的控制原则和方法； （11）掌握 BIM 协同管理实施组织方法； （12）掌握工程招投标、合同中有关 BIM 技术应用、管理的条款内容
2. BIM 模型的质量	（1）掌握 BIM 模型质量管理的基本内容、方法和流程； （2）熟悉 BIM 模型生成和使用过程中各参与方质量管理责任划分方法； （3）熟悉 BIM 模型事前、事中、事后控制和后评价的基本方法； （4）掌握 BIM 模型审阅的内容要点和方法； （5）掌握 BIM 模型文件浏览、场景漫游、构件选择、信息读取、记录和批注的方法； （6）熟悉 BIM 模型生成、使用的常用软件和文件格式； （7）熟悉版本管理的基本工具和方法； （8）掌握模型组成部分的版本属性读取和更替迭代方法
3. BIM 模型多专业综合应用	（1）掌握设计阶段多专业间的模型和数据共享、集成和协同管理的原则和方法； （2）掌握多专业碰撞检测规则制定、管理和控制的方法； （3）熟悉多专业 BIM 模型整合或划分的原则和方法； （4）掌握工程施工阶段 BIM 模型的共享、合成和管理的原则和方法； （5）掌握施工阶段软硬碰撞检测规则制定、管理控制的方法； （6）熟悉应用 BIM 技术进行施工方案模拟与优化分析的方法； （7）熟悉根据进度模拟结果调整施工方案的方法
4. BIM 的协同应用管理	（1）掌握设计阶段 BIM 模型协同管理的原理和方法； （2）掌握设计阶段 BIM 模型协同管理的组织和流程设计方法； （3）熟悉设计单位企业级协同管理平台的建立原则和方法； （4）熟悉常用的设计阶段基于 BIM 应用的协同管理平台和软件； （5）掌握施工阶段 BIM 模型协同管理的原理和方法； （6）掌握施工阶段 BIM 模型协同管理的组织和流程设计方法； （7）熟悉建立施工单位企业级协同管理平台的建立原则和方法； （8）熟悉施工阶段基于 BIM 应用的常用协同管理平台和软件； （9）熟悉建设单位 BIM 技术应用和实施的组织模式类型及选择方法； （10）掌握建设单位 BIM 模型协同管理的原则和方法； （11）掌握建设单位 BIM 模型协同管理的组织和流程设计方法； （12）熟悉运维阶段 BIM 模型应用的组织模式与方法； （13）熟悉常用的基于 BIM 应用的协同管理平台和软件

续表

职业技能	技能要求
5. BIM 集成扩展应用	（1）了解 BIM 云平台概念和原理； （2）熟悉整合 BIM 与移动设备的相关应用； （3）熟悉整合 BIM 与无线射频技术（RFID）的相关应用； （4）了解整合 BIM 与企业 ERP 的应用； （5）了解 BIM 和地理信息系统（GIS）集成整合应用； （6）了解整合 BIM 与其他信息通信技术应用的方法； （7）熟悉软件开发的一般程序和步骤； （8）熟悉 BIM 应用软件、平台开发的流程； （9）了解软件系统架构设计的常用方法； （10）熟悉绿色建筑与 BIM 技术应用结合的应用点和方法； （11）了解国内外绿色建筑评价体系； （12）了解建筑产业现代化的基本概念和内涵； （13）熟悉建筑信息化和工业化融合的概念和方法； （14）熟悉 BIM 技术在建筑产业现代化中应用的前景、应用点和应用方法； （15）熟悉工程总承包模式与 BIM 技术应用的组织模式； （16）熟悉工程总承包模式下 BIM 应用内容及成果要求

11-2　BIM 技术在项目管理中的应用

 知识准备

一、BIM 项目管理的分类

由于施工项目有施工总承包、专业施工承包、劳务施工承包等多种形式，其项目管理的任务和工作重点也会有很大差别。BIM 及时引入后，需要针对项目的需求进行具体的内容划分。BIM 在项目管理中按不同工作阶段、内容、对象和目标可以分很多类别，具体见表 11-6。

微课：项目管理 BIM 应用

表 11-6　BIM 在项目管理中的应用

类别	按工作阶段划分	按工作对象划分	按工作内容划分	按工作目标划分
1	投标签约管理	人员管理	设计及深化设计	工程进度控制
2	设计管理	机具管理	各类计算机仿真模拟	工程质量控制
3	施工管理	材料管理	信息化施工动态工程管理	工程安全控制
4	竣工验收管理	工法管理	工程过程信息管理	工程成本控制管理与归纳
5	运维管理	环境管理		

二、BIM 工程项目进度管理

1．BIM4D 管理

在 BIM 三维模型信息的基础上，增加一维度进度信息，通常将这种基于 BIM 的管理称为 4D 管理，BIM 技术在工程进度管理上主要有以下作用：

（1）可视化的工程进度安排。建设工程进度控制的核心技术是网络计划技术，在这一方面 BIM 有优势。通过与网络计划技术的集成，BIM 可以按月、周、天直观地显示工程进度计划。另一方面，BIM 便于工程管理人员进行不同施工方案的比较，选择符合进度要求的施工方案；同时，也便于工程管理人员发现工程进度计划和实际进度的偏差，及时进行调整。

（2）对工程建设过程的模拟。工程建设是一个多工序搭接、多单位参与的过程。工程进度总计划，是由多个专项计划搭接而成的。传统的进度控制中，各单项计划间的逻辑顺序需要技术人员来确定，难免出现逻辑错误，造成进度拖延；而通过 BIM 技术，用计算机模拟工程建设过程，项目管理人员更容易发现二维网络计划中难以发现的工序间逻辑错误，优化进度计划。

（3）对工程材料和设备供应过程的优化。目前，项目建设过程越来越复杂，参与单位越来越多，如何安排设备、材料供应计划，在保证工程建设进度需要的前提下节约运输和仓储成本，正是"精益建设"的重要课题。BIM 为精益建设思想提供了技术手段，通过计算机的资源计算、资源优化和信息共享功能，可以达到节约采购成本、提高供应效率和保证工程进度的目的。

因此，基于 BIM 的进度控制相比传统的进度计划横道图、网络图等进度控制手段更加直观，对整体进度情况的反映也较好；无论采用何种二维图形控制手段，阅读的效率都比三维图形低；在大量进度任务并行工作时，施工进度模拟的作用尤其显著；当进度滞后时，对后续工作的影响可表现得更好。

2．BIM 进度管理应用

（1）进度计划跟踪。在进度计划软件中输入进度信息与成本信息，数据录入后同步至施工进度模拟中，对进度计划的完成情况形成动画展示。相比传统的管理工作来说，并未增加工作量。

（2）进度计划数据分析。同样，适用赢得值法进行分析，但是数据主要通过自动估算及批量导入，相比传统估算方式会更加准确，且修改起来更加快捷。由于 BIM 在信息集成上的优势，在工作滞后分析上可利用施工模拟查看工作面的分配情况，分析是否有相互干扰的情况。在组织赶工时，利用施工进度模拟进行分析，看赶工对增加资源成本、进度的影响，分析赶工计划是否可行。

（3）形象进度展示。利用系统输入进度信息，通过施工模拟展示进度执行情况，在对进度计划的实际情况展示方面，施工模拟具有直观的优势，能让人直观了解全局的工作情况。滞后工作对后续工作的影响也能很好地展示出来，能快速让各方了解问题的严重性。

（4）进度协调。通过施工模拟与项目实际进展照片的对比，可以分析上周计划执行情况，布置下周生产计划，协调有关事项。

当交叉作业频繁，或处于工期紧迫等特殊阶段，或专业工程进度严重滞后，或对其他专业工程进度造成较大影响时，应组织相关单位召开进度协调会并形成会议纪要。会议应使用 5D 施工模拟展示项目阶段进度情况，分析总进度情况，分析穿插作业的滞后对工作面交接的影响，辅以进度分析的数据报表，增强沟通、协调能力。

(5) 进度计划变更。若进度计划变更不影响模型的划分，即修改进度计划并同步至软件中。若进度计划变更影响模型的划分，先记录变更部位，划定变更范围，再逐项修改模型划分与匹配信息。模型修改完成后，将进度计划与模型重新同步至软件中进行匹配，完成变更的处理。处理完成后留下记录，记录内容应包括变更部位、变更范围、时间、版本等信息。

(6) 模型变更。模型变更时，先记录变更部位，划定变更范围；再为修改后的部位划分范围，输入进度信息、专业信息等数据；随后，将模型同步至软件中重新进行匹配，完成变更处理。处理完成后，留下记录，记录内容应包括变更部位、变更范围、时间、版本等信息。

三、BIM 工程项目质量管理

BIM 技术应用于工程质量管控中，能够发挥独特的优势功能与作用，既能从整体上把握工程建设质量，又能深入局部、分支项目，形成对构件质量的监督；能够在很大程度上提高质量控制效率，满足工程参建方的利益。

业主是工程高质量的最大受益者，也是工程质量的主要决策人，但由于受专业知识局限，业主同设计人员、监理人员、承包商之间的交流存在一定困难。BIM 为业主提供了形象的三维设计，业主可以更明确地表达自己对工程质量的要求，如建筑物的外观、材料、设备要求等，有利于各方开展质量控制工作。

BIM 是项目管理人员控制工程质量的有效手段。采用 BIM 设计的图纸是数字化的，计算机可以在检索、判别、数据整理等方面发挥优势；利用 BIM 模型和施工方案进行虚拟环境数据集成，对建设项目的可建设性进行仿真实验，可在事前发现质量问题。

1. 产品质量管理

BIM 模型储存了大量的建筑构件、设备信息，通过软件平台，可快速查找所需的材料及构配件信息，包括材质、尺寸要求等，并可根据 BIM 设计模型，对现场施工作业产品进行追踪、记录、分析，掌握现场施工的不确定性因素，避免不良后果的出现，监控施工质量。

2. 技术质量管理

利用 BIM 的软件平台动态模拟施工技术流程，再由施工人员按照仿真施工流程施工，确保施工技术信息的传递不会出现偏差，避免实际做法和计划做法不一样的情况，减少不可预见情况的发生，监控施工。

3. 施工过程质量管理

工程现场施工信息同 BIM 模型加以比较，把各类需要检查的信息关联到构件，确保分项工程、隐蔽工程等的质检、审核、签证等的各类信息数据等都成为结构化的 BIM 数据，而且各项数据输入后，BIM 系统能够及时形成一个报告单，为相关的质量审核提供依据，提高审核认证工作效率。基于 BIM 的工程施工过程质量监管，由于信息传输的高效性、及时性，有效提高了质量监管工作效率。

四、BIM 工程项目成本管理

BIM5D 技术是在 BIM4D 的基础上，加入成本维度所形成的，5D 成本管理也是 BIM 技术最有价值的应用领域。BIM 出现以前，在 CAD 平台上我国的一些造价管理软件公司已对这一技术进行了深入的研发。在 BIM 平台上，这一技术得到了更大的发展空间，主要表现在以下几个方面：

(1) BIM 使工程量计算变更更加容易。在 BIM 平台上，设计图纸的元素不再是线条，而是带有属性的构件,"三维算量"实现了自动化。

(2) BIM 使成本控制更易于落实。运用 BIM 技术,业主可以便捷准确地得到不同建设方案的投资估算或概算,比较不同方案的技术经济指标,且项目投资估算、概算也比较准确,能够降低业主不可预见比率,提高资金使用率,同样,BIM 的出现可以让相关管理部门快速准确地获得工程基础数据,为企业制订精确的"人材机"计划提供有效支撑,大大减少了资源、物流和仓储环节的浪费,为实现限额领料、消耗控制提供了技术支撑。

(3) BIM 有利于加快工程结算进程。工程实施期间进度款支付拖延的一个主要原因在于工程变更多,结算数据存在争议。BIM 技术有助于解决这个问题。一方面,BIM 有助于提高设计图纸质量,减少施工阶段的工程变更;另一方面,如果业主和承包商达成协议,基于同一 BIM 进行工程结算,结算数据的争议会大幅度减少。

(4) 多算对比,有效管控。管理的支撑是数据,项目管理的基础就是工程基础数据的管理,及时、准确获取相关工程数据就是项目管理的核心竞争力。BIM 数据库可以实现任一时点上工程基础信息的快速获取,通过合同、计划与实际施工的消耗量、分项单价,分项合价等数据的多算对比,可以有效了解项目运营是盈是亏、消耗量有无超标、进货分包单价有无失控等问题,实现对项目成本风险的有效管控。

BIM 技术在工程项目成本控制中的应用如下:

1. 多维多算对比

多算对比是及时发现项目问题,降低项目费用、控制项目成本的有效手段。目前,多算对比是从三个维度——时间、工序、空间位置对项目计划成本与实际成本进行对比分析。

只分析其中一个维度是不够的,如项目一个时间段的总体状况良好,实际成本低于计划成本,但可能存在实际成本高于计划成本的子项工序,因此需要将项目实际成本按工序进行拆分,且项目施工通常是不同施工段同时进行,所以还要按照空间区域进行成本对比和分析。基于 BIM 三维模型引入时间因素,可对任意时间段的实际成本和预算成本进行对比、直观判断该阶段盈亏情况,从而及时采取纠偏措施;将 BIM 模型和施工工序结合,按照具体工序进行成本对比,有利于及时发现、处理问题,实现成本精细化管理。

2. 动态成本管理

在 BIM 三维模型基础上增加时间维度和造价维度建成的 BIM5D 模型,可以在施工过程中实时跟踪项目进展,动态展示资金使用情况,及时统计、汇总规定时间段的实际成本,并与预算成本,计划成本进行三算对比,若发现成本超支情况,可以及时采取有效纠偏措施,避免项目投资失控,实现成本的有效动态管理。

(1) 改善变更管理。在施工过程中,工程变更是在所难免的。工程变更经常会引起项目工程量的变动及项目进度的变动等问题,从而造成实际施工成本与计划成本发生较大出入(主要是实际施工成本的增加),所以必须高度重视和重点控制工程变更对项目成本产生的影响。

发生工程变更时,使用 BIM5D 技术进行变更管理,因 BIM 模型信息具有关联性,工作人员只需将变更构件在 BIM 模型中进行修改调整,整个模型中与之关联的部位都会自动更新,而且由于 BIM 模型的共享协同能力,各参与方之间传输交换信息的时间大为减少,从而可快速计算变更工程量,准确确定变更费用,减少成本浪费,有序管理变更造价。

(2) 快速结算工程进度款。进度款结算,一般是由施工单位根据已审批的工程形象进度计算出本阶段完成的工程量,套用相应的综合单价算出工程款,向建设单位提出支付申请。由于 BIM 模型可将工程数据以建筑构件为载体进行存储、分析,所以利用 BIM 模型可快速完成工程量拆分。同时,BIM 模型根据施工现场进度及时更新数据库,因此造价人员利用

BIM 技术可实时、精确地汇总某一阶段的工程量，快速编写该阶段的工程计量申报表，建设单位可以通过 BIM 共享平台迅速审核其数据的准确性，提高工程进度款的结算效率，减少时间成本。

（3）真正实现限额领料。限额领料是控制现场材料使用量，降低项目成本的有效方法，利用 BIM 技术，根据数据库中以往同类项目的详细数据，可快速、精确地计算施工任务的材料消耗量，相关人员通过共享平台对数据进行审核，下达限额领料单，实现限额领料。

五、BIM 工程项目安全管理

BIM 具有信息完备性和可视化的特点，在施工安全管理方面的应用主要体现在以下几点：

（1）将 BIM 当作数字化安全培训的数据库，可以达到更好的效果。对施工现场不熟悉的新工人在了解现场工作环境前都有较高风险遭受伤害，BIM 能帮助他们更快和更好地了解现场的工作环境。不同于传统的安全培训，利用 BIM 的可视化与实际现场相似度高的特点，可以让工人更直观和准确地了解到现场的状况，从而制定相应的安全工作策略。

（2）BIM 还可以提供可视化的施工空间。BIM 的可视化是动态的，施工空间随着工程的进展会不断地变化，它将影响到工人的工作效率和施工安全。通过可视化模拟工作人员的施工状况，可以形象地看到施工工作面、施工机械位置的情形，并评估施工进展中这些工作空间的可用性、安全性。

（3）仿真分析及健康监测。对于复杂工程，施工中如何考虑不利因素对施工状态的影响并进行实时的识别和调整，如何合理、准确地模拟施工中各个阶段结构系统的变化，如何合理地安排施工和进度。通过 BIM 相关软件，可以建立结构模型并通过仪器设备将实时数据传回，然后进行仿真分析，追踪结构的受力状态，杜绝安全隐患。

施工现场安全管理的内容可归纳为安全组织管理、场地与设施管理、行为控制管理和安全技术管理 4 个方面，分别对生产中的人、物、环境的行为与状态进行具体的管理与控制。

1. 传统安全管理难点与缺陷

（1）建设项目施工现场环境复杂，安全隐患无处不在；

（2）安全管理方式，管理方法与建筑业发展脱节；

（3）微观安全管理方面研究尚浅；

（4）施工作业工人的安全意识薄弱。

2. 基于 BIM 安全管理优点

（1）基于 BIM 的管理模式是创建信息、管理信息、共享信息的数字化方式，在工程安全管理方面具有很多的优势，如基于 BIM 的项目管理，工程基础数据（如量、价等）准确、透明、共享，能完全实现短周期全过程对资金安全的控制。

（2）基于 BIM 技术，可以提供施工合同、支付凭证、施工变更等工程附件管理，并对成本测算、招投标、签证管理、支付等全过程造价进行管理。

（3）BIM 数据模型保证了各项目的数据动态调整，可以方便统计，追溯各个项目的现金流和资金状况。

（4）基于 BIM 的 4D 虚拟建造技术能提前发现在施工阶段可能出现的问题，并逐一修改，提前制定应时措施。

（5）应用 BIM 技术，可以对火灾等安全隐患进行及时处理，从而减少不必要的损失，对突发事件进行快速反应，快速、准确掌握建筑的运营情况。

3. BIM 安全管理的应用

(1) 安全交底，危险提前预防。以往的安全交底，往往只是安全负责人对现场工作人员耳提面命，工人的接受程度并不是很高，对一些危险地段施工应该注意的地方往往只是简单的口头描述，不能在现场工作人员的脑海中形成较深的印象，效果很差。结合 BIM 技术，可以将施工现场中容易发生危险的地方进行标识，告知现场人员在此处施工的过程中应该注意的问题，将安全施工方式方法进行展示。

通过现场的 BIM 工作室将危险源在模型上进行标记，安全员在现场指导施工时，可以查看模型上对应现场的位置，查看现场施工时应注意的问题，对现场施工人员操作不合理的地方进行调整，避免安全事故的发生；并且，把现场图片实时上传到平台服务器，标识在模型上和现场对应的位置，让项目管理人员能够不亲临现场就能实时把控施工进度，查看现场的安全措施是否到位。

基于 BIM 平台的现场安全管理实现了操作流程的规范，每个人各司其职，没有疏漏。既可以依托检查情况对工作人员进行工作考核，也能实现现场的精细化管理，确保工程施工的顺利进行，能够摆脱以往沟通不顺畅、信息闭塞的情况，发现问题后能够及时有效地进行处理，实现从管理层到施工现场有效地衔接，杜绝以往检查时突击整改，不检查时放松警惕的现象。

(2) 塔式起重机安全管理。大型工程施工现场需布置多个塔式起重机同时作业，因塔式起重机回转半径不足而造成施工碰撞的事故，也屡屡发生。确定塔式起重机回转半径后，再在 BIM 整体施工模型中布置不同型号的塔式起重机，能够确保其同附近建筑物的安全距离，确定员工使用塔式起重机的时机。在整体施工模型中，用不同颜色的色块来表明塔式起重机的回转半径和影响区域，并进行碰撞检测，生成塔式起重机回转半径内任何非钢安装活动的安全分析报告。该报告可用于项目定期安全会议，减少由于施工人员和塔式起重机操作人员缺少交流而产生的意外风险。

(3) 灾害应急管理。随着建筑设计的日新月异，规范已经无法满足超高型、超大型或异型建筑空间的消防设计，利用 BIM 及相应灾害分析模拟软件，可以在灾害发生前模拟灾害发生的过程，分析灾害发生的原因，制定避免灾害发生的措施，以及发生灾害后人员疏散、救援支持的应急预案，为发生意外时减少损失并赢得宝贵时间。BIM 能够模拟人员疏散时间、疏散距离、有毒气体扩散时间、建筑材料耐燃烧极限、消防作业面等，主要表现为：4D 模拟、3D 漫游和 3D 渲染能够标识各种危险，且 BIM 中生成的 3D 动画、渲染能够用来同工人沟通应急预案。应急预案包括 5 个方面：施工人员的入口/出口、建筑设备和运送路线、临时设施和拖车位置、紧急车辆路线、恶劣天气的预防措施。利用 BIM 技术可以进行物业沙盘模拟训练保安人员，通过 BIM 数字模型可以指导大楼人员进行快速疏散；通过对事故现场人员感官的模拟，使疏散方案更加合理；通过 BIM 模型来判断监控摄像头位置是否合理，与 BIM 虚拟摄像头关联，可随意打开任意视角的摄像头，摆脱传统监控系统的弊端。

当灾害发生后，BIM 模型可以提供救援人员紧急状况点的完整信息，配合温感探头和监控系统发现温度异常区，获取建筑物及设备的状态信息。通过 BIM 和楼宇自动化系统的结合，使得 BIM 模型能清晰地呈现建筑物内部紧急状况的位置并提供紧急状况点最合适的路线，救援人员可以由此作出正确的现场处置，提高应急行动的成效。

因此，基于 BIM 对施工现场安全文明施工制定的可行措施，从提前预防、完善流程的角度对施工现场的安全进行把控，防微杜渐，既能节省人力、物力，也能起到较好的参考借鉴作用。

六、BIM 工程项目运维管理

建筑运维管理近年来在国内又被称为设施管理（Facility Management，FM）。根据国际设施管理协会对其的最新定义，是运用多学科专业，集成人、场地、流程和技术来确保楼宇良好运行的活动。人们通常理解的建筑运维管理，就是物业管理。但是现代的建筑运维管理（FM）与物业管理有着本质的区别，其中最重要的区别在于面向的对象不同。物业管理面向建筑设施，而现代建筑运维管理面向的则是企业的管理有机体。

FM 最早兴起于 20 世纪 80 年代初，是项目生命周期中时间跨度最大的一个阶段。在建筑物平均长达 50～70 年的运营周期内，可能发生建筑物本身的改扩建、正常或应急维护、人员安排、室内环境及能耗控制等多个功能。因此，FM 也是建筑生命周期内职能交叉最多的一个阶段。

1. 运维管理内容

运维管理内容见表 11-7。

表 11-7　运维管理内容

序号		内容
1	空间管理	空间分配、空间规划、租赁管理、统计分析
2	资产管理	日常管理、资产盘点、折旧管理、报表管理
3	维护管理	维护计划、巡查管理、保修管理
4	公共安全管理	火灾报警、安全防范、应急联动
5	能耗管理	数据采集、数据分析、报警管理

2. 运维管理特点

（1）专业性。无论是机电设备、设施的运营、维护，结构的健康监控，建筑环境的监测和管理都需要 FM 人员具有一定水平的专业知识。这样的专业知识有助于 FM 人员对所管理建筑的未来需求有一定的预见性，并能更有效地定义这些需求，并获得各方面专业技术人才的高效服务。

（2）多职能性。传统的 FM 往往被理解为物业管理。而随着管理水平和企业信息化的进程，设施管理逐渐演变成综合性、多职能的管理工作。其服务范围既包括对建筑物理环境的管理、维护，也包括对建筑使用者的管理和服务，甚至包括对建筑内资产的管理和监测。现今的 FM 职能可能跨越组织内多个部门，而不同的部门因为职能、权限等原因，在传统的企业信息管理系统中，往往存在诸多的信息孤岛，造成管理工作的程序过于复杂，处理审批时间过长，导致决策延误、工作低效，造成不必要的损失。

（3）服务性。FM 管理的多个职能归根到底都是为了给管理建筑的使用者、所有者提供满意的服务。这样满意的服务包括建筑的可持续运营寿命长、回报率高；对建筑使用者来说，包括舒适安全的使用环境、即时的维修、维护等需求的响应，以及其他建筑使用者为提高其组织运行效率可能需要的增值服务。

（4）可持续性。建筑及其使用者的日常活动是全球范围内能耗最大的产业。无论是组织自持的不动产性质的建筑，还是由专业 FM 机构运营管理的建筑，其能耗管理都是关系到组织经济利益和社会环境可持续性发展的重大课题。而当紧急情况发生时，如水管破裂或大规模自然灾害侵袭时，FM 人员有责任为建筑内各组织日常商务运营受损最小化提供服务。这也是 FM 管理在可持续性方面的多重职责。

3. BIM 运维管理的优势

从整个建筑全生命周期来看，相对于设计、施工阶段的周期，项目运维阶段往往需要几十年甚至上百年，BIM 的三维模式和贯穿建筑全生命周期的数据管理使 BIM 应用于项目运维阶段具有先天优势。

（1）空间管理。利用 BIM 技术将建立一个可视化三维模型，所有数据和信息可以从模型中获取和调用。空间管理主要应用在照明、消防等各系统和设备空间定位，以及应用于内部空间设施可视化，直观形象且方便查找。如消防报警时，可在 BIM 模型上快速定位所在位置，并查看周边疏散通道和重要设备；如装修时可快速获取不能拆除的管线、承重墙等建筑构件的相关属性。

（2）设施管理。设施管理主要包括设施装修、空间规划和维护操作。BIM 技术能够提供关于建筑项目协调一致、可计算的信息，因此信息非常值得共享和重复使用，且业主和运营商便可降低由于缺乏互操作性而导致的成本损失。此外还可对重要设备进行远程控制。把原来独立运行的各设备信息汇总到统一平台进行管理和控制。通过远程控制，可充分了解设备的运行状况，为业主更好地进行运维管理提供良好条件。设施管理在地铁运营维护中起到了重要作用，在一些现代化程度较高、需要大、高、新技术的建筑，如大型医院、机场、厂房等，也会得到广泛应用。

（3）隐蔽工程管理。基于 BIM 技术的运维可以管理复杂的地下管网，如污水管、排水管、网线、电线及相关管井等隐蔽管线信息，避免了安全隐患，并可在模型中直接获得相对位置关系。当改建或二次装修时可避开现有管网位置，便于管网维修、更换设备和定位。内部相关人员可共享这些电子信息，有变化时可随时调整，保证信息的完整性和准确性。

（4）应急管理。传统突发事件处理多关注响应和救援，而通过 BIM 技术的运维管理对公共、大型和高层建筑中突发事件管理包括预防、警报的相应能力非常强。如遇消防事件，BIM 管理系统可通过喷淋感应器感应着火信息，在 BIM 信息模型界面中就会自动触发火警警报，着火区域的三维位置立即进行定位显示。控制中心可及时查询相应周围环境和设备情况，为及时疏散人群和处理灾情提供重要信息。BIM+GIS 等的集成应用还可以扩大安全管理范围。

（5）节能减排管理及系统维护。通过 BIM 结合物联网技术，使得日常能源管理监控变得更加方便。通过安装具有传感功能的电表、水表煤气表，可实现建筑能耗数据的实时采集、传输、初步分析、定时定点上传等基本功能，并具有较强的扩展性。系统还可以实现室内温湿度的远程监测，分析房间内的实时温湿度变化，配合节能运行管理。在管理系统中可及时收集所有能源信息，并通过开发的能源管理功能模块对能源消耗情况进行自动统计分析，并对异常能源使用情况进行警告或标识。还可以快速找到损坏的设备及出问题的管道，及时维护建筑内运行的系统。

技能准备

BIM 技术的应用落地离不开软硬件系统的搭建与模型的创建，常用的 BIM 软件类型见表 11-8。

表 11-8 常用的 BIM 软件类型

序号	名称	序号	名称
1	BIM 核心建模软件	8	BIM 可视化软件
2	BIM 方案设计软件	9	BIM 深化设计软件
3	和 BIM 接口的几何造型软件	10	BIM 模型综合碰撞检查软件
4	BIM 可持续（绿色）分析软件	11	BIM 造价管理软件
5	BIM 机电分析软件	12	智慧工地现场管理系统
6	BIM 结构分析软件	13	BIM 运营管理软件
7	BIM 模型检查软件		

知识拓展

一、常用 BIM 设计软件

（1）SketchUp 中文名称草图大师，是一套直接面向设计方案创作过程的设计工具，其创作过程不仅能够充分表达设计师的思想而且完全满足与客户即时交流的需要，它使得设计师可以直接在电脑上进行十分直观的构思。SketchUp 使用简便，人人都可以快速上手，在 BIM 方案初期使用率较高。

（2）MagiCAD 由芬兰普罗格曼有限公司（广联达软件股份有限公司全资子公司）开发，是一款功能强大的机电 BIM 深化设计软件，提供集专业机电产品库、模型创建、机电深化、系统复核、数据互通为一体的机电设计与深化解决方案。MagiCAD 专注机电 36 年，覆盖全球 80 多个国家。

二、常用 BIM 核心建模软件

（1）Revit 是美国 Autodesk 公司一套系列软件的名称。Revit 独有的族库功能把大量 Revit 族按照特性、参数等属性分类归档而成的数据库，相关行业企业或组织随着项目的开展和深入，都会积累到一套自己独有的族库。在以后的工作中可直接调用族库数据，并根据实际情况修改参数，便可提高工作效率。在目前国内建筑市场核心建模软件中Revit的市场占有率最高，全球通用性最强。

（2）BIMMAKE是基于广联达自主知识产权图形和参数化建模技术，聚焦于施工全过程的BIM建模及专业化应用软件。软件可以实现建模与建族的功能，聚焦施工模型与深化设计，支持9种格式导入，6种格式导出，减少重复建模，延伸模型更应用场景。更重要的是，BIMMAKE软件是一款轻量化的软件，只有几百兆。

（3）品茗HiBIM，是一款基于Revit平台研发的集建模翻模、设计优化、标准出图、工程算量于一体的BIM应用软件。软件将传统算量建模的方式搬运到了Revit上，简化了Revit的操作方式，提高了建模效率，同时结合了深化设计和工程出量，是Revit平台上最懂造价的一款软件。

三、BIM模型检查与碰撞检查软件

Autodesk Navisworks软件提供了用于分析、仿真和项目信息交流的先进工具。完备的四维仿真、动画和照片级效果图功能使用户能够展示设计意图并仿真施工流程，从而加深设计理解并提高可预测性。实时漫游功能和审阅工具集能够提高项目团队之间的协作效率。

四、常用BIM可视化软件

（1）3D Studio Max，常简称为3d Max或3ds MAX，是Discreet公司开发的（后被Autodesk公司合并）基于PC系统的三维动画渲染和制作软件。广泛应用于广告、影视、工业设计、建筑设计、三维动画、多媒体制作、游戏、辅助教学以及工程可视化等领域。现在，国内用Revit建完模型以后将模型导入3d Max，进行贴材质渲染以及后期动画制作。

（2）Lumion，是一个实时的3D可视化工具，用来制作电影和静帧作品，涉及的领域包括建筑、规划和设计。它也可以传递现场演示，渲染更快，降低了制作时间。

五、常用BIM施工与运营软件

（1）广联达BIM5D，是在3D建筑信息模型基础上，融入"时间进度信息"与"成本造价信息"，形成由3D模型+1D进度+1D造价的五维建筑信息模型。BIM5D集成了工程量信息、工程进度信息、工程造价信息，不仅能统计工程量，还能将建筑构件的3D模型与施工进度的各种工作（WBS）相链接，动态地模拟施工变化过程，实施进度控制和成本造价的实时监控。5DBIM建筑信息模型是建筑业信息化技术、虚拟建造技术的核心基础模型，通过5D建筑信息模型，才能实现以"进度控制""投资控制""质量控制""合同管理""资源管理"为目标的数字化"三控两管"项目总控系统。

（2）鲁班BIM。鲁班软件定位建造阶段BIM应用，为广大行业用户提供业内领先的工程基础数据、BIM应用两大解决方案，形成了完整的两大产品线。鲁班软件围绕工程项目基础数据的创建、管理和应用共享，基于BIM技术和互联网技术为行业用户提供了业内领先的从工具级、项目级到企业级的完整解决方案。其主要应用价值点在于建造阶段碰撞检查、材料过程控制、对外造价管理、内部成本控制、基于BIM的指标管理、虚拟施工指导、钢筋下料优化、工程档案管理、设备（部品）库管理、建立企业定额库。

（3）PDM技术，以软件技术为基础，是一门管理所有与产品相关的信息（包括电子文档、数字化文档数据库记录等）和所有与产品相关的过程（包括审批/发放、工程更改、一般流程、配置管理等）的技术。提供产品全生命周期的信息管理，并可以在企业范围内为产品设计与制造建立一个并行化的协作环境。

模块小结

本模块主要介绍了BIM技术的含义及优点，BIM工程项目管理，基于BIM的全过程管理，BIM管理系统结构组成；BIM工程师分类及职责BIM项目管理的分类，BIM工程项目进度管理，BIM工程项目质量管理，BIM工程项目成本管理，BIM工程项目安全管理，BIM工程项目运维管理，常用的BIM，项目管理软件等内容。本模块的学习重点为基于BIM的全过程管理，BIM管理系统结构组成；BIM项目管理的分类，BIM工程项目进度管理，BIM工程项目质量管理，BIM工程项目成本管理，BIM工程项目安全管理，BIM工程项目运维管理。通过本模块学习使读者更全面、系统地掌握建设工程项目BIM技术管理的基础知识，具备建设工程项目BIM技术管理的能力。

自我评测

一、单项选择题

1. 我国在项目管理中最薄弱的工作环节是（　　）。
   A．质量管理　　　　B．数据管理　　　　C．工程管理　　　　D．信息管理
2. 建设工程项目的信息不包括（　　）。
   A．组织类信息　　　B．管理类信息　　　C．经济类信息　　　D．社会类信息
3. 编码信息、单位组织信息、项目组织信息等属于（　　）信息。
   A．管理类　　　　　B．组织类　　　　　C．经济类　　　　　D．技术类
4. 下列关于实施国家信息化总体思路的说法，正确的是（　　）。
   A．以工业化带动信息化　　　　　　　B．以区域信息化为中心
   C．以信息技术应用为向导　　　　　　D．以信息资源开发为动力
5. BIM5D是指在4D的基础上加入（　　）。
   A．进度管理　　　　B．成本管理　　　　C．安全管理　　　　D．质量管理

二、多项选择题

1. 建设工程项目信息，按其内容属性可分为（　　）。
   A．资源类信息　　　B．组织类信息　　　C．管理类信息　　　D．技术类信息
   E．经济类信息
2. 下列建设工程项目信息中，属于技术类信息的有（　　）。
   A．进度计划　　　　B．隐蔽验收记录　　C．施工方案　　　　D．桩基检测报告
   E．工程量清单
3. 工程项目管理信息系统中，进度控制的功能有（　　）。
   A．编制资源需求量计划　　　　　　　B．根据工程进展进行施工成本预测
   C．进度计划执行情况的比较分析　　　D．项目估算的数据计算
   E．确定关键工作和关键路线

4. 建设工程项目信息管理中，为形成各类报表和报告，应当建立（　　）的工作流程。
   A. 信息管理和输出
   B. 收集信息、录入信息
   C. 审核信息、加工信息
   D. 信息传输和发布价护
   E. 信息整理和共享

5. 建设工程项目信息接项目实施的工作过程分类，可按（　　）进行分类。
   A. 投资计划　　　B. 设计准备　　　C. 设计　　　D. 招标投标
   E. 施工过程

三、直通执考

1. 项目信息管理的目的是通过对项目信息传输的有效组织，为项目的（　　）提供服务。【2019年真题】
   A. 技术更新　　　B. 档案管理　　　C. 信息管理　　　D. 建设增值

2. 为了实现有序和科学的项目信息管理，应由（　　）。【2018年真题】
   A. 业主方编制统一的信息管理职能分工表
   B. 业主方和项目参与各方编制各自的信息管理手册
   C. 业主方制定统一的信息安全管理规定
   D. 业主方制定统一的信息管理保密制度

3. 下列工作任务中，不属于信息管理部门的是（　　）。【2015年真题】
   A. 负责编制行业信息管理规范
   B. 负责信息处理工作平台的建立和运行维护
   C. 负责工程档案管理
   D. 负责协调各部门的信息处理工作

4. 下列工程项目管理工作中，属于信息管理部门工作任务的是（　　）。【2017年真题】
   A. 工程质量管理　　B. 工程安全管理　　C. 工程档案管理　　D. 工程进度管理

5. 由于建设工程项目大量数据处理的需要，应重视利用信息技术的手段进行信息管理，其核心手段是（　　）。【2013年真题】
   A. 基于局域网的信息管理平台
   B. 基于互联网的信息处理平台
   C. 基于互联网的信息传输平台
   D. 基于局域网的信息处理平台

6. 建设工程项目管理信息系统主要用于项目的（　　）。【2012年真题】
   A. 投标报价　　　B. 合同管理　　　C. 技术管理　　　D. 目标控制

7. 为让业主方各工作部门和项目各参与方协同工作，可利用（　　）进行基于互联网的辅助进度控制。【2014年真题】
   A. 项目管理软件　　B. 项目信息门户　　C. MS Project　　D. MS Visio

参考文献

[1] 危道军.工程项目管理[M].4版.武汉：武汉理工大学出版社，2019.

[2] 银花.建设工程项目管理[M].北京：中国建筑工业出版社，2019.

[3] 刘志麟，孙刚.建设工程项目管理[M].北京：中国建材工业出版社，2013.

[4] 中华人民共和国住房和城乡建设部.GB/T 50326—2017 建设工程项目管理规范[S].北京：中国建筑工业出版社，2017.

[5] 中华人民共和国住房和城乡建设部.GB/T 50358—2017建设项目工程总承包管理规范[S].北京：中国建筑工业出版社，2018.

[6] 本书编委会.建设工程项目管理规范实施指南[M].北京：中国建筑工业出版社，2017.

[7] 全国一级建造师执业资格考试用书编写委员会.建设工程项目管理[M].北京：中国建筑工业出版社，2020.

[8] 中国建筑业协会.T/CCIA 0009—2019 建设工程施工管理规程[S].北京：中国建筑工业出版社，2019.06.

[9] 全国二级建造师执业资格考试用书编写委员会.建设工程施工管理[M].北京：中国建筑工业出版社，2016.

[10] 中国建设监理协会.建设工程合同管理[M].北京：中国建筑工业出版社，2019.

[11] 中华人民共和国住房和城乡建设部.JGJ/T 250—2011 建筑与市政工程施工现场专业人员职业标准[S].北京：中国建筑工业出版社，2012.

[12] 中华人民共和国住房和城乡建设部.GB 50300—2013 建筑工程施工质量验收统一标准[S].北京：中国建筑工业出版社，2014.